THE KOREAN WAR

한국 전쟁
THE KOREAN WAR

박태균 지음

cum libro
책과함께

머리말

이데올로기 편견을 걷어낸 이름 '한국전쟁'

한반도는 작다. 미국이나 중국과 같이 거대한 제국의 영토에 비하면 한 개 주(州)나 성(省)의 크기에도 미치지 못한다. 작은 나라들이 옹기종기 모여 있는 유럽과 비교해도 한반도보다 작은 나라는 많지 않다. 한반도에 살고 있는 사람들의 수 역시 얼마 되지 않는다. 한국인들 스스로는 인구 밀도가 높다고 한탄하고 있지만, 실제로는 우리가 작은 섬나라라고 비웃는 일본의 반 정도밖에 되지 않는다. 현대 자본주의의 눈으로 보면 한반도는 땅덩어리도 작고, 천연자원도 거의 없고, 시장 규모도 작은, 볼품없는 지역이다.

그러나 역사적으로 한반도는 결코 무시할 수 없는 지역이었다. 그렇다고 한반도에 들어선 국가가 세계 패권을 장악했던 것은 결코 아니다. 한반도보다도 작은 땅을 가진 네덜란드가 세계의 패권을 장악한 적은 있었지만, 한반도에 자리 잡았던 국가들이 세계 패권을 장악했던 적은 없었다. 고구려가 동북아시아의 광대한 지역을 장악한 적이 있었으나, 그것이 곧 패권국가로의 성장을 의미하는 것은 아니었다. 단지 고구려는 동북아의 '균형자'로서 역할을 수행했을 뿐이다. 농업을 주요 산업으로 했던 한반도의 주민들에게는 외부로의 팽창보다는 내부 안정이 생존을 위해 더 중요한 조건이 될 수밖에 없었다.

세계 체제 전체를 뒤흔든 전쟁

그렇지만 한반도가 한번 흔들리면 동북아시아 전체가 휘청거렸다. 6～7세기 수나라는 동북아시아에서 확고한 패권을 장악하기 위해 고구려를 침략했지만, 무리한 침략으로 수는 곧 멸망하고 당나라가 들어섰다. 또한 16세기에 7년이라는 긴 기간 동안 계속된 임진왜란으로 일본에서는 도요토미 히데요시가 죽고 도쿠가와 막부가 등장했으며, 중국에서는 명나라가 멸망하고 청나라가 수립되었다.

19세기 후반과 20세기 초의 전쟁은 동북아에 더 큰 격랑을 일으켰다. 한반도의 패권을 둘러싸고 청과 일본 사이에 벌어진 청일전쟁은 더 이상 중국이 동아시아의 패권국가가 아님을 확인시켜주었다. 이후 청은 신해혁명과 5·4운동을 거치면서 몰락의 길을 걷게 된다. 한반도와 만주의 패권을 둘러싼 러시아와 일본의 러일전쟁은 일본이 새로운 동아시아의 패권국으로 등장하는 계기를 마련하였다. 러일전쟁에서 패배한 러시아는 1905년 제1차 혁명을 겪었고, 1917년에는 세계 최초로 사회주의 혁명이 일어났다. 일본은 러일전쟁 승리의 여세를 몰아 한반도를 식민지화했으며, 그 뒤 계속적으로 만주사변, 중일전쟁과 태평양전쟁을 일으켜 동아시아와 환태평양의 판세를 흔들어놓았다.

이렇듯 한반도를 무대로 하여 일어난 사건들은 그 파장이 동아시아 전체, 때로는 러시아와 태평양 지역으로까지 확대되었다. 비록 이러한 사건들이 역사상 자주 발생하진 않았지만, 한번 발생하면 수백 년 동안 유지되었던 국제관계의 구조적인 변화를 야기했던 것이다. 그러나 그것은 한반도가 경제적으로 중요한 가치가 있기 때문이 아니었다. 그건 바로 중·고등학교 역사, 사회 교과서의 첫머리에 쓰여 있듯이, '한반도는 지정학적으로 중요한 곳에 위치' 하고 있기 때문이다. 대륙을 장악하고 싶어하는 해양세력, 해양으로 세력을 팽창시키고 싶어하는 대륙세력들은 모두 한반도를 통해 그 영향력을 확대하고자 했다.

이런 역사적 사건들이 가깝게는 동북아시아, 멀게는 러시아까지 뒤흔드는 결과를 가져왔다면, 한국전쟁은 가히 세계 체제 전체를 뒤흔든 사건이었다. 1950년부터 1953년 사이, 조그마한 한반도에 세계의 열강들이 저마다 군대를 파견했다. 미국과 중국, 그리고 구제국을 대표하는 영국은 물론 러시아와 일본도 제한적이나마 군대를 파견하였다. 조그마한 땅덩어리에 150만 명이 넘는 외국의 군대가 들어왔다. 도대체 이들은 한반도의 남북 간에 벌어진 싸움에서 무엇을 얻기 위해 왔던 것일까?

이 전쟁은 1953년에 끝났지만, 그 여파는 1950년대를 통해 전 세계로 파급되었다. 미국은 빨갱이를 때려잡기 위한 매카시 선풍에 시달려야 했고, 미소 냉전은 핵무기 경쟁을 통해 심화되었다. 미국과 중국은 한국전쟁 때의 감정으로 인해 1970년까지 관계를 정상화하지 못했다. 독일과 일본은 재무장을 시작했고, 전쟁이 끝났는데도 한반도에는 미군과 중국군이 주둔하였으며 분단은 계속되었다. 도대체 한반도라는 작은 땅에서 일어난 전쟁이 전 세계적으로 이렇게 큰 여파를 미친 것은 무엇 때문일까?

한국전쟁은 한반도에서 일어난 사건 중에서 세계적으로 가장 유명한 사건이다. 전쟁은 엄청난 피해를 안겨주었으며, 지금은 한국전쟁을 '잊혀진 전쟁(forgotten war)'이라 부르기도 하지만, 역설적이게도 고요한 선비의 나라 한국이 전 세계에 알려지는 데 가장 중요한 역할을 했다. 한국에 대한 외국인들의 연구는 한국전쟁에서부터 시작되었으며, 지금도 한국전쟁은 국내외 주요 방송사의 다큐멘터리 소재가 되고 있다. 그런 만큼 국내외의 한국전쟁에 대한 관심은 여전히 현재진행중이다.

그러나 한국전쟁에 대해서 쉽게 접근할 수 있는 책은 결코 많지 않다. 관심이 큰 만큼 한국전쟁에 대한 연구서들이 많이 출간되었는데도, 독자들이 쉽게 다가갈 수 있는 책은 거의 없다. 전문적인 연구서만 있을 뿐 일반인들에게 한국전쟁이 과연 어떤 전쟁이었는가를 쉽게 알려주지 못하고 있다. 전쟁을 직접 경험한 50대 이상의 세대들에게 한국전쟁은 자기 자신의 이야기이자 바로 우리의 이야기이지만, 젊은 세대들에게 한국전쟁은 그저 지나간 역사의 한 장일 뿐이다.

그러나 한국전쟁은 단지 지나간 역사의 한 장이 아니다. 얼마 전까지만 해도 휴전선에서는 총성이 계속 울렸고, 서해에서는 남과 북의 해군이 교전을 벌였다. 한국전쟁으로 발생한 이산가족 문제는 아직도 완전히 해결되지 못하고 있으며, 남과 북의 체제 경쟁은 한반도를 세계에서 유일한 분단지역, 그리고 냉전지역으로 남겨놓고 있다. 1953년 형성된 '정전협정'과 그로 인한 '정전 체제'는 언제든지 전쟁이 다시 일어날 수 있는 가능성을 남겨놓고 있다. 이렇게 한국전쟁이 현재의 문제이기 때문에 한국 사람들은 이 전쟁이 무엇이며, 우리 역사상 얼마나 중요한 사건이었는지, 그리고 그 현재적 의미는 무엇인지 알아야 한다. 이 전쟁은 끝난 지 50년이 지난 지금까지도 한반도에서 한국인들의 생존권 문제를 위협하고 있기 때문이다.

왜곡을 부르는 편견에서 벗어나자

그런데 남과 북의 정권들은 한반도에 살고 있는 사람들에게 이 전쟁이 무엇이었는가에 대해서 제대로 알려주고 싶어하지 않았다. 이들은 한국전쟁을 자신들의 통치를 위해서 이용하고자 했다. 국가에 의한 전쟁 연구는 있었지만, 연구자들에 의한 연구는 금기시되었다. 국사 교과서에서 한국 현대사는 전체의 10퍼센트도 되지 않고, 그중에서도 한국전쟁에 관한 내용은 단 2쪽 분량에 지나지 않았다. 전선이 어떻게 왔다 갔다 했으며 그 결과 많은 피해를 입었다. 이것이 한국전쟁에 대해 가르치는 내용의 전부였다. 교과서보다 오히려 영화 〈태극기 휘날리며〉가 적지 않은 왜곡이 있었지만 한국전쟁에 대한 관심을 확산시키는 데 더 큰 역할을 했다.

남북한 정권에 의한 정치적인 이용은 한국전쟁에 다양한 이름을 붙여주었다. 남한에서는 6·25 사변이라고 불렀다. 6·25가 6월 25일을 가리키는 것은 누구나 알고 있지만, 도대체 '사변(事變)'은 무슨 뜻일까? 고종의 왕비 명성황후가 시해된 '을미사변'에도 '사변'이라는 말이 붙는데, 한반도 전체가 전화에 휩싸였던 6·25 사변의 '사변'과 왕비가 일본에 의해 무자비하게 암살된 을미사변의 '사변'은 절대 같은 의미일 수 없다. 때로는 '동족상잔의 비극'이라는 문학적인 표현이 사용되기도 한다. 현행 중·고등학교 국사 교과서는 '6·25 전쟁'이라 부르고 있다. 한편 북한에서는 미국과 이승만 정부의 침략을 막기 위한 전쟁이었다고 주장하면서 '조국보위전쟁'이라는 표현을 쓴다. 또는 '민족해방전쟁'이라고 부르기도 한다. 과연 이런 이름들이 1950년에 일어나 1953년 막을 내린 전쟁의 의미를 잘 드러내주는 것일까?

《논어》에 보면 '정명(正名)'이라는 말이 나온다. 정명은 '군군(君君), 신신(臣臣), 부부(父父), 자자(子子)'라는 구절에서 의미하는 바와 같이, 그 이름에 맞는 역할을 해야 그 이름으로 불릴 수 있다는 뜻이다. 즉 임금은 임금다워야 하며, 신하는 신하다워야 하며, 아버지는 아버지다워야 하며, 자식은 자식다워야 한다는 것이다. 다른 각도에서 해석하면, 그 성격에 걸맞은 이름을 붙여줘야 한다는 의미라고도 볼 수 있다. 즉 임금다운 사람에게는 그에 걸맞은 이름이 붙여져야 한다. 어쩌면 역사학의 가장 중요한 역할 중 하나는 역사적 사건에 대해 올바른 이름을 붙이는 것일 수 있다.

그럼 우리는 1950년부터 1953년까지 계속된 이 전쟁에 어떤 이름을 붙일 것인가? 이것이야말로 이 책의 결론이 될 수 있다. 연구를 통해 이 전쟁에 대한 성격을 명백하게 밝혔을 때 전쟁의 이름을 훨씬 더 명확하게 붙일 수 있기 때문이다. 그러나 아직까지 이 전쟁의 성격을 명확하게 규정하기는 어렵다. 그만큼 이 전쟁은 복잡한 성격을 띠고 있다. '동족상잔의 비극'이란 표현은 당시 한반도에서 싸웠던 수많은 외국 군인들을 고려할 때, 전쟁의 한 측면만을 보여줄 뿐이다. '조국보위전쟁'이란 이름은 전쟁의 한쪽 당사자들이 인정하는 이름일 뿐 당시의 기본적인 역사적 사실조차 왜곡하고 있다. 왜냐하면 개전 당일 북한의 주장과 달리 한반도에 미국의 정규군은 없었기 때문이다.

따라서 이 책에서는 일단 '한국전쟁'이라는 이름으로 이 전쟁을 지칭하고자 한다. 세계적으로 이 전쟁이 'Korean War'라고 통칭되고 있기 때문이다. 한국에서 일어난 전쟁이 이 전쟁 하나만이 아니기 때문에 '한국전쟁'이라 부르는 것을 비판하는 사람들도 있지만, '한국전쟁'과 같이 무가치적인 이름으로 통칭하는 것이 일단 이 전쟁에 대한 이데올로기적인 편견을 버리는 가장 좋은 방법이 될 것이다.

베트남 전쟁의 예를 보자. 베트남에서 일어난 전쟁이 한둘이 아닐 터인데, 1960년대와 1970년대에 베트남에서 일어난 전쟁을 '베트남 전쟁'으로 통칭하고 있다. 베트남에서 일어난 전쟁 중 세계 체제를 뒤흔들 만한 가장 대표적인 전쟁이기 때문에 그렇게 불리는 것이다. 한국전쟁 역시 한반도에서 일어난, 세계를 뒤흔든 전쟁이었다.

이 책은 한국전쟁을 쉽게, 그리고 객관적으로 설명하고자 한다. 이 책으로 한국전쟁의 모든 것을 알 수는 없겠지만, 당시에 일어난 사건들이 어떠한 의미를 갖는가를 전달해주고자 한다. 특히 한국전쟁이 단지 지나간 역사적 사건으로서의 의미만 갖는 것이 아니라 지금도 우리 사회에 막대한 영향을 미치고 있다는 사실을 보여주려고 했다. 그래서 가능하면 한국전쟁과 관련하여 논란이 되고 있는 모든 내용들을 담고자 노력하였다.

필자는 이 전쟁은 시작되어서는 안 될 전쟁이었지만 시작되었고, 끝나야 했는데도 끝나지 않은, 그러나 반드시 끝나야만 하는 전쟁이라고 본다. 그렇기 때문에 한국전쟁은 이 땅에 살고 있는 사람들이 반드시 알아야 하고, 극복해야만 하는 역사적인 사건이다.

이 책은 필자 개인의 힘만으로는 출간될 수 없었다. 필자가 지난 1999년부터 2002년까지 서울대학교에서 했던 '한국전쟁' 강의가 하나의 계기가 되었다. 학생들에게 한국전쟁을 좀 더 객관적으로 알려주기 위하여 만들었던 자료집은 이 책의 기본적인 골격이 되었다. 이 책이 8장으로 구성되어 있는 것도 총 16주의 강의를 위해서 나누었던 주제들을 각 장의 기본으로 삼았기 때문이다. 또한 수업시간에 이루어진 학생들과의 토론은 필자의 강의뿐만 아니라 이 책의 내용을 풍부하게 하는 데 큰 도움이 되었다. 학생들은 필자가 해결하지 못하고 있는 문제에 대해 해답의 실마리를 주었으며, 때로는 도움이 되는 자료를 찾아주기도 했다. 학생들과의 적극적인 호흡 없이 이 책이 나오는 것은 불가능했다.

그러나 이 책은 단순히 교재나 개설서의 형식으로 쓴 책은 아니다. 필자가 오랫동안 해보고 싶었던 누구나 쉽게 읽을 수 있는 연구서를 써보는 작업의 첫 결과물이다. 그래서 작업을 시작할 때부터 이 책에 대해 좀 더 많은 애정을 느꼈는지도 모르겠다.

어떤 책이든 책머리에 여러 분들에게 감사의 뜻을 전한다. 필자 역시 머리말을 통해서 수많은 분들에게 감사의 말을 전하고 싶다. 가족, 친구들, 선후배들, 동료 선생님들, 출판사 책과함께……. 만약 이 책의 머리말을 다시 한번 쓸 수 있는 기회가 있다면, 그때는 감사의 말만을 적을 생각이다.

2005년 6월

박 태 균

차례

머리말 _ 이데올로기 편견을 걷어낸 이름 '한국전쟁' .... _004

INTRODUCTION
역사에서 전쟁은?

파괴자로서의 전쟁 .... _016
새로운 창조로서의 전쟁 .... _021
전쟁은 왜 일어나는가? .... _024
한국전쟁을 어떻게 볼 것인가? .... _030

CHAPTER_1
한국전쟁은 왜 일어났을까?

좌우익의 대립 – 내적 기원론 .... _038
내적 기원론 비판 .... _052
미국의 책임 – 외적 기원론 .... _062
소련의 책임 .... _073
외인론 비판과 대안 모색 .... _077

CHAPTER_2
분단되지 않을 수는 없었을까?

모스크바 3상회의 결정서 .... _084
좌우합작운동과 남북연석회의 .... _099

THE KOREAN WAR

CHAPTER_3
전쟁은 왜 1950년 6월에 시작되었을까?

일본에 대한 역코스 정책, 그리고 중국 혁명과 소련의 핵 개발	_114
주한미군은 왜 철수했을까?	_126
대한민국은 전쟁을 일으켜야 할 만큼 허약했는가?	_139
스탈린은 북한의 남침을 지시했는가?	_155
왜 1950년 6월 25일이었는가?	_174

CHAPTER_4
전쟁은 실패의 연속과정이었다

첫 번째, 북한의 실패: 서울에서의 3일	_184
두 번째, 미국의 실패: 방어선 붕괴	_197
세 번째, 북한과 미국 각각의 실패: 인천상륙작전	_207
네 번째, 미국의 실패: 38선 이북으로의 북진	_219
38선 이북 통제권을 둘러싼 갈등?	_236

CHAPTER_5
전쟁은 왜 2년이나 더 계속되었는가?

전쟁을 어떻게 끝낼 것인가?	_248
정전협상, 난항을 거듭하다	_255
포로의 자유의사에 따른 송환은 옳은 것이었나?	_262

차례

CHAPTER_6
전쟁은 후방에서도 진행되었다

'이승만을 제거하라!' _282
세금을 현물로 받자 _298
죽어가는 민간인들 – 집단 학살 _318
밝혀지지 않은 의혹들, 박헌영 숙청과 세균전 _330

CHAPTER_7
전쟁은 왜 끝나지 않았고, 끝나야만 하는가?

정전협정의 무효화 _344
뉴룩정책과 동북아 지역통합 전략 _359

맺음말_ 한국전쟁은 아직 끝나지 않았다 _378

한국전쟁 주요 일지 _386
주 _394
참고문헌 _396
찾아보기 _400

INTRODUCTION

역사에서 전쟁은?

전쟁이 끝나도 전쟁의 피해는 계속된다.
코스타 가브라스 감독의 영화 〈뮤직박스 Music Box〉는 2차 세계대전 때
경찰로서 유태인을 학살한 과거가 있는 아버지와,
아버지의 진실을 알지 못했던 딸 사이의 관계가
황폐화되어가는 과정을 보여주고 있으며,
박완서의 소설 《그해 겨울은 따뜻했네》는 전쟁으로 인한
이산가족의 아픔을 그리고 있다.
전쟁을 완전히 끝낸 것이 아니라 잠시 중단하는 '정전협정'으로
마무리된 한국전쟁은 1953년 이후 지금까지
'정전 체제'라는 이름으로 한반도에 살고 있는
사람들을 괴롭히고 있다.
몇 년 전에도 남과 북이 서로 자기 영역이라고 우기는
서해와 동해 바다 위에서 꽃다운 젊은이들이 목숨을 잃는
사태가 발생했고, 불과 20년 전만 해도 쉴 새 없이 계속되는
휴전선상의 교전으로 해마다 수십 명에서 수백 명의
젊은이들이 목숨을 잃었다.
전쟁은 결코 일어나서는 안 된다.
때문에 전쟁에 대한 모든 연구나 논의는 다시는
전쟁이 일어나서는 안 된다는 것으로
결론을 맺는다.
다음 절에서 전쟁의 또 다른 의미들을 살펴보겠
지만, 전쟁의 본질은 파괴에 있다.
전쟁은 인간의 이성을 마비시키며,
인간을 집단적인 환각상태로 몰아간다.
가장 이성적이라는 인간을 가장 비이성적으로
행동하게 만드는 것, 그것이 바로 전쟁이다.

파괴자로서의 **전쟁**

우리는 영화와 소설로 전쟁을 만난다. 그리고 간접 체험을 통해서 전쟁이 얼마나 잔인하고 파괴적인가를 느끼기도 한다. 전쟁의 공포는 전선에서 직접 싸우는 사람들만이 아니라 후방에 있는 민간인들에게도 다가간다. 전쟁은 물질적인 것만을 파괴하는 것이 아니라, 인간의 정신까지 파괴한다.

최근의 우리 영화 〈태극기 휘날리며〉를 비롯해서 미국 영화 〈라이언 일병 구하기 *Saving Private Ryan*〉, 〈플래툰 *Platoon*〉 등에는 전선에서 벌어지는 전쟁의 참혹함이 잘 드러나 있다. 물론 이러한 영화들이 담고 있는 정치성이 전쟁의 참혹함을 특정 방향으로 이끌어가고는 있지만, 어쨌든 영상 속 전쟁의 비인간적인 모습은 전쟁의 공포와 파괴성을 사실적으로 보여준다. 전쟁에서 사용되는 수많은, 그리고 나날이 발전하는 살상무기들 앞에서 살인의 대상이 되는 인간은 그가 과연 어떤 존재인지, 어떤 사연을 간직하고 있는지 전혀 고려되지 않는다.

이것은 적에게만 한정된 이야기가 아니다. 적을 제압하기 위한 무리한 전술 속에서 아군의 생명 역시 하나의 수단으로 전락한다. 2차 세계대전 당시 노르망디 상륙작전에 동원된 연합군이 그랬고, 한국전쟁 때 인천상륙작전에 동원된 유엔

이름 모를 병사의 주검. 주변에 들꽃들이 무심히 피어 있다.

군이 그랬다. 적을 더 많이 죽이기 위하여, 전쟁을 빨리 끝내기 위하여 아군의 죽음은 어느 정도 정당화된다. 다수를 살린다는 허울 속에 소수의 죽음이 정치 이데올로기 안에서 정당화되는 것이다.

최근의 전쟁은 아군의 죽음을 최소화한다는 명분에서 상대편 지역을 초토화하는 전략을 쓴다. 공군과 해군을 동원한 무자비한 폭격이 이루어진 다음 육군이 투입되는데, 그 과정에서 엄청난 인적, 물적 피해가 발생한다. 한국전쟁 때의 무차별 폭격, 한국전쟁과 베트남 전쟁에서 사용된 네이팜탄, 그리고 걸프전과 이라크 전쟁 때의 조준 폭격……. 이런 사전 폭격은 아군의 사상자를 줄인다는 명분이 있을지는 몰라도, 적 지역의 민간 경제시설과 함께 민간인들에게 치명적인 상처를 안긴다. 경제시설의 파괴는 전후 해당 지역의 경제복구에도 어려움을 준다. 무자비한 폭격과 비인간적인 무기는 전쟁이 끝난 뒤에도 대를 물리면서 기형아를 만들어낸다.

무자비한 폭격은 전선뿐만 아니라 후방도 파괴한다. 최근의 유엔 자료에 따르면, 20세기 이후, 전쟁으로 발생한 민간인 사상자 수는 군인의 사상자 수를 두 배 이상 웃돈다. 전선과 후방이 따로 없는 것이다. 적 지역의 모든 민간시설이 적의 전쟁 준비를 돕는 시설로 간주되기 때문에 주요 경제시설에 대한 타격은 곧바로 민간인 피해자를 발생시킨다.

후방의 파괴는 이것으로 끝나지 않는다. 때로는 전쟁과정에서, 때로는 전쟁 후까지 살상과 파괴가 계속된다. 최근 다큐멘터리로 제작 중인 한국전쟁 시기 민간인학살 문제, 베트남전 민간인학살에 대한 진상규명 등은 모두 후방 민간인들의 피해가 얼마나 큰지를 보여주고 있다. 한국전쟁 직전의 '보도연맹' 사건* 전쟁 기간 중 '빨치산 토벌'이라는 이름으로 자행된 민간인학살, 그리고 인민군에게 협력한 사람들에 대한 재판 및 처벌 등이 그 대표적인 예다.

전쟁이 끝나도 전쟁의 피해는 계속된다. 코스타 가브라스 감독의 영화 〈뮤직박스Music Box〉는 2차 세계대전 때 경찰로서 유태인을 학살한 과거가 있는 아버지와, 아버지의 진실을 알지 못했던 딸 사이의 관계가 황폐화되어가는 과정을 보여주고 있으며, 박완서의 소설 《그해 겨울은 따뜻했네》는 전쟁으로 인한 이산가족의 아픔을 그리고 있다. 2차 세계대전이 끝난 후 독일은 과거 청산을 위해 스스로 노력한 반면, 일본은 이를 외면함으로써 종군위안부나 징용 피해자 보상 문제가 아직까지 미해결 과제로 남아 있다. 이들이 태평양전쟁을 통해 입었던 물적·정신적 피해는 지금도 계속되고 있는 것이다.

뿐만 아니라 전쟁을 완전히 끝낸 것이 아니라 잠시 중단하는 '정전협정'으로 마무리된 한국전쟁은 1953년 이후 지금까지 '정전 체제'라는 이름으로 한반도에 살고 있는 사람들을 괴롭히고 있다. 몇 년 전에도 남과 북이 서로 자기 영역이라

---

* **보도연맹사건** 좌익 활동을 하다가 전향한 사람들을 통제하기 위해 만든 기관인 보도연맹의 가입자들을 한국전쟁이 발발하자 북한군에게 협조할 것을 염려하여 경찰이 학살한 사건.

고 우기는 서해와 동해 바다 위에서 꽃다운 젊은이들이 목숨을 잃는 사태가 발생했고, 불과 20년 전만 해도 쉴 새 없이 계속되는 정전선상의 교전으로 해마다 수십 명에서 수백 명의 젊은이들이 목숨을 잃었다.

그런데 예술작품 속의 전쟁은 환상을 심어주기도 한다. 종종 전쟁은 남성답고 멋지며 때론 낭만적이기까지 하게 그려지고 있다. 이는 예술작품이 가진 정치적 힘이라고 할 수 있다. 영화 속에서 전쟁은 남자들 사이의 의리, 어려움 속에서 피어나는 남녀 간의 사랑 등으로 묘사된다. 영화 속 주인공은 빗발치는 총탄과 포화 속에서도 결코 죽지 않거나, 죽더라도 멋있게 죽는다. 영화 〈탑건 Top Gun〉의 주인공은 적을 더 효율적으로 죽이기 위한 무기를 운전하는 사람이지만 인간적이고 의리 넘치는 멋진 남자로 묘사된다. 그리고 저 멋진 무기에 대한 구매력을 한층 높여준다. 이럴 때 영화는 마치 무기를 팔기 위한 선전 같은 역할도 한다.

이런 영상을 보고 자란 세대들에게 전쟁은 하나의 낭만적 이벤트다. '남들이 다 죽어도 나는 죽지 않는다'는 환상을 심어주는가 하면, 사람을 살상하는 위험한 무기가 멋진 장식품이 된다. '람보'와 '코만도'를 보며 환호하는 사람들은 왜 빗발치는 총알이 주인공만 피해갈까 의심하면서도 그 액션에 매료되곤 한다. 낭만과 남성다움의 코드는 비단 영화뿐 아니라 컴퓨터 게임에서도 그 강도를 더하고 있다.

그러나 할리우드의 자본력이 아무리 전쟁에 낭만적 코드를 입힌다 할지라도, 전쟁의 파괴성은 거부할 수 없는 명제다. 전쟁은 어떻게 하면 상대방을 더 효율적으로 많이 파괴할 것인가를 전략으로 하는 게임이다. 따라서 아군과 적군을 막론하고 엄청난 피해가 발생할 수밖에 없다. 특히 20세기 중반 이후 핵무기가 개발되면서 그 파괴력은 수십 배, 수백 배로 늘어났다. 다행히 핵무기는 히로시마와 나가사키 투하 이후에는 실제로 사용된 적 없는 정치적 수단이지만, 단 두 번의 사용으로도 그 파괴의 심각성은 여실히 입증되었다. 만약 또 한 번 핵무기가 사용된다면 인류는 씻을 수 없는 상처를 입게 될 것이다. SF 영화에서처럼 핵전

미군의 폭격으로 폐허가 된 춘천. 춘천은 전쟁 발발 직후, 전쟁의 흐름을 바꿔놓은 격렬한 전투가 벌어진 현장이었다.

쟁에서 살아남은 동물들이나 사이보그들이 인류를 지배하게 될지 모른다.

　전쟁은 결코 일어나서는 안 된다. 때문에 전쟁에 대한 모든 연구나 논의는 다시는 전쟁이 일어나서는 안 된다는 것으로 결론을 맺는다. 다음 절에서 전쟁의 또 다른 의미들을 살펴보겠지만, 전쟁의 본질은 파괴에 있다. 전쟁은 인간의 이성을 마비시키며, 인간을 집단적인 환각상태로 몰아간다. 가장 이성적이라는 인간을 가장 비이성적으로 행동하게 만드는 것, 그것이 바로 전쟁이다.

새로운 **창조**로서의 **전쟁**

전쟁은 파괴의 행위지만, 역설적으로 창조의 기회를 마련하기도 한다. 여기서 창조란 긍정, 부정의 가치관 개입을 배제한 상태의 '창조'를 말한다. 일반적으로 '창조'라는 말 속에는 긍정적인 평가가 내재하지만, 여기서의 '창조'는 좋든 나쁘든 말 그대로 새로운 것을 만든다는 뜻이다.

12세기 몽골의 침략은 고려를 초토화시켰다. 수많은 사람들이 죽거나 끌려갔으며, 마을과 도시가 불타고 파괴되었다. 그러나 몽골의 침략은 다른 한편으로 몽골의 문화를 한반도에 유입시켰다. '조혼'이라는 새로운 풍습이 나타나고 '몽골풍'의 문화가 출현했다. 이 무렵 본격적으로 들어온 성리학은 새로운 왕조를 세우는 기틀로 작용하였다.

임진왜란과 병자호란 역시 16세기 말부터 17세기 초까지 수십 년에 걸쳐 한반도를 유린했다. 침략자인 왜나 청나라뿐 아니라 조선을 돕겠다고 왔던 명나라 군사들조차 한반도를 파괴하고 이 땅의 사람들에게 커다란 피해를 입혔다. 그러나 두 차례에 걸친 전쟁은 조선뿐 아니라 동아시아 전체에 지각 변동을 일으켰다. 조선에서는 전쟁 이후 중흥의 과정에서 기아와 부정부패가 심화되었지만 다른 한편으로는 새로운 농업기술의 보급으로 새로운 생산관계가 싹트기 시작했다. 동아시아 차원에서는 중국에서 명나라가 망하고 청나라가 들어섰으며, 일본에서는 도쿠가와 막부가 시작되었다.

1904년의 러일전쟁은 한반도와 만주에 대한 주도권을 둘러싼 전쟁이었다. 이 전쟁에서 이긴 일본은 제국주의 국가의 일원으로 성장할 수 있는 기반을 마련하였다. 일본은 곧 한반도에 대한 주도권을 확보하였고, 만주와 중국으로 세력권을 넓히기 시작하였다. 반면, 러시아는 몰락의 길을 걸었다. 러일전쟁 패전 직후인 1905년, 1차 혁명을 경험했던 러시아는 1917년에 이르러 사회주의 혁명을 통해 완전히 새로운 체제로 탈바꿈했다.

2차 세계대전은 전 인류에게 커다란 재앙을 안겨주었다. 전 지구의 반 이상이 전쟁터가 되었다. 그리고 이 전쟁을 통해서 '원자탄'이라고 하는 핵무기가 등장하였다. 전쟁이 가장 치열했던 유럽과 동남아시아, 그리고 원자탄을 맞은 일본은 차마 눈 뜨고 볼 수 없을 정도로 파괴되었다. 근대 산업혁명 이후 최고의 문명을 자랑하던 국가들이 폐허로 바뀐 것이다. 2차 세계대전 직후의 유럽과 일본의 사진은 그 참담한 모습을 잘 보여주고 있다.

그런가 하면 미국은 전쟁으로 인해 급속도로 발전했고, 미국을 중심으로 한 새로운 세계 체제를 건설하기 시작하였다. 유럽과 미국, 그리고 일본이 중심이 되었던 제국주의 시대는 종언을 고하고, 미국 중심의 자본주의 체제가 세계의 중심에 자리잡은 것이다. 물론 미국 본토가 전쟁터가 되지 않았다는 점이 새로운 세계 체제 수립에 중요한 원인이 되었지만, 새로운 세계 체제는 이전보다 더 높은 생산성을 보이면서 지금까지도 그 틀을 유지해나가고 있다.

이렇게 전쟁은 새로운 체제나 새로운 사회의 수립을 가져온다. 어째서 이런 결과가 생기는 것일까? 철저한 파괴와 학살을 동반하는 전쟁이 생산력의 후퇴를 낳는 것은 당연한 일일진대, 다른 한편으로는 새로운 질서를 만들어낸다는 역설적인 결과를 어떻게 이해해야 할까?

여기서 '전쟁'이라는 역사적 사건이 갖고 있는 두 가지 특수한 성격을 이해하는 것이 중요하다. 첫째, 전쟁은 두 문명, 또는 두 지역 간의 충돌로 발생한다는 사실이다. 이것은 곧 두 문명, 또는 두 지역 간의 전쟁이 서로의 문화적, 사회적 교류와 전파를 가능하게 한다는 것이다. 고대의 수많은 정복 전쟁들이 새로운 문명을 상대방에게 전해주었다는 세계사적 차원의 논의는 접어두더라도, 한국 역사에서도 이러한 예를 쉽게 찾아볼 수 있다. 12세기의 전쟁을 통해서 성리학을 접한 고려인들, 16세기 전쟁을 통해서 감자와 담배, 고추를 수입한 조선인들과 도예기술을 전달받은 일본인들은 모두 이러한 상호 간의 교류를 잘 보여준다.

둘째, 전쟁을 통한 무기 개발이 생산성의 증대를 가져온다는 점이다. 상대방을 효율적으로 더 많이 죽이기 위한 새로운 무기를 개발하다 보니 새로운 재료, 새로운 기술이 필요해졌다. 2차 세계대전은 바로 이 점을 가장 잘 보여주는 예다. 1950년대 이후 미국 사회를 풍요롭게 했던 생산성 향상은 2차 세계대전의 결과였다. 더 많은 군인을 실어 나르기 위한 기술의 개발은 자동차 산업의 발전으로 이어졌고, 적의 지역에 더 많은 폭탄을 떨어뜨리기 위한 장거리 폭격기의 개발은 항공시대의 개막을 알렸다. 사람이 직접 폭탄을 떨어뜨리지 않고도 기계 혼자 날아가 상대방을 타격하기 위한 미사일의 개발은 우주시대를 여는 촉매제가 되었다.

결국 전쟁을 통해서 한 사회는 더 발전된 생산력을 갖게 되며, 이것이 새로운 시대를 여는 하나의 계기를 마련하는 것이다. 전쟁으로 생산시설을 파괴당한 사회는 기존의 생산력을 회복하는 데 장기간의 시간이 필요하지만, 복구의 과정을 통해 발전된 생산력을 이용할 수 있게 된다. 발전된 생산력의 이용은 복구의 과정 속에서 새로운 사회구조를 생성하게 되는 것이다.

전쟁은 **왜** 일어나는가?

수많은 역사가들과 사회과학자들이 전쟁의 원인을 찾기 위해 노력하였다. 전쟁은 왜 일어나는가? 전쟁이 일어나지 않을 수는 없었을까? 전쟁이 일어나게 된 가장 근본적인 원인은 무엇인가? 한국전쟁을 세계적으로 유명하게 만든 것이 한국전쟁이라는 역사적 사실이 아니라 《한국전쟁의 기원》이라는 책이었다는 점은 바로 전쟁의 기원을 찾기 위한 역사가들의 노력의 일단을 보여준다.

정치학자들은 대체로 전쟁을 정치의 연장선에서 파악한다. 즉 국제 정치가 갈등에 봉착했을 때 그것을 해결하는 방법으로 전쟁이 발발한다는 것이다. 마르크스주의자들은 전쟁을 계급투쟁의 하나로 본다. 계급 간의 갈등이 심화되었을 때 전쟁이라는 형태로 폭발한다는 것이다. 심리학자들과 사회학자들은 한 사회 내부, 또는 두 사회 간의 심리적 적대감을 전쟁의 원인으로 본다. 상대방에 대한 적대감이 더 이상 참을 수 없게 되었을 때 전쟁이 발생한다는 것이다. 구성원들 사이에 합의된 적대감은 내부 구성원들의 동의를 통해 기꺼이 동원에 응하게끔 한다.

전쟁의 원인에 대해서는 이렇게 다양한 해석들이 존재하지만, 역사적 관점에서 일반적으로 받아들여지는 것은 전쟁은 사회적인 갈등과 모순이 증폭되어 폭발하는 지점에서 나타나는 역사적 사건이라는 해석이다. 한 사회 내부에서 갈등이 쌓이다가 어느 순간에 이르러 더 이상 그러한 갈등을 치유할 수 없는 단계에 이르렀을 때, 전쟁이 발생한다는 것이다. 갈등은 때로는 한 사회 내부에서의 전쟁으로 나타나기도 하고, 인접한 다른 사회와의 전쟁으로 나타나기도 한다.

갈등의 폭발이 사회 내부에서 일어날 때, 혁명 또는 시민전쟁의 형태가 된다. 부르주아지의 성장을 통해 봉건계급과 신흥 자본주의 계급 사이의 갈등이 폭발한 프랑스 혁명, 봉건적 군주정치와 농민 사이의 갈등이 폭발한 러시아 혁명, 농민에 대한 착취로 인한 갈등이 폭발한 중국 혁명 등은 모두 사회 내부의 갈등이 사회 구성원 사이의 전쟁으로 나타난 형태다. 미국의 남북전쟁 역시 노예제를 근간으로 하는 남부 농업사회와 산업 자본주의를 근간으로 하는 북부 자본주의 사회 사이의 갈등이 폭발한 전쟁이었다.

내부의 갈등과 모순을 한 사회 내에서 해결할 수 없어 외부와의 전쟁을 통해서 해결하려고 할 때, 전쟁은 두 지역 간의 전쟁으로 전개된다. 1차 세계대전과 2차 세계대전이 내부의 모순을 외부에서 해결하고자 한 대표적인 경우다. 즉 자본주의 발전과정에서 나타난 대공황은 사회 내부의 갈등을 증폭시켰고, 그러한 갈등을 뉴딜과 같은 개혁정책으로 해결하려고 했던 미국이나 서유럽 국가들과는 달리, 외부로의 팽창을 통해 해결하려고 했던 독일과 일본의 정책은 세계적 차원의 전쟁 발발로 이어졌던 것이다. 일본을 통일한 도요토미 히데요시(豊臣秀吉)가 일본 내부의 갈등을 봉합하기 위해 조선을 침략한 임진왜란이나, 메이지(明治) 유신 후의 사회 불안을 정한론(征韓論)으로 해결하려 했던 19세기 일본 역시 내부 갈등을 외부로 표출하고자 한 것이었다.

그런데 사회 내부의 갈등과 모순의 폭발은 전쟁(또는 혁명)의 형태로 나타나는 한편, 그것은 곧 갈등이나 모순을 해결하는 성격을 갖는다. 즉 전쟁(또는 혁명) 이후에는 이전의 사회 체제와 다른 새로운 사회 체제가 출현하는 것이다. 2차 세계대전이 세계적 차원에서 냉전 체제를 만들어냈으며, 임진왜란은 동아시아의 새

폭격으로 누각이 날아간 광화문. 이때의 광화문 위치는 지금의 민속박물관 입구다. 일제시대에 조선총독부를 지으면서 옮겨놓았다. 광화문이 제 자리를 찾고 누각이 복원된 것은 1968년. 당시 대통령인 박정희는 친필 한글 현판을 달았다. 복원된 누각은 목조가 아니라 콘크리트다.

로운 국제 질서를, 청일전쟁과 러일전쟁은 동아시아에서 일본 중심의 국제 질서를 형성했다.

이러한 변화는 한 국가의 차원에서 보면 더 잘 드러난다. 프랑스 혁명은 부르주아 사회로의 전환을, 러시아 혁명과 중국 혁명은 사회주의 사회로의 전환을 가져오는 중요한 계기가 되었다. 한국전쟁은 한반도를 봉건적, 식민지적 구조로부터 자본주의, 사회주의적 구조로 변화시키는 역할을 했으며, 남과 북의 분단을 확고히 했다.

물론 사회 내부의 구조적인 갈등과 모순이 폭발했다는 것만으로 모든 전쟁의 원인을 설명할 수는 없다. 특히 전쟁이 일어난 시점 문제에 관해서는 더더욱 그렇다. 한국전쟁은 왜 1950년에 일어났는가? 1948년, 1949년에는 1950년과 같은 갈등이 없었는가? 1948년의 제주도 4·3 항쟁이나 여순사건, 1949년의 주한미군 철수, 김구 암살 등으로 미루어보아 1950년 이전에도 폭발 직전의 갈등이 존재하지 않았는가? 1950년이 아니라 1951년이면 안 되었을까?

왜 6월이었는가 하는 의문도 가능하다. 4월이나 5월이 아니고 왜 6월이었을까? 기습적으로 침략하고 전선을 재빨리 확대하려면 비가 오지 않는 시기가 더 좋지 않았을까? 왜 하필 장마철에 전쟁을 일으켰을까? 비는 공격보다는 방어에 더 좋은 조건인데 말이다.

역사가들을 비롯해서 많은 학자들이 전쟁이 왜 특정한 시점에서 발생했는가를 밝히기 위하여 여러 가지 구조적, 사회적 문제들에 접근한다. 그 시점에 전쟁이 발발할 수밖에 없었던 원인을 밝히려는 것이다. 즉 전쟁의 개전은 필연이며 결코 우연이 아니라는 것이다. 1949년에는 이러이러한 이유 때문에 전쟁이 일어날 수 없었지만, 1950년에는 똑같은 이유 때문에 전쟁이 일어날 수밖에 없었다는 것이다. 만약 한국전쟁이 1950년이 아니라 1951년에 일어났다 해도 연구자들은 같은 방식으로 개전의 필연성을 밝히기 위한 노력을 기울였을 것이다.

어쩌면 전쟁의 개전을 설명하는 데는 객관적이거나 과학적이기보다는 감정적이고 추상적인 조건들이 더 중요할지도 모른다. 예컨대 지도자의 역할을 들 수 있다. 지도자가 보기에 특정한 시기가 가장 좋은 시기라고 판단했다면, 그것이 개전의 시점을 밝히는 가장 중요한 비밀 보따리가 될 것이다. 어쩌면 어떤 지도자가 가까운 점성술사를 불러서 언제 전쟁을 일으키는 게 좋을지 물어보았을 수도 있다. 한국전쟁의 원인을 추적하면서 스탈린(Joseph Vissarionovich Stalin)이나 김일성, 또는 마오쩌둥(毛澤東)의 개인적인 인성이 어떠한가에 관심을 기울이는 것은 바로 그 때문이다.

이러한 접근 방식은 전쟁을 설명하는 데만 해당되는 것은 아니다. 경제개발과 박정희와의 관련성을 생각해보자. 대부분의 연구자들이 인정하는 것은 박정희가 없었어도, 5·16 쿠데타가 없었어도 경제개발계획은 실행되었을 것이며, 한국은 경제성장을 이루었을 것이라는 점이다. 물론 속도나, 방식의 차이는 있었을 것이다. 그러나 이미 1950년대부터 경제개발계획이 입안되기 시작했고, 박정희의 초기 계획은 장면 정부의 계획과 거의 다르지 않았다. 어떤 학자는 박정희가 장면 정부의 서류가방에서 경제개발계획을 훔쳐냈다고 묘사하기도 했다. 미국도 1960년대 초부터 한국에 대한 경제개발계획 원조를 실시 중이었기 때문에 누가 정권을 잡았어도 경제개발의 국제적인 조건이 형성되어 있었음은 부인할 수 없는 사실이다.

그러나 중요한 점은 경제개발계획이라는 사실에만 있는 것이 아니다. 오히려 박정희의 생각, 박정희의 업무 추진 속도, 그와 미국의 관계, 그리고 그가 고용한 사람들이 중요하다. 당시 전권을 장악하고 있었던 박정희가 어떠한 방식으로 해나갔는가가 한국 경제개발의 특성을 만들어낸 것이다. 경제개발계획의 실행이 1960년대에 나타날 필연적인 사실이었다면, 거기에서 나타나는 독특한 방식은 지도자의 개성에 기초하는 우연성이 될 수 있는 것이다.

전쟁의 개전 시점 역시 지도자에 따라서 다르게 판단할 수 있다. 개전뿐만 아니라 전쟁을 수행하는 전략도 지도자에 달라질 것이다. 전쟁이나 혁명이 일어날 수밖에 없었다는 것은 필연이 될 수 있다. 그러나 어떤 지도자가 이끈 전쟁이었는가에 따라 그 전쟁의 성격이 달라질 수 있는 것이다.

물론 지도자들이 개전의 시점을 정하기 위해서는 국제 질서와 내부의 역량을 고려하여 치밀하게 전략을 세울 것이다. 그리고 자신들의 힘을 극대화할 수 있는 시기를 선택할 것이다. 또는 상대방의 가장 취약한 고리를 파악하여 선택할 수도 있다. 상대방이 더 강해지려고 할 때 더 이상 기다려서는 안 되겠다는 위기감에서 시기를 선택할 수도 있다. 운동경기에서 흔히 보듯이 공격은 최선의 방어가 될 수 있으니까.

그렇지만 역사 속에서, 그리고 역사 속의 전쟁을 분석할 때, 지도자 개인에 대한 접근도 중요하지만 한 사회 내부의 모순이나 갈등 구조를 해명하지 않고 지도자의 인성과 특징만을 쫓아간다면 우리는 전쟁의 역사적 의미를 온전히 해명할 수 없을 것이다. 전쟁이 파괴와 창조를 통해 이전 시대에서 새로운 시대로 넘어가는 속성을 지닌다는 점을 감안할 때, 사회 내부의 갈등과 모순을 찾아서 그것이 해결되어나가는 방식을 이해해야만 전쟁의 의미 파악이 가능하다.

한국전쟁을 **어떻게** 볼 것인가?

지금까지 한국전쟁에 대한 연구는 전쟁사로서 그 위치를 제대로 찾지 못하고 있었다. 수많은 역사학자, 정치학자, 사회학자들이 한국전쟁에 대해 접근했지만, 단지 정치적인 목적에 복무하는 데 그치는 것이었다. 냉전 체제에서 이루어진 수많은 연구들은 자본주의와 사회주의 양극 체제 어느 한쪽의 이익에 복무했다. 한쪽에서는 공산주의의 침략성을 밝히는 데 혈안이 되었고, 다른 한쪽에서는 자본주의의 공세적인 확장에 초점을 맞추어 한국전쟁을 분석하고자 하였다.

정치적 목적이 강하다 보니, 전쟁에 대한 연구의 초점은 개전에 맞추어졌다. '누가 먼저 총을 쏘았는가' 하는 질문이 바로 그것이다. 과연 누가 먼저 총을 쏘았는가? 남쪽인가, 북쪽인가? 소련의 세계 적화전략 때문이었는가, 미국의 공세적인 봉쇄정책 때문이었는가? 냉전이 계속되던 시기, 매년 6월 25일 즈음이 되면 한국의 신문들은 새로운 문서와 증거들이 발견되었다고 호들갑을 떨었다. 북한이 남침을 했다는 증거가 새롭게 발견되었다는 것이다. 결코 새로울 것 없는 증거들을 가지고.

따라서 한국전쟁에 대한 연구는 대체로 전쟁이 어떻게 시작되었는가에 초점이 맞추어졌다. 그래서 전쟁이 일어나기 전 소련과 중국, 그리고 북한의 상황이 어떠했는가가 한쪽의 관심사였다면, 다른 한쪽의 관심사는 미국이 왜 전쟁을 일으킬 수밖에 없었는가를 해명하는 데 모아졌다. 물론 전쟁이 어떻게 시작되었는가를 밝히는 것은 중요한 일이다. 6월 25일에 일어났는지, 아니면 6월 24일에 일어났는지는 분명히 해명되어야 한다. 그렇지만 누가 먼저 총을 쏘았는가를 밝히는 것만으로는 결코 한국전쟁의 성격을 해명할 수 없다.

다행히 최근 들어 한국전쟁에 대한 다양한 연구들이 나오고 있다. 한편에서는 전쟁의 기원에 초점을 맞추고 있다. 누가 먼저 전쟁을 시작하였는가에서 한 걸음 더 나아가 전쟁이 일어나게 된 원인이 어디에 있었는가를 보고자 하는 것이다. 이러한 관점에서, 국내 신문들의 다양한 색깔 공세가 있지만 브루스 커밍스(Bruce Cumings)의 《한국전쟁의 기원》은 한국전쟁에 관한 연구를 한 단계 올린 중요한 연구 성과이다.

커밍스는 한국전쟁의 기원을 연구하기 위해 한반도의 내부 상황과 미국의 대한정책에 초점을 맞추었다. 이러한 그의 관점은 특히 한국전쟁이 미국과 소련, 중국이 참전하지 않은 상황에서 시작되었다는 점에 비추어 중요한 의미를 갖는다. 즉 전쟁이 발발한 직후에 세계 강대국들이 한반도라는 좁은 땅덩어리에 군대를 파견한 것은 사실이지만, 전쟁이 시작되는 시점에서는 남과 북이 전쟁의 주체였다는 부인할 수 없는 사실을 고려할 때, 한반도의 내부적인 요인들이 전쟁의 좀 더 주된 요인일 수 있음을 시사한다.

커밍스가 미국의 대한정책에도 초점을 맞춘 것은 한반도 내부의 갈등이 증폭되는 과정을 해명하기 위해서였다. 이미 식민지 시기부터 정치, 사회적으로 갈등의 싹이 있었던 것은 사실이지만 그것이 전쟁에 이를 만큼 중대한 요인이 되지는 않았다. 특히 여기에는 해방 직후 좌익 정치세력의 강력한 힘이 정치 주도권을 장악하고 있었다는 사실이 중요한 근거가 된다. 우익 정치세력들은 대중의 지지를 받고 있었던 좌익세력에게 대항할 만한 힘이 없었다. 여기에는 해방 직후 국

전쟁의 아픔.

민족적 여망이었던 사회개혁과 친일 잔재 척결에 좌익세력이 더 적극적이었던 반면, 우익세력에는 친일파들이 상당수 포진해 있었던 점이 중요한 요인으로 작용한다.

 그러나 미국의 개입과 미군정의 설치는 우익세력에게 중요한 정치적 힘이 되었고, 이는 미군이 점령하고 있었던 38선 이남 지역에서 좌익세력의 몰락 또는 38선 이북으로의 월북, 우익세력의 정치 주도권 장악이라는 상황의 변화를 이끌어 냈다. 이것은 38선 이남 지역에서 미국의 지원을 받는 대한민국의 수립과 38선 이북 지역에서 소련의 지원을 받는 조선민주주의 인민공화국의 수립으로 이어졌으며, 단독정부의 수립은 전쟁의 기원이 되었다는 것이다. 따라서 한국전쟁은 한편으로는 냉전의 대리전 성격을 가지면서 다른 한편으로는 한반도 내에서의 갈등으로 인한 시민전쟁의 성격을 갖는다.

그런데 커밍스의 연구에는 커다란 함정이 도사리고 있다. 그의 연구가 한국전쟁에 대한 분석을 사회구조적, 국제 정치적 측면에서 발전시킨 것은 분명하지만, 커밍스가 갖고 있는 세계 체제론적 시각은 한국전쟁뿐만 아니라 한국 현대사를 바라보는 데 있어서 중요한 문제점을 드러내고 있다. 세계 체제론적 시각은 세계사를 중심부 국가와 주변부 국가 사이의 관계로 보면서 중심부 국가의 정책에 의해 주변부 국가들이 변화해나가는 데 초점을 맞춘다. 이를 한국 현대사에 적용하면, 미국의 정책이 동북아시아에서 일본과 한국을 어떻게 연결하고, 각각의 내부 상황을 어떻게 변화시켰는가가 분석의 중심이 된다. 그러한 의미에서 볼 때 한국전쟁 역시 미국의 정책을 이해하지 않고서는 이해하기 힘들다. 왜냐하면 미국은 한국 내부에 깊숙이 개입하면서 사회적 갈등을 증폭시켰기 때문이다.

결론적으로 커밍스의 연구에 따르면, 한국 내부의 상황은 미국에 의해서 변화되었으며, 그것이 곧바로 분단과 한국전쟁의 직접적인 원인이 된다. 한국 내부의 정치적 역동성은 미국에 의해서 꺾여나갔던 것이다. 이러한 세계 체제론적 인식에 근거할 때 중심부 미국은 무소불위의 존재가 된다. 미국은 원하는 것을 모두 얻게 되며, 세계 체제는 그 힘에 의해서 움직인다.

그러나 세계사의 역동적인 과정에서 반드시 주목해야 할 점은 중심부뿐 아니라 주변부의 역동적인 힘이다. 세계 자본주의 체제를 움직이는 주된 힘이 중심부에 있는 것은 사실이지만, 주변부의 역동적인 힘은 중심부의 정책을 변화시키고 때로는 세계 자본주의 체제를 뒤흔들어놓기도 한다. 베트남 전쟁이 그러했고, 남미의 혁명들이 그러했다.

한국의 정치 상황도 예외가 아니다. 이승만 독재 체제 상태였던 1956년, 여당인 자유당의 후보 이기붕의 부통령 당선을 예상했던 미국은 민주당 후보인 장면이 당선되자 대한정책을 바꾸어야 했으며, 4·19 혁명, 5·16 쿠데타 역시 미국의 대한정책 변화에 중요한 동인이 되었다. 베트남 파견 한국군의 증원을 추진하고 있었던 1968년, 한반도에서 일어난 두 가지 중요한 사건 — 1·21 청와대 습격사건과 푸에블로호 사건* — 은 미국의 대한정책을 전면적으로 재고하는 중요한 계기가 되었으며, 1980년 5·18 광주민주화 항쟁과 1987년 6월 항쟁, 2000년 6·15 공동선언, 그리고 2002년의 여중생 추모 촛불시위 등은 모두 한반도 내부의 역동적인 힘이 중심부의 이해관계를 흔드는 결과를 가져왔다.

커밍스는 미국의 정책이 성공했다는 관점에서 한국전쟁의 기원을 바라보고 있지만, 만약 미국의 정책을 단지 38선 이남에만 한정하지 않고 한반도 전체로 상정한다면, 과연 미국의 대한정책은 성공했다고 할 수 있을까? 한반도 전체에 미국에 우호적인 정권을 수립하는 것이 미국의 정책이었다면 38선 이남의 단독정부 수립이 과연 미국의 승리였을까? 분단 정부의 수립을 막기 위해 북한으로 향하는 김구와 김규식을 막지 못한 미군정을 과연 성공적이었다고 평가할 수 있을까? 북한의 침략을 막지 못한 미국의 정책이 과연 승리한 정책이었을까? 이러한 의미에서 볼 때 김남식의 《남로당 연구》(돌베개, 1984)와 송남헌의 《해방 3년사》(까치, 1985)는 자료집의 성격을 가짐에도 불구하고 한국 내부의 힘에 주목한 선구적인 연구다.

커밍스의 연구가 안고 있는 한계가 있었지만 그 후 한국전쟁에 대한 연구는 전쟁의 본질적인 문제에 초점을 맞추게 되었다. 전쟁이 일어나기 전, 한반도 내부에는 어떤 사회문제들이 있었는가? 전쟁은 왜 1950년 6월의 시점에서 일어났는

---

* **1·21 청와대 습격사건과 푸에블로호 사건** 1·21 청와대 습격사건은 북한의 특수부대가 청와대를 습격하여 박정희 대통령을 암살하려 했으나 미수에 그쳤던 사건이다. 이 사건이 발생한 지 이틀 후 미국의 정보함이었던 푸에블로호가 북한의 영해를 침범했다는 혐의로 북한에 나포되었다. 이 두 사건은 서로 연관이 없는 사건이지만 모두 한반도에서 이틀 사이에 벌어진 사건들이다.

가? 전쟁 기간 중 한반도에서는 어떤 일들이 벌어졌는가? 남한에서 있었던 부산 정치파동과 북한에서 있었던 남로당 숙청사건은 어떠한 의미를 갖고 있는가? 남과 북이 서로 상대방의 지역을 점령했을 때 무슨 일들이 일어났을까? 전쟁 시기 대한민국 정부가 부활시킨 현물세는 국민들에게 어떠한 영향을 주었을까? 전쟁 기간 중 대한민국과 미국은 왜 환율문제로 갈등을 빚었으며, 통화개혁은 왜 실행하였는가? 전쟁이 시작된 지 1년이 되는 시점에서 전선은 전쟁 이전과 비슷한 상황으로 돌아갔는데도, 전쟁은 왜 2년이나 더 지나서야 끝났는가?

이러한 문제들에 대한 연구는 이대근, 서중석, 박명림, 김동춘 등 국내 연구자들에 의해서 진행되었다. 이 연구들에서는 전쟁 시기에 자행된 민간인학살도 주요 분석 대상이 되었다. 소장 연구자들은 논문을 통해 4·3 항쟁, 여순사건, 주한 미군사고문단, 미국의 대한정책, 정전협상과 정전 체제, 부산정치파동 등에 대하여 접근하였다. 국내 연구들은 대체로 한반도 안에서의 역동성에 초점을 맞추었다.

아울러 방송사에서 시도한 한국전쟁 특집 다큐멘터리도 중요한 역할을 하였다. 특히 1990년 한국방송공사의 〈한국전쟁 40주년 특집 다큐멘터리〉는 한국전쟁에 대한 인식의 지평을 넓히는 데 중요한 계기를 마련하였다. 문화방송의 〈이제는 말할 수 있다〉에서 다룬 4·3 항쟁, 여순사건, 보도연맹사건, 포로문제, 세균전 문제 등도 한국전쟁을 여러 가지 측면에서 분석하고자 한 중요한 시도들이었다.

CHAPTER _1

한국전쟁은 왜 일어났을까?

한국전쟁에 대한 이해의 첫걸음은 전쟁의 원인이 무엇인가에서부터 시작된다.
전쟁의 원인을 찾는다면, 그것은 곧 전쟁의 성격을 아는 가장 중요한 계기가 될 수 있다.
한국전쟁을 다룬 많은 연구서들이 '전쟁의 기원'이라는 제목을 달거나
하나의 장으로 설정하고 있는 것은 바로 전쟁의 원인을
규명함으로써 전쟁의 성격을 밝히기 위해서다.
한국전쟁의 원인에 대해서는 다양한 논의가 진행되었다.
그중에서도 내부 갈등이 중요한 요인이 되었다는 설,
국제 냉전이 한반도에서 대리전의 차원으로
표출되었다는 설, 국내적 차원과 국제적 차원에서의
갈등이 복합적으로 작용했다는 설이 주요 학설이었다.
1945년 이후, 또는 좀 더 거슬러 올라가서 식민지 시기의
정치적 갈등을 분석하면서 좌우익 간의 대립을 강조한
서중석의 연구가 내부 갈등을 중요한 요인으로 본
대표적인 연구라면, 소련과 북한의 적극적인 역할을
강조한 박명림의 연구, 미국의 공세적인
대외정책에 초점을 맞춘 브루스 커밍스의 연구는
국제적 차원에서의 냉전에서
한국전쟁의 기원을 찾고자 한 것이었다.

좌우익의 **대립** - 내적 기원론

임시정부

식민지 시기에는 한국인들의 정부는 물론 자치도 인정되지 않았기 때문에 합법적인 정치공간에서 활동할 수 있는 정치세력이 존재하지 않았다. 따라서 식민지 시기의 정치활동은 주로 독립운동이나 민족해방운동의 이름으로 이루어질 수밖에 없었다. 대한민국 임시정부가 있었지만, 그것은 말 그대로 '임시' 정부였다. 임시정부는 이동휘 등 좌파에서 이회영·김규식·여운형 등의 중도파, 그리고 김구·안창호·이승만 등 우파 세력까지 망라된 다양한 정치세력들의 집합체였다. 그러나 1922년에 개최된 국민대표자대회 후에는 일개 정파로 전락하고 말았다. 임시정부의 정치노선과 대통령이었던 이승만의 행동 양태에 불만을 느낀 세력들이 임시정부에서 떨어져나간 것이다.

그 후 임시정부는 우익 정치세력을 대표하는 조직의 하나로 전락하였다. 1940년대 이후에는 중국국민당의 지원을 얻어 중도좌파의 민족혁명당 계열이 임시정부에 합류하면서 중국에서 활동하는 우파와 중도 좌·우파를 합친 거대한 정치세

나란히 앉은 김구(오른쪽)와 이승만.

력이 되었지만, 이 또한 국내에서 활동했던 우파나 미주에서 활동했던 독립운동 단체들을 모두 포괄하는 조직은 아니었기 때문에 우파를 대표할 수도 없었다.

임시정부는 1920년대 후반 이후에는 김구를 중심으로 재조직되었다. 김구는 동학에서 불교, 기독교에 이르기까지 다양한 사상을 접하였고, 강한 민족주의 노선을 갖고 있었다. 그러나 그의 민족주의 노선에는 임시정부 활동을 통해 형성된 '반공' 노선이 강하게 자리잡고 있었다. 중국에서 활동한 정치세력들은 좌우익으로 나뉘어 있었으며, 때로는 대(對)일본 투쟁만 하는 것이 아니라 정치 주도권을 둘러싸고 독립운동 진영 내부에서 심각하게 대립하기도 하였다. 좌우익 사이에서 정치 테러가 발생한 것도 그 때문이었다.

김구의 정치노선은 중국국민당의 영향을 강하게 받았다. 중국국민당이 김구의 정치활동을 도와주었던 것도 하나의 요인이었지만, 1929년 이후 김구와 함께 한국독립당에 참여하여 이론가(ideologue)로서 활동한 조소앙의 정치노선 때문이기도 하였다. 삼균주의(三均主義, 정치·경제·교육의 균등)를 내세운 조소앙의 정치노선은 쑨원(孫文)의 삼민주의(三民主義, 민족·민권·민생)에서 많은 영향을 받았다. 1906년 일본 메이지 대학에서 유학할 때부터 조소앙은 쑨원의 삼민주의를 정리한 다이지타오(戴季陶)와 가까운 사이였으며, 1910년대 중국으로 망명한 뒤 조소앙은 중국국민당의 주요 인물인 천잉스(陳英士), 츠언꾸어후우(陳果夫), 황자오(黃覺), 다이지타오 등과 함께 '신아동제사(新亞東濟社)', '아시아민족반일대동당'을 조직하였다.

이승만

우익의 또 한 축은 이승만이 받치고 있었다. 주로 미국에서 활동한 이승만은 1930년대 후반에 이르기까지 독립운동가라기보다는 기독교 전도사로서 활동에 전념하였다. 1890년대의 독립협회 때부터 정치활동에 참여한 이승만은 중추원 설립 후 입헌군주제를 추진했다는 혐의로 사형선고를 받았다가, 1904년 선교사들의 도움으로 출옥한 후 미국으로 건너가 하버드 대학과 프린스턴 대학에서 석·박사 학위를 받았다. 당시 박사가 거의 없었던 한국에서 이승만은 '박사'의 대명사가 되었고, 1948년 대통령이 된 뒤에도 사람들은 그를 이승만 대통령보다는 '이 박사'라고 불렀다.

1919년 상해 임시정부는 이승만을 집정관 총재에 임명했다. 그가 임시정부의 대통령이 되었던 데는 당시 미국의 윌슨(Thomas W. Wilson) 대통령이 이승만이 프린스턴 대학에서 박사학위를 받을 때 총장이었다는 점이 작용하였다. 당시 임시정부는 외교활동을 통해 한국의 독립을 이루고자 했고, 외교활동의 주된 목표는 민족자결주의를 선포한 미국이었다. 그런데 이승만은 임시정부의 직제에도 없는 대통령 명함을 사용함으로써 안창호와 대립하기도 하였으며, 1921년 이후에는 임시정부가 있는 상하이에 오지도 않았다. 이승만은 미국에 위임통치를 청원

그림 1 한국정치 계보도

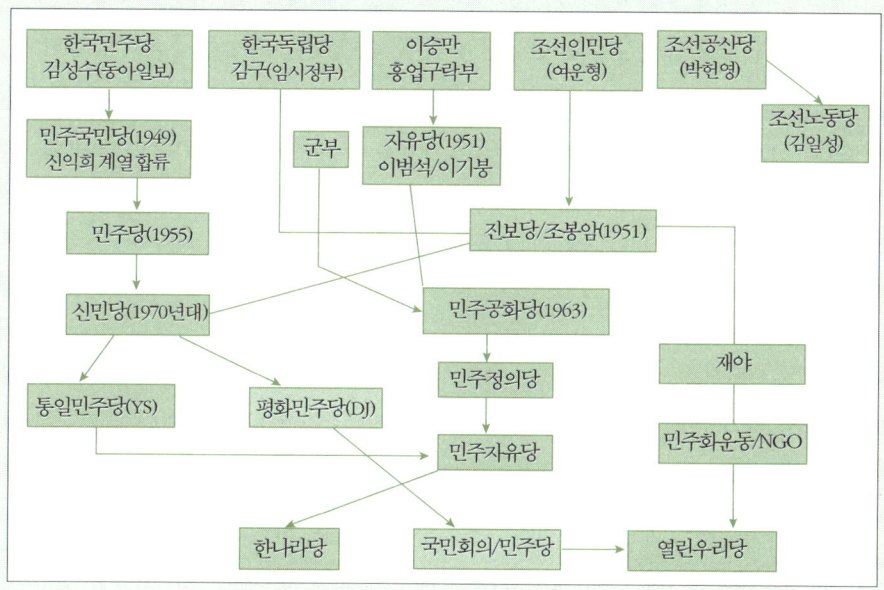

했다는 이유로 대통령직에서 탄핵당했다. 그의 독특한 정치활동은 임시정부와 갈등을 일으킨 주요 요인이었다.

그 후 이승만은 미국에서 활동하면서 임시정부의 구미위원회 대표직을 역임하였다. 그러나 안창호와 갈등과 반목이 계속되었다. 미국 내의 재미교포 조직들은 안창호 지지 세력과 이승만 지지 세력으로 나뉘어 있었는데, 이들의 분열은 미국이 임시정부를 승인하지 않는 중요한 원인 중 하나였다. 미국은 중국국민당의 강력한 요구에도, 내부적으로 분열되어 있는 임시정부를 승인하지 않았다. 어쩌면 1945년 이후 이승만과 임시정부 사이의 대립은 이미 식민지 시기부터 준비된 것이었는지 모른다.

한국민주당

식민지 시기 우익 정치세력에서 빼놓을 수 없는 또 하나의 세력이 바로 '김성수' 계열이다. 호남의 거부(巨富) 김경중의 아들 김성수는 와세다 대학을 졸업한 뒤 귀국하여 중앙고보를 인수하여 학교장을 지냈고, 1919년에는 근대 자본주의적 회사인 경성방직을 창설하였으며, 1920년에는 〈동아일보〉 창간을 주도하였다. 1934년에는 보성전문학교(지금의 고려대학교)를 인수하였다. 일본 유학 중 현대 자본주의 사회의 골간이 되는 부분들을 눈여겨봐둔 김성수는 기업·학교·언론을 통해 현실적인 힘을 마련하고자 한 것이었다. 지금으로 치면 벤처 기업가 정신을 갖고 있었다고 할까?

김성수가 개인 김성수로 그치지 않고 '김성수 계열'이라고 하는 하나의 집단을 형성한 데는 김성수 개인의 독특한 개성이 중요하게 작용하였다. 그는 일본 유학길에 예전부터 잘 알고 지냈던 송진우를 동반했고, 이후에도 백관수, 장덕수 등과 가까운 관계를 유지했다. 김성수는 주위의 유능한 젊은 지식인들에게 재정 지원을 해주었다. 결국 그는 이러한 힘을 바탕으로 하여 1945년 해방 이후 대표

김성수와 장덕수. 서 있는 이가 김성수. 두 사람은 송진우와 함께 한국민주당의 핵심 인물이었다.

적인 우익 정당이었던 한국민주당을 창당할 수 있었다. 송진우와 백관수, 장덕수 등은 모두 한국민주당의 중요한 대들보가 되었다.

김성수의 특징은 자신이 직접 앞에 나서지 않았다는 점이다. 김성수는 장덕수 암살 뒤 1948년 한국민주당 수석 총무직을 잠시 지낸 것과 1951년 5월부터 1년 남짓한 기간 동안 부통령직을 맡았던 것을 제외하고는 결코 앞에 나서지 않았다. 후계자를 양성하지 못하고 자신의 주도권 장악에만 혈안이 되어 있는 요즘의 한국 정치인들에게는 귀감이 되는 것이라 아니할 수 없다.

또 다른 특징은 어떠한 종교와도 가깝게 밀착하지 않았다는 점이다. 근대 이후 한국의 정치세력들은 대부분 종교와 가까운 관계를 맺고 있다. 김구와 김성수를 제외한 대부분의 정치세력들은 기독교, 천주교, 그리고 불교와 연관을 맺고 정치 활동을 전개하였다. 김성수의 친일 행위는 그의 전력에서 논란거리이지만, 정치 활동만큼은 근대 이후 한국정치에서 주목된다고 하겠다.

공산주의자들

이렇게 우익에 임시정부와 이승만, 그리고 김성수 계열의 정치인들이 자리잡고 있었다면, 좌익에는 박헌영으로 대표되는 국내파 공산주의자들과 김일성으로 대표되는 항일무장 투쟁세력이 있었다. 박헌영은 1925년 조선공산당이 처음 창당될 때 측면 조직인 고려공산청년동맹의 책임비서를 역임하였다. 그는 공산당의 여러 파벌 중 하나인 '화요회'의 일원이었다. 따라서 공산주의자 전체를 대표한다기보다는 하나의 파벌을 대표하는 인물이었다.

박헌영은 제1차 조선공산당 사건*으로 투옥되었다가 병보석으로 풀려난 뒤 모스크바로 탈출하였다. 그곳에서 공산청년대학을 수료한 뒤 상하이로 돌아와 공산주의 활동을 재개하였다. 그는 조선공산당을 재건하기 위해 국내에 잠입하였다가 1933년 다시 체포되었다. 1939년 출옥한 그는 다른 공산주의자들과 함께 경성 콤그룹을 결성하여 활동하다가, 해방 직후 조선공산당을 재건하여 책임자가 되었다.

박헌영은 조선공산당 초기부터 활동한 인물이었고, 두 차례에 걸쳐 투옥당하면서도 식민지 전 기간 동안 지속적으로 공산주의 운동을 했다는 점에서 국내 공

---

* **제1차 조선공산당 사건** 1925년 비밀리에 결성된 조선공산당은 그해 12월 일본 경찰에 발각되어 해체되었다. 이 사건을 1차 조선공산당 사건이라고 하며, '1차'라는 말이 붙은 것은 그 후 1928년까지 조선공산당이 네 차례에 걸쳐 다시 조직되기 때문이다.

1946년 4월의 박헌영. 당시 박헌영은 조선공산당 책임비서로서 좌익 세력을 이끌고 있었다. 사진은 박헌영이 모스크바에 있는 딸 비비안나에게 편지를 보내면서 동봉한 것이다(박비비안나 제공).

산주의자들의 지지를 받았다. 특히 1930년대 후반 이후 일본 제국주의가 전쟁 동원을 위한 공세를 강화해나가는 가운데 많은 독립운동가들이 친일을 선언하거나 친일단체에 참여했지만, 박헌영은 끝까지 전향하지 않고 공산주의 운동을 계속했다. 그나마 친일을 하지 않는 사람들의 경우 낙향하여 모든 활동을 중지하였다. 해방 후 국내 공산주의자들이 그를 가리켜 '암흑 속의 별'이라고 일컬은 것도 이러한 그의 경력에서 나온다.

그러나 그는 오랜 감옥 생활을 겪느라 정치활동의 경험이 적었을 뿐만 아니라 다른 정치세력과의 연계 또한 거의 없었다. 따라서 공산주의자 박헌영에 대한 평가와 정치가로서 박헌영에 대한 평가는 다를 수밖에 없다. 정치는 이념과 논리만으로 되는 것이 아니다. 현실은 보편에 기반한 이념과 논리와는 또 다른 특수성들이 존재하는 '현장'이 아닌가. 중국에서 여러 정치세력과 접해본 경험이 있었던 임시정부 세력, 국내에서 다양한 정치세력들과 때로는 연합도 하고 때로는 대

여운형(맨 오른쪽)은 해방정국에서 미국이나 소련, 어느 쪽과도 대화할 수 있는 유일한 정치인이었다. 미·소공동위원회 미국 대표들과 함께 한 여운형.

립도 하면서 활동했던 김성수 계열과 비교할 때 공산당 안에서만 활동했던 박헌영의 행보는 열린 공간에서 빛을 발하기 어려웠다.

물론 이 점은 중국공산당의 항일연군에서 활동했던 김일성 계열에도 동일하게 적용될 수 있을 것이다. 일본 제국주의는 독립운동 계열 중에서도 공산주의자들을 가장 철저하게 탄압했기 때문에 이들이 합법적인 공간에서 활동하기란 어려웠다. 그들의 활동은 항상 비밀조직을 통해 이루어졌다. 따라서 이들이 폭넓은 정치관계를 경험한다는 것은 거의 불가능했다. 그나마 김일성 계열의 경우, 1936년 세계 공산당 본부였던 코민테른에서 민족해방운동을 위해서는 공산주의자들과 민족주의자들의 연합이 필요하다는 정책을 내놓은 다음에 본격적으로 활동하였기 때문에 국내 공산주의자들보다는 좀 더 유연한 정책을 구사할 수 있었다.

또한 김일성은 특수한 가족 배경을 가지고 있었다. 그의 아버지가 평양에서 민족주의자들과 함께 활동했던 경력이 있으며, 어머니 쪽은 기독교 집안이었다. 김일성의 공식적인 자료상으로 나타나는 중국에서의 활동은 민족주의적 성향이 강했던 만주의 한 독립운동단체에서 시작되었으며, 이후에도 민족주의는 그의 공산주의 사상에서 중요한 모토가 되었다. 이것이 때로는 '우리 민족 제일주의'와 같은 국수주의적 성향으로 표출되기도 하며, 현재 북한의 통치 이데올로기가 공산주의라기보다는 '주체사상'과 '반미 이데올로기'라는 강한 민족주의적 경향을 갖는 것 역시 이러한 배경과 관련이 깊다고 할 수 있다.

여운형

이상과 같은 좌우익 세력 외에 주목되는 정치세력으로 중도파 세력들이 있었다. 그중에서도 중도좌파로 분류되는 여운형은 식민지 시기부터 주목받는 정치가였다. 청년 시절 공산주의 운동에 참여하기도 했던 그는 1930년대 이후에는 〈조선중앙일보〉 사장과 조선체육회 회장을 역임하면서 중도적인 정치노선을 걸었다. 특히 식민지 조선을 구해낼 수 있는 것은 청년들밖에 없다고 생각한 그는 청년들을 일으켜 세우기 위해서 스포츠가 중요한 역할을 할 것이라고 보았다. 그는 조선체육회 회장을 맡았으며, 조선인 최초 올림픽 금메달리스트가 된 손기정과 가까이 지냈다. 손기정은 올림픽에 참가하기 전, 일본인의 이름으로 일장기를 가슴에 달고 뛰어야 하는 아픔에 대해 여운형과 의논했다고 한다.

여운형은 1944년 일본의 패망을 앞두고 조선건국동맹을 결성하였다. 국내에서 독립운동을 하다가 일본 제국주의의 공세로 활동을 그만두었던 많은 사람들이 건국동맹에 참여하였다. 여운형은 일본이 패망할 것을 예상하고 건국 이후의 사업들을 준비하였다. 이러한 그의 정치 활동과 명망 때문에 일본 총독부는 일본이 패망하는 순간 정권을 인수할 사람으로 여운형을 지목하였으며, 여운형은 조선건국동맹을 중심으로 조선건국준비위원회를 조직하였다.

건국동맹이나 건국준비위원회는 좌우익 세력이 망라된 조직이었다. 여운형은 민족의 완전한 독립과 자주독립 국가 건설이 이루어지기 전까지는 정치적 이해관계를 뒤로하고 모든 좌우익 세력들이 연합해야 한다고 생각했다. 따라서 조금이라도 정치적 성향이 한쪽에 치우친 조직에는 참여하지 않았다. 조선공산당의 주도로 조선건국준비위원회가 조선인민공화국(이하 '인공'으로 약칭)으로 바뀌자, 여운형은 인공에서 활동하지 않았다. 1946년 2월 조선공산당이 주도하여 만든 좌익 연합의 민주주의민족전선(이하 '민전')에는 참여는 했지만 적극적으로 활동하지 않았다.

오히려 여운형은 좌우의 합작에 활동의 중심을 두었다. 1945년 11월 건국동맹을 조선인민당으로 바꾸었다. 조선인민당은 좌우 연합의 매개 역할을 수행하는 것을 가장 중요한 정치노선으로 하는 임시 조직이었다. 1946년 여운형은 좌우합작위원회에서 좌익 진영의 대표를 맡아서 활동하였다.

그러나 여운형 개인의 명망에 비해 그의 조직적 힘은 결코 큰 것이 아니었다. 따라서 조직과 돈을 갖고 있었던 좌우익의 실세들을 움직이기에는 역부족이었다. 이것이 어느 시대나 중도파가 갖고 있는 딜레마가 아니었을까?

극좌와 극우는 가장 가깝다

결국 당시의 정치 지형은 〈그림 2〉와 같았다.

일반적으로 정치세력들의 이데올로기적 스펙트럼은 일렬로 그려지곤 하지만, 실제로 이들의 정치성향을 정확히 파악하려면 위와 같이 완전한 원이 아닌, 떨어져 있는 반지 모양으로 그려야 한다. 진정한 좌익과 진정한 우익은 가장 멀리 떨어져 있으며, 중도세력은 이들의 사이에 있다. 진정한 좌익과 우익에게는 '민족주의'라는 개념이 개입될 여지가 없다. 이들은 서로의 계급적 이해관계에 충실할 뿐이다. 물론 식민지 경험이 있는 한국에서 순수한 계급적 이해관계만을 대변하는 좌익과 우익은 없다. 그럼에도 순수 좌우익은 상대적으로 민족주의에 더 많

그림 2 해방직후 정치 지형

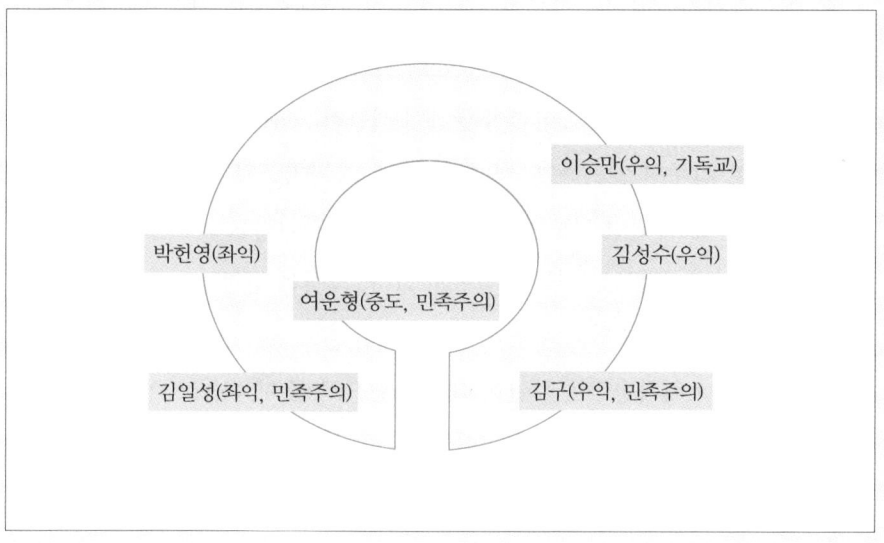

은 강조점을 두고 있는 중도세력이나 좌우 민족주의 세력과는 다르다.

반면 좌익과 우익 중에서도 민족주의에 좀 더 가까운 세력들이 있다. 이들은 정치적 이데올로기는 다르지만 민족주의라는 공통분모를 갖고 있다는 점에서 가까운 곳에 위치하고 있다. 중도세력 또한 민족주의 성향을 갖고 있다는 점에서 좌와 우 사이에 위치하면서도 이들과 가까이 있다. 이들은 공통적으로 민주주의보다는 민족주의에 좀 더 많은 관심을 갖는다. 공동체를 이상으로 삼고 개인을 희생물로 여긴다. 예컨대, 서로 이념이 달랐던 히틀러(Adolf Hitler)와 스탈린이 같은 전체주의자로 간주되기도 하고, 실제로 독·소 불가침조약을 맺어 동일한 이해관계를 형성할 수 있었던 것도 민족주의 또는 국가주의라는 공통점에서 나온 것으로 볼 수 있다. 그럼에도 이들은 떨어져 있다. 그것은 정치적으로 서로 반공과 반자본주의로 대립하고 있기 때문이다.

이들이 가까이 위치한다는 사실은 다른 한편으로 볼 때 좌우 사이에서 전향한 사람들의 성향을 보면 더 잘 알 수 있다. 특히 좌익에서 우익으로 전향한 많은 사람들이 있다. 이들의 경우 우익보다도 더 보수적이고, 더 우익적이다. 1920년대 후반 조선공산당에서 책임비서로 활동하다가 전향한 한 보수인사는 1950년대에 조봉암을 공산주의자라고 비난하면서 그를 지지하느니 차라리 이승만을 지지하겠다고 선언하기도 했다.

전향은 서로가 떨어져 있으면서도 가까운 곳에 위치하고 있기 때문에 가능한 것이다. 박정희가 우익에서 좌익으로, 다시 좌익에서 우익으로 변신할 수 있었던 데는 이러한 위치의 인접성이 중요한 역할을 했을 것이다. 서구 제국주의에 반대하는 공산주의자들에게 새로운 아시아적 제국주의를 꿈꾸었던 대동아공영권의 논리는 매우 매력적인 이념으로 다가왔을 것이다.

편의상 여기서는 대표적인 정치세력만 언급했지만, 이들 이외에도 수많은 정치세력들이 있었다. 우익에는 임시정부와 이승만 사이를 오가다가 1949년 한국민주당과 연합한 신익희, 광복군을 주도하다가 해방 직후 미군정의 지원으로 민족청년단을 조직한 이범석, 우익이었지만 이승만과는 같이할 수 없다며 북한에서 활동했던 이극로*, 납북된 뒤 북한에서 활동했던 조소앙 등이 있었다. 좌익에도 박헌영과 김일성 모두를 비판하면서 남한에서 조용히 여생을 마친 2차 조선공산당의 책임비서 김철수**, 박헌영을 비판하면서 전향한 뒤 진보당 활동을 했던 조봉암 등이 있었다. 중도파에는 안재홍, 손진태 등 많은 학자형 정치가들이 있었다.

이렇게 식민지 시기와 해방 직후에는 여러 정치세력들이 난립했다. 이들은 때로는 독립운동을 위하여 손잡았지만, 때로는 서로 테러를 할 정도로 심각하게 대립했다. 식민지 공간에서는 일본 제국주의라는 거대한 적이 있어 대립은 그리 크게 나타나지 않았지만, 해방 직후의 열린 공간에서는 심각하게 나타나기도 했다. 주인이 사라진 땅 위에서 새로이 권력을 장악하고자 하는 이들 간에 심각한 정치투쟁이 전개되었던 것이다. 좌우익의 실력자들은 손만 뻗으면 주인 없는 권력이 내 것이 될 수 있다고 생각했고, 그럴 때 협력과 타협은 더 이상 유효한 노선이 될 수 없었다. 해방이 되었건만 1946년과 1947년의 3·1절 기념식은 좌익과 우익이 서로 다른 장소에서 거행하였으며, 1947년의 3·1절 기념식에서는 좌우익의 충돌로 많은 사상자가 발생하기도 했다.

바로 이러한 좌우익의 대립이 한국전쟁의 직접적인 대립이 된다는 것이 내적 기원론을 주장하는 사람들의 근거다. 38선 이남의 권력은 우익을 대표하는 이승만과 한국민주당이 장악하고, 이북의 권력을 김일성과 박헌영이 장악했다는 상황에 비추어볼 때, 한국전쟁은 우익과 좌익 사이의 전쟁이고, 그 기원은 식민지 시기 이후로 진행되어온 정치적 갈등과 대립에서 찾아야 한다는 것이다.

---

* **이극로** 1942년 조선어학회 사건으로 투옥되었으며, 1945년 출옥 후 조선어학회 회장을 역임한 민족주의자. 조봉암과 함께 제3전선 운동에 참여하기도 했으며, 남북협상 후 북한에 남아 조국통일민주주의전선 의장을 역임했다.
** **김철수** 일본 와세다 대학을 졸업하고 1921년 상하이에서 공산주의 운동을 시작하여 1926년 2차 공산당의 두 번째 책임비서가 되었다. 1928년 조선공산당이 해체된 뒤 만주에서 공산당 재건을 위해 활동하다가 일본 경찰에 체포되어 10여 년 동안 감옥살이를 했다. 그 후 공산주의 운동을 그만두고 낙향하여 여생을 마쳤다.

내적 기원론 **비판**

식민지 시기 이후로 좌익과 우익이 서로 분열되어 있었던 것은 사실이다. 해방 후 분열과 대립은 점차 더 심각해져갔다. 해방 직후의 정치정세는 좌익의 힘에 압도되었다. 제국주의에서 해방되자 사회개혁을 희구했던 한국인들은 그것을 추구하고 친일파가 가장 적었던 조선공산당의 활동에 환호를 보냈다. 그러나 미군이 진주하면서 미군정의 지원을 받은 우익세력들이 점차 힘을 강화해 나갔고, 좌우익의 대립은 점점 더 도를 더해갔다.

정치세력 간의 갈등은 어느 사회나 존재한다

그러나 한국전쟁의 기원을 정치세력들 사이의 대립과 갈등만으로 설명할 수는 없다. 여기에는 몇 가지 이유가 있다. 첫째, 정치세력 간의 갈등과 대립은 어느 시기, 어느 사회에나 존재한다는 사실이다. 좌익과 우익이란 용어가 처음 생겨난 유럽에서부터 1950년대 이후에야 국가의 모습을 갖춘 신생국에 이르기까지 모든 사회·공동체·국가에는 다양한 견해가 존재하며 그 다양한 견해가 서로 대

해방 직후 서울에서 열린 연합군 환영대회에 내걸린 태극기와 연합군의 국기. 태극기를 중심으로 미국, 중국, 소련, 영국 국기가 걸려 있는 모습이 마치 한반도와 열강의 관계를 상징하는 것만 같다.

립, 충돌하면서 정치 발전이 이루어진다. 정치 견해를 둘러싼 갈등과 충돌이 없는 곳은 전체주의 국가나 독재국가를 의미하며, 정치 발전을 기대하기가 어렵다.

정치세력 간의 충돌과 갈등은 때로는 사회 불안이나 혼란을 조성하기도 하지만 새로운 정책과 정치노선으로 이어지며, 궁극적으로 사회 발전에 긍정적인 역할을 한다. 냉전 체제에서 공산주의 체제가 발전하지 못했던 원인 중 하나는 다양한 정치 견해를 인정하지 않은 사실에서 비롯되었다. 갈등 이후에 나타나는 개혁의 과정은 단기적으로는 여러 가지 혼란을 불러일으킬 수 있지만, 장기적으로는 사회의 발전에 긍정적으로 기여하게 마련이다.

그러나 더 중요한 문제는 갈등과 혼란이 어느 정도인가와 갈등이 건설적인 역할을 할 수 있는가 여부다. 만약 갈등과 혼란이 도를 넘어선다면, 사회 발전에 건설적인 역할을 할 수 없을 것이다. 또한 갈등과 대립이 토론을 통해서 새로운 비전을 제시하는 쪽으로 해결된다면 문제가 없겠지만, 토론문화가 성숙해 있지 않거나 상대방을 경쟁자 관계가 아닌 제거하거나 사라져야 할 대상으로 파악한다면 긍정적인 역할을 기대할 수 없을 것이다.

한국 사회에서도 정치적인 이해관계를 둘러싸고 많은 갈등과 대립이 있어왔다. 조선시대에는 붕당을 둘러싼 대립이 있었다. 주자의 성리학적 견해에 바탕을 둔 붕당은 넓게는 세상을 바라보는 가치관으로서 하늘과 인간의 관계, 동물과 인간의 관계를 바라보는 관점, 사회적으로는 왕과 신하의 관계, 황제와 제후의 관계를 바라보는 관점을 둘러싸고 형성되었다. 조선시대의 붕당은 이러한 관점의 차이에 따라 서인과 동인으로 갈라지고, 동인은 북인과 남인으로, 서인은 노론과 소론으로 나뉘었다. 이들은 숙종 연간에 이르기까지 자신들의 정치적 견해, 즉 유학을 해석하는 방식을 둘러싸고 서로 대립하였으며, 자신들의 정치적 견해를 중심으로 정치, 사회적 관계를 규정하고자 하였다. 이러한 대립은 정치적으로 왕권과 신권을 적절하게 규제하기 위한 수단이 될 수 있었다.

그러나 그 대립이 정도를 넘어섰을 때 붕당 간의 대립은 당쟁이 되었고, 당쟁은 결국 조선 사회를 몰락시키는 역할을 하였다. 상대방의 의견을 존중하면서 새로운 견해를 내놓기보다는 자신의 견해를 관철하려고만 하였다. 그리고 상대방을 제거하기 시작했다. 숙종 연간의 '출척(黜陟)'은 바로 그런 과정에서 이루어진 쿠데타 비슷한 사건들이었으며, 이후 영조와 정조가 탕평책을 통해 당쟁을 없애려고 하였지만, 결국에는 하나의 붕당, 심지어는 하나의 집안이 전권을 행사하는 세도정치에 이르게 되었다. 기호지방을 중심으로 하는 세도정치의 정착은 곧 관료기구의 중앙집중화를 가져왔고, 이로 인해 중앙은 지방에 대한 통제력을 잃게 되었다. 이것은 곧 조선왕조의 근대화 노력의 실패, 그리고 식민지로의 전락으로 이어지는 중요한 원인의 하나가 되었던 것이다. 그러나 조선시대 정치세력 간의 대립과 갈등이 도를 더했다 하더라도 전쟁이 일어나지는 않았다.

해방 직후 정치세력 간의 갈등 역시 1946년의 9월 총파업, 10월 대구항쟁을 거치면서 걷잡을 수 없이 심각해졌다. 한편에서는 여운형을 중심으로 하는 좌우합작위원회가 추진되고 있었지만, 다른 한편에서는 좌익과 우익, 그리고 좌익 세력 내부에서 정치 주도권을 둘러싼 심각한 갈등이 전개되고 있었다. 그러나 그것이 전쟁을 일으킬 정도는 아니었다. 만약 그 갈등이 전쟁으로 이어질 정도였다면 전쟁은 1947년에도, 1948년에도 일어날 수 있었을 것이다.

이데올로기를 넘어선 공통분모, '공(公)' 개념

한국전쟁의 기원을 정치세력들 사이의 대립과 갈등으로만 설명할 수 없는 두 번째 이유는 당시 정치세력들 사이에는 갈등의 골을 메울 수 있는 공통분모가 있었다는 사실이다. 우익과 좌익은 각기 자본주의와 공산주의를 추구한다는 점에서 서로 다른 정치노선을 갖고 있다. 그러나 식민지 시기와 해방 직후의 우익과 좌익 사이에는 공통된 정치노선이 있었다. 〈자료 1〉은 우익의 대표적 정치세력이었던 한국민주당이 1945년 9월 16일에 발표한 정강과 정책이다.

흥미로운 사실은, 가장 우익적이라고 하는 한국민주당의 정강과 정책에서 사회주의 요소를 발견할 수 있다는 점이다. 특히 정책 5, 6, 7항에서 언급하고 있는 경제조항들은 사회주의 요소를 강하게 담고 있다. 공업화를 강조하는 중공주의적 정책이나 주요 산업의 국영 또는 통제, 그리고 토지제도의 합리적 재편성은 사회주의 혁명 이후 추진되는 대표적인 경제정책의 하나다.

이러한 현상은 비단 한국민주당에서만 나타나는 것이 아니다. 임시정부가 중국 충칭(重慶)에서 발표한 〈자료 2〉에는 더욱 뚜렷이 나타난다.

당강 2항의 '계획 경제제도'에서 당책 7, 8, 9항의 경제정책은 사회주의 정치노

자료 1 한국민주당의 강령과 정책

[강령]
1 _ 조선민족의 자주독립국가 완성을 기함.
2 _ 민주주의의 정체 수립을 기함.
3 _ 근로대중의 복리증진을 기함.
4 _ 민족문화를 앙양하여 세계문화에 공헌함.
5 _ 국제헌장을 준수하여 세계평화의 확립을 기함.

[정책]
1 _ 국민 기본생활의 확보.
2 _ 호혜평등의 외교정책 수립.
3 _ 언론, 출판, 집회, 결사 및 신앙의 자유.
4 _ 교육 및 보건의 기회 균등.
5 _ 중공주의 경제정책 수립.
6 _ 주요 산업의 국영 또는 통제 관리.
7 _ 토지제도의 합리적 재편성.
8 _ 국방군의 창설.

출처: 송남헌, 《해방3년사 I》, 까치, 1985, 126쪽.

선과 별반 다르지 않다. 임시정부가 이 정책을 발표할 당시에 좌파 성향의 민족혁명당 계열이 참여하고 있었던 사실도 고려해야겠지만, 그렇다 하더라도 임시정부 내에서 주도권을 장악하고 있던 우익세력들이 이러한 내용의 정치노선을 허용했다는 사실은 좌우익 간에 무언가 공통분모가 있었음을 의미한다.

우리는 그렇게 살아왔다

그렇다고 해서 우익 정치세력들이 좌익의 정치노선에 공감했다는 의미는 아니다. 여기서의 공통분모는 좌익의 노선을 넘어서는 무엇인가를 의미한다. 그 무엇인가는 서로 말하지 않아도 동의할 수 있는 관습적인 것일 수도 있고, 식민지 시기와 그 이전의 역사를 통해서 형성되어온 것일 수도 있다. 임시정부와 한국독립당의 정치노선을 정립했던 〈자료 3〉과 같이 조소앙의 언급은 그 점을 뒷받침하고 있다.

조소앙에 따르면, 토지국유 같은 강령은 한국의 역사에서 비롯된 심리적이며 관습적인 것이기 때문에 당연한 정책이 될 수밖에 없다는 것이다. 그의 말대로면 식민지 시기와 해방 직후에 많은 한국인들이 사회주의 노선에 동의했던 이유가 설명되며, 사회주의에 반대했던 우익세력들 내부에서조차 사회주의적 강령이 나온 것 역시 설명이 가능하다.

이러한 조소앙의 주장에 모두가 동의하지는 않을 것이다. 좌익 정치세력의 경우 관습적, 심리적인 것 이전에 소련의 사회주의 노선에 동의하였을 가능성이 크다. 그렇지만 좌익과 우익 사이에서 합일점을 찾을 수 있다는 사실은 매우 주목할 만하다. 좌우익 사이에 분열과 대립만이 아니라 연합의 가능성도 있었음을 보여주기 때문이다. 그렇지 않다면 식민지 시기 동안 우익 민족주의 노선에 근거한 활동을 했던 사람들, 예컨대 조소앙이나 이극로 같은 사람들이 해방 후에는 북한에서 활동한 것을 어떻게 설명할 수 있겠는가? 자진해서 북한으로 간 것이 아니

자료 2 　재중경(在重慶) 한국독립당 5차 대표자대회 선언
(1945. 8. 28)

[당강](기본 강령)

1 _ 국가의 독립을 보위하며 민족의 문화를 발양함.
2 _ 계획 경제제도를 확립하여서 균등사회의 행복생활을 보장할 것.
3 _ 전민 정치기구를 건립하여서 민주공화의 국가 체제를 완성할 것.
4 _ 국비 교육실시를 완비하여서 기본 지식과 필수 기능을 보급할 것.
5 _ 평등 호조를 원칙으로 한 세계 일가를 실현하도록 노력할 것.

[당책](행동 강령)

1 _ 유구한 독립국가의 진체를 천명하고 독특한 문화민족의 실적을 발휘할 것.
2 _ 국가 민족의 건전한 생존 발전과 평화로운 세계 대가정을 건립하기 위하여 일반 국민에게 민주 단결의 정신을 적극 배양할 것.
3 _ 계급, 성별, 교파 등의 차별이 없는 보통선거제를 실시하여 국민의 정치권리를 향유할 것.
4 _ 노동, 교육, 선거, 파면, 입법, 보험, 구제 등 각종 기본 권리를 향유할 것.
5 _ 신체, 거주, 집회, 결사, 언론, 출판, 신앙, 통신 등의 자유를 확보할 것.
6 _ 지방자치제를 실시하여 국민의 정치능률을 제고하며 중앙 및 지방의 균권제를 실행할 것.
7 _ 토지는 국유를 원칙으로 하되 토지법, 토지사용법, 지가세법 등의 법률을 규정하여 한기(限期) 실시할 것.
8 _ 토지는 인민에게 분급하여 경작케 하되 극빈한 농민에게 우선권이 있게 할 것.
9 _ 교통, 광산, 삼림, 수리, 운수, 전기, 어업, 농업 등 전국성의 대규모 생산기관은 국가경영으로 할 것.

10 _ 국가의 현유한 사유토지와 중소 규모의 사영기업은 법률로써 보장할 것.
11 _ 국민의 각종 교육의 경비는 일률로 국가에서 부담할 것.
12 _ 교육 종지의 내용을 독립, 민주, 단결로 확정하고 신교과서를 편찬할 것.
13 _ 연합 국가와의 우호관계를 보유하며 약소민족과 그 국가에 동정하는 각 정치 단체와 연락을 취할 것.
14 _ 국제적 집체 안전과 세계의 영구한 평화를 실시하기 위하여 노력할 것.
15 _ 국방군을 편성하기 위하여 의무병역을 실시할 것.
16 _ 부녀의 지위를 제고하여 남자와의 균등 발전을 도모할 것.
17 _ 국민 보건시설을 보급할 것.

(18항에서 26항까지는 생략)

출처: 송남헌, 《해방3년사 I》, 까치, 1985, 186~188쪽.

라 한국전쟁 시기에 납북되었다고 하더라도 어쨌든 그들 중 상당수가 북한에서 정치활동을 했다. 과연 그들 모두가 공산주의자였기 때문에 이런 일들이 일어났던 것일까?

자료 3 　조소앙의 '한국독립당 당강 해설'

　신라에서 고려의 융성한 시기에 이르기까지 토지는 국가가 소유하였고, 분전제를 채택하였다. 경종 이후로 공음전시과가 있어서 관급에 따라 땅을 주었다. ……목종과 명종 이후로 권력의 병폐 때문에 그 제도가 점차 쇠퇴했지만, 고려 말 이성계와 조준 등이 전시과 제도를 부활하였고, 정도전 등은 토지개혁을 추진하면서, 당시 토지제도의 폐단을 지적하면서 개혁을 청하였다. 조선은 그 제도를 지키고자 했지만, 점차 제도는 해이해졌고, 겸병, 강탈, 세의 부과 등이 이어지면서 사유의 풍속이 성하게 되었다. 이로부터 보건대, 토지 국유는 한국 역사상 전통적 정책으로 이씨 조선 후 비로소 점차 그 제도가 해이해지면서 토지사유제가 확립되었는데, 고대부터 근대에 이르기까지 그 기초를 찾을 수 없는 것이라. …… 한국역사상 토지를 국유하는 것은 정상적인 현상이고 토지사유는 단지 근대 한국에서 국정이 쇠퇴했을 때의 현상이다. 이로부터 연유해서 볼 때 가히 충분히 이해할 수 있듯이 우리들은 토지국유가 한국인들의 정서상, 관습상 문제가 없다고 느끼는 바이다.

출처: 조소앙, 〈韓國獨立黨黨綱箋釋〉, 편집부 엮음, 《한국독립운동사자료집-조소앙편(一)》, 한국정신문화연구원, 1995, 886~888쪽.

미국의 **책임** – 외적 기원론

한국전쟁의 기원에 대한 전통적 해석은 공산주의자들의 팽창주의적 정책이 원인이라는 것이었다. 전통적 해석은 자유주의의 관점에 기초하고 있으며, 공산주의자들이 세계혁명론을 통해 혁명을 세계적으로 확산시키려 한다고 규정한다. 트로츠키(L. Trotskii)의 세계혁명론이 스탈린에 의해 좌절되었는데도, 전통적 해석에서는 공산주의란 끊임없이 세계혁명을 추구하는 세력으로 이해된다.

전통적 해석에서 볼 때 한국전쟁은 동북아시아에서 공산주의의 확장을 꾀하고 있던 스탈린의 지시로 중국의 마오쩌둥과 북한의 김일성이 치밀하게 모의하여 일으킨 전쟁이었다. 그것은 곧 동북아시아에서 자유민주주의 체제를 위협하는 것이었다. 따라서 유엔군의 깃발 아래 자본주의 질서와 자유민주주의 체제를 수호하기 위해 군대를 파견했다는 것이 한국전쟁에 군대를 파견한 국가들의 중요한 논리였다.

이 논리는 한국전쟁의 기원뿐만 아니라 분단의 기원을 논의하는 데서도 똑같이 적용된다. 즉, 한반도 분단의 기본적인 원인을 소련이 제공했다는 것이다. 일본과 소련은 이미 2차 세계대전이 시작되는 시점에서 불가침조약을 맺었고, 소련은 유럽의 전선에 치중하였다. 그런데 전쟁이 끝나기 6일 전인 1945년 8월 9일, 소련은 태평양전쟁 참전을 선포했고, 이것이 곧 분단의 가장 중요한 원인이 되었다는 것이다. 결국 스탈린의 야심만만한 동북아 공산화정책 때문이라고 본 것이다.

인식의 전환: 수정주의자들의 등장

그러나 이 논리는 1970년대 이후 전통적 해석에 대한 수정이 시도되면서 점차 설득력을 잃었다. 전통적 해석에 대한 비판은 미국의 베트남 전쟁에 대한 비판과 밀접하게 관련을 맺고 있다. 1960년대 본격적으로 베트남 전쟁에 개입한 미국은 사태를 해결하기는커녕 점차 수렁 속으로 빠져 들어갔다. 수많은 미군들이 베트남에서 죽어갔고, 전세는 점점 더 미국에게 불리하게 돌아갔다. 한국전쟁과 마찬가지로, 미국인 사상자가 늘어가는데도 사태가 해결되지 않자 미국 내 베트남 전쟁에 대한 여론은 점차 나빠졌다. 급기야는 베트남전에 반대하는 대규모 시위가 발생하였고, 미국의 대학생들이 경찰의 총에 맞아 사망하기도 하였다. 거의 같은 시기에 일어난 인종차별에 반대하는 흑인들의 폭동*, 또한 베트남전 개입에 반대하는 여론과 함께 미국의 공세적 대외정책을 강하게 몰아붙였다.

베트남전 개입에 대한 강한 비판 여론은 학계에도 많은 영향을 미쳤다. 전통적 해석의 주장처럼 미국은 소련을 비롯한 공산주의 국가들의 세계혁명에 맞서서 자유민주주의 세계를 지키고자 한 것이었는가? 아니면 베트남 전쟁의 예에서 보이듯이 자유민주주의 수호라는 명분 하에 제3세계에 자신들의 이해관계를 관철하기 위한 것일까? 전자의 관점에서 볼 때 미국은 수세적 입장이라면, 후자의 관

---

* **흑인들의 폭동** 1960년대 미국에서는 흑인들의 공민권 운동이 전개되었다. 1965년 뉴욕 할렘 폭동, 1966년 LA 와츠 폭동, 1967년 디트로이트 폭동 등이 잇달았다. '폭동'이라 이름 붙여질 정도로 과격한 시위가 발생했는데, 그 근저에는 인종차별에 반대하는 흑인들의 의지가 담겨 있었다.

점에서 미국은 공세적이다. 이러한 문제의식에서 미국의 대외정책과 국제 정치에 대한 기존의 전통주의 관점을 수정하는 작업이 시작되었다. 이를 '수정주의'라고 부른다.

베트남 전쟁의 영향과 함께, 자료의 측면에서 1970년대라는 시점은 한국전쟁에 대한 수정주의가 등장할 수 있었던 중요한 시대적 배경이었다. 미국은 정보공개법에 따라 30여 년이 지난 문서에 대해서는 소정의 심사를 거쳐서 공개할 수 있다. 1970년대는 냉전의 출발점이 되는 1940년대로부터 30년이 지난 시점이 아닌가. 결국 수정주의의 등장은 1940년대에 작성된 미국의 문서들이 공개되는 시점과 일치한다. 한국과 관련된 문서들의 경우, 1945년부터 1948년까지 38선 이남에 있었던 미군정 관련 문서들이 이때 공개되었다. 브루스 커밍스로 대표되는 한국전쟁에 관한 초기 연구자들이 미국의 정책 자료들을 꼼꼼하게 검토, 분석하면서 동시에 수정주의적 경향을 띠었던 것은 이러한 시대적 배경과 관련이 있다.

서장에서 언급한 바와 같이 커밍스를 비롯한 수정주의가 갖고 있는 한계가 분명하지만, 커밍스 이후 한국 현대사 연구는 한 단계 발전하였다. 그 발전은 주로 새로운 자료를 발견함으로써 이루어졌다. 미군정에 대한 자료뿐만 아니라 한국 문제의 처리를 위한 2차 세계대전 중의 회담 자료들, 그리고 전후 미국의 아시아 정책 구상에 대한 문서들이 공개되었다. 아울러 미군정에서 작성한 한국 관련 보고서들은 당시의 한국 상황을 분석하는 데 많은 도움이 되었다.

이들 수정주의 연구들이 전통적 해석을 비판할 수 있었던 중요한 논거는 다음의 몇 가지 근거에 기초한다.

소련은 왜 태평양전쟁에 참전했는가?

무엇보다도, 소련의 참전은 스탈린으로 대표되는 소련 지도부의 사적인 야욕 때문이 아니었다. 미국은 2차 세계대전 중, 회담을 통해서 스탈린에게 태평양전쟁에 참전할 것을 독려하였고, 이는 태평양전쟁에서 미국인 희생자를 줄이면서 전쟁을 빨리 끝내고자 한 루스벨트(Franklin D. Roosevelt) 대통령의 전략 때문이었다. 루스벨트 대통령은 독일을 비롯한 중앙 유럽의 문제가 세계대전으로 비화되는 두 차례의 경험을 통해, 독일을 고립시키고 소련과 연합하여 세계질서를 유지해나가려는 복안을 가지고 있었던 것이다. 이 때문에 1950년대 초 마녀사냥식으로 공산주의자를 색출한 매카시 선풍(McCarthyism)이 미국을 휩쓸었을 때, 과거 루스벨트 대통령 밑에서 일했던 많은 관료들이 공산주의자라는 혐의로 조사를 받아야 했다. 심지어 한국전쟁 때 국무장관을 지낸 애치슨(Dean G. Acheson)도 조사 대상이 되었다.

물론 태평양전쟁에 참전해달라는 미국의 요청이 스탈린에게 바로 받아들여진 것은 아니었다. 소련은 독일과의 전투에서 입은 피해 때문에 한반도를 비롯한 동북아시아 지역에 신경 쓸 처지가 아니었다. 독일과 소련 사이의 전쟁을 실감나게 그린 영화 〈에너미 엣 더 게이트 Enemy at the Gate〉에서 보았듯이 실제로 2차 세계대전의 가장 큰 피해지역은 소련의 산업지대인 서부였다. 이런 상황에서 소련이 일본과의 전쟁에 참전하기란 쉽지 않은 일이었다.

미국 역시 루스벨트 대통령이 사망하면서 대외전략에 전반적인 변화가 나타났다. 독일에 대해 경계심을 가졌던 네덜란드계 미국인 루스벨트와는 달리, 새로 취임한 트루먼(Harry S. Truman) 대통령은 다른 대외정책을 지향하였다. 트루먼은 히틀러가 독·소 불가침조약을 깨고 소련을 침공하는 시점 ― 아직 서유럽에 대한 공격이 이루어지기 전이었다 ― 에 오히려 공산주의에 대한 공격이 필요하다는 견해를 갖고 있었던 인물이었다. 그렇지만 새 대통령 트루먼은 루스벨트 대통령 재임 시 소련에게 했던 제안을 완전히 부인하면서 정책을 전환할 수는 없었다. 소련에 대한 견제는 독일, 일본, 이탈리아의 파시즘에 대항하는 연합군의 틀을 깨는 것이기 때문이었다.

원자탄 투하의 정치학

이 시점에서 트루먼 대통령에게 날아온 천금과 같은 소식이 바로 원자탄 실험의 성공이었다. 트루먼은 그 소식을 얄타회담에서 전해 들었다. 그리고 소련의 참전이 이루어지기 전에 일본으로부터 항복을 받아낼 새로운 방안이 마련되었음을 감지했다. 결국 트루먼은 일본에 두 발의 원자탄을 투하하는 것을 승인하였다. 원자탄이 가져올 인류의 피해는 안중에 없고, 단지 일본 열도 상륙작전으로 발생할 미군의 피해를 줄일 수 있다는 눈앞의 이익만 보았을 뿐이다.

2차 세계대전 중 일본에 떨어진 원자탄은 세계사적으로 여러 가지 중요한 의미를 갖는다. 첫째, 원자탄 투하는 인류 역사상 가장 불행한 사건의 하나였다. 이제 전쟁에서 사용하는 무기는 단순한 살육무기가 아니라 '대량살상무기'로서 자연과 인간을 영원히 황폐화시킬 만큼 피해 규모가 확대된 것이다. 원자탄 투하 후 강대국들은 핵무기 개발에 온 힘을 쏟았다. 냉전 시기 동안 핵무기 개발 경쟁이 계속되었는데도 다행히 지금까지는 핵무기가 사용되지 않았지만, 인류는 언제 터질지 모르는 자살 폭탄을 안고 살아가는 꼴이 되고 말았다.

둘째, 원자탄 투하는 일본의 전범들에게 면죄부를 마련해주었다. 당시 일본의 군국주의자들은 만주사변, 중일전쟁, 태평양전쟁을 일으킨 전범들이었다. 이들에게는 당연히 전쟁 범죄의 책임을 물어 처벌해야만 했다. 일본의 일반 국민들과 군인들은 군국주의자들의 전쟁에 동원된 것이므로 직접적인 책임은 물을 수 없다 하더라도 그들이 전혀 책임이 없는 건 아니었다. 독일이 2차 세계대전 후 교과서나 캠페인을 통해서 국민들에게 지속적으로 전쟁의 책임 문제를 거론하고 있는 것은 바로 그 때문이다. 그런데 일본의 군국주의자들은 원자탄 투하로 면죄부를 받았다고 여긴다. 미국이 1945년 8월 15일을 전쟁 승리 기념일로 기억한다면, 일본은 원자탄 투하로 처참한 피해를 입은 날로 기억한다.

셋째, 원자탄 투하는 일본에 소련군이 발 들여놓지 않도록 하는 계기를 마련해

히로시마에 투하된 원자폭탄. 별명 '리틀 보이'. 원래 이름은 루스벨트 미국 대통령을 뜻하는 'Thin Man'이었다. 나가사키에 투하된 폭탄의 이름은 처칠(Winston L. S. Churchill) 영국 수상을 뜻하는 'Fat Man'이었다.

주었다. 원자탄이 떨어진 직후 일본에 대해 선전포고를 하고 전쟁에 참전한 소련은 물밀듯이 남하하였다. 소련의 입장에서 만주와 한반도는 19세기 이후 전략적으로 중요한 지역이었다. 소련군은 서부전선에서 독일과의 전투에 지쳐 있었지만, 일본이 자랑하던 50만 관동군은 힘 한번 쓰지 못하고 무너졌다. 소련이 참전하고 일주일도 되지 않아 소련군은 한반도 북부의 주요 지역을 점령하기 시작하였다. 만약 소련군이 한반도 전역을 장악한다면 일본으로 진출하는 것은 시간문제였다. 당시 미국은 필리핀과 일본 남쪽의 열도에서 일본 상륙작전을 구상하고 있었다. 거리상으로 볼 때 소련이 먼저 일본에 도달할 게 틀림없었다.

소련군의 일본 진주를 눈앞에 둔 상황에서 일본에게는 항복의 명분이 필요했고, 바로 그 시점에서 원자탄이 투하된 것이다. 항복을 하면서라도 끝까지 저항하겠다던 일본으로서도 원자탄을 받고 나서는 항복의 명분을 찾을 수 있었다. 일본으로서는 향후 공산주의자들의 지배를 받는 것보다 미국의 지배를 받는 편이 훨씬 더 낫겠다고 판단했을 것이다. 실제로 소련이 점령한 만주와 북한 지역에서는

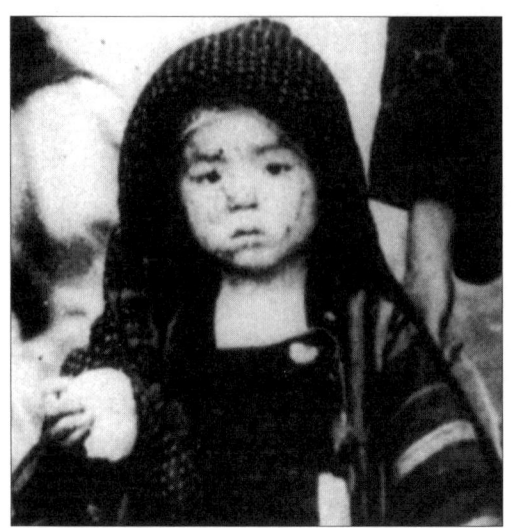

나가사키에 원자폭탄이 투하된 다음날, 살아남은 어린이가 구호식량으로 받은 주먹밥을 들고 있다.

일본 군국주의자들에 대한 재판과 처벌이 가혹하게 이루어졌다.

넷째, 38선을 중심으로 한 한반도의 분단이 미국의 제안으로 이루어졌다는 점이다. 일본이 패망하기 전 이미 한반도에 들어와 있었던 소련군이 한반도 전체를 점령하는 것은 실은 당연한 수순이었다. 1945년 8월 16일 사람들이 휘문고등보통학교 교정에서 여운형의 연설을 듣다가 소련군의 입성 소식에 소련군을 환영하기 위해 서울역으로 달려간 것은 우연한 일이 아니었다. 일본이 패망했을 때, 소련군은 이미 38선 이북의 상당 부분을 점령하고 있었던 것이다.

이 시점에서 미국은 소련에 38선을 중심으로 하는 남북한 분할 점령을 제안하였다. 38선은 일본이 패망하던 날 밤, 당시 미군 대위였던 러스크(David D. Rusk, 나중에 케네디 행정부에서 국무장관을 역임한다)에 의해 '우연히' 발견되어 소련에게 제안되었다고 알려져 왔다. 이는 한국방송공사 〈한국전쟁 40주년 기념 다큐멘터리〉에서 러스크가 스스로 증언하면서 사실로 받아들여졌다.

그러나 정용욱의 연구에서 보듯, 그보다 훨씬 전인 얄타회담 전에 이미 미국은 38도선을 중심으로 한 분할 점령의 필요성을 연구했다. 그리고 얄타회담에서 스탈린에게 제안되었고, 스탈린은 이에 동의하였다.

'한국의 독립운동을 인정할 수 없다!'

그런 다음 미국은 〈자료 4〉의 일반명령 제1호를 선포하였다. 일반명령 제1호가 지닌 중요성은 미국과 소련이 38선을 중심으로 한반도를 분할 점령하겠다는 부분에만 있는 것이 아니다. 더 중요한 점은 미국과 소련은 독립을 위해, 일본 제국주의의 패망을 위해 싸운 한국의 독립운동 단체와 중국의 독립운동 단체를 인정하지 않겠다는 것이다. 특히 만주는 중국과 한국의 독립운동 단체들이 일본과 치열한 전쟁을 벌인 곳이다. 따라서 이 지역에서 일본이 항복을 한다면, 실제로 전투 중이던 부대에 의해 일본군의 무장해제가 이루어져야 했다. 하지만 미국과 소련은 그것을 인정하지 않은 것이다.

임시정부는 1940년대 초부터 1945년까지 미국의 승인을 받기 위해 여러 가지 노력을 기울였다. 임시정부를 지원한 중국국민당이 가장 적극적으로 임시정부의 승인을 위해 노력했다. 일본 패망 후 한반도에 영향력을 미칠 수 있는 좋은 기회였기 때문이다. 그런데 역으로 그것은 미국이 임시정부의 승인을 꺼린 중요한 이유 중 하나가 되었다. 또 다른 이유는 임시정부가 한국인 전체를 대표하지 않는다는 것이었다. 이러한 독립운동에 대한 불인정은 결국 한국이 승전국의 일원으로 샌프란시스코 강화조약에 참여할 수 없는 중요한 이유가 되었다.

결국 한반도에 대한 미국과 소련의 분할 점령은 한국인들의 독립운동을 전혀 인정하지 않는다는 전제에서 이루어졌다. 따라서 38선 이남에 미군정이, 38선 이북에 소련군이 진주한 이후에도 독립운동 단체의 기득권은 전혀 인정되지 않았다. 그리하여 미국과 소련은 각각 자기들의 입맛에 맞는 정치세력을 지원할 수 있었다.

자료 4 연합국 최고사령부 일반명령 제1호
(1945. 9. 2)

1_ 일본국 대본영은 자(茲)에 칙령에 의하고 또한 칙령에 기하여 일체의 일본 군대가 연합군 최고사령관에게 항복한 결과로서 일본 국내 및 국외에 있는 일체의 지휘관에 대하여 그 지휘를 받는 일본 군대 및 일본 지배에 있는 군대로 하여금 적대행위를 즉각 정지케 하고 그 무기를 놓고 현 위치에 정지케 하며 다음에 지시하는 또는 연합국 최고사령관이 추후 지시할 수 있는 미, 영, 소, 중의 이름으로 행동하는 각 지휘관에 대하여 무조건 항복을 하게 할 것을 명함. (중략)

2_ 만주, 북위 38도 이북의 한국, 사할린(樺太) 및 천도열도(千島列島, 쿠릴열도)에 있는 일본의 선임 지휘관과 모든 육상, 해상, 항공 및 보조부대는 소비에트 극동군 최고사령관에게 항복할 것. (중략)

3_ 일본 대본영, 일본 본토에 인접한 제 소도, 북위 38도 이남의 한국, 류큐제도, 필리핀 제도에 있는 일본 선임 지휘관과 모든 육상, 해상, 항공 및 보조부대는 미국 태평양 육군 총사령관에게 항복할 것. (하략)

출처: 송남헌, 《해방3년사 Ⅰ》, 까치, 1985, 81~82쪽.

한반도는 화약통

하지만 미국과 소련이 한반도에서 맞닥뜨린 상황은 너무나도 달랐다. 소련의 경우, 입맛에 맞는 정치세력이 공산주의, 사회주의 운동을 한 사람들이었기 때문에 이들을 지원하고 이들에게 행정권의 일부를 넘기는 데 큰 무리가 없었다. 38선 이북을 점령한 지 3개월도 채 안 되어 소련은 건국준비위원회의 후신인 인민위원회가 중심이 된 5도 행정국에 행정권을 이양했다.

그러나 미국의 경우는 달랐다. 〈자료 5〉의 미군정 사령관 정치고문 베닝호프(Merrell H. Benninghoff)가 본국에 보낸 문서에는 미국이 맞닥뜨린 당황스러운 사태가 잘 드러나 있다.

종전에 이미 한반도에 미국에 우호적인 정부를 세울 계획을 갖고 있던 미국으로서는 한반도의 상황은 결코 바람직한 것이 아니었다. 미국의 입장에서는 한국인들에게 행정권을 넘길 수 없었다. 결국 미군정을 설치하고 직접 통치에 들어갈 수밖에 없었던 것이다. 그리고 박태균과 도진순 등의 연구결과에서 보듯이, 미군정을 통해서 우익 정치세력들을 강화하기 위한 다양한 정치 조작이 이루어진다.

이와 같은 상황은 한국전쟁의 직접 원인이 되는 한반도의 분단이 결국 미국의 적극적인 역할에 따라 이루어진 것이라는 수정주의자들의 주장을 뒷받침한다. 파시즘 국가들과의 전쟁 과정에서 소련과 손잡을 수밖에 없었던 미국은 2차 세계대전이 끝나면서 식민지 지역에서 공산주의의 확산이라는 문제에 부딪혔던 것이다. 식민지 지역에서 반제국주의 투쟁에 가장 적극적이었던 공산주의자들은 많은 대중들의 지지를 받고 있었다. 미국은 이러한 문제를 해결하기 위해 더 적극적이고 공세적인 정책을 실시해야 했다. 그리고 그러한 정책이 한반도의 분단에 결정적인 역할을 했던 것이다.

자료 5   재한국 정치고문 베닝호프가 국무장관에게
(1945. 9. 15)

  남한은 점화되기만 하면 즉각 폭발할 화약통이라고 묘사할 수 있습니다. (중략) 비록 일본인에 대한 한국인들의 증오가 믿어지지 않을 만큼 격렬하긴 하지만, 미군이 감시를 게을리 하지 않는 한 한국인들이 폭력에 의지할 것이라고는 생각되지 않습니다.

  일본인 관료의 해임은 여론의 견지에서는 바람직했으나 당분간은 이루어지기 어려울 것입니다. 그들은 명목상으로는 추방되겠지만 실제로는 계속 업무를 수행하게 될 것입니다. (중략)

  정치정세 중 유일하게 고무적인 요소는 연로하고 교육받은 한국인들 가운데 수백 명의 보수주의자들이 서울에 존재하고 있다는 점입니다. 그들 중 많은 수가 일제에 협력하였지만, 그러한 오명은 결국 점차 사라질 것입니다. 이러한 인사들은 '임시정부'의 환국을 지지하고 있으며 비록 다수는 아니더라도 아마 가장 규모가 큰 단일 그룹일 것입니다.

출처: Political Adviser in Korea(Benninghoff) to the Secretary of State, Seoul, 15 September, 1945, *Foreign Relations of United States, 1945, Vol. VI* (Washington D.C.; Government Printing Office, 1969), pp. 1049~1053.

소련의 **책임**

수정주의자들의 미국 책임론은 충분한 사실 고증을 바탕으로 제기되었다는 점에서 당시 상황을 어느 정도 정확하게 파악하고 있다. 만약 미국이 적극적인 정책을 취하지 않았다면 한반도는 분단되지 않았을 것이다. 미국의 적극적인 정책 덕택에 한반도 전체가 공산화되지 않았다고 말할 수도 있지만 그것은 현재의 결과에서 추론하는 것일 뿐, 분단이 되지 않았다면 한반도에서 어떤 일이 일어났을지는 아무도 알 수 없다. 이 점은 〈자료 6〉의 스탈린의 지령을 보면 이해할 수 있다.

서부전선에서 굶주리고 고생했던 소련군은 만주와 한반도에서 약탈을 일삼았다. 이들의 무질서한 행위는 소련군의 점령에 많은 비판을 가져올 수밖에 없었다. 그런 여론을 의식한 듯, 스탈린은 1945년 9월 20일자로 〈자료 6〉과 같은 지시를 내린 것이다. 주목할 점은 스탈린이 한반도 내에 소비에트 제도를 수립하지 말라고 지시하고 있는 점이다. 스탈린은 유연한 정치 대응을 요구하였고, 불필요한 충돌을 피하고자 했던 것으로 보인다.

역(逆) 점령

　스탈린의 이러한 지시는 당시 38선 이북의 상황에 대한 상세한 파악이 이루어진 다음에 내려진 조치라고 생각된다. 한반도 전체로 보면 식민지 시기, 독립운동에 더 적극적이었고 해방 후 사회개혁을 추진 중이었던 좌익이 우익에 비해 더 지지를 받고 있었지만, 38선 이북 지역, 특히 평안도 지역의 특수성을 고려할 필요가 있었다.

　평안도 지역은 19세기부터 보수 성향의 기독교 세력들의 주요 근거지였다. 또한 식민지 시기 평양은 상업이 번창한 지역이었기 때문에 상업 자본가들이 많이 활동하고 있었다. 이러한 보수 성향의 주민들의 활동을 무시한 채 무리하게 소비에트화를 추진할 경우 커다란 반발을 살 수 있었다. 따라서 한반도 전체가 소련군의 점령 하에 들어갔다고 해서 곧 공산화가 되었을 것이라는 결론은 현재의 상황에 비추어 추론하는 것에 불과하다.

　물론 소련이 자신들의 이해관계와 충돌하는 정치세력에게 정치적 주도권을 내주진 않았을 것이다. 1945년 6월 소련 외무성 제2극동과에서 나온 한반도 관련 정책 자료를 보면, 소련에 적대적인 기지가 되지 않도록 한반도에 적극적인 정책을 실행해야 한다고 주장하고 있다. 이는 한반도보다는 일본을 견제하기 위한 정책이었다. 그러나 서부 지역의 피해를 복구하는 데 주력하고 있던 소련으로서는 한반도에 적극적일 수 없는 입장이었다. 북한 지역의 급속한 사회주의화는 소련의 적극적 정책 때문이라기보다는 분할 점령 후 지주와 자본가, 그리고 일부 보수적 기독교 세력들의 급격한 남하로 인해 북한 지역에 사회주의의 좋은 조건이 조성되었기 때문이다.

　그런데 김성보 등 최근의 연구에서는 소련이 38선 이북에서 사회주의 개혁에 적극적으로 개입하였음을 보여준다. 즉, 1946년 2월의 이른바 '민주개혁' 당시 소련은 38선 이북 지역의 개혁이 사회주의 방향으로 나아가도록 도와주었다. 당시 소련의 역할이 '지시'였는지 '조언'이었는지, 아니면 '배후조종'이었는지는

자료 6 | 북조선에서 소련군과 현지 정권기관 및 주민과의 상호관계에 대한 소련 극동 사령관 및 제25군에 내린 소련군 최고사령관의 지령(스탈린)
(1945. 9. 20)

적군(赤軍) 군대에 의한 북한의 점령과 관련하여 최고 총사령관 사령부는 다음과 같은 점을 지침으로 삼도록 명령한다.

1 _ 북한 영토 내에 소비에트나 소비에트 정권의 다른 기관을 수립하거나 소비에트 제도를 도입하지 말 것.
2 _ 반일적인 민주주의 정당단체의 광범한 동맹에 기초하여 북한에 부르주아민주주의 정권을 수립하는 데 협력할 것.
3 _ 적군이 점령한 조선 지역에서 반일적인 민주단체와 민주정당의 결성을 방해하지 않으며 그 활동을 원조할 것.
4 _ 현지 주민에게 아래의 사실을 설명할 것.
   ❶ 적군은 일본 정복자를 분쇄하기 위하여 북한에 들어온 것이며, 조선에 소비에트식의 체제를 도입하려거나 또는 조선의 영토를 획득하려고 하는 목적을 추구하지 않는다.
   ❷ 북한 주민의 사유재산과 공유재산은 소련 당국의 보호를 받는다.
5 _ 현지 주민에게 평화적 노동을 계속하고, 공업과 상업기업 그리고 그 외 사업들의 정상적인 작업을 확보하고 소련군 당국의 요구와 명령을 이행하며, 공공질서의 유지에 관하여 군 당국을 돕도록 호소할 것.
6 _ 북한에 있는 군대에게 규율을 엄격히 지키고, 주민들에게 피해를 주지 않으며, 예의바르게 행동하도록 지시할 것. 종교의식과 예배를 방해하지 말고, 성당 기타 종교시설에 손을 대지 말 것.
7 _ 북한의 민간행정에 대한 지도는 연해주 군관구 군사평의회에서 수행할 것.

출처: 와다 하루키, 〈소련의 대북한정책 1945~1946〉, 《분단전후의 현대사》, 일월서각, 1983, 262쪽.

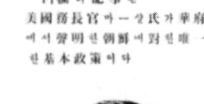

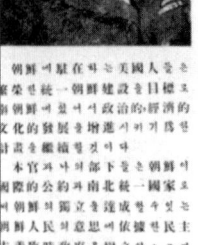

미군이 남한에 들어온 직후, 미군정장관 하지(John R. Hodge)와 미 국무장관 마셜이 서울과 워싱턴에서 각각 발표한 성명서.

정확히 알 수 없지만, 38선 이북의 공산주의자들의 입장에서 소련을 무시한 채 개혁을 추진할 수는 없었다. 이미 30년 전에 북한의 역사 교과서에는 '소련에 의한 해방'이라는 표현이 사라졌지만, 해방 직후 38선 이북에서 소련군은 실질적인 물리력을 가진 유일한 세력이었다.

또한 뒤에서 한국전쟁 발발 직전의 상황을 설명할 때 자세히 서술하겠지만, 최근 구소련의 문서들이 공개되면서 소련의 책임론이 좀 더 진지하게 논의되고 있다. 이 문서들 중에는 한국전쟁 직전 스탈린과 김일성, 마오쩌둥과 김일성이 만나서 나눈 대화록이 있는데, 거기에 전쟁 개전에 관한 구체적 논의가 담겨 있다. 이를 근거로 하여 박명림, 김영호 등의 연구자들은 소련 책임론을 강하게 주장하고 있다. 이러한 연구 동향은 신자유주의의 등장과 맞물리면서 수정주의에 대한 비판으로 이어지고 있다.

그런데 만약 한반도에서 상대적으로 보수적인 지역이었던 38선 이북을 미국이 점령하고, 소작쟁의가 많았던 38선 이남을 소련이 점령했다면 어떻게 되었을까? 남과 북 모두 점령군에 대한 저항이 훨씬 덜 일어나지 않았을까? 외국군이 한반도를 분할 점령하고 있었던 3년 동안 일어난 피비린내나는 사건들은 어쩌면 '역점령'이 가져온 후폭풍이었는지 모른다.

외인론 비판과 대안 모색

이상과 같이 외인론은 한국전쟁의 기원이 되는 한반도 분단이 외세에 의해서 이루어졌기 때문에 내부 요인보다는 외부 요인이 더 결정적이라고 보는 시각이다.

분단과정을 역사적으로 살펴볼 때 외인론은 내인론보다 더 설득력이 있다. 일본이 패망하는 시점에서 한반도가 분단되어 있던 것은 아니기 때문에, 미국과 소련의 분할 점령을 무시하고서는 전쟁의 기원이 되는 분단문제를 해명할 수 없다.

여기서 이와 관련해 고려해야 할 사항은 당시 한반도 상황이 다른 나라와 비교하여 무엇이 어떻게 다른가 하는 문제다. 1945년 직후 한반도의 상황과 비교 가능한 경우는 역사적으로 오스트리아와 베트남의 두 가지 사례가 있다.

오스트리아는 신탁통치를 실시했다

오스트리아는 한반도와 마찬가지로 2차 세계대전이 끝남과 동시에 미국과 소련에게 공동 점령되었다. 그런데 오스트리아는 패전국이었다. 독일과 보조를 같이하는 파시스트 국가의 일원이었던 오스트리아는 식민지 상태에서 독립운동을 전개했던 한반도와는 경우가 다르다. 하지만 미국과 소련에 의해 공동으로 점령당했다는 점에서 공통점을 갖고 있다.

오스트리아는 1945년 미·소의 점령 하에서 사회민주당의 칼 레너(Karl Renner)를 대통령으로 하는 사회민주당, 기독교사회당, 그리고 공산당의 연합정부로 임시정부를 구성하였다. 이 연합정부는 1차 세계대전 직후의 정부가 외부의 압력에 의해 수립되었던 것과는 달리 국민들의 자발적인 의지에 의해 성립되었다. 그리고 미국, 영국, 프랑스, 소련에 의한 신탁통치 기간 동안 통합된 국민적 힘을 유지하였기 때문에 1955년에 이르러 독립을 성취하고 통일국가를 수립할 수 있었다. 오스트리아는 1955년 영세 중립을 전제로 하여 점령군이 철수하였고, 이후 냉전의 소용돌이에 휘말리지 않았다. 1955년 12월 유엔에 가입한 오스트리아는 스위스와 함께 유엔 관련 국제기관들의 본부(예컨대 국제원자력기구 본부)가 유치되어 있는 국제 정치의 중요한 중심지의 하나가 되었다. 결국 이러한 오스트리아의 힘의 원천에는 국민들과 정치인들의 통합된 역량이 존재하고 있었던 것이다.

한반도는 지리적으로 오스트리아와 비슷한 점이 많다. 오스트리아는 유럽의 강대국들에 둘러싸여 있다. 또한 서유럽과 동유럽의 경계선에 있어서 냉전 시기에는 완충지대 역할을 하였다. 한반도도 주변에 일본, 중국, 러시아 등의 강대국이 있으며, 냉전 시기에 공산주의권과 자본주의권 사이에서 완충지대 역할을 하였다.

그러나 오스트리아는 분단되지 않았고, 영세중립국의 지위를 획득함으로써 관광과 예술의 국가, 국제기구를 유치한 국가로 발전한 반면 한반도는 냉전 체제에서 양극의 극단적인 시스템을 유지하면서 분단을 지속해왔다. 남과 북은 분단 이데올로기를 국민들에게 강요함으로써 유지될 수 있었다. 역설적이게도 남한의 성공적인 경제개발에 분단 이데올로기가 도움을 주기도 했지만, 그것이 분단으로 인한 엄청난 비용 손실을 메울 수 있을 만큼은 아니었다. 남과 북의 국민들은

해방 후 3년 동안 실시된 미군정의 중심이었던 군정청. 식민지 시절에는 조선총독부였으며, 대한민국 정부 수립 후에는 중앙청이었다. 지금의 광화문 뒤쪽, 경복궁의 건물 일부를 헐어낸 자리에 들어서 있다가 1995년 철거되었다.

전쟁은 말할 것도 없고, 전쟁 후 마련된 정전 체제에서 항상 전쟁을 준비해야 하는 고통을 감수해야 했으며, 지금까지도 그 고통은 계속되고 있다. 동일한 국제 환경 속에서 왜 이러한 고통을 겪어야만 했는가? 그렇다면 그 원인은 국내에 있던 게 아닐까?

미국의 개입이 있었지만, 베트남은 통일에 성공했다

베트남의 경우를 보자. 베트남은 한국과 비슷한 역사를 가지고 있다. 무엇보다도 중국의 주변 국가로서 중국과의 길항관계 속에서 역사 발전을 거듭해왔다는 공통점이 있다. 또한 베트남은 프랑스의, 한국은 일본의 식민지를 경험했다. 가장 큰 차이점은 한국이 중국을 중심으로 한 동북아시아의 국제관계를 조공체계 속에서 잘 유지하면서 독립국가를 지속적으로 유지시켰던 데 비해, 베트남은 때로는 중국에 복속되기도 하고 때로는 독립국가를 유지하면서 역사적으로 수많은 고통을 겪었다는 점이다.

또 다른 차이는 베트남이 식민지로 있던 시기가 한국에 비하여 장기간이었다는 점이다. 베트남은 1859년에서 1954년까지 백 년 가까이 프랑스의 식민지였다. 한국이 경험한 35년 역시 짧은 기간은 아니었지만, 백 년을 식민지로 지낸 베트남 사람들은 무엇보다도 독립을 갈구하였고, 통일국가의 수립을 염원하였다. 하지만 베트남은 1954년 독립한 뒤에도 남과 북으로 나뉘어 1965년부터 1974년까지 전쟁을 계속하였다. 이 전쟁에는 미국이 개입되어 있었다.

프랑스 식민지 시기와 미국이 개입했던 베트남전 시기에 베트남에 투입된 외국 세력의 영향력은 거의 절대적인 것이었다. 영화 〈플래툰〉이나 〈지옥의 묵시록Apocalypse Now〉에서도 볼 수 있듯이 베트남 전쟁의 실상은 미국의 개입 정도가 한반도보다 크면 컸지 결코 적지 않았다. 그러나 한반도는 전쟁이 끝난 뒤에도 분단을 지속하고 있는 반면, 베트남은 전쟁을 겪었지만 분단을 극복할 수 있었다. 베트남의 통일이 과연 좋은 결과를 가져왔는지는 내·외적인 고려를 통해서 다시 한번 평가해야 할 문제이지만, 중요한 점은 분단을 극복했다는 것이다. 그럼 베트남과 한국의 차이는 과연 무엇인가?

오스트리아와 베트남, 그리고 한국을 비교할 때 남는 문제는 결국 내적인 요인일 수밖에 없다. 분단과 전쟁의 원인을 외세의 영향에서만 찾는다면 다른 나라와 비교했을 때 정답에 접근하기 어렵다.

오히려 문제는 한반도 내부에 있었던 게 아닐까? 그렇다면 앞에서는 내인론을 비판해놓고, 이제 와서는 내인론이 중요하다고 하는 모순을 어떻게 극복할 수 있을까? 결론적으로 본다면, 분단과 전쟁의 가장 결정적인 요소는 외세에 의한 분할 점령이었다. 이것은 곧 필요조건이었다. 외세에 의해 분단국가가 형성되지 않았다면 전쟁은 결코 발발하지 않았을 것이다. 만약 갈등이 표출되었다 하더라도 빨치산 전쟁 같은 내부의 시민전쟁 이상은 아니었을 것이다.

그러나 문제는 외세가 어떻게 한 나라를 분단시킬 수 있었는가를 해명하는 점이다. 이는 외세의 힘만으로는 가능하지 않다. 분단을 하려는 외세의 힘에 부합하는 내부의 힘이 있어야 한다. 앞서 살펴본 다양한 정치세력의 갈등, 그리고 그 갈등을 통합으로 풀기보다는 외세와 결탁하여 특정 지역에서라도 주도권을 장악하려 했던 정치적 이해관계가 바로 분단의 충분조건이 되는 것이다.

필요조건만으로는 분단과 전쟁에 이르는 과정을 온전하게 설명할 수 없다. 필요조건과 충분조건이 결합했을 때 비로소 분단과 전쟁이라고 하는 현상이 발생했기 때문이다. 외부 세력이 아무리 분단을 강제한다고 하더라도 내부에 그에 호응하는 세력이 없다면 분단은 불가능했을지 모른다. 하지만 분단이 더 좋겠다고 판단하는 세력들이 있고, 그 세력들이 일정한 힘을 지니고 있다면, 분단의 구조적 조건이 성립되는 것이다.

이러한 관점으로 바라보지 않으면, 지난 60년간 계속된 분단 구조를 절대로 설명할 수 없다. 남과 북이 서로를 소련의 괴뢰, 미국의 괴뢰라고 비난하면서 살아왔지만 분단을 유지시키는 내부적인 힘이 없었다면, 분단이 60년이나 지탱될 수는 없었을 것이다. 소련이 붕괴되고 중국이 자본주의화 되고 있는데도 한반도에 분단이 계속 유지되고 있는 사실을 어떻게 설명할 것인가? 1960년대 초 미국의 지원을 받고 쿠데타를 일으켰던 남베트남의 군부는 미국의 지원에도 결국 무너지고 말았다. 바로 내부적인 힘이 없는 외부의 지원만으로 유지되고 있었던 괴뢰의 성격을 띠었기 때문이다. 그러나 남과 북의 정권은 수십 년 동안 유지되고 있다. 게다가 때로는 각각을 지원하는 외세와 갈등이 나타나기도 한다. 따라서 단순히 외세에 의해 유지되는 정권이라고 볼 수는 없다.

결국 해방 이후 한반도에는 내부적으로 남과 북이 통합할 수도 있고 분열할 수도 있는 구조가 존재했지만, 이때 외세의 힘은 안타깝게도 분열의 길로 추동되었다. 이것이 1945년 이후 한반도 땅에서 벌어진 역사적 사건들의 전개 과정이다. 그리고 그 분열과 갈등의 심화가 1950년에 이르러 전쟁의 발발로 이어졌다.

분단되지 않을 수는 없었을까?

CHAPTER_2

최근 한국 현대사를 재평가하자는 움직임이 일고 있다.
전통적 해석에 대한 비판으로 나온 수정주의가 대한민국을 비판하고
북한을 옹호하는 편향적 시각을 보여주고 있기 때문이라는 것이다.
이러한 색깔론적 비난에 대해 결코 동의할 수는 없지만, 수정주의가
세계 체제론적 관점에서 한국 현대사를 바라보며 한국사 내부의 힘을
무시하고 있는 것만은 사실이다. 그런데 문제는 수정주의에 대한 비판이 분단국가의
수립이 어쩔 수 없는 것이었기 때문에 분단을 극복하고자 했던
여러 가지 행위들을 적극적으로 평가할 필요가 없다는
주장으로 이어진다는 점이다.
이미 1947년에는 미국과 소련 사이의 냉전 체제가
본격화되었기 때문에 내부에서 아무리
통일국가 수립을 외쳤더라도 분단국가가
수립될 수밖에 없었다는 것이다.
그 말이 옳다면 오스트리아의 경우 냉전 체제가
더 격화된 1955년에 독립을 이룬 것은
어떻게 설명할 것인가? 또 그 주장에 따르면
분단 정부를 수립하는 데 앞장섰던 세력들은
선견지명을 가진 합리적이며 정세판단이 뛰어난
현실적인 인물로 평가되고 분단을 막기 위해
노력한 세력들은 국제정세를 제대로 인식하지 못한
이상주의자로 평가될 수밖에 없다.
과연 역사는 그렇게 정해진 길로 가는
필연일 수밖에 없을까?
그 안에 다양한 길이 존재하는 것은 아닐까?
결과만 가지고 과거를 평가하면서 그 과정의
다양한 노력들은 무시해도 되는 것일까?
그건 마치 시험 성적만을 가지고 사람을
평가하는 지금의 세태와 무엇이 다른가?

모스크바 3상회의 결정서

흔히 신탁통치안으로 알려진 모스크바 3상회의 결정서(이하 '3상결정'으로 약칭)가 발표된 것은 1945년 12월 27일이었다. 일본의 식민지에서 독립한 지 4개월이 조금 지난 때였다. 4개월 동안 많은 일이 일어났다. 38선 이남에서는 미군정이 설치되어 모든 정책을 결정했다. 미군정의 자문위원회가 조직되고, 이승만과 임시정부 요인들이 귀국하였다. 한편에서는 여러 정치세력마다 자신들의 영향력을 강화하기 위하여 수많은 정치단체들을 쏟아내고 있었고, 다른 한편에서는 독립국가 수립을 위해 정치노선을 뒤로 하고 한 목소리를 내자는 움직임도 나타나고 있었다.

그중에서 가장 대표적인 움직임은 조선공산당이 주도하였던 인공('조선 인민공화국'의 약칭)과 임시정부의 통합 노력이었다. 인공은 좌익의 주도로 급조된 '정부' 조직이었으나, 미군정이 미군정 이외의 어떤 '정부' 조직도 인정하지 않는다는 방침을 천명하자 더 이상 적극적인 활동을 하기 어려웠다.

임시정부 역시 마찬가지였다. 1919년 조직된 이후, 비록 모든 정치세력의 인정을 받은 것은 아니라 하더라도 어쨌든 '임시'적인 정부로서 활동했는데도 미군

1945년 11월, 중국국민당이 베푼 대한민국 임시정부 환송연에서 김구(왼쪽에서 두 번째)와 장제스가 나란히 앉아 있다.

정은 '정부'가 아닌 '개인' 자격으로 입국한다는 조건을 걸고 임시정부 요인들의 귀국을 허용했다. 그리하여 일본이 패망한 지 3개월이 지나서야 임시정부 요인들은 두 그룹으로 나누어 귀국할 수 있었다.

귀국한 임시정부 요인들은 미군정의 바람과는 달리 이승만의 분열주의적 정치 행태에 불만과 불안의 눈길을 보냈다. 미군정은 '행정위원회'라는 조직을 만들어 보수 세력을 강화시킬 계획으로 이승만과 임시정부 요인들의 귀국을 요청했었다. 그런데 이승만은 귀국하자마자 '반공'을 주장했을 뿐만 아니라 친일파 처리문제에 대해 미온적인 입장을 드러내면서 많은 국내 정치세력들로부터 '왕따'를 당하고 있었다.

귀국한 임시정부 요인들은 이승만과의 합작을 뒤로 미룬 채 인공과 합작을 시도하였다. 물론 이러한 시도가 현실화되기란 쉽지 않았다. 박헌영이 주도하고 있던 인공은 좌익의 주도권을 내놓지 않기 위해 임시정부에 의혹의 눈초리를 보냈다. 좌우익을 망라한 다양한 정치세력들이 참여했던 임시정부 역시 해방 직후 급조된 인공과 연합한다는 데 그리 탐탁지 않은 눈길을 보내고 있었다. 인공과 임시정부는 서로 상대방이 자기 조직 안으로 흡수되기를 바랐다.

그러나 중요한 것은, 이 같은 노력이 진행되던 시점에 양쪽 모두 한 가지 원칙에는 동의했다는 점이다. 즉, 정치노선이나 이해관계를 떠나 독립국가 수립을 위해 정치세력들이 통합해야 한다는 원칙이다. 그런 이유로 당시 임시정부 내에서는 '반공'을 천명하며 '친일잔재 척결'에 소극적 태도를 보이는 이승만을 공개적으로 비난하기도 했다.

소련이 신탁통치안을 주장했다고?

이런 상황에서 3상결정이 발표되었다. 그리고 3상결정의 내용은 '신탁통치안'으로 국내에 알려졌다. 어떠한 과정을 거쳐서 알려졌는지는 정확히 알려지지 않았지만, 미국은 신탁통치안을 반대하고, 소련이 신탁통치안을 주장한다고 알려졌다. 임시정부의 조완구 재무부장은 이미 얄타회담에서부터 소련이 몽골과 만주, 그리고 한반도를 신탁통치하겠다고 주장했었다고 말하기도 했다.[1]

이렇게 소련이 신탁통치안을 주장했다는 것은 〈자료 7〉에서 볼 수 있는 바와 같이, 이승만과 한국민주당에 의해서 더욱 확산되었다.

일본으로부터 독립한 지 4개월밖에 되지 않은 때에 한국인들에게 '신탁통치안'이란 절대로 받아들여질 수 없는 것이었다. 한국인의 손으로 정부를 수립하고, 나라를 다스릴 수 있는 기회가 왔다고 생각했는데 또 다시 외세의 통치를 받아야 하다니, 있을 수 없는 일이었다. 모든 정치세력들이 신탁통치 반대를 외치고 일어났다. 임시정부가 신탁통치 반대에 가장 적극적이었고, 좌익 정치가들 중 일부는 신탁통치안에 반대한다는 개인 성명을 발표했다. 얼마 뒤 3상결정의 내용이 자세히 알려지면서 좌익세력, 그리고 우익세력 중 김규식을 비롯한 임시정

자료 7 　소련의 신탁통치 주장에 대한 반대

　(이승만의 주장) 워싱턴에서 오는 통신에 의하면 아직도 조선의 신탁통치안을 주창하는 사람이 있다 합니다. 우리는 이러한 사람들에게 우리 조선은 이 안을 거부하고 완전독립 이외에는 아무것도 용인할 수 없음을 알리고 싶습니다. 여기에는 당당한 이유가 있습니다. 즉 트루먼 대통령, 번스 국무장관, 연합국사령관 맥아더 대장, 하지 중장은 다 조선 독립을 찬동하고 있습니다.

　(한민당의 주장) 韓國民主黨에서는 27일 오후 3시 동당 회의실에서 중앙집행위원회를 개최하고 모스크바 3국 외상회의에서 소련이 조선의 신탁통치를 주장하였다는 설에 대하여 절대 배격한다는 左의 결의를 하였다.

출처: '소련의 조선신탁관리주장에 대해 각계에서 반대견해 피력', 〈동아일보〉, 1945년 12월 28일자.

부 내 일부 진보적인 인사들이 신탁통치 반대운동에서 이탈하여 '모스크바 3상 결정에 대한 총체적 지지'를 표명했지만 말이다.

하지만 3상결정이 '신탁통치안'이라는 것은 잘못 알려진 것이었다. 뿐만 아니라 소련이 신탁통치안을 주장했다는 내용도 잘못 알려진 것이었다.

3상결정은 미국, 소련, 영국 3국의 외상이 모스크바에서 모여 전략적으로 중요한 지역에 대한 전후 처리문제를 논의한 자리에서 나왔다. 3국의 외상은 이 회의에서 한반도 문제뿐만 아니라 팔레스타인 문제도 함께 논의하였다. 그런 뒤에 3국의 외상이 합의한 한반도에 대한 결정서가 바로 〈자료 8〉이다.

3상결정안이 곧 신탁통치안은 아니다

3상결정의 내용은 크게 보아 세 가지 핵심적인 내용을 담고 있다. 첫째, 1항에 언급되었듯이, '임시 조선민주주의 정부'를 구성하는 것이다. 이것은 한반도에 정부를 세우는 과정에서 한국인들의 참여를 보장하기 위한 조직이다. 2003년 이라크 전쟁 후, 이라크에 수립되어 있는 임시정부와 같다.

둘째, '임시 조선민주주의 정부'를 지원할 목적으로 구체적인 방안을 연구하기 위해 미군과 소련군이 미·소공동위원회를 조직하는 것이다. 2항에 언급된 이 내용은 미국, 영국, 소련, 중국 등 4개국이 한반도에 대한 신탁통치를 실시하기로 얄타회담에서 이미 합의했지만, 현실적으로 한반도를 분할 점령하고 있는 미국과 소련 두 나라가 위원회를 만들어 정부 수립을 위한 방안을 한국인들과 논의한다는 것이다.

셋째, 최고 5년을 기한으로 하는 신탁통치를 실시하겠다는 것이다. 중요한 것은 신탁통치안의 실시를 위해 '조선임시정부와 민주주의단체가 참여하고' '조선임시정부와 협의한 후' 신탁통치의 방안을 제출해야 한다는 조항이 들어가 있다는 점이다. 물론 이 조항이 조선인들의 찬반 여부에 따라 신탁통치를 실시하지

| 자료 8 | 조선에 관한 모스크바 3상회의 결정서 |

1 _ 조선을 독립국가로 재건설하며 조선을 민주주의적 원칙 하에 발전시키는 조건을 조성하고 가급적 속히 장구한 일본의 조선통치의 참담한 결과를 청산하기 위하여 조선의 공업 교통 농업과 조선 인민의 민족문화 발전에 필요한 모든 시설을 취할 임시 조선민주주의 정부(a provisional Korean democratic government)를 수립할 것이다.

2 _ 조선임시정부 구성을 원조할 목적으로(In order to assist the formation of a provisional Korean government) 먼저 그 적절한 방안을 연구 조성하기 위하여 남조선 미합중국 점령군과 북조선 소연방 점령군의 대표자들로 공동위원회가 설치될 것이다. 공동위원회는 그 제안을 작성함에 있어서 한국의 민주적인 정당 및 사회단체들과 협의해야 한다(shall consult). 공동위원회에 의해서 작성된 제안은 공동위원회를 대표하는 두 정부의 최종 결정에 앞서 소련, 중국, 영국, 그리고 미국 정부의 고려를 위하여 제출되어야 한다.

3 _ 조선인민의 정치적 경제적 사회적 진보와 민주주의적 자치발전과 독립국가의 수립을 원조 협력할 방안을 작성함에는 또한 조선임시정부와 민주주의단체의 참여 하에서 공동위원회가 수행하되, 공동위원회의 제안은 최고 5년 기한으로 4개국 신탁통치(Trusteeship)의 협약을 작성하기 위하여 미·영·소·중 4국 정부가 공동 참작할 수 있도록 조선임시정부와 협의한 후(following consultation with the provisional Korean government) 제출되어야 한다.

4 _ 남·북조선에 관련된 긴급한 문제를 고려하기 위하여 또한 남조선 미합중국 관구와 북조선 소련 관구의 행정 경제면의 항구적 균형을 수립하기 위하여 2주일 이내에 조선에 주둔하는 미·소 양군 사령부 대표로써 회의를 소집할 것이다.

출처: The Ambassador in the Soviet Union(harriman) to the Secretary of State, Moscow, December 27, 1945, *Foreign Relations of United States, 1945, Vol. VI* (Washington D.C.; Government Printing Office, 1969), pp. 1150~1151.

"소련은 신탁통치 주장, 미국은 즉시독립 주장"이라는 기사가 실린 1945년 12월 27일자 〈동아일보〉.

않을 수도 있다는 의미는 아니지만, 전체적으로 보아 조선인들의 참여를 보장하려고 했다.

이 3상결정은 소련이 제출한 제안과 거의 같다. 미국은 오히려 한반도에 대해 신탁통치를 실시하고자 했다. 미국이 한반도 문제에 대해 제출한 제안은 〈자료 9〉와 같다.

미국은 한반도에 대해 신탁통치를 실시하고자 하였다. 루스벨트 대통령이 얄타회담에서 스탈린에게 제안한 신탁통치는 미국, 소련, 중국 3개국에 의한 것으로 20세기 초 미국이 필리핀에서 했던 형태의 신탁통치를 의미했다. 얄타회담에서 루스벨트 대통령은 필리핀은 자치 준비기간으로 50년이 필요했지만 한국은 '불과' 20년에서 30년이면 되리라고 말했다. 스탈린은 루스벨트의 제안에 대해 신탁통치 기간은 짧을수록 좋다고 대답했다.[2]

미국이 한국에 신탁통치를 실시하고자 했던 것은 한국이 자치를 할 수 있는 준비가 안 돼 있다는 이유에서였다. 또 한국이 독립하면 일본과 경제 단절을 하게 될 터인데 그럴 경우 한국은 스스로 생존할 가능성이 없다는 이유였다. 미국의 이 같은 판단이 과연 옳았는지는 평가하기 어렵지만, 이제 막 독립한 한국인들에게 신탁통치안은 또 다른 형태의 식민지에 지나지 않았다.

결국 미국이 제안한 신탁통치안은 기간이 5년으로 줄고, 소련이 제안한 임시 조선민주주의 정부안과 미·소공동위원회 설치안이 받아들여져 〈자료 8〉과 같은 3상결정서가 탄생했다. 그리고 그 핵심은 앞에서 지적했듯이 '임시 조선민주주의 정부의 설치', '미·소공동위원회의 설치', 그리고 '신탁통치'의 실시를 골

| 자료 9 | 모스크바 3상회의 한국 문제에 대한 미국측 안 |

1_ 미·영·중·소 4개국이 신탁통치체제의 최고행정관이 되어 유엔헌장 제79호에 규정한 기본 목적에 따라 행동한다.

2_ 1인의 고등판무관과 4개 신탁통치국의 대표로 구성되는 집행위원회를 통해서 통치권한과 기능을 수행한다.

3_ 한국의 통일행정체제, 즉 신탁통치체제에는 한국인을 행정관 상담역 고문으로 사용한다.

4_ 신탁통치 기한은 5년으로 하되 필요하면 4개 신탁통치국 간의 협정으로 다시 5년을 연장할 수 있다.

출처: The Charge in the Soviet Union(Kennan) to the Secretary of State, Moscow, January 25, 1946, *Foreign Relations of United States, 1945, Vol. VIII* (Washington D.C.; Government Printing Office, 1971), pp. 617~618.

자로 하는 것이었다. 그러므로 3상결정서를 곧 '신탁통치안'이라고 주장할 수는 없다. 그러나 반대로 3상결정서는 '신탁통치안'의 내용을 포함하고 있다. 결정서 안에 '신탁통치'와 관련된 조항이 있기 때문이다. 그러나 모든 내용이 '신탁통치'만을 이야기하는 것은 분명 아니다.

미·소공동위원회는 왜 결렬되었나?

3상회의 결정서의 내용을 정확히 이해하는 것은 미·소공동위원회의 활동을 이해하는 데에도 중요하다. 미·소공동위원회는 1946년 2월의 예비회의를 거쳐 그해 3월에 시작되었다. 서울에 도착한 소련 대표단과 미국 대표단은 덕수궁에서 미·소공동위원회를 열어 5월까지 진행되다가 합의를 보지 못하고 휴회에 들어갔다.

그런데 미국과 소련이 합의하지 못한 문제는 신탁통치도 아니고 점령 정책도 아니었다. '임시 조선민주주의 정부'에 참여할 정치세력들을 결정하는 문제였다. 딜레마에 빠진 건 미국이었으며, 딜레마의 원인은 신탁통치 반대운동(이하 '반탁운동')이었다. 반탁운동은 3상결정을 곧 신탁통치안으로 보고 반대하는 것이었는데, 이를 주도한 것이 바로 우익 정치세력이었기 때문이다.

물론 임시정부를 제외하고는 어떤 세력도 반탁운동에 적극적으로 나서지 않았다. 3상결정이 발표된 뒤 가장 적극적으로 반탁운동에 가담했던 송진우는 3일 만에 한현우에게 암살당하기도 했으나, 미군정과 공감대를 형성했던 한국민주당이나 이승만은 반탁운동에 적극적으로 나서지 않았다. 그러나 임시정부가 반탁운동을 강하게 주장하면서 우익 내부의 정치 주도권을 장악하자, 한국민주당이나 이승만 역시 반탁운동을 따라가지 않을 수 없었다.

좌익세력이 모스크바 3상결정을 지지하면서 김규식을 비롯한 일부 우익세력들이 반탁 진영에서 이탈하였고, 1월에는 좌우익의 주요 5개 정당이 모여 정치적 합의점을 찾고자 하였다. 미·소공동위원회를 앞두었으니 대립하지 말고 공동

모스크바 3상회의 발표 직후, 미군정장관 하지와 김구, 이승만이 면담하고 있다. 뒷모습을 보이고 있는 가운데 인물이 김구, 그 오른쪽이 이승만. 김구의 왼쪽은 통역관으로 보인다.

으로 대응할 방안을 찾자는 것이었다. 그러나 반탁운동을 주도해온 세력들이 미군정의 지원으로 대한국민대표 민주의원(이하 '민주의원')이라는 미군정의 자문기관을 만들고, 좌익세력들이 민주주의민족전선(이하 '민전')을 만들면서 합의점을 찾으려는 노력은 무산되고 말았다.

  이러한 상황에서 미·소공동위원회가 개최되었다. 미군정은 공동위원회에 정치단체들이 참여하도록 독려하였는데, 임시정부를 중심으로 한 우익의 반탁운동 세력들은 공동위원회 참여를 거부했으며, 3상결정을 지지한 좌익만이 참여하겠다고 하였다. 소련 대표단은 이에 한껏 고무되었다. 3상결정에 의거해서 만들어진 미·소공동위원회에 3상결정을 반대하는 세력들이 참여한다면 이는 곧 공동위원회가 제대로 진행되지 않는다는 의미였다. 그러나 미국으로서는 좌익만을 참여시킨 채 공동위원회를 운영할 수는 없었다. 그래서 미국은 언론, 출판의 자유를 내세워 반탁운동 세력들도 참여시키자고 주장했다. 결국 고육지책으로 내놓은 것이 미·소공동위원회 공동성명 5호였다.

〈자료 10〉의 공동성명 5호는 이 성명에 찬성하는 정치세력이면 모두 공동위원회에 참여시킨다는 미국과 소련의 합의문이었다. 그러나 반탁운동 세력들은 계속 참여를 거부했다. 이러한 상황에서 미국은 공동위원회의 휴회를 선언할 수밖에 없었다. 미군정의 입장을 대변하면서 미·소공동위원회에 참여할 수 있는 새로운 정치세력을 만들어야 했던 것이다.

3상결정안은 중요한 기회가 아니었을까?

3상결정 발표 후 전개된 상황을 살펴보자. 3상결정은 한편으로 미국과 소련이 자국의 정책을 한반도 내에서 관철시키기 위한 것이었다. 지지 세력이 많지 않았던 미국으로서는 좀 더 오랜 기간의 신탁통치를 통해서 미국에 우호적인 국가를 수립하려 했고, 소련은 좌익세력이 강한 한반도에서 빨리 발을 빼는 것이 유리한 결과를 가져올 거라고 생각해 어떻게든 일정을 빨리 종결지으려고 했다.

그러나 다른 한편으로 3상결정은 한반도 내부의 정치세력들이 잘만 한다면 한국인들의 이해관계를 관철시키는 통로가 될 수도 있었다. '임시 조선민주주의정부'가 어느 정도의 역할을 하기 위해서는 미국과 소련의 합의가 중요하지만, 3상결정 안대로 이 조직이 만들어져 미·소공동위원회에 적극적으로 참여했더라면, 미·소공동위원회의 결렬과 한반도 문제의 유엔 이관, 그리고 분단국가의 수립이라는 한국전쟁 발발의 결정적 원인으로까지 나아가지 않았을지도 모른다. 그 가능성은 오스트리아의 예에서 찾아볼 수 있다.

물론 장밋빛 결과를 가져오기에는 한반도 상황이 너무나 뜨거웠다. 좌익과 우익의 갈등도 심했다. 어쩌면 설마 분단과 전쟁에 이르기까지야 하겠느냐는 당시 정치인들의 낙관적인 인식이 분단의 결과를 가져온 것은 아닐까? 반탁운동을 주

자료 10   **미·소공동위원회 공동성명 5호**
(1946. 4. 18)

  미·소공동위원회는 민주주의 정당 및 사회단체들과 조건을 계속 토의하였다. (중략) 공동위원회는 공동사업 순서 중 제1조건, 즉 각 민주주의 정당급 사회단체들과 협의할 조건에 대하여 이하의 결정을 하였다.

[결의문]
  공동위원회는 목적과 방법에 있어서 진실로 민주주의적이며, 또 하기의 선언서를 시인하는 조선민주주의 제 정당 및 사회단체들과 협의하기로 함.
  우리는 모스크바 3상회의 결의문 중 조선에 관한 제1절에 진술한 바와 같이 그 결의의 목적을 지지하기로 선언함. 즉 조선의 독립국가로서의 재건설, 조선의 민주주의적 원칙으로 발전함에 대한 조건의 설치와 조선에서 일본이 오랫동안 통치함으로 생긴 참담한 결과를 가급적 속히 청산할 것.
  다음으로 우리는 조선민주주의 임시정부 조직에 관한 3상회의 결의문 제2절 실현에 대한 공동위원회의 결의를 호소하기로 함.
  다음으로 우리는 공동위원회가 조선민주주의 임시정부와 같이 3상회의 결의문 제3절에 표시한 방책에 관한 제안을 작성함에 협력하기로 함.
  이상 조선민주주의 각 정당 대표와 각 사회단체 대표를 초청하여 공동위원회와 협의하는 순서는 공동위원회 제1분과위원회에서 작성 중으로 이 세목이 완성되면 곧 공중에게 발표할 것이다. (하략)

미국 수석위원 미국 육군소장 A. V. 아널드
소련 수석위원 소련 육군중장 T. F. 스티코프

출처: '미·소공위 공동성명 제5호 발표', 〈동아일보〉, 1946년 4월 18일자.

도했던 김구는 한반도 문제가 유엔에 이관되자, 그동안 활동들을 후회하면서 38선을 넘었다. 만에 하나, 분단이란 사태를 미리 예측했더라면 그가 극단적인 반탁운동을 전개하지는 않았을 것이다. '반공'을 핵심으로 하는 반탁운동과 남북협상 참여는 양립할 수 없는 것이다.

 권력이 눈앞에 있다고 생각한 정치세력들은 갈등과 대립을 계속했다. 여기에는 미국과 소련의 정치공작과 개입이 중요한 역할을 했다. 미군정은 여운형의 동생인 여운홍에게 조선인민당을 탈당하여 사회민주당을 결성하도록 종용함으로써 좌익세력을 분열시키려고 하였다. 또한 민주의원을 창설한 것도 미·소공동위원회를 앞두고 좌우익 주요 정치세력들이 한 목소리를 내자고 만들었던 '4당 캄파*'와 '5당 캄파'를 깨뜨리는 동시에, 반탁운동으로 보수 세력 내에서 주도권을 장악한 임시정부 대신에 이승만이 헤게모니를 장악하도록 하기 위한 공작이었다. 이승만은 식민지 시기부터 '좋은 친구'였던 전직 전략정보국(Office of Strategic Services, OSS) 대령 굿펠로(Preston G. Goodfellow)의 공작을 통해서 민주의원 의장에 취임하여 보수 세력 내에서 정치 주도권을 확보하였다.

 이렇게 미군정의 정치공작이 좌우익의 분열과 대립을 부추긴 것은 사실이지만 더 근본적인 문제는 좌우익의 정치세력 내에 있었다. 이들은 통합이나 협상보다는 자신들의 정치적 선명성을 내세우는 데 더 적극적이었다.

 반공운동이자 반소련운동으로 전개된 반탁운동은 공산주의자들과는 손잡지 않겠다는 것을 의미했다. 소련과 합의하지 않겠다는 것은 곧 소련의 점령지역과 결별하겠다는 의미가 아닌가. 소련이 반탁운동이 무서워 점령지역에서 순순히 물러날 리 없으니 말이다. 좌익의 '3상결정에 대한 총체적 지지' 역시 커다란 문제가 있었다. 그냥 지지하면 되지 꼭 '총체적'으로 지지할 필요는 없었다. '총체적'이라는 표현은 3항에 있는 신탁통치안에 대해서도 지지한다는 의미다. 당시

---

 * **캄파** composition을 이르는 당시의 용어.

신탁통치 문제는 좌우익의 골을 깊게 갈라놓았다. 1947년 좌우익은 광복 기념 경축행사를 서울운동장과 남산에서 각각 따로 열었는데, 양측이 남대문 부근에서 만났다. 왼쪽이 좌익, 오른쪽이 우익이다.

국민 정서는 신탁통치안의 지지 세력을 비난할 수밖에 없었다. 좌익은 스스로 '신탁통치를 찬성'한다고 말한 적이 한번도 없었지만, 반탁운동 진영에서 좌익을 '찬탁' 진영이며, 매국노라고 비난할 수 있는 근거를 마련해준 것이다. 좌익의 노선은 소련의 지시를 받았을 가능성이 큰데, 정치적으로 커다란 손해였다.

결국 3상결정으로 만들어진 유리한 정세는 정치세력 간의 이전투구로 사라지고 말았다. 아마도 1946년 1월에 있었던 조선인민당·한국민주당·국민당·공산당의 간담회는 통합의 마지막 기회였는지 모른다.

이 간담회에서 4대 정당은 "조선 문제에 관한 모스크바 3국 외상회의의 결정에 대하여 조선의 자주독립을 보장하고 민주주의적 발전을 원조한다는 정신과 의도는 전면적으로 지지"하지만, "신탁(국제헌장에 의하여 의구되는 신탁제도)은 장래 수립될 우리 정부로 하여금 자주독립의 정신에 기하여 해결"한다고 결의하였다. 4

대 정당 간의 간담회에서 나온 합의문은 3상결정을 우리의 이익과 목적에 부합하도록 이끌 수 있는 절호의 기회였다. 즉 3상결정의 내용에 우리가 적극적으로 참여할 수 있는 여지를 파악하고 있던 것이다.

그러나 눈앞의 이익에 눈이 먼 정치세력들은 이러한 합의를 헌신짝처럼 버렸다. 우익은 반탁운동에 매진하였고, 좌익은 3상결정에 대한 총체적 지지를 주장하면서 각기 민주의원과 민전을 결성한 것이다. 결국 민주의원과 민전의 결성은 우익과 좌익의 계선(界線)을 더욱 명확히 하는 것이었으며 이제 더 이상 정치세력 사이의 거국적인 통합을 어렵게 하는 것이었다.

해방 직후 정치세력들의 대립 구도는 독립운동을 한 세력과 친일을 한 세력으로 나뉘어 진행되었어야 했다. 그러나 정치인들 사이의 친소(親疎) 관계를 중심으로 정당이 결성되다 보니 좌익과 우익의 정당이 생겼고, 양쪽은 신탁통치를 둘러싸고 대립하면서 완벽한 좌우익의 대치 구도로 굳어지고 말았다. 이런 대립 구도 속에서는 식민지 잔재 청산이라는 역사적 과제를 해결하기 어려웠다. 오로지 찬반탁에 근거한 좌익과 우익이라는 정치노선만이 가장 중요한 쟁점이 되었다.

좌우합작운동과 남북연석회의

좌우익 간의 정치 대립을 막고 남북의 분단을 막기 위한 움직임으로 좌우합작운동이 있었다. 1946년 5월 1차 미·소공동위원회가 휴회한 직후부터 본격적으로 가동된 좌우합작운동은 이름 그대로 혼란한 정국에서 좌익과 우익이 어느 정도 양보하여 대통합의 기틀을 마련하자는 것이었다.

좌우합작운동이라는 명칭은 1946년에 처음 사용되었지만, 식민지 시기부터 이미 좌우합작을 위한 움직임은 전개되어왔다. 1927년 신간회가 창설될 때에도 좌익과 우익의 연합을 통해 민족해방운동을 전개해야 한다는 합의가 이루어졌다. 중국에서도 민족유일당 운동이나 민족혁명당의 결성을 통해서 정치노선을 떠나 대(對)일본 제국주의 투쟁을 벌여야 한다는 움직임이 활발하게 계속되었다. 이러한 움직임들은 중국의 국민당과 공산당 사이의 합작운동으로부터도 영향을 받았다.

여운형의 존재는 왜 중요했을까?

해방 직후에도 좌우익의 연합 움직임은 계속되었다. 일본으로부터 해방되긴

자료 11   조선인민당의 성격

  인민당은 근로대중을 중심으로 한 전 인민의 정치적 집결체이며 근로대중을 중심으로 한 전 인민의 완전해방을 위한 정당인 것이다. 이런 의미에서 인민당은 좌익정당과 아무런 대립관계에도 서 있지 않다. (중략) 오직 상이한 점은 좌익정당이 계급의식으로 무장한 투사만을 구성요소로 하는 데 반하여 인민당은 그 혁명세력을 전 인민 층으로 집결하려는 것이다. (중략)

  인민당은 그 현실적 과제인 완전 독립의 실현을 위해서는 좌익정당과의 제휴뿐 아니라, 우익정당과도 공동전선을 취할 용의를 갖고 있다. 왜 그러냐 하면 완전 독립의 실현은 어느 일당 전제에서는 성취할 수 없고 오직 각 당 각 파를 망라한 민족적 총역량을 집중하는 데서만 가능할 것이기 때문이다. 이리하여 조선인민당은 조선의 당면 과제인 완전 독립을 성취키 위해서는 좌우 양익을 공동전선에 서게 하는 매개적 역할까지 불석하려는 자이다.

출처: 김오성, 〈조선인민당의 성격〉, 1946, 김남식·이정식·한홍구 엮음, 《한국현대사자료총서》 제11권, 돌베개, 1986, 12~18쪽.

했지만 외세에 의해 분할 점령이 이루어진 상태에서 노선 대립을 계속할 경우 정상적인 독립국가 수립이 불가능하기 때문이었다. 앞서 서술했던 임시정부와 인공의 합작 노력도 이러한 움직임의 연장선에서 이해할 수 있다. 그러나 더 중요한 것은 조선인민당의 합작 노력이었다. 여운형이 중심이 되었던 조선인민당은 〈자료 11〉과 같이 그 노선을 '좌우합작을 위한 매개체로 활동' 하는 것이라고 선언했다.

조선인민당의 지도자였던 여운형은 해방직후의 상황에서 유일하게 좌와 우를 아우를 수 있는 인물이었다. 식민지 때부터 좌와 우를 넘나들며 활동했던 그는 해방 후 좌우익의

미·소공동위원회가 각 정당 사회단체에 배포한 질문서. 새로 수립될 정부는 어떤 정부이기를 원하는지 묻고 있다. "당신의 의무와 권리!"라는 표어가 인상적이다.

정치세력들과 활발하게 접촉하였다. 해방정국에서 여운형은 조선공산당의 박헌영뿐만 아니라 이승만, 김구와도 독대할 수 있는 유일한 정치인이었다. 또한 그는 미군정, 소련군 양쪽과도 친밀한 관계를 유지하였다. 1947년 암살당할 때까지 그는 미군정의 고위 관리들과 지속적으로 접촉하였으며, 피살 직전 미군정은 그에게 암살당할 위험성을 알려주며 경고하기도 하였다. 훗날 주한 미군사를 기록한 한 미국의 역사가는 《미국의 배반》이라는 책의 첫 장에 '진정한 자유주의자였던 여운형'에게 바친다고 쓰기도 하였다.

여운형은 김일성과도 가까운 관계를 유지하였다. 이 때문에 최근까지도 여운

형에 대해 색안경 끼고 비난하는 시각도 있지만, 진정한 좌우합작을 위해서는 북한의 공산주의자들과도 함께할 수 있다는 것이 그의 신념이었다. 바로 그 점이 여운형과 함께 좌우합작운동을 한 김규식과의 결정적인 차이였다. 김규식 역시 미군정 및 우익과 가까운 관계였으며 좌익에 대해서도 열린 마음을 갖고 있었지만, 그렇다고 소련군이나 북한의 공산주의자들까지 포괄해야 한다는 생각은 하지 않았다.

1946년 5월 미·소공동위원회가 휴회에 들어간 직후 여운형과 김규식은 좌우합작운동을 전개했다. 그런데 좌우합작운동을 위해 위원회를 만들고 지원한 것이 미군정이었다는 점은 역사의 아이러니가 아닐 수 없다. 자기들에게 우호적인 세력을 지원하기 위해 노력했던 미군정은 미·소공동위원회가 난관에 봉착하자 새로운 정치세력들을 지원함으로써 소련과의 협상에서 유리한 위치를 차지하고자 했다. 기왕에 미군정이 지원했던 자문위원회, 민주의원 등은 모두 소련으로서는 받아들일 수 없는 정치인들로 구성되어 있었으며 반탁운동에 참여하고 있었다.

반탁운동에 목소리를 높인 것은 임시정부였지만, 좌우익이 대립하는 상황에서 한국민주당이나 이승만 역시 반탁운동 진영에서 떨어져 나오기란 쉽지 않았다. 그래서 미군정은 소련도 용납할 수 있으면서 미국의 이해관계와도 합치하는 세력을 찾고자 하였고, 그 대상으로 떠오른 것이 김규식이었다.

김규식은 미국의 로노크 대학을 졸업하고 중국의 명문 푸단(復旦) 대학과 북경대학에서 영어를 가르친 경험이 있는 '젠틀맨'이었다. 그는 김구와 함께 임시정부에 참여하기는 했지만, 식민지 시기부터 좌우익의 합작운동에 큰 관심을 갖고 있었다. 고집 센 민족주의자 김구나 미·소공동위원회 휴회 직후부터 전국을 돌면서 단독정부 수립을 주장하여 물의를 빚고 있는 이승만과 비교할 때, 김규식은 미군정의 가장 적절한 파트너가 될 수 있었다. 문제는 김규식은 정치인이라기보다는 양심적 지식인으로서 자신만의 정치세력을 갖지 못했다는 점이었다. 따라서 김규식에게는 정치적 파트너가 필요했다. 그래서 미군정과 김규식은 좌익 세력 중에서 가장 온건하고 대중적인 여운형을 선택한 것이다.

동상이몽 관계

초기 좌우합작운동은 미군정이 지원하는 좌우합작위원회에서 시작되었다. 좌우합작위원회는 우익을 대표하는 민주의원과 좌익을 대표하는 민전에서 각각 5인씩 대표를 파견하여 운영하였다. 그러나 시간이 흐를수록 좌익과 우익, 그리고 미군정 사이의 동상이몽 관계는 대립으로 나타났다. 좌익과 우익은 각기 자신들의 정치적 이해관계를 관철시키려고 노력하였고, 미군정은 좌우합작위원회를 제 입맛에 맞춰 이끌어가려고 하였다. 좌우합작위원회를 미군정의 파트너로 만들려는 미군정, 미군정과 협조하면서 문제를 풀어가려는 김규식, 북한의 공산주의자들까지 포괄하려는 여운형, 그리고 이 같은 김규식과 여운형의 행보에 주도권을 빼앗길까 위협을 느끼는 좌우익의 정치인들…….

특히 문제가 된 것은 좌익 내부의 정치적 혼란이었다. 좌우합작운동이 진행되던 1946년 가을, 좌익은 여러 가지 문제에 봉착했다. 미군정은 1946년 5월에 발생한 정판사 위폐사건*을 기점으로 조선공산당을 본격적으로 탄압하기 시작하였다. 사건의 진위 여부를 떠나서 정판사 위폐사건은 조선공산당에 대한 본격적인 탄압의 신호탄이었다. 좌익 계열의 신문사들이 정간당하고, 박헌영을 비롯하여 주요 좌익 지도자에 대한 체포령이 떨어졌다.

조선공산당은 이에 대항하며 1946년 9월의 총파업, 같은 해 10월의 대구항쟁으로 맞섰다. 철도 노동자들이 주모한 총파업과 쌀 부족과 경찰에 대한 저항으로 일어난 두 사건은 조선공산당 관련자들이 적극 가담하였고, 미군정과 경찰에 대한 전면적인 투쟁의 성격을 띠었다. 두 사건 모두 미군정 경제정책의 실패 ― 심

* **정판사 위폐사건** 조선공산당이 기관지를 발행하던 곳에서 위조지폐를 발행하다가 적발된 사건.

각한 인플레이션으로 인한 노동자들의 실질임금 하락, 쌀 시장 통제 실패로 인한 쌀 가격 폭등, 경찰기구를 통한 추곡 수집정책의 부활 — 때문에 일어났지만, 조선공산당은 두 사건을 정치적으로 이용하려고 하였다.

마침 1946년 가을은 조선공산당이 '공산당'이라는 이름을 버리고 대중정당으로 변신을 꾀하던 때였다. 당시 동유럽에서는 많은 공산당들이 '노동당'으로 이름을 바꾸어 대중정당으로 변신하고 있었고, 이러한 흐름에 맞추어 38선 이북에서는 북조선노동당이, 남쪽에서는 남조선노동당이 창당 작업을 추진하고 있었다. 조선공산당의 박헌영 중심의 세력은 1946년 가을 벌어진 9월 총파업 및 10월 대구항쟁을 통해 남조선노동당 창당과정에서 주도권을 행사하고자 했다.

그런데 문제는 이 과정에서 남조선노동당에 참가하려 했던 여운형 계열의 좌파세력과 충돌한 것이다. 당시 38선 이남의 공산주의자들은 박헌영 지지 세력과 조선공산당의 비민주주의적인 조직 운영을 비판하는 세력으로 나뉘어 있었는데, 남조선노동당 결성과정에서 양 세력 간에 분열이 일어난 것이다. 이 과정에서 북조선노동당이 박헌영 지지 세력의 손을 들어주면서 여운형과 박헌영 비판 세력은 좌익 내부에서 치명타를 입게 되었다. 결국 여운형은 더 이상 좌익을 대표하지 못하게 된다.

아울러 좌우합작위원회가 내놓은 7개 항의 원칙 또한 좌우익 사이에서, 그리고 김규식과 여운형 사이에서 많은 갈등을 불러일으켰다. 이 좌우합작 7원칙은 좌익과 우익 사이에서 합의할 수 있는 최소한의 공통분모였다.

〈자료 12〉와 같이 좌우합작 7원칙은 3상결정을 충실히 이행하는 과정을 통해서 한국인들이 수행할 사회개혁을 규정하고 있다. '신탁통치'에 대해서는 일체 언급하지 않는 대신 해방 직후 민족 과제로 제시되고 있던 토지문제를 비롯하여 경제, 민생문제의 해결, 친일잔재의 척결 등을 보장한다는 것이 주요 내용이다.

그런데 4항과 6항의 '입법기구'가 문제였다. 미군정은 한국인들로 구성된 과도적인 입법기구를 조직함으로써 중요한 정치 문제들을 해결하고자 하였고, 이에

자료 12 좌우합작 7원칙
(1946. 10. 7)

  조선의 좌우합작은 민족 독립의 단계이오, 남북통일의 관건인 점에 있어서 3천만 민족의 지상명령이며 국제 민주화의 필연적 요청이었는데도 저간의 복잡다단한 내외정세로 오랫동안 파란곡절을 거듭해오던 바, 10월 4일 좌우 대표가 회담한 결과 과반(過般) 발표된 좌측의 5원칙과 우측의 8원칙을 절충하여 7원칙을 결정하였다. 우리는 다음과 같은 합작 원칙과 입법기구에 대한 요망을 작성하여 좌(左)와 여(如)히 발표한다.

1. 조선의 민주독립을 보장한 3상회의 결정에 의하여 남북을 통한 좌우합작으로 민주주의 임시정부를 수립할 것.
2. 미·소공동위원회 속개를 요청하는 공동성명을 발할 것.
3. 토지개혁에 있어 몰수 유조건 몰수 체감매상 등으로 토지를 농민에게 무상으로 분여하여 시가지의 기지(其地) 급 큰 건물을 적정 처리하며 중요 산업을 국유화하여 사회노동 법령 급 정치적 자유를 기본으로 지방자치제의 확립을 속히 실시하며, 통화 급(及) 민생문제 등등을 급속히 처리하여 민주주의 건국과업 완수에 매진할 것.
4. 친일파 민족반역자를 처리할 조례를 본 합작위원회에서 입법기구에 제안하여 입법기구로 하여금 심리 결정케 하여 실시케 할 것.
5. 남북을 통하여 현 정권에 의해 검거된 정치운동자의 석방에 노력하고 아울러 남북 좌우의 테러 행동을 일체 즉시로 제지토록 노력할 것.
6. 입법기구에 있어서는 일체 그 기능과 구성방법 운영을 본 합작위원회에서 작성하여 적극적으로 실행을 기도할 것.
7. 전국적으로 언론, 집회, 결사, 출판, 교통, 투표 등 자유를 절대 보장되도록 노력할 것.

출처: '좌우합작위원회, 합작 7원칙과 입법기관에 대한 건의문 발표', 《동아일보》, 1946년 10월 8일자.

여운형과 좌익은 강력하게 반발하였다. 미군정은 이미 1946년 2월 북한에서 중앙기구로서 북조선 임시인민위원회가 결성되었기 때문에 미군정도 자신들을 뒷받침할 수 있는 과도 기구를 마련하고자 한 것인데, 좌익은 과도적 입법기구는 미군정을 지지하는 우익에게 힘을 몰아주는 결과를 가져올 거라고 판단한 것이다.

따라서 여운형은 입법기구와 관련된 항목에 대해서는 끝까지 찬성하지 않았다. 하지만 이 안은 여운형의 동의가 이루어지지 않은 채 좌우합작위원회의 공동합의문으로 발표되었다. 좌익의 강력한 반발에 부딪힌 여운형은 정계은퇴를 선언하였다.

좌우합작위원회는 이 시점에서 이미 그 생명력을 다하게 되었고, 뒤이은 간접선거를 통해 남조선 과도입법의원이 출범하였다. 선거권과 피선거권이 제한되어 있는 간접선거를 통한 과도입법의원은 반은 선출, 나머지 반은 미군정이 임명하게 되어 있었다. 임명직 의원 중 일부가 중도파 정치세력들에게 할애되었지만, 선출직은 대부분 각 지역에서 미군정과 경찰의 비호를 받는 우익세력이 당선되었다. 그 결과 전체 입법의원의 70퍼센트 이상이 이승만과 김구, 그리고 한국민주당 계열의 인사로 채워졌다.

과도입법의원의 성립으로 좌우합작운동은 암초에 부딪혔지만, 좌우합작위원회의 활동은 이후에도 계속되었다. 특히 여운형이 복귀하면서는 더욱 활발하게 진행되었다. 그리고 그 와중에 미·소공동위원회가 재개되었다. 하지만 1947년 7월, 여운형의 암살로 좌우합작위원회는 좌초하고 말았다. 여운형 말고는 38선 이남의 좌익세력을 아우르면서 미군정 및 우익세력과 함께 앉아 정세를 논의할 수 있는 인물이 없었다. 많은 좌익 인사들은 미군의 체포를 피해 38선 이북으로 도피하였고, 나머지 좌익 인사들은 우익은 물론 좌익 전체를 대표할 수 있는 역량을 갖추지 못했다.

이렇게 좌우합작운동은 좌우익의 견해 차이, 그리고 걸출한 지도자 여운형의 죽음으로 끝을 맺고 말았다. 그렇다고 해서 이 운동을 비현실적일 뿐 아니라 의미도 없었다고 규정할 수는 없다. 몇 가지 가정이 현실적인 대안으로 존재할 수 있었다. 만약 여운형과 좌파가 과도입법의원에 참여했다면 어떤 결과를 가져왔을까? 3상결정이 아직 완전히 폐기되지 않고 미·소공동위원회의 재개를 눈앞에 둔 상황에서, 과도입법의원은 상대적으로 활동의 자율성을 가질 수 있었다. 예컨대 과도입법의원에서 제기한 친일파 처리에 관한 법률, 토지문제에 대한 규정, 그리고 보통선거와 관련된 법안은 당시에 반드시 했어야 할 사회개혁을 미흡하게나마 추진할 수 있는 토대였다. 물론 대다수 우익세력이 참여한 과도입법의원에서 진보적 법안들이 통과되기란 쉽지 않았으며, 미군정이 거부권을 행사할 수도 있었다. 그러나 무소불위의 권력을 쥔 미군정이라 한들 모든 법안을 거부할 수는 없는 노릇이다.

특히 여운형이 참여했다면 사정이 달라지지 않았을까? 당시 선거가 간접선거로 이루어졌으며 돈이 있거나 명망이 있는 우익 인사들이 대거 선거에 참여한 점을 고려하면, 여운형이 과도입법의원에 참여했다 하더라도 다수를 차지하기는 어려웠을 것이다. 그러나 그의 참여는 매우 상징적인 의미를 갖는다.

만약 여운형이 암살당하지 않았다면? 여운형은 통일국가가 수립되었을 때 가장 중요한 역할을 할 수 있었던 유일한 정치인이었다. 통일국가가 수립되었을 때 다양한 정치세력들을 포괄하면서 미국과 소련의 합의를 끌어낼 인물이 그 말고는 없었다.

물론 역사에 가정이란 없다. 그렇다고 좌우익이 통합을 이루고자 했던 소중한 노력의 실패를 역사의 필연으로 치부하며 실현 가능성 없는 헛된 노력이었다고 과소평가해서는 안 된다. 좌우익의 통합을 위한 노력은 한국전쟁 후에도, 그리고 현재까지도 한국인들의 마음속에 가장 이상적이면서 깨끗했던 정치운동으로 남아 있다. 앞으로 통일이 된다면 좌우합작운동은 하나의 모델이 될 것이다.

만약 당시 좌익세력들이 좀 더 넓은 시야를 갖고 상황을 돌파하고자 하였다면 어떤 결과를 가져왔을까?

소련은 유엔한국임시위원단에게 문을 열었어야 했다

좌익세력에 대한 아쉬움은 유엔한국임시위원단의 북한 방문 거부에서도 느껴진다. 유엔한국임시위원단의 방북 거부는 소련이 결정했을 가능성이 크다. 유엔을 미국의 거수기로 여기고 있던 소련은 유엔에 의한 한반도 문제 해결이란 결국 미국의 입맛만 맞추어주는 일이라고 판단했을 것이다. 만약 유엔한국임시위원단이 북한을 방문한 뒤에 총선거를 실시했다면, 인구 비례를 고려할 때 통일 국회의 대다수는 우익이 차지했을 것이고, 그에 따라 통일정부가 구성되었을 것이다. 설령 위원단이 방북을 했다 하더라도 어떤 합의도 이루어내지 못했을 수도 있다.

그런데 당시 유엔한국임시위원단이 미국에게 협조적인 것만은 아니었다. 특히 영연방 국가에 속했던 인도, 캐나다, 호주의 대표들은 단독정부 수립을 찬성했던 세력보다 남북지도자 연석회의를 추진했던 지도자들과 더 적극적으로 접촉하였다. 오죽하면 미국 정부가 세 나라의 미국주재 대사들을 국무부로 소환하여 협조를 당부했을까? 심지어 대표 중 몇 사람에 대해서는 공산당과 관련 있는지 여부를 조사하기도 하였다.

만약 유엔한국임시위원단이 38선 이북 지역을 방문할 수 있었다면, 단독정부 수립을 위한 선거 실시가 쉽게 결정되지 않았을 가능성도 크다. 그랬다면 미국은 위원단의 대표들을 교체하는 문제를 고려했을 것이다. 실제로 나중에 대한민국 정부가 수립된 뒤 새로이 유엔한국위원단을 구성할 때, 미국은 그 구성을 심각하게 고민한다.

일부 학자들은 좌우합작운동과 마찬가지로 남북연석회의에 대해서도 이상주의자들의 운동, 또는 북한의 정권 수립에 이용당한 회의 등으로 규정하고 있다. 1947년 9월 미·소공동위원회가 완전히 실패로 돌아가고 3상결정이 폐기되면서 한반도 문제는 유엔으로 이관되었다. 유엔은 소총회 결의를 통해 선거가 가능한 지역에서의 총선거 실시를 결정하였다. 이 시점에서 이미 남북한 사이의 분단은 확정된 것이며, 더 이상 분단을 막기 위한 움직임은 현실성이 없었다고 평가되고 있다.

이것이 과연 올바른 평가일까? 너무나 결과론적인 평가는 아닌가? 당시 단독정부 수립에 반대하여 총선거에 참여하지 않았던 사람들은 모두 헛된 노력만 한 것일까? 38선을 베고 쓰러질지언정 분단된 조국에서 흐느끼는 넋들의 소리를 차마 들을 수 없다는 김구의 선언은 다만 한 이상주의자의 절규에 불과할 뿐인가? 미군정의 반대 속에서도 38선을 넘은 김규식의 행동은 고뇌하는 지식인의 한 표현에 지나지 않는가?

세계적으로 냉전이 심화되기 시작한 것은 1947년 2월이었다. 미국은 그리스와 터키에서 사회주의 운동이 일어나는 것을 막고자 트루먼 독트린을 발표했고, 서유럽이 소련에 대항할 수 있는 힘을 갖게 하기 위하여 마셜 플랜을 실시하였다. 냉전 체제가 심화되면 될수록 미소 간의 합의가 어려운데, 좌우합작은 해서 무엇 하겠다는 것인가?

그러나 역사에는 결과론적으로만 평가해서는 풀리지 않는 측면이 있다. 당시의 담론과 정서, 그리고 사회적 공감대가 바로 그것이다. 분단국가가 수립되어서는 안 된다는 것이 국민 정서였다는 점을 고려한다면, 당시 좌우합작운동과 남북연석회의는 사회적인 공감대를 충실하게 반영한 것이었다. 분단국가 수립에 참여한 인사들에 대한 사회적 비난은 오랫동안 계속되었다. 일례로, 1948년 5월 10일 한국 역사상 처음으로 총선거가 실시되고 국회의원들이 선출되었지만 이들 중 대다수는 1950년의 5·30 선거에서 재선출되지 못했다. 오히려 단독정부 수립에 반대하고 5·10 선거에 참여하지 않았던 중도파 인사들이 5·30 선거에서 대거 국회의원에 당선되었다.

좌우합작운동은 좌우익과 미국 사이의 동상이몽의 관계 속에서 결국 실패로 끝나고 말았다. 그러나 3상결정을 주체적으로 소화하고자 했다는 점에서 중요한

여운형의 장례식. 1947년 8월 3일, 해방 후 최초의 인민장(사회장)으로 치러졌다.

의미가 있다. 좌우합작 7원칙은 미군정에게 이용당한 것이기도 했지만, 다른 한편으로 한국 내부의 주체적인 노력이었다. 3상결정이라는 국제정세를 거부하는 것이 아니라 이용하려는 노력이었던 것이다.

지도자는 중요한 시기에 죽어선 안 된다

이 시기의 여러 사건 중에 의문으로 남는 것은 1946년 남조선노동당이 조직될 때 왜 북한이 여운형이 아니라 박헌영의 손을 들어주었을까 하는 점이다. 물론 박헌영이 당시 남쪽 공산주의자들을 대표하는 인물이었지만, 여운형도 김일성과 가까운 관계를 유지하고 있었다. 여운형은 이미 1945년과 1946년 여러 차례 북한을 방문하여 김일성과 회담을 가졌다. 암살의 위협을 느꼈던 여운형은 김일성에게 혹 자신이 죽으면 남은 가족을 보살펴달라고 부탁했다고도 한다.

2003년 8월, 평양에서 남북역사학자 공동 학술대회가 열렸을 때 필자는 남조선노동당 당원이었던 이에게 이 같은 질문을 했다. 그는 당시 상황에서는 그럴 수밖에 없었노라고 대답했다. 조선공산당 내에서 박헌영의 존재를 무시할 수 없었다는 것이다. 만약 여운형의 손을 들어주었다면 남쪽에서 좌익 세력들은 더더욱 분열했을 거라는 말을 했다.

좌우합작운동은 우리에게 또 하나 중요한 교훈을 남겼다. 사회 지도자는 중요한 시기에 죽어서는 안 된다는 것이다. 그는 한 개인이 아니라 공인(公人)이기 때문이다. 좌우합작운동을 실패에 이르게 한 것은 바로 여운형이라는 한 지도자의 죽음이었다.

CHAPTER _3

전쟁은 왜 1950년 6월에 시작되었을까?

전쟁이 어느 시점에서 발발했는가를 규명하는 것은
전쟁의 원인과 기원을 분석하는 것 이상의 중요한 의미를 갖는다.
하지만 전쟁의 원인을 찾다 보면 왜 하필 그 시점에서 전쟁이 일어났는가를
규명하기가 어렵다. 거대한 구조적 흐름 속에서 전쟁이 일어날 정도로 갈등이 고조된
시점을 찾기란 쉽지 않기 때문이다. 그것도 세계 현대사처럼 국제관계와
국내 정치 문제들이 뒤엉켜 있을 때, 실타래를 푸는 작업은 정말 어렵다.
한국전쟁은 왜 1950년 6월에 발발했을까? 매우 오래된 질문이면서,
적절한 해답을 찾지 못한 질문이기도 하다. 그 해답을 찾으려면
단기적인 눈이 필요하다. 원인이나 기원에 대한 해답은
장기적 관점으로 찾아야 하나, 갈등이 고조되는 순간을
파악하기 위해서는 종적인 고찰보다는 횡적 고찰이
더 필요하다. 종횡무진 역사를 누벼야 올바른 해답이
나오겠지만, 때로는 횡적인 고찰이 더 도움이 될 때가 있다.
그래서 역사와 사회과학은 서로 교통해야 하는 것 아닐까?
여기서는 전쟁이 1950년에 일어날 수밖에 없었던
측면을 몇 가지 차원에서 고찰해보고자 한다.
한국전쟁의 개전에 대한 국내외 학계의 주장은 크게
세 가지로 나뉜다.
북한이 침략했다는 남침설, 남한이 침략했다는 북침설,
그리고 남침유도설이다. 여기서는 특히 남침유도설에
초점을 맞추려 한다. 한국전쟁의 개전과 관련하여
최근 가장 많이 회자되고 있기 때문이다. 즉, 미국이 북한으로
하여금 남한을 침략하도록 유도했다는 것이다.
이 설은 여러 가지 정황 근거로 뒷받침되고 있다.
첫째, 미국은 1949년 이후 아시아에 대해 적극적인
봉쇄정책을 실시하였는데 한국전쟁 발발 1년 전에
주한미군을 철수시켰다는 것, 둘째, 남한의 사회,
정치 불안이 심화되자 전쟁을 통해 남한의 독재정권을
강화시키고자 했다는 것이다. 과연 그럴까?

일본에 대한 **역코스 정책**, 그리고 중국 혁명과 소련의 **핵개발**

1948년과 1949년은 미국의 대외정책에 중요한 전환점을 가져온 시기였다. 2차 세계대전 후 미국에서는 케넌(George F. Kennan)이 봉쇄정책을 내놓았고, 트루먼 독트린과 마셜 플랜이 실행되었다. 그러나 1948년과 1949년, 미국은 이러한 대외정책에 마침표를 찍으면서 봉쇄정책의 성격이 크게 바뀐다.

심리적 자신감은 가장 중요한 봉쇄 수단

케넌은 미국의 대외정책을 봉쇄(containment)라는 개념으로 새롭게 정립한 전략가다. 봉쇄정책은 공산주의의 팽창을 막겠다는 의미를 담고 있다. 케넌의 대외정책은 소련에 대한 분석에서 비롯되었다. 그는 소련이 자본주의 세계에 위협이 되는 것은 분명한 사실이지만, 내부적으로 많은 허점을 갖고 있다는 점을 지적했다. 소련의 허점에 대한 그의 지적은 미국의 봉쇄정책이 군사적, 정치적인 의미에서 시작된 것은 아니라는 점을 알려준다.

50여 년에 걸쳐 냉전질서 속에서 이루어진 군비경쟁과 정치 선전들을 경험하

마셜 플랜으로 복구되고 있는 베를린.

면서 사람들은 봉쇄정책은 정치적이고 군사적인 정책이라는 이미지를 갖고 있다. 이는 시기에 따라서는 정확한 견해이지만, 애초에 봉쇄정책은 그런 목적으로 실행된 것은 아니었다. 미국의 봉쇄정책은 국제정세의 변화에 따라 그 강조점과 수단을 달리하며 바뀌었다. 때로는 경제적이고 심리적인 수단의 봉쇄가 이루어졌으며, 때로는 군사 개입에 강조점을 두기도 했다.

1946년의 봉쇄정책은 경제적이며 심리적인 것이었다. 케넌은 소련이 스스로 허점을 지니고 있기 때문에 군사적인 봉쇄정책을 실시할 필요가 없다고 강조하였다. 냉전 체제에서 가장 효과적인 봉쇄는 심리적인 것이며, 이를 위해서 경제 수단이 필요하다는 것이다.

이러한 논리는 1960년대에 미국의 대외정책 입안자로 활동했던 경제사학자 로

스토(Walt W. Rostow)의 이론에서도 찾아볼 수 있다. 그에 따르면, 공산주의는 전염병과 같아서 경제, 사회적으로 어려운 곳에서 쉽게 번식한다. 이 경우에는 어떤 정치, 군사적 수단도 공산주의의 영향력을 줄이는 데 그리 효과적이지 않다. 오히려 경제 수단을 통해서 사람들에게 자본주의에 대한 자신감을 심어줄 때 공산주의를 가장 확고하게 봉쇄할 수 있다는 것이다.

이 같은 봉쇄이론에 근거하여 1947년 미국은 마셜 플랜을 단행한다. 마셜 플랜은 서유럽을 중심으로 유럽 경제의 부흥을 목표로 삼았다. 2차 세계대전으로 황폐해진 유럽 사회는 공산주의 번식에 적합하기 때문에 경제복구와 부흥을 통해서 유럽인들에게 자신감을 심어주어야 한다는 것이다. 그러면 소련의 이데올로기가 유럽으로 손을 뻗치기 힘들다는 것이 케넌의 주장이자 미국의 냉전정책이었다.

하지만 당시 미국은 전 세계적인 산업부흥을 통해 공산주의의 확산을 봉쇄할 만큼 경제 강국이 아니었다. 케넌은 중요한 몇 개 지역의 부흥이 극대화되면, 세계적 차원에서의 봉쇄가 가능하리라고 전망하였다. 케넌이 꼽은 지역은 영국을 비롯한 서부 유럽, 독일 중심의 중부 유럽, 그리고 아시아의 일본이었다. 이것이 바로 케넌의 거점 중심 전략이다. 유럽에 대한 마셜 플랜, 일본의 산업부흥을 목표로 한 역코스 정책 등이 케넌의 전략대로 추진되었다. 특히 중국에서 국민당의 힘이 약해지면서 일본을 아시아의 축으로 만들어야 한다는 정책이 적극 추진되었다.

〈자료 13〉에서처럼 맥아더(Douglas MacArthur)는 미국의 서부 해안선은 아시아의 동쪽 해안선까지 확대되어야 한다고 판단했다. 아시아의 동쪽 해안선은 곧 일본을 의미했다. 미국의 입장에서 일본은 군사, 경제적으로 중요했다. 따라서 만약 소련이 일본을 통제하게 된다면, 그것은 곧 아시아에서 미국이 심각한 손해를 입는 것을 의미했다.

일본이 더 이상 전쟁을 못 일으키도록 하기 위하여 비무장화와 민주화를 추진한다는 정책에서, 봉쇄정책을 위해 재무장화와 경제 복구를 적극적으로 추진한다는 역코스 정책으로 전환은 아시아에서 소련을 봉쇄하기 위한 조치였다. 〈자료

자료 13 맥아더 장군과 케넌의 대화
Conversation Between General of the Army MacArthur and Kennan (1948. 3. 5)

맥아더는 국가방위의 차원에서 태평양 지역이 차지하는 위상을 언급했다. 그는 이제 미국의 전략적 경계는 남북미 대륙의 서해안선이 아니라 아시아 대륙의 동쪽 해안선이라고 말했다. 따라서 미국의 근본적인 과제는 어떠한 육해군도 아시아의 항구에 집결하거나 파견되지 못하도록 보장하는 것이다. 과거 방위문제의 중심은 필리핀 근방이었지만, 이제는 훨씬 북쪽으로 옮겨갔다.

맥아더는 태평양 지역에서 미국이 확고한 힘을 가져야 한다고 언급했다. 예전에 일본이 통치했던 미드웨이, 필리핀의 클라크 필드, 그리고 무엇보다도 오키나와를 포함하는 U자 모양의 지역이었다. 그중 오키나와는 가장 북쪽에 있고 가장 중요한 지역이다. 아시아 북쪽의 모든 항구들을 통제하기 위해서는 우선 오키나와를 장악해야 한다고 그는 주장했다. 이것은 진정으로 중요한 지점이었다. 해군의 기능은 중요했다. 그러나 이러한 목적을 위해서는 공군력이 중요했다. 오키나와에서 충분한 힘을 갖게 되면, 아시아 본토의 육해군의 작전을 봉쇄하는 데 일본 열도가 굳이 필요하지 않다. 물론 그렇다고 해서 일본 열도의 전략적 위상이 하찮다는 의미는 아니다.

이러한 이유 때문에 그는 오키나와의 중요성을 언급했고, 북위 29도 남쪽 류큐 열도의 완벽한 장악이 절대적으로 필요하다고 생각했다. (하략)

출처: PPS 28/2, Conversation between General of the Army MacArthur and Mr. George F. Kennan, March 5, 1948, Thomas H. Etzold and John Lewis Gaddis, *Containment: Documents on American Policy and Strategy, 1945~1950* (New York: Columbia University Press, 1978), pp. 228~230.

| 자료 14 | 일본이 안보상 필요한 데 따른 미국의 전략적 평가
Strategic Evaluation of United States Security Needs in Japan(1949. 6. 15) |

1 _ 일본 열도는 극동지역에서 미국의 이익을 보장하는 데 전략적으로 매우 중요하다. 그것은 일본의 지정학적 위치가 북태평양 무역항로의 측면에서 일본해(원문 표기 그대로―지은이), 황해, 동지나해의 출입구에 해당하기 때문이며, 아울러 일본이 소련의 영향권 안에 들어갈 경우 서태평양, 나아가서는 동남아시아의 미 군사기지에 대한 공격거점으로 활용될 수 있기 때문이다. 역으로 미국이 일본을 장악하게 되면 직간접적으로 소련의 중요한 공격거점이나 방어거점을 봉쇄할 수 있을 뿐만 아니라 전쟁이 발발할 경우 소련의 군사행동을 초기에 방어할 수 있다. 게다가 아시아 본토와 일본 부근의 소련 열도에 대한 군사작전을 기획할 수 있다.

2 _ 일본의 전략적 가치는 일본의 인력과 산업의 잠재력으로 점증되고 있다. 이러한 잠재력은 장차 세계적 규모의 전쟁이 발발했을 때 미국의 이익을 위해서 또는 미국의 이익에 반하는 쪽으로 엄청난 영향을 미칠 것이다.

3 _ 지난 세계대전에서 일본의 전쟁수행 능력이 입증되었다. 일본의 인적 잠재력이 또 다른 세계전쟁에서 평화를 추구하리라고는 상상할 수 없다. 소련의 통제를 받는다면 일본은 태평양에서 군사작전을 벌이기 위한 병기고와 인력을 제공하게 될 것이다. 만일 미국이 일본의 통치권에 영향력을 행사할 수 있다면, 일본은 미국의 원조로 아시아에서 소련에 반하는 군사작전에 크게 기여할 것이다.

4 _ 군사적 측면을 놓고 볼 때, 극동에서 소련과 대치하고 있는 상황에서 미국에게 꼭 필요한 것은 아시아 앞바다의 열도다. 전쟁이 발발할 경우 이 열도는 전략적인 전진기지 시스템을 구축하게 될 것이다. 그러나 공격의 측면에서는 한계가 있으므로 일본과 같은 주요 거점이 있다면 매우 유리할 것이다. (중략)

5 _ 가까운 장래에 평화협상이 이루어진다면, 미국의 안전이 위협받지 않도록, 그리고 극동에서의 소련의 팽창정책이 적어도 일본에서만큼은 저지될 수 있도록 다음과 같은 사항을 포함해야 할 것이다.

❶ 일본의 경제적, 심리적, 정치적 안정과 민주주의 및 서구화가 먼저 보장되어야 한다.

❷ 질서유지뿐만 아니라 주요 시설에 대한 파괴를 저지할 수 있도록 일본의 자체 방어력을 키워야 한다.

❸ 현재 세계 상황에서 방어력 없는 일본의 주권은 보장될 수 없기 때문에, 이전에 JCS*가 권고한 것처럼 점령군이 일본을 떠나기 전에 제한된 범위에서나마 일본의 자체방어를 위한 무장이 이루어져야 한다.

❹ 평화조약에서 점령군의 철수 시기를 명시해서는 안 된다. 그들은 단계적으로 철수해야 하며, 만족할 만한 상황이 되고 난 뒤에 비로소 점령 상태를 끝내야 한다.

출처: NSC 49: Strategic Evaluation of United States Security Needs in Japan, June 15, 1949, Thomas H. Etzold and John Lewis Gaddis, *Containment: Documents on American Policy and Strategy, 1945~1950* (New York: Columbia University Press, 1978), pp. 231~233.

* **JCS** Joint Chiefs of Staff, 합동참모본부.

14) 같이 이는 단순히 경제적인 부분만을 포함하는 것이 아니었다. 자체 방위를 위한 목적이기는 하지만, 재무장을 추진한다는 것 또한 포함되어 있었다. 그리하여 일본은 1951년의 샌프란시스코 조약 이후부터 한국전쟁 기간 동안 자연스럽게 자위대를 창설하였고, 자체 방위를 목적으로 재무장에 들어갈 수 있었다.

중국에서의 혁명, 그리고 소련의 핵실험 성공

일본에 대한 역코스 정책을 앞당기는 데 가장 중요한 역할을 한 것은 중국의 공산주의 혁명이었다. 중국국민당과 공산당은 2차 세계대전 중 오랜 내전을 중단하고 일본 제국주의에 대항하는 연합전선을 구성하였다. 그러나 세계대전이 끝나자마자 곧 다시 내전에 돌입하였다. 초기에는 미국의 지원을 받은 국민당이 우세했지만, 1946년을 기점으로 공산당이 주도권을 장악하기 시작했다. 공산당의 우세는 부패한 국민당에 대한 중국 국민들의 외면과 공산당의 농민 친화정책이 중요한 역할을 했기 때문이다.

미국은 중국 정세를 파악하기 위해 1946년과 1947년 특사를 파견한다. 이때 이미 중국의 상황이 국민당에게 불리하게 돌아가고 있다고 판단한 미국은 아시아 정책의 전반적인 전환을 추진하게 된다. 2차 세계대전 직후, 미국은 중국을 중요한 동맹으로 간주하고 일본에게는 큰 비중을 두지 않았다. 따라서 일본을 무장해제하고 더 이상 전쟁을 일으키지 못하도록 민주화를 진행시키는 것이 일본에 대한 정책이었다. 그런데 중국이 공산화되면서 일본은 아시아에서 공산주의에 대항할 수 있는 유일한 대안으로 부상하였다. 당시 일본만이 아시아에서 유일하게 군사력과 선진산업을 보유한 국가였기 때문이다.

중국의 공산화보다도 미국에 더 큰 충격을 준 것은 1949년 9월 소련의 원자탄 실험 성공이었다. 언젠가는 소련도 원자탄을 개발하겠지만 그 시기는 1950년대 중반쯤이나 될 거라고 미국은 예상하고 있었다. 그런데 갑자기 발표된 소련의 원

마오쩌둥은 사회주의 혁명 성공 직후인 1949년 12월 모스크바를 방문했다. 사진은 레닌(Vladimir I. Lenin) 사망 26주기 추모식에 참가한 마오쩌둥. 왼쪽에서 두 번째가 저우언라이, 네 번째가 마오쩌둥. 가운데는 스탈린이다.

자탄 실험 성공은 미국의 세계전략을 전반적으로 재고하도록 만들었다.

2차 세계대전 후 소련과의 대립이 심화되면서 분할 점령하고 있던 베를린과 한반도, 그리고 소련의 인근 지역인 그리스와 터키 등에서 첨예한 갈등이 계속되었지만, 미국은 군사 전략 면에서는 그리 걱정하지 않았다. 1945년 이후 독점하고 있던 핵무기 때문이었다. 미국이 핵무기를 독점하고 있는 한, 소련이 제아무리 재래식 무기를 확충한다 하더라도 미국의 군사력 우위를 따라잡을 수는 없었다.

그렇지만 소련이 원자탄 실험에 성공한 시점에서, 미국의 핵 독점은 깨지고 말았다. 이전까지는 소련이 원자탄을 이용한 보복을 두려워할 거라는 전제가 성립했으나, 소련이 원자탄을 보유하게 된 상황에서는 오히려 미국이 재래식 무기 면에서 소련에 뒤지게 된 것이다.

이렇게 1949년의 중국 혁명 성공과 소련의 원자탄 실험 성공은 미국의 대외전략을 전면적으로 재고하게 만들었다. 미국은 황급히 북대서양 조약기구(NATO)를 조직하였고, 코콤*을 만들어 소련과 동구권에 대한 무역을 제한했다. 더 이상의 기술 이전을 막고자 한 것이었다.

또한 그 무렵 미국에서는 지금까지도 수수께끼로 남아 있는 로젠버그(Rosenberg) 박사 부부 사건이 발생하였다. 미국의 원자탄 프로젝트에 참여했던 로젠버그 박사 부부가 원자탄 관련 기술을 소련에 넘겼다는 혐의로 사형에 처해진 것이다. 증거도 불충분하고 여러 가지 의혹이 제기되었지만, 미국에서는 이른 바 '매카시 선풍'으로 빨갱이 사냥이 시작되고 있었다. 로젠버그 부부 사건은 그 대표적인 예였다.

봉쇄전략의 거대한 전환

이 시점에서 미 행정부 내에서 대외정책의 변화가 나타났다. 경제적, 심리적인 봉쇄를 주장했던 케넌은 국무부의 핵심 요직이었던 정책기획국장 자리에서 물러나야 했고, 그 자리에 니츠(Paul Nitze)가 임명되었다. 니츠는 대소 강경론자였다. 그는 곧 새로운 대외정책 수립을 위한 문건을 작성하였다.

NSC 68로 명명된 유명한 문서다. 〈자료 15〉의 NSC 68은 미국의 봉쇄정책의 거대한 변화를 의미한다. 경제적, 심리적 효과를 노린 봉쇄정책이 아니라 적극적인 군사적 봉쇄가 필요함을 역설한 것이다. 소련의 핵 개발로 인해, 미국은 더 이상 군사적 우위를 차지할 수 없게 되었다. 미국은 핵을 독점하고 있는 상황에서 재래식 무기(핵무기를 제외한 모든 무기)의 증강이 필요 없었기 때문에 소련의 재래식 무기 개발에 적극적으로 대응하지 않았다. 그러나 소련이 핵을 개발하면서 미소

---

* **코콤** Coordinating Committe for Export Control의 약칭. 수출통제조정위원회. 북대서양조약기구 가맹국이 소련권에 대한 수출 통제를 조정하기 위해 결성한 기구.

간의 핵무기 능력이 대등해지자, 이제 전체적인 군사적 능력에서 소련이 더 앞서게 된 것이다. 따라서 이 문서는 미국이 엄청난 재정적자를 기록하더라도 군사비의 증가가 절대적으로 필요함을 강조하고 있는 것이다.

아울러 이 문서는 군비 증강을 위한 군사비 증강을 역설하고 있다. 당시 미 행정부에서는 엄청난 군사비 증가가 재정적자를 가져올 것이라고 염려하였지만, NSC 68의 입안자는 군사비 증가에 따른 재정적자가 결코 위협이 되지 않을 것이라고 보았다. 그는 미국이 가장 번영했던 시기는 바로 가장 많은 군사비를 사용한 2차 세계대전 시기였다는 점을 상기시키고 있다. 이 문서에서는 정부의 재정지출 증가가 단기간에 경제호황을 가져올 수 있다는 케인즈적 사고방식이 여실히 드러나고 있다.

이러한 적극적인 정책은 당연히 대외정책에서도 변화를 가져왔다. NSC 68 문서는 미국은 소련이 팽창하는 것을 막아야 할 뿐만 아니라 소련의 영향력을 감소시키기 위해 노력해야 한다고 주장하였다. 이는 케넌이 주장했던 거점 전략과는 다른 새로운 전략의 수립을 의미했다. 즉 세계 어느 지역에서든지 공산주의자들이 팽창을 뜻하는 행동을 할 때는 곧장 개입해야만 하고, 그런 개입이 미국에 재정적자를 안겨준다 해도 소련의 팽창을 더는 용인해서는 안 된다는 것이었다. NSC 68은 1950년 봄에 제출되었다. 트루먼 대통령은 이를 즉각 승인하지는 않았다. 만약 승인할 경우, 정부 지출은 엄청나게 증가할 것이며 세금을 내는 국민들에게 큰 충격이 될 터였다. 하지만 몇 개월 지나지 않아 NSC 68은 승인되었다. 그리고 이 문서가 승인되는 데 결정적 역할을 한 것은 바로 한국전쟁의 개전이었다.

만약 이 문서가 제출되지 않은 상황에서, 혹은 이 문서의 배경이 된 국제정세의 변화가 없는 상황에서 한국전쟁이 발생했다면 과연 미국이 군대를 파견했을까? 또한 NSC 68과 같이 적극적인 봉쇄정책이 실행되었는데도 미국이 한반도에서 미군을 철수시키고 북한의 침공을 내다보고 있었다면, 그건 남침유도설이 옳다는 증거가 아닐까?

자료 15   국가안보를 위한 미국의 목적과 계획
(1950. 5. 14)

6. 미국의 의도와 능력

A. 정치적인 것과 심리적인 것

 봉쇄정책은 (1)소련의 팽창을 저지하고 (2)소련 주장의 허구성을 폭로하며, (3)크렘린의 통제력과 영향력을 감소시키고 (4)결론적으로 소련질서 내에 붕괴의 씨앗을 기르는 것이라 할 수 있다. 봉쇄정책은 우방국들과의 공조체제 속에서 월등한 힘을 갖는 상황에서 유효한 것이었다. 힘의 가장 주요 요소는 군사적 힘이다. 봉쇄라는 개념에서 군사적 힘은 두 가지 이유에서 필수적이다. 즉 (1)미국 안보의 궁극적인 보장책으로써 (2)봉쇄정책을 추진하는 필수불가결한 배경으로써. 우월한 군사적 힘이 없다면 봉쇄정책은 그저 허세에 불과할 뿐이다. 동시에 군사적 힘은 미국이 언제나 소련과의 협상 가능성을 남겨놓고 있는 상태에서 봉쇄정책의 성공적인 수행에 필수적이다. 미국이 현재 처해 있는 외교적 결빙상태는 봉쇄의 목적 자체를 무력화하고 있다. 또 이러한 상황에서는 주도권을 발휘하기가 힘들며 소련 주도의 질서와 경쟁에서 도덕적 우월성을 유지하는 것도 어려워진다. (중략)

7. 현재의 위험

B. 핵무기의 비축과 사용

1_ 계속될 설명에서 국가의 평화시 무장으로부터 핵무기들이 효과적으로 제외된다면 미국에게 장기간 이익이 될 것은 분명하다. 이 문제는 9장에서 다루어질 것이다. 이러한 장치들이 이루어지지 않는 한 미국에게는 핵능력을 증가시키는 것 외에는 선택의 여지가 없다. 어느 쪽이든 가능한 한 빨리 미국과 연합국의 공군, 육군, 해군의 능력을 증가시켜야 한다. (중략)

9. 가능한 방책

D. 남아 있는 행동 방식- 자유민주주의 체제 국가들에 있어서 신속한 정치, 경제, 군사적 강화의 구축

1_ 군사적인 측면: 미국의 군사적인 설비시설 증강은 공격적인 면보다는 전략적으로 방어적인 면을 가지고 있으며 실제적이기보다는 잠재적인 면을 가지고 있다. 그러나 앞으로는 절대적인 방어만을 고집할 수 없다는 것이 명백한 사실이다. 미국과 미국의 연합국들에 의한 군사적인 강화가 필요하다. 이것은 급변하는 난관에 대비한 방어에 필수적일 뿐만 아니라 외교정책을 수립하는 데도 필요하다. 사실 전쟁에서 승리하기 위해 필요한 전시 체제용 기지와 전력 강화 집중보다는 침략 국가가 될 수도 있는 국가를 저지하기 위해 더 큰 규모의 군사력이 필요하다.

출처: NSC 68: United States Objectives and Programs for National Security, April 14, 1950, Thomas H. Etzold and John Lewis Gaddis, *Containment: Documents on American Policy and Strategy, 1945~1950* (New York: Columbia University Press, 1978), pp. 385~442.

주한미군은 왜 철수했는가?

1945년부터 현재까지 한반도에는 미군이 주둔하고 있다. 그런데 주한미군이 주둔하지 않았던 시기가 정확히 1년간 있었다. 한국전쟁이 일어나기 꼭 1년 전인 1949년 6월 말부터 1950년 7월 초까지다. 그때도 5백여 명에 이르는 미 군사고문단이 주둔하고 있었지만, 그들은 한국군의 훈련을 위한 것이지 정식 군대라고는 할 수 없다.

NSC 68과 같은 강력한 봉쇄정책과 주한미군 철수, 이 두 가지 상반된 상황을 어떻게 이해해야 할까? 이러한 상황을 이해하기 위해서는 주한미군 철수 논의가 나오게 된 배경을 알아야 한다.

한반도는 미국에 가치 있는 땅인가?

1947년 케넌식 봉쇄정책이 미국의 대외정책에 중요한 논리적 뒷받침이 되면서, 미국 합동참모본부에서는 전 세계에 대한 지역별 평가 작업을 벌였다. 원조의 시급성과 함께, 미국의 세계전략에 따라 그곳이 어느 정도의 중요성을 갖는가가 평가되었다. 그와 더불어 미국의 한반도 전략에 대한 논란이 일어났다. 과연 한반도에 미군정을 수립하고 많은 수의 미군을 주둔시킬 만큼 한반도가 전략적으로 중요한가에 대한 재평가가 필요하다는 것이었다. 〈자료 16〉은 미국이 한정된 자원을 배분하는 과정에서 다른 나라들과 비교했을 때 한국이 어느 정도 중요한지 판단하고자 한 것이었다.

한국은 아시아 지역에서 일본, 중국, 필리핀과 함께 중요한 지역으로 구분되었다. 특히 〈자료 16〉의 16항에 나오는 바와 같이, 한국은 분단지역으로 이데올로기상으로나 명분상 미국에게 매우 중요한 지역이었다.

하지만 다른 지역과 비교할 때 반드시 중요한 지역은 아니었다. 원조가 필요한 지역 순위에서 한국은 18개국 중 5위였지만, 안보의 중요성에 비추어볼 때는 16개국 중 15위로, 거의 중요하지 않은 지역이라고도 할 수 있었다. 모든 사항을 고려한 종합 순위에서 한국은 16개국 중 13위였다. 한국은 일본이나, 여러 유럽 국가들과 남미 국가들보다 뒤에 있었다.

여기에는 몇 가지 고려가 필요하다. 미국 입장에서 볼 때 미국의 국가안보와 관련하여 한반도가 속한 아시아는 그 중요성이 유럽이나 남미보다 나중 순위였다. 아시아에서 한반도는 중국이나 필리핀보다는 앞서지만, 일본보다는 나중 순위였다. 또한 〈자료 13〉에서 맥아더가 언급했듯이, 미국의 중요한 방위선은 일본 열도와 오키나와로 이어지는 섬들을 연결한 선이었다는 점이 고려되어야 한다. 1950년 1월 애치슨 미 국무장관이 미국의 방위선에 대해서 언급했을 때 한반도와 대만이 빠져 있던 것은 이러한 미국의 방위선과 무관하지 않다.

〈자료 16〉의 합동참모본부 문서가 나올 즈음, 미 행정부 내에서는 미군의 한반도 주둔 문제를 두고 격론이 벌어졌다. 한쪽에서는 합동참모본부의 의견처럼 한반도에 더 이상 미군을 주둔시킬 필요가 없다고 주장했다. 한반도의 중요성이 다른 지역에 비해 덜하기 때문에 더 시급한 지역에 원조를 집중해야 한다는 것이다. 해외주둔 미군은 미국의 대외원조 중 가장 많은 돈이 드는 사안이었다. 일본에 주둔 중인 미군은 그대로 두더라도 한반도 주둔 미군을 유지할 비용은 충분하지 않았던 것이다. 또한 한반도는 전쟁이 일어나더라도 미군이 싸우기에 적당한 지역이 아니었다. 산악지역이 많은데다 겨울이 춥고 건조한 한반도는 소련군보다 미군에게 불리한 지형이었다.

미 공군 탄생의 의미

여기에 더하여 미국의 중요한 군사적 변화가 한반도에 군대를 주둔시킬 필요성을 격감시켰다. 2차 세계대전까지만 하더라도 미국에는 '공군'이라는 개념이 없었다. 비행기의 비행거리가 짧았기 때문이다. 장거리 폭격은 불가능했다. 그나마 독일 폭격이 가능했던 것은 영국이 있기 때문이었고, 일본 폭격은 태평양의 섬들이 있기 때문에 가능했다. 모든 비행기는 해군 소속이었고, 항공모함이 비행장을 대신했다. 따라서 전쟁에서는 해군이 매우 중요했다.

그런데 2차 세계대전이 끝나면서 미국은 세계 여러 지역에 군사기지를 갖게 되었으며, 비행장이 건설되었다. 또한 미사일 개발 등을 통해 장거리 비행이 가능한 비행기들이 등장했다. 장거리 폭격이 가능해진 것이다. 비행기들이 항공모함 아닌 비행장에서 뜨게 되니 새로운 군 조직이 필요했다. 이렇게 해서 공군이 탄생하게 되었다.

공군의 탄생은 미국의 안보 관련 방위선에서 비행기가 뜨는 기지를 건설할 수 있는 섬들이 중시되는 변화를 가져왔다. 적에서 가까운 지역은 오히려 적의 공격을 받을 수 있기 때문에 적절한 기지가 되지 못했다. 그런 의미에서 한반도의 전략적 가치는 더욱 떨어질 수밖에 없었고, 오키나와 필리핀의 전략적 가치는 더욱 중요해졌다.

빠른 시일 내에 한반도에서 미군을 철수시켜야 한다는 견해가 군부를 중심으로 나타나기 시작했다. 〈자료 16〉의 17항에서도 다른 지역에 원조를 주고 남으면 한반도에 원조하자는 견해를 밝히고 있다. 이는 한반도를 포기할 수도 있다는 것을

| 자료 16 | **국가안보의 관점에서 본 미국의 대외원조**
United States Assistance to Other Countries from the Standpoint of National Security(1947. 4. 29) |

1 _ 미국의 이념적인 적과 전쟁이 벌어질 때, 미국에게 전략적으로 중요한 지역, 자신들의 독립과 국가안보의 유지를 위해 필요한 군사력을 지원하기 위한 충분한 경제력이 있는 지역이 미국의 우방이다.

2 _ 원조의 이유는 두 가지인데, 원조의 긴급성과 미국의 국가안보에 대한 중요성이다. 과거의 사례 가운데, 원조가 오히려 미국에 반대하는 방향에서 사용된 경우도 있었기 때문에 원조를 해야 하는 나라들을 정하는 문제만큼 원조에서 제외시켜야 하는 나라의 문제도 중요하다. 미국이 모든 국가에 원조를 줄 수는 없다. 원조의 주요 기준은 소련과 그 통제를 받는 나라는 제외되어야 한다는 것이다.

3 _ 이념전쟁이 발생할 경우 미국에 전략적인 중요성이 있는 지역인가가 원조를 결정하는 첫 단계다.

4 _ 미국의 방어지역은 대략 태평양에서는 알래스카에서 필리핀, 오스트레일리아 지역이며, 대서양에서는 그린란드에서 브라질, 파타고니아 지역이다. 구세계(유럽, 아시아, 아프리카)에서 전쟁이 일어날 가능성이 위의 방어지역보다 더 높다. 그런데 군수국은 미국뿐이다.

5 _ 이념전쟁이 발발할 경우, 대서양 지역이 가장 공격받기 쉽다. 프랑스와 영국을 독립된 상태로 유지하고 미국에 우호적으로 만드는 것, 그리고 그들의 독립을 계속 유지하기 위해 필요한 군사력을 지원할 경제력의 확보가 전 서반구의 안전뿐 아니라 미국의 안전에도 첫 번째로 중요하다. (중략)

8 _ 프랑스와 미국, 영국이 알아야 할 가장 중요한 것은 지금 서구의 민주주의와 러시아의 전체주의 사이에서 결정적인 외교경쟁이 독일에서 벌어지고 있다는 사실이다. 서구 민주주의는 독일에 대한 경제정책의 철저한 변화에서만 이길 수 있다. (중략)

16 _ 태평양 지역은 한국, 중국, 일본이 미국의 방어지역이다. 한국은 38선을 경계로

지난 2년 동안 이념전쟁을 수행해오고 있는 지역이다. 이 전투에서 지는 것은 미국의 명예와 세계의 안전에 크게 해롭다. 이 전투를 포기한다면, 미국이 진정으로 세계를 이끌어갈 지도력이 부족하다는 의심을 받을 것이다. 그러나 만약 우리의 자원을 검토해볼 때 모든 전선을 방어하기가 어렵고 전략적으로 더 중요한 지역을 원조하기 위해 한국에 대한 추가적인 원조를 포기한다고 공개적으로 선언한다면, 이러한 의심은 점점 사라질 것이며 서유럽 국가들에서의 우리의 명예는 높아질 것이다.

17 _ 한국에 대한 원조는 여타의 중요한 나라들에 원조가 이루어진 후, 자원이 남는다면 가능할 것이다.

18 _ 중국의 가장 큰 강점은 인력이다. 만약 미국이 여기서 생산되는 많은 식량과 장비에 주목한다면, 중국은 좋은 동맹자가 될 수 있을 것이다. 그러나 그 결과는 불투명하다. 만약 서구에 집중하기 위해 중국을 포기하여 공산화되었을 경우, 경제고립을 통해 고립화시킬 수 있을 것이다.

19 _ 일본은 이념전쟁이 일어날 경우, 극동에서 가장 중요한 지역이다. 일본은 극동에서 이념적 적에 대해 견제할 수 있는 유일한 나라이며 앞으로의 전쟁이 이념전쟁이라는 점에서 경제와 군사잠재력의 회복을 위한 미국의 원조가 우선적으로 이루어져야 한다. (중략)

21 _ 미국의 국가안보의 중요성에 따른 원조 순서
❶영국 ❷프랑스 ❸독일 ❹벨기에 ❺네덜란드 ❻오스트리아 ❼이탈리아 ❽캐나다 ❾터키 ❿그리스 ⓫라틴아메리카 ⓬스페인 ⓭일본 ⓮중국 ⓯한국 ⓰필리핀
(중략)

31 _ 이 연구는 원조의 긴급성 순서를 정하는 것이다. 이 목적 하에서 국무부는 SWNCC를 위해 기초연구를 했다. 이에 따르면 원조의 긴급성 순서는 다음과 같다.

❶그리스 ❷터키 ❸이탈리아 ❹이란 ❺한국 ❻프랑스 ❼오스트리아 ❽헝가리 ❾영국 ❿벨기에 ⓫룩셈부르크 ⓬네덜란드 ⓭필리핀 ⓮포르투갈 ⓯체코슬로바키아 ⓰폴란드 ⓱라틴아메리카 공화국들 ⓲캐나다

32 _ 위 순위에 있지만 헝가리, 체코, 폴란드에게는 어떠한 종류의 원조도 해서는 안 된다. 모든 나라에 원조를 할 수는 없기 때문이다. 군사적인 관점에서 이념전쟁이 발생할 경우 원조는 미국에 전략적인 중요성이 있는 나라들에 집중될 것이다. 따라서 미국의 안보에 대한 각국의 중요성과 원조의 긴급성을 종합하여 순서를 매기면 다음과 같다.

❶영국 ❷프랑스 ❸독일 ❹이탈리아 ❺그리스 ❻터키 ❼오스트리아 ❽일본 ❾벨기에 ❿네덜란드 ⓫라틴아메리카 ⓬스페인 ⓭한국 ⓮중국 ⓯필리핀 ⓰캐나다

출처: JCS 1769/1: United States Assistance to Other Countries From the Standpoint of National Security, April 29, 1947, Thomas H. Etzold and John Lewis Gaddis, *Containment: Documents on American Policy and Strategy, 1945~1950* (New York: Columbia University Press, 1978), pp. 71~84.

의미했다. 더 중요한 지역에 집중적으로 원조해야 하기 때문이라는 이유에서다.

그렇지만 한반도에서 소련과 대치하고 있으며 남과 북에 서로 다른 체제의 정권이 수립되어 있는 점을 고려할 때, 미국이 한반도를 포기하고 소련에게 주도권을 넘겨주는 건 곤란한 일이었다. 〈자료 16〉의 16항에서 밝혔듯이 그것은 '미국의 명예'를 위태롭게 하는 일이었다. 바로 이 지점에서 군사전략을 우선 고려하는 군부와 대외정책과 외교를 중시하는 국무부 및 대통령 사이에 의견이 갈렸다.

남과 북에 분단정부가 수립되는 1948년의 시점에서 나온 미국의 대한정책 문서, 즉 NSC 8 문서 시리즈는 이러한 미국의 고민을 잘 보여준다. 미국은 한반도 문제를 유엔에 이관하면서 대(對)한국정책을 고민하였다. 미국의 고민은 남과 북에 수립된 분단정부 중 남쪽 정권이 북쪽 정권에 비해 상대적으로 약하다는 데 있었다. 앞에서 말했듯이 1945년 해방의 시점에서 좌익세력은 상대적으로 강한 세력을 형성하면서 대중의 지지를 받고 있었다.

물론 우익세력이 미군정의 지원으로 상당한 세력을 이루어 대한민국 수립에 커다란 역할을 하였지만, 우익세력 중에서 대중적으로 가장 큰 영향력이 있었던 임시정부마저도 대한민국 수립에는 참여하지 않았다. 또한 1948년의 2·7 총파업, 4·3 제주항쟁, 여순사건 등 단독정부 수립에 대한 대중의 반대운동은 대한민국 정부의 사회 통제력이 얼마나 취약한가를 잘 보여주었다.

비록 정부는 수립되었지만 이대로 미군이 철수한다면 한반도 전체가 공산주의자들의 주도권 아래 들어갈지 모른다는 판단이었다. 그나마 대한민국 정부의 붕괴를 막기 위해 미국이 취할 수 있었던 조치는 유엔을 통한 보증이었다. 즉 5·10 선거 감시를 위해서 파견되었던 유엔임시조선위원단과, 정부 수립 후 대한민국의 민주주의와 통일 문제를 감시 및 해결하기 위해 파견된 유엔한국위원단이 대한민국을 지켜줄 외부의 도움이 될 것이었다.

그런데도 미국은 주한미군을 철수시켜야 했다. 그 이유에 대해서는 다양한 해석이 있지만, ―예컨대, 커밍스는 주한미군이 주둔한 상황에서 이승만 대통령이

한국으로 출동하는 미 공군. 이렇듯 공군의 탄생은 미국의 전략전술에 커다란 변화를 가져왔다.

북진을 시작하면, 미국 정부의 입장이 난처하기 때문에 미군을 철수시켰다고 주장한다.— 가장 중요한 이유는 더 이상 미군이 한반도에 주둔할 명분이 없었다는 것이었다. 미군이 소련군과 함께 한반도에 주둔한 가장 기본적인 이유는 일본군의 무장을 해제하고 신탁통치를 실시할 기틀을 마련하는 것이었다. 그런데 한반도에 정부가 수립되었다. 비록 통일정부가 아니라 남과 북으로 나뉜 두 개의 정부라 할지라도 어쨌든 한국인들로 구성된 정부가 수립된 것이다. 그리고 1948년 말 소련군이 철수했다. 그러니 미군이 주둔할 명분이 사라진 것이다.

그 밖에 미국 내에서 주한미군 철수 주장이 일어나고 이승만 대통령이 〈자료 17〉과 같이 북진통일을 외치면서 38선 근처에서 북한과 잦은 충돌을 일으킨 것도 주한미군 철수의 한 요인이 되었다. 만약 이승만 대통령이 북진을 감행한다면, 미국으로서는 대한민국 정부를 도와줄 명분을 만들기 어려웠을 것이다. 침략자를 도와준다는 오명을 쓸 순 없었으니까. 이 점은 1953년 한국전쟁 종전 후에 미

자료 17 이승만이 로버트 티 올리버에게
(1949. 9. 30)

몇 가지 한국 정세에 대하여 당신에게 간단히 이야기하려고 합니다. 나는 현재가 우리들이 공격조치를 취하고 평양에 있는 잔당을 소탕하기 위한 절호의 시기라고 절실히 느끼고 있습니다. 우리는 약간의 김일성파의 인간들을 산악지대로 축출하고 그자들이 거기에서 점차로 굶어죽게 할 것이고 그 다음에 우리의 방어선은 두만강과 압록강 연안에 걸쳐 증강되어야 할 것입니다.

우리들은 100퍼센트 양호한 입장을 점하게 될 것입니다. 충분한 수량의 비행기와 두 강의 어구를 막을 두세 척의 쾌속함정과 제주도까지 포함한 해안선을 방어할 전투기가 있으며 두 강과 백두산에 걸친 자연의 경계선은 거의 침공 불가능한 것으로 만들 수 있을 것입니다.

만주와 시베리아에 있는 중국인, 일본인 및 조선인의 모든 공산주의자들은 그들이 하는 대로 다 할 것이나 우리들은 그자들을 격퇴할 수 있을 것입니다.(중략)

우리 국민들은 북벌을 갈망하고 있습니다. 북한에 있는 우리 국민들은 방금이라도 그들을 궐기시킬 것을 바라고 있으나 우리들은 온갖 방도를 다하여 그들을 진정시키고 있는데 이것은 대단히 어려운 일이외다.(중략)

우리들은 조용히 합력하여 일할 것이나 당신과 우리 두 대사와 그의 친지들은 워싱턴과 뉴욕에서 그리고 우리들은 이곳 서울과 동경에서 한 가지 목적, 즉 그이들로 하여금 우리들이 집안을 소제하고 정돈하는 데 동의하게끔 하는 목적을 위하여 일할 것입니다.(중략)

끝면 끝수록 일은 어렵게 될 것이외다. 한국인들이 궐기하여 그자들을 영원히 소탕하여 버리려 하기에는 지금이 가장 절호의 시기인 것입니다.

출처: 김인걸 외 편저, 《한국현대사 강의》, 돌베개, 1998, 123쪽에서 재인용.

군이 한국군의 작전지휘권 문제에 대해 민감하게 반응했던 이유 중 하나였다.

어쨌든 주한미군 철수의 가장 근본적인 이유는 대한민국 정부가 수립되었다는 사실이었다. 독립정부가 수립된 마당에 미군이 계속 주둔하는 것은 미국 내 뿐 아니라 세계 여론으로도 명분이 없는 일이었다. 자칫하면 대한민국이 북한에 비해 상대적으로 약하다는 것을 인정하는 꼴이 될 수도 있었다. 결국 미군은 철수할 수밖에 없었다.

미군은 철수할 수밖에 없었다

그러나 미군은 곧바로 철수하지는 않았다. 무언가 대한민국을 더 강하게 만들어줄 장치가 필요했다. 그 하나가 앞서 말한 유엔에서 파견한 위원단이고, 다른 하나는 경제원조였다. 마셜 플랜으로 유럽을 부흥시켰던 것처럼 대한민국에도 경제원조를 하여 경제 재건정책을 세운다는 것이다. 그리하여 마셜 플랜을 관장했던 경제협조처(ECA)가 대한민국에 대한 경제원조를 담당하도록 했다. 이것이 1948년부터 1950년 사이에 이루어진 ECA 원조다.

ECA 원조는 케넌의 봉쇄정책 이론의 연장선에 있었다. 그러나 불행히도 이 원조는 미 행정부 내에서 케넌의 봉쇄정책이 힘을 잃어가던 시점에 실행되었다. 1949년 트루먼 대통령은 연두 기자회견에서 아시아에 대한 기술 원조를 강조했지만(Point Ⅳ 계획), 미 행정부 내에서는 군사적 수단을 통한 봉쇄의 필요성을 강조하고 있었다.

또한 중국의 공산화로 인해 대만과 일본에 대한 지원을 강화해야 한다는 견해가 미국 의회에 대두되었다. 대만과 일본은 미국 의회에 탄탄한 지지층을 갖고 있었다. 이것이 미국 의회에서 한국에 대한 ECA 원조 승인을 어렵게 만들었다. 일본 지지자들은 대한민국에 대한 투자는 일본에 대한 투자와 중복되는 효과가 있을 수 있다고 주장했다. 예컨대 한국이 비료를 생산하게 되면 일본의 비료 수

구호물자 배급을 받기 위해 줄 선 사람들.

출 시장을 잃게 된다는 것이었다. 대만의 지지자들은 중국공산당과 대항해야 하는 대만이 더 중요한데 왜 한국을 지지하느냐고 반문했다.

1949년 한국에 대한 ECA 원조 승인안은 미국 의회에서 모두 부결되었다. 트루먼 대통령이 의회에 〈자료 18〉과 같은 메시지를 보냈는데도, 1950년 회계연도에는 대통령 특별 예산을 이용한 지원만이 가능했다.

그런데도 ECA 계획은 〈자료 19〉에 나와 있는 바와 같이 단순한 복구 계획이 아닌 실질적인 경제부흥을 위한 계획으로서 주요 산업의 건설을 그 내용으로 하고 있었다. 그리고 이 계획은 한국전쟁의 개전 시기와 중요한 관련이 있다. 이 계획은 정전협정이 맺어진 뒤, 미국 내에서 군사원조를 대신한 '쓸데없는' 경제원조 때문에 전쟁이 발발했다는 비판을 받았다.

| 자료 18 | 트루먼 대통령이 하원 외교위원회에 보낸 메시지에서
한국에 대한 원조가 중요한 이유(요약) |

1 _ 한반도가 한국이 실행하는 민주주의의 이상 및 원칙과 북한의 공산주의가 대결하는 '실험장'이 되어 있는 점.
2 _ 한국의 생존과 자립적이고 안정된 경제를 향한 진보가 아시아의 민중에게 광범한 영향을 미친다는 점.
3 _ 공산주의의 격심한 선전에 시달리고 있는 남아시아 및 동남아시아와 태평양 제도의 민중들을 고무한다는 점.
4 _ 공산주의에 대한 저항에서 민주주의의 성공과 완강함을 보여줌으로써 한국이 북아시아의 민중에게 '등불'이 되는 점.

출처: *Hearings before the Committee on Foreign Affairs House of Representatives; Eighty-First Congress, First Session on H.R.5330 (Printed for the use of the Committee on Foreign Affairs)* (Washington; United States Government Printing Office,1949), pp. 1~3.

자료 19   1949년 후반기(1950 회계연도 전반기) ECA 원조 사용 내역

단위: 백만 달러

분류 \ 액수	금액
어류	0.2
비료 및 농약	23
석유류	5.8
의약품	0.226
원료 및 반제품	13
시설 및 자재	1.4
부흥 계획 입안	5.5
조사 및 계약	0.978
기술 원조	2.4
대양 수송비	5.7
ECA 행정비	1.5
기타	0.173
총액	60

출처: 〈경제원조와 산업건설책〉, 《주보》 제58호 특집, 1950년 5월 11일자.

대한민국은 **전쟁을** 일으켜야 **할** 만큼 **허약**했는가?

주한미군 철수가 불가피한 것이었다면, 주한미군 철수는 남침유도설의 근거가 될 수 없다. 애치슨 라인(Acheson line) 역시 미국의 한반도 전략을 이해하면 그다지 문제 될 게 없다. 미국의 1차 방위선에서 한반도가 제외되었다 할지라도, 미국에게는 유사시에 한국을 방위할 수 있는 두 가지 중요한 무기가 있었다. 유엔과 주일 미군이었다.

대한민국 정부는 유엔을 통해 수립되었으니 유엔을 통한 방어도 가능할 것이다. 만약 안전보장이사회에서 소련이 반대한다면, 그 대안으로 유엔총회에서 유엔군을 구성하여 지원할 수 있었다. 그리고 일본에서 한국까지의 거리는 그다지 멀지 않기 때문에 유사시에는 불과 몇 시간 만에 주일 미군을 파견할 수 있었다.

게다가 1950년 1월 12일 애치슨이 전미국신문기자협회에서 행한 '아시아에서의 위기'라는 연설에서 〈자료 20〉과 같이 한국에 대한 미국의 책임이 직접적인 것임을 선언하였다. 연설에는 유엔을 통한 안전보장이 한반도뿐만 아니라 태평양에 있는 섬들에게 공히 제공될 거라는 내용도 포함되어 있었다.

| 자료 20 | 애치슨 연설(한국 관련 부분) |

북태평양 지역에 대한 미국의 책임과 기회는 남태평양 지역과는 크게 다르다. 북태평양의 일본에서 미국은 직접 책임을 지며 직접적인 행동의 기회를 지닌다. 이 사실은 강도는 낮지만 한국에 관해서도 진실이다. 한국에서 우리는 과거 직접적 책임을 졌고 또한 행동했다. 현재 역시 더 많은 성과를 올릴 큰 기회를 지니고 있다. …… 한국에서 우리는 큰 진전을 보며 군사 점령을 끝내고 독립 주권국가를 수립시켰다. 그리하여 이 나라는 세계의 거의 모든 국가들의 승인을 받았다. 우리는 이 나라를 수립시키기 위해 거대한 원조를 계속하도록 의회에 요청중이다. 그 입법화 조치가 의회의 결정을 기다리고 있다. 이런 원조를 중단하라는 의견이나 이 나라의 건설을 중도에 그만두자는 의견은 완전한 패배주의이며 아시아에서의 미국의 이해관계를 생각할 때 말도 안 되는 것이다. 한국에 대한 미국의 책임은 직접적이며 우리의 기회는 명백하다. 이와는 반대 남쪽에서는 필리핀을 빼면 우리의 기회와 책임은 아주 작은 편이다.

출처: 국회도서관 입법조사국, 《한국외교관계자료집》 입법참고자료 제193호, 국회도서관, 1976, 70~71쪽 (박명림, 《한국전쟁의 발발과 기원》, 나남, 1996, 552~553쪽에서 재인용).

불안한 출발

그렇다면 오히려 남침유도설과 관련하여 문제가 되는 것은 한국 국내의 상황이다. 일반적으로 전쟁의 발발을 설명할 때 내부의 불안정과 허약성을 지적한다. 내부가 혼란스러울 때 대외적인 전쟁을 통해 이를 극복하고자 한다는 것이다. 만약 대한민국 정부가 자체적으로 무너질 만큼 위험한 상황이었다면 전쟁을 통해서라도 그 위기를 극복하려는 노력이 필요했을 것이다. 이것이 꽁드(David Conde)가 《분단과 미국》(사계절, 1988)에서 주장하는 남침유도설의 또 하나의 가설이다. 그럼 당시 대한민국의 상황은 어떠했는가?

정치, 사회적으로 보아 1948년의 대한민국은 너무나 허약했다. 국가를 운영하는 데 필요한 ABC가 전혀 갖추어지지 않았다. 정부기구가 만들어지고 미군정으로부터 재산 및 행정권을 이양받았지만, 국가를 운영하기 위한 돈, 물리력, 통치 이데올로기 중 어느 하나 제대로 갖추어진 것이 없었다.

국가 운영을 위한 돈은 세금을 통해서 뒷받침되어야 했다. 그러나 세금을 걷을 만한 주·객관적인 조건이 마련되어 있지 않았다. 무엇보다 국민들의 소득이 있어야 세금을 걷을 텐데 1949년의 상황은 그렇지 못했다. 미군정 기간 동안 대한민국의 경제력은 식민지 시기에도 미치지 못했다.

특히 문제가 된 것은 인플레이션의 압력이었다. 미군정 기간 동안 군정을 운영하기 위한 재정이 항상 부족했다. 세금을 걷기 위해서는 국민들의 직업과 수입이 파악되어야 했는데 당시의 혼란한 상황에서 소득을 파악하기란 거의 불가능했다. 또한 미국에서도 미군정을 운영할 수 있을 만큼 충분한 원조를 제공하지 않았다. 당시 미국은 가장 시급한 지역이었던 일본과 독일, 그리고 서유럽을 지원하는 데 너무 많은 원조자금을 사용하고 있었기 때문에 한국의 미군정에 충분한 자금을 제공할 수 없었다. 미군정이 1945년 12월 법령 33호를 통해 일본의 국공유 재산뿐만 아니라 사유재산까지도 몰수한 것은 바로 이러한 고충 때문이었다.

미군정 법령 33호는 전쟁 시에도 사유재산에 대해서는 보호해야 한다고 규정한 헤이그 육전법규(1907년)와 위배되는 것이었고, 후에 일본이 역청구권을 주장하게 되는 빌미를 마련하였다. 결국 미군정은 조선은행권을 남발함으로써 재정난을 해결했다. 이는 시중에 유통되는 통화량을 급격히 팽창시켰고 엄청난 인플레이션을 가져왔다. 〈자료 21〉과 〈자료 22〉는 당시의 경제적 조건을 잘 보여준다.

여기에 더하여 일본의 철수로 생산이 마비되면서 공급 부족 현상이 일어났다. 특히 도시에서의 공급 부족으로 물가가 치솟았다. 미군정은 초기에는 자유시장 정책을 유지하다가, 물자부족 현상이 나타나자 뒤늦게 물자통제 정책으로 전환하였다. 그러나 이미 인플레이션은 진행될 대로 진행된 상황이었다.

미군정이 수입을 얻을 유일한 곳은 일본인들이 남기고 간 적산(敵産)을 불하하는 것이었다. 그러나 이것 역시 제대로 될 수 없었다. 일부 적산 기업과 주택들이 기업의 관리인이나 종교단체에 불하되었지만, 적절한 가격을 받을 수 없었다. 또한 적산 기업이 불하되거나 국가가 운영한다고 하더라도 일본인 기술자들이 철수한 상태에서 공장을 운영하기란 거의 불가능했다. 이 같은 미군정 시기 경제침체 현상을 대한민국 정부는 고스란히 물려받았던 것이다.

국가를 통치하는 데 필수적이라 할 물리력 면에서도 불안한 상황이었다. 특히 1948년 9월에 일어난 여순사건은 그 대표적인 예였다.

제주도에서 5·10 선거에 반대하는 4·3 항쟁이 일어나자 미군정은 경찰과 청년단을 투입하여 사태를 진정시키고자 했으나, 민간인들과의 충돌로 수많은 사람들이 다치고 상황은 더욱 악화되었다. 이에 한국 정부는 군대를 파견하여 치안을 유지하려 했는데, 오히려 제주도에 파견되기로 한 군대가 주둔지인 여수에서 반란을 일으킨 것이다. 이것이 바로 여순사건이다. 국가의 안녕을 도모하기 위한 물리력으로서 군대가 오히려 국가에 총부리를 겨눈 것이다. 군대 내의 반란에서 시작된 이 사건은 점차 확대되어 여수와 순천에 거주하는 민간인들이 가세하면서 정부의 통제에서 벗어나는 사태로 발전하였다.

여순사건 가담자들에게 귀순을 권하는 벽보. "이 기회에 반성하여 귀순하라"라고 씌어 있다.

    사건에 가담한 사람들 중에는 좌익 활동을 했던 인물도 있지만, 중·고등학생부터 단독정부 수립에 반대한 중도파 인사들도 있었다. 사건 발발 직후, 김구 계열에서 배후조종했다는 소문이 나돌았고, 1949년 김구를 암살한 안두희는 법정에서 '김구가 여순사건을 조종하여 대한민국의 국헌을 문란하게 했다'고 주장했다. 안두희의 주장과 달리 여순사건은 남조선노동당의 군대 내 프락치들이 일으킨 것이었지만, 이런 주장이 나왔던 데는 여순사건에 좌익의 활동만으로는 설명되지 않는 다른 무언가가 존재하고 있었음을 알 수 있다.

    여순사건과 4·3 항쟁은 미군의 도움으로 진정되었다. 그러나 군대가 반란을 일으켰다는 사실은 대한민국 정부에 커다란 부담이 아닐 수 없었다. 뿐만 아니라 1949년에는 38선을 지키던 한 부대 전부가 대대장의 지휘로 월북하는 사건까지 발생했다. 대한민국은 적 앞에서 완전히 무장해제가 된 꼴이었다.

    여기에 더해 미국은 대한민국에 대한 군사지원을 철저하게 제한했다. 한국군

자료 21 남조선 인플레이션의 특상 분석 '서언'

　조선 경제의 발전구조가 양적, 질적으로 해방 전에 비해 저하되고 있는 사실은 특히 남조선에 위집(蝟集)한 초과인구의 수요를 절대적으로 충족시키지 못하고 생산에 선행한 신용과다의 반동이 금융 완만(금융경색의 반대를 의미-지은이)의 침체기를 형성케 하고 물가의 점진적 등귀는 인플레이션의 속도를 자극하여 국민소득의 명목상 증가와 소득분배의 적분적 실행(누적적인 불균형-지은이)을 낳게 하고 있는 것이다. 해방 후의 조선 금융태세는 이리하여 1947년 말 현재는 반동적 금융·신축력을 이용하여 자금조정, 자금계획 등의 일련의 시책을 기다릴 뿐 인플레의 대중생활에의 침투는 의연 대중소비 성향의 약화, 자금공순(資金空循), 유자유축(遊資遊蓄), 실업군 조출(造出), 이면매매 성황 등을 야기케 하고 정부 재정지출의 만성적 실형은 산업경기에 불치의 증상을 가하고 있는 것이다. 이러한 병증은 특히 계절적 집중 방출을 통하여 악화되고 있는 것이다. (중략)

　차 인플레의 발전 과정은 결코 단순한 자유경제적 과정, 즉 물자부족-물가등귀-화폐증발-위체저락(爲替低落)에 있는 것이 아니라 과정*(過政) 재정지출의 적자구성과 농산물 수매자금의 계절방출에서 시작하는 불환지폐 증발-물자부족-물가등귀의 과정을 밟고 있는 것이다. 물가등귀가 또 직접 불환지폐 증발, 화폐가치 저락을 초래할 것은 물론이나 물가등귀의 원인이 자유경제에서 보이는 물가의 절대적 부족이기보다 해방 후 부의 분배과정에서 탈락된 해외 귀환동포 급 38이북에서의 남하 동포와 남조선 원주민 간의 소득 획득력의 차이에 의한 물자부족의 상대적 편중이 조선에서의 인플레 발전과정상의 특징 중 가장 중요한 문제일 것이다. (후략)

출처: 〈남조선 인플레이션의 특상분석〉 중 '서언', 조선은행조사부, 《조선경제연보》, 1948, I-326쪽.

＊**과정** 남조선과도정부, 1947년 미군정이 권력의 일부를 한국인에게 이양하는 과정에서 만든 조직.

자료 22 1940년대 후반기의 주요 경제지표

	물가지수	통화발행고 지수	임금지수
1945년 6월	2.5	52.6	
1945년 8월	100.0	100.0	
1946년 1월	116.5	111.5	131.5
1947년 3월	527.1	215.3	465.1
1948년 6월	957.1	376.0	720.4
1948년 9월	1059.4	387.4	806.8
1949년 6월	1185.9	494.7	1297.4
1949년 9월	1527.1	597.0	1657.7
1949년 12월	1705.3	893.6	2040.3

＊ 조선은행 조사부,《조사월보》각 월호 참조.

출처: 김동욱,〈1940~1950년대 한국의 인플레이션과 안정화정책〉, 연세대학교 박사논문, 1995, 52쪽에서 재인용.

당시 대통령 선거는 간접선거였다. 5·10 선거로 구성된 최초의 의회인 제헌의회에서 대통령을 선출하고 있다.

의 규모를 10만 명 선으로 제한했고, 공군 창설을 반대했다. 재정 부족에 시달리는 대한민국 정부가 미국의 지원 없이 군대를 증강하는 것은 불가능했다. 미국의 군사지원 제한 정책은 이승만의 북진통일론 때문이었다. 만에 하나, 미국이 지원한 무기로 이승만 대통령이 북진을 명령한다면, 미국은 대한민국을 지원할 수 있는 명분을 확보하기 어려웠다.

이승만 정부는 통치 이데올로기에서도 약점을 안고 있었다. 고금을 막론하고 국가를 통치하기 위해서는 통치 이데올로기가 매우 중요하다. 알에서 사람이 태어나고, 두꺼비의 아들이 왕이 되는 신화는 모두 통치의 정당성을 확보하기 위한 이데올로기가 아니던가. 그런데 이승만 정부는 대통령과 몇몇 각료를 제외하고는 커다란 약점을 갖고 있었다. 적극적으로 독립운동에 참여했던 인물은 국무위원 중 몇 명에 지나지 않았고, 심지어는 친일파들도 참여하고 있었기 때문이다. 게다가 이승만 정부는 친일잔재를 없애기 위해 조직된 '반민족행위자 처벌을 위한 특별위원회'를 와해시켰다. 식민지에서 해방되어 새로운 국가건설을 희망하고 있던 대한민국 국민들에게 이승만 정부의 인적 구성과 정책은 실망스러울 수밖에 없었다.

이승만 정부는 이러한 상황을 극복하기 위해 '일민주의(一民主義)'라는 새로운 이념을 내놓았다. 초대 문교부 장관 안호상이 만든 '일민주의'는 민주주의와 평등사회 구현을 위한 새로운 이념으로 제시되었다. 그러나 일민주의는 마치 세상에서 좋다는 개념들은 다 모아놓은 듯, 내용에 일관성이 없었다. 또한 그 내용도 어려웠다. 그러니 일반 국민들에게 다가갈 수 없는 것은 당연했다. 사회, 경제적으로 어려운 상황에서 국민들은 말로만 좋은 것보다는 현실적인 것을 원했다.

대한민국은 이렇게 돈, 물리력, 통치 이데올로기 면에서 취약했기 때문에 정치적으로도 불안이 계속될 수밖에 없었다. 1948년 5·10 선거로 국회의원을 뽑고, 국회에서의 선거로 대통령과 부통령을 뽑았지만 정세는 결코 이승만 정부에 유리하지 않았다. 5·10 선거에 참여한 정치세력은 이승만 계열과 한국민주당 계열밖에 없었으며, 반탁운동 후 우익을 주도하던 임시정부 세력도 대한민국에 참여하지 않고 오히려 평양에서 개최된 남북지도자 연석회의에 참여했다.

5·10 선거에 참여한 세력 내에서도 분열이 일어났다. 이승만은 대통령에 당선되자 한국민주당 인사들보다는 자기 측근을 각료로 임명하였다. 재무부장관에 임명된 김도연*을 제외하고는 대부분의 각료들이 이승만의 측근들로 채워졌다.

---

* **김도연** 일본 유학생들이 벌인 2·8 독립선언에 참여한 뒤 미국으로 가서 아메리카 대학에서 경제학 박사학위를 받았다. 조선어학회 사건에 연루되었으며, 해방 후에는 한국민주당의 총무로 활약하였다. 1950년대 이후 야당의 핵심 정치인으로 활동했다.

공산주의자 경력이 있는 조봉암이 농림부장관에 임명된 것은 구색 갖추기에 지나지 않았다. 다른 인물들은 식민지 시기부터 대통령 자리에 앉을 때까지 이승만과 가까웠던 얼굴들이었다.

그러자 한국민주당은 임시정부에서 이탈하여 5·10 선거에 참여했던 신익희* 계열과 손잡고 민주국민당을 만들어 이승만에 반대하는 정치활동을 펼쳤다. 이승만과 민주국민당이 날카롭게 부딪힌 문제는 농지개혁이었다. 민주국민당에는 지주들이 많이 참여하고 있었기 때문에 미국과 이승만이 추진하는 농지개혁에 대해서 적극 반대하는 입장이었다. 그러나 이승만 정부는 사회 안정을 위해, 그리고 미국의 압력으로 농지개혁을 추진했다.

당시의 국회 구성 또한 정부에 불리했다. 5·10 선거 결과는 참패에 가까웠다. 전체 2백 명 의원 중 이승만 계열 당선자는 58명, 한국민주당 계열은 28명으로 모두 합쳐야 전체 의원의 3분의 1에 그쳤다. 오히려 무소속 후보가 85명이나 당선되어 42.5퍼센트를 차지하였다. '소장파'라 불린 이들은 주한미군 철수 결의안을 제출하고, 반민족행위자 처벌을 위한 특별법을 제정하여 이승만 정부의 자금줄인 기업가와 물리력인 경찰을 친일 혐의로 체포했다. 결국 소장파 의원들은 조작 의혹이 짙은 '국회 프락치 사건'으로 남로당 프락치 혐의를 받고 체포되었지만, 초대 국회가 임기를 다할 때까지 정부는 국회를 자기편으로 만들지 못했다. 도리어 국회 프락치 사건으로 대한민국 정부는 민주주의적 과정의 중요성을 소홀히 했다는 이유로, 대한민국을 지원하기 위해 조직된 유엔한국위원단으로부터 비판을 받았다.

이렇게 1948년 8월 15일 탄생한 대한민국은 그 내용상 결코 만족스럽지 못한

---

* **신익희** 일본 와세다 대학을 졸업하고 3·1 운동 후 독립운동에 투신, 임시정부에 참여하였다. 해방 후 대한민국 정부 수립을 계기로 한국민주당 계열과 손잡았으며, 1956년 민주당 대통령 후보로 출마하여 유세를 위해 호남으로 내려가다가 기차 안에서 급서했다.

상태였다. 특히 같은 해 9월, 38선 이북에 수립된 조선민주주의 인민공화국과 비교할 때 대한민국의 상황은 매우 혼란스러웠다. 북한은 이미 1946년부터 민주개혁을 통해 정부 유지를 위한 물적 토대를 갖추었고, 산업 면에서도 식민지 시기에 건설된 공업시설들을 복구하면서 상당한 발전을 이룩하고 있었다. 남북지도자 연석회의에 참석한 남쪽의 민족주의자들이 북한의 안내에 따라 산업시찰을 할 수 있던 것도 이러한 상황에 근거한 것이었으며, 〈자료 18〉의 트루먼 대통령의 호소 역시 상대적으로 열세인 남한의 상황을 고려했음이 틀림없다.

점진적인 안정 – 적의 실수는 곧 나의 이익

한국 정부의 출발은 불안했다. 그렇다면 한국전쟁이 일어날 당시에도 남한의 상황은 그렇게 불안했을까? 결론부터 말하자면, 그렇지 않다. 남침유도설을 주장하는 학자들은 1948년에 일어난 문제들을 근거로 삼고 있다. 그렇지만 더 관심을 기울여야 할 시기는 1949년과 1950년이다. 이때 38선 이남 상황은 1948년에 비해 점차 안정을 찾아가고 있었다. 이때의 안정은 자유민주주의 체제가 공고해졌다는 의미는 아니다. 상대적인 안정, 전체주의적 체제에서의 안정을 의미한다.

무엇보다 중요한 점은 역설적이게도 여순사건이 대한민국 정부가 안정적인 통치체제를 이루는 데 결정적인 역할을 했다는 사실이다. 여순사건이 발생한 뒤 대한민국 정부는 군대 내 공산주의자들을 색출하기 시작하였다. 그 과정에서 핵심 역할을 했던 박정희를 체포했다. 김창룡**을 비롯한 군 특무대는 박정희의 자백을 바탕으로 군대 내 공산주의자들을 색출했다. 당시 미 군사고문단의 일원이었던 하우스먼(Jim Hausman)의 증언에 따르면, 군대 내 프락치의 가장 위에 있던 박

** **김창룡** 식민지 시기에 일본 헌병대의 군속으로 활동했던 대표적인 친일 군인. 대한민국 정부가 수립된 후 이승만 대통령의 친위조직인 특무대를 이끌면서 수많은 사람들을 공산주의자로 몰아 탄압한 것으로 유명하다. 1956년, 군 내부의 갈등으로 암살된 것으로 알려져 있지만, 정확한 암살 원인은 미궁에 빠져 있다.

정희의 자백 덕에 남한 군대 내에서 활동 중인 남조선노동당 프락치들은 대부분 검거되었다. 좌익 탄압을 피해 군대에 입대했던 사람들도 더 이상 군대 내에서 활동하기 어려워졌다.

이것은 다시 말해 상대적으로 대한민국 군대가 안정을 찾았음을 의미한다. 만약 여순사건이 일어나지 않았다면, 그리고 군대 내 공산주의자 색출작업이 진행되지 않았다면, 한국전쟁이 발발했을 때 어떤 상황이 벌어졌을까? 소련 방문시 박헌영이 스탈린에게 말한 남한 내 당원들의 봉기가 실제 상황이 되었을지도 모른다. 군 내부에서의 동요와 봉기는 특히 한국전쟁 초기에 대한민국 정부에 치명타를 입혔을 것이다. 김남식의 노작 《남로당 연구》에서, 여순사건을 비롯해 남조선노동당의 많은 대중투쟁이 철저한 계획 없이 진행된 결과 제 살 깎기의 오류를 범했다고 지적한 것 역시 이러한 역설적인 결과를 두고 하는 얘기다.

뿐만 아니라 남조선노동당이 추진했던 당 확대를 위한 노선은 스스로 몰락을 가져왔다. '당원 5배가', '당원 10배가' 운동이라 이름 붙여진 이 운동으로 무리하게 당의 외연이 확장되면서, 교육을 철저히 받지 못한 당원들의 수가 급속도로 늘어났다. 이는 결국 1949년과 1950년 대부분의 당원들의 체포로 이어졌고, 1950년 봄에는 남조선노동당 서울 지부 회의가 경찰서 유치장에서 열리는 해프닝까지 벌어졌다.

김일성이 소련을 방문해 스탈린과 만나는 자리에서 박헌영은 전쟁이 일어나면 20만 남조선노동당 당원들이 봉기를 일으킬 것이라고 했지만, 그들은 이미 경찰에 체포되었거나, 또는 전향하여 '보도연맹'에 가입했다가 대부분 한국전쟁 발발과 함께 처형당했다. 여순사건 이후 산으로 피신했던 공산주의자들 역시 1949년 겨울의 토벌로 거의 괴멸 상태였다.

박헌영의 오른팔이었던 이승엽이 북한에서 한 보고에는 남조선노동당 세력의 활동을 과시하기 위한 어느 정도의 과장이 숨어 있었다(《자료 23》). 한국전쟁 기간 중 북한에서 이루어진 남조선노동당 세력에 대한 숙청은 이런 과장 보고에 대한 책임을 묻는 의미도 있었을 것이다.

자료 23 조국통일을 위한 남반부 인민 유격투쟁
(1950. 1)

　남반부 인민들의 무장 유격투쟁은 1949년에 들어서면서 더욱 거대한 형세로 확대 강화되어왔으며 남반부 인민들의 가장 결정적이요 주요한 투쟁 형태로 발전되었다. 즉 남반부 인민들의 애국투쟁은 무장투쟁의 단계로 발전되었으며, 남반부 인민들의 최후 승리는 오직 무장투쟁의 성공에서만 가능하게 된 것이다. (중략)
　남반부 인민들의 무장투쟁이 1949년에 쟁취한 또 한 가지의 중요한 성과는 광범한 농민대중을 무상몰수, 무상분배를 위한 토지개혁 투쟁에 궐기시키고 있는 그것이다. 이것은 남반부 무장투쟁이 새로운 단계로 들어가고 있는 특징의 가장 중요한 것이다. (중략)
　10월에 들어서 벌써 45개소의 면사무소와 다수의 반동지주의 가옥이 없어졌다. 11월에 이르러서는 경북의 봉화·경산·안동·영주·성주 등지에서 22회의 농민폭동이 일어났으며, 전남북 일대에 있어서는 담양·영광·광양·장성·보성·남원·구례·나주·임실·고창 등지에서 24회의 장엄한 투쟁이 벌어졌으며, 11월 중 토지개혁을 위한 폭동에 참가한 농민의 수는 실로 4만 2,900여 명에 달하고 있다. (중략)
　1월 29일 전남 담양군 수북면 전체 46개 부락에서는 4천여 명의 농민들이 70명의 유격대원의 원조로 악질 지주들을 인민재판에서 준엄하게 처단하고 토지의 무상분배를 실시하였다. 동일 영광군 대마면에서도 3천여 명의 농민들이 무장대와 호응하여 토지개혁을 단행하였다. 11월 6일에는 봉화군 선체면에서 2천여 명이, 동일 영덕군 지품면에서 7백여 명이, 22일에는 함평군 해보면에서 1천여 명이 유격대와 함께 봉기하여 지주의 토지를 무상으로 분배하였다. (후략)

출처: 이승엽, 〈남반부 해방을 위한 남반부 인민 유격투쟁〉, 1950, 김남식 엮음, 《남로당 연구자료집 제1집》, 아세아문제연구소, 1974, 505~514쪽.

설령 〈자료 23〉의 내용이 사실이라 할지라도, 이러한 활동들은 각 지역에서 남조선노동당 조직이 괴멸하는 데 일조했다. 또한 〈자료 23〉에서 말하는 토지개혁 문제는 대한민국 정부의 농지개혁 실시로 한국전쟁 발발 시점에서는 더 이상 농민들에게 매력적인 이슈가 아니었다.

한편 대한민국 정부는 1948년 말 국가보안법을 제정하여 공산주의자들에 대한 대대적인 색출작업에 들어갔다. 색출작업은 군대, 교육계, 정치계, 언론계 등에서 대대적으로 이루어졌다. 공산주의 활동을 한 혐의가 있거나 공산주의에 동조하는 성향의 인물들은 체포하거나 전향시켰으며, 전향자들의 모임인 '보도연맹'에 가입하게 해 감시했다. 해방 후 한번이라도 동맹휴업에 참여한 경험이 있는 고등학생, 대학생도 모조리 그 대상이 되었다.

여기에 더하여, 이승만의 가장 큰 정적인 김구가 1949년 6월 암살당했다. 주한 미군이 철수하기 3일 전이었다. 이승만 대통령의 정적이 사라진 것은 정치적 안정을 가져올 수 있는 중요한—완전하진 않지만—계기였다.

경제적으로도 점차 안정을 찾아가고 있었다. 특히 1950년 1월 실시된 경제안정화 조치는 경제안정에 큰 역할을 하였다. 경제안정화 조치는 정부의 재정 지출을 철저하게 제한함으로써 더 이상의 통화팽창으로 인한 인플레이션을 막기 위한 것으로, 일본의 '도지 라인(Dodge Line)*'을 모방한 것이었다. 전쟁이 일어나기 직전인 1950년 4월과 5월, 인플레이션이 완화되기 시작했다. 뒤이어 하지의 경제 고문이었다가 미 대사관의 원조 관리를 담당하고 있었던 번스(Arthur Bunce)는 1950년 5월부로 〈자료 19〉에 계획되어 있는 ECA 부흥 원조자금을 방출하라고 지시했다.

38선에서 남북한의 충돌은 1949년 가을을 고비로 점차 수그러들었다. 1949년

---

* **도지 라인** 일본의 미군정이 1948년 12월 일본 경제의 안정을 위하여 실행한 정책으로, 노동자들의 임금 인상을 동결한 것으로 유명하다.

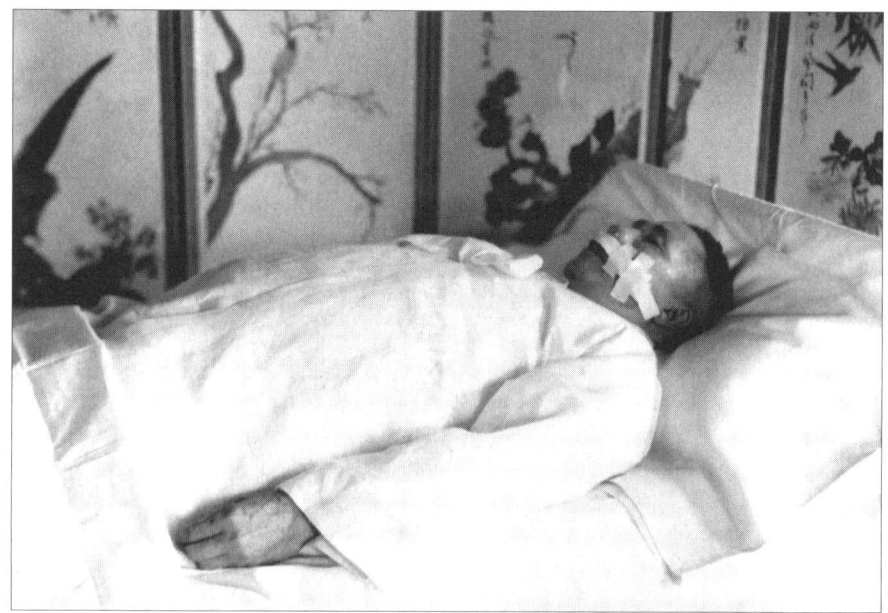

김구의 주검. 1949년 6월 26일.

김구가 피살될 때 입고 있던 옷. 핏자국이 선명하다(백범기념사업회 소장).

의 38선 분쟁은 전쟁이나 마찬가지였다. 특히 옹진반도에서 벌어진 전투는 매우 치열했다. 옹진반도의 남쪽 지역은 38선 이남에 속했지만 남한의 다른 지역과 육로로 연결되지 않았다. 따라서 옹진반도는 남북한 사이의 치열한 접점이 되었으며, 남과 북 모두 그 지역에 가장 전투적이고 공격적인 사령관을 배치하였다. 특히 1949년 8월 5일에 있었던 충돌은 전쟁을 방불케 했다. 남한 군인 55명, 북한 군인 266명이 죽었다. 남한 군대는 옹진반도에 상륙작전을 시도했다. 그러나 마치 태풍 전야의 고요처럼, 1950년에 들어서는 38선 분쟁이 그다지 심각하게 일어나지 않았다.

이렇게 여러 가지 측면에서 볼 때, 1949년에서 1950년에 이르는 시기에 남한 사회는 상대적으로 안정을 찾아가고 있었다. 그런데 왜, 그때 전쟁이 발발했을까?

스탈린은 **북한**의 **남침**을 지시했는가?

1990년대 중반까지만 해도 한국전쟁의 개전을 알려주는 자료는 한국전쟁 직전 북한이 전군(全軍)에 내린 '정찰명령 1호'가 유일한 것이었다. 정찰명령 1호는 북한 정부가 부대 이동을 지시한 것으로서 38선 주변으로 군대를 이동한 증거로 제시되었다. 그러나 연구자들 중 일부는 이 자료의 신빙성에 의문을 제기하였다. 자료가 러시아어로 되어 있으며, 유엔군이 38선 이북으로 북진할 때 발견된 원본은 사라지고 복사본만 남아 있기 때문이다. 당시 북한군에는 러시아 군사고문단이 있긴 했지만, 중국에서 활동했던 사람들이 많았던 점을 고려할 때 러시아어보다는 중국어가 통용되었을 가능성이 크다.

정찰명령 1호와 함께 중요한 자료로 이용되는 것은 유엔한국위원단의 군사감시반원들이 한국전쟁 발발 1주일 전에 38선 주변을 시찰하고 제출한 문서다. 1950년 6월 24일에 작성되어 유엔에 보고된 이 문서는 남한군의 진지가 공격용이라기보다는 방어용이라는 내용을 담고 있다. 유엔에서 이 문서는 북한군이 남침했음을 증명하는 데 유용하게 이용되었지만, 진지 구축만으로 전쟁의 발발을 설명하기에는 한계가 있다.

한국전쟁 개전과 관련된 연구에 획기적인 진전을 안겨준 것은 소련공산당 정권이 붕괴된 뒤 공개된 구소련의 문서들이었다. 대부분 스탈린 도서관에 보관되어 있다가, 1992년 옐친(Boris N. Yeltsin) 러시아 대통령이 한국을 방문했을 때 그중 주요 문서들이 전달되었다. 그 문서들은 외교통상부에서 번역하여 현재 외교안보연구원이 소장하고 있다.

주한미군이 있어서 전쟁은 안 돼

이 문서들 중, 김일성과 스탈린 사이에 이루어진 대화록들은 전쟁이 1950년 6월에 일어날 수밖에 없었던 이유를 잘 보여준다. 먼저 1949년 봄, 김일성이 소련을 방문했을 때 진행된 〈자료 24〉의 대화록을 보자.

북한 지도부가 소련을 방문한 것은 조선민주주의 인민공화국 정부가 수립된 지 6개월 되었을 때였다. 방문 목적은 조소(朝蘇) 우호조약을 맺기 위해서였다. 당시 소련군은 이미 북한에서 철수한 뒤였지만, 북한의 입장에서는 여전히 소련의 원조가 절실한 시점이었다. 한편 남한의 주한미군은 철수 의사를 밝히긴 했으나 아직 남한에 주둔하고 있었다.

이때 스탈린은 북한 지도부에게 38선 부근은 평화로워야 한다는 점을 강조했다. 이것이 곧 북한 지도부가 한반도를 무력으로 통일하려는 계획을 가지고 있었음을 의미하지는 않는다. 그러나 38선 부근에서 남북한 사이에 심각한 충돌이 일어나고 있었던 그때, 스탈린은 더 이상의 충돌이 바람직하지 않다는 견해를 밝힌 것이다. 특히 〈자료 24〉를 분석해보면, 스탈린이 남북 간 충돌에 대해 부정적인 견해를 갖게 된 결정적 이유는 38선 이남에 주한미군이 주둔 중이라는 사실 때문이었다.

스탈린이 주한미군의 존재에 신경을 쓰고 있다는 것은 그가 한국전쟁 당시 공식적으로 소련군을 한반도에 파견하지 않은 것과도 관련된다. 학자들은 소련이 한반도에 정식으로 군대를 파견하지 않은 이유는 미군과의 충돌이 3차 세계대전의 발발을 일으킬까 두려워했기 때문이라고 보고 있다. 현재까지 이 견해는 일반적으로 받아들여지고 있다. 미국 역시 한국전쟁 참전 이후 중국과 소련의 영토를 침범하지 않기 위해 많은 노력을 기울였다. 미국도 또 다른 세계대전의 발발을 두려워했던 것이다. 그래서 '제한전(limited war)'이라는 개념이 한국전쟁에 처음으로 도입되었다. 전쟁 중에 맥아더가 해임된 이유는 이러한 전략에 반하는 전술을 쓰고자 했기 때문이었다.

〈자료 25〉에 따르면, 〈자료 24〉의 대화가 있은 지 이틀 뒤에 김일성은 스탈린을 다시 만나 무력으로 한반도를 통일 해야 한다는 입장을 밝혔다. 이것은 북한 지도부의 무력에 의한 통일 방침이 적어도 전쟁 발발 1년 3개월 전에 계획되고 있었음을 알려준다.

이때도 스탈린은 반대 의사를 명확히 하였다. 그렇지만 만약 남쪽에서 먼저 공격을 해온다면 반격할 수 있다는 수준에서 논의가 이루어지고 있다. 스탈린은 한반도에서 무력 충돌이 일어나는 데 반대했고, 1949년 9월 평양주재 소련대사관에 보낸 문서에서도 옹진반도 점령 계획에 반대하는 입장을 밝혔다. 스탈린은 1949년 8월 2일, 북한이나 소련이 전쟁을 도발할 계획이 없음을 보여주기 위해서 북한 내 소련 군사시설을 모두 철거하라는 지시를 내리기도 한다.

심지어 소련공산당 중앙위원회 정치국은 북한의 남침에 반대하는 결의를 채택했다. 1949년 9월 24일에 이루어진 이 결의는 (1)북한이 주도하는 전쟁 발발이 적들에게 공산주의를 공격할 수 있는 빌미가 되며, (2) 선제공격이 성공하리라는 확신이 없고, (3)남한 사람들이 북한을 지지한다는 보장이 없다는 점 때문이었다. 오히려 소련은 1949년 9월 이후 전문을 통해 빨치산 활동에 의한 남한 해방이 더 적절한 통일 방안이 될 거라는 견해를 전달하였다.

〈자료 24〉와 〈자료 25〉의 대화는 한반도에서 당분간 전쟁이 없어야 한다는 스탈린의 입장을 보여줌과 함께 또 다른 중요한 사실을 알려준다. 즉 스탈린은 한

자료 24   1949년 3월 5일 스탈린과 북한대표단(단장: 수상 김일성)의 회담 요지
(1949. 3. 5)

소련측 배석자: 비신스키 외상, 스티코프 대사
북한측 배석자: 부수상 겸 외상 박헌영, 부수상 홍명희, 국가계획위원회 위원장 정준택, 상업상 장시우, 교육상 백남운, 체신상 김정주, 주소대사 주영하
회담 일시: 1949년 3월 5일 오후 8:00~9:15

김일성: 남한에는 아직 미군이 주둔해 있고, 그들은 북한을 위협하는 여러 가지 책략을 도모하고 있다. 우리는 육군을 가지고 있으나 해상은 완전 무방비 상태다. 이에 대한 소련의 지원이 필요하다.
스탈린: 남한에는 미군이 얼마나 주둔하고 있는가?
김일성: 2만 명 정도다.
스티코프: 대략 1만 5천 명에서 2만 명이다.
스탈린: 남한에도 국군이 있는가?
김일성: 약 6만 명 규모의 군대가 있다.
스탈린: 이 숫자는 상비군에 한하는 것인가, 아니면 경찰도 포함하는 것인가?
김일성: 상비군만의 숫자다.
스탈린: (조롱하듯) 당신들은 그런 병력을 두려워하는가?
김일성: 아니다. 두려워하지 않는다. 그러나 해전에 대비한 부대가 있으면 좋겠다.
스탈린: 북한과 남한 중 어느 쪽 군대가 더 강한가?
박헌영: 북쪽이 훨씬 강하다.
스탈린: 북한에는 일본이 남기고 간 조선소는 없는가? 가령 청진 같은 데 말이다.
김일성: 없다.
스티코프: 조선소가 있긴 하지만 규모가 작은 것이 흠이다.

스탈린: 조선(造船)에 관련된 원조야 어렵지 않지만, 북한은 군용기도 소유해야 한다.

스탈린: 남한군에 북조선 공작원들이 침투되어 있는가?

박헌영: 침투해 있으나 아직까진 모습을 나타내지 않고 있다.

스탈린: 아직 모습을 드러낼 필요는 없다. 잘하는 것이다. 남한 역시 북한에 스파이를 침투시켰을지 모르니 철저한 감시가 필요하다는 것을 잊지 마라.

김일성: 남쪽 스파이 활동에 대해서는 우리도 경계하고 있다. 만일의 사태에 대비해 필요한 조치도 강구하고 있다.

스탈린: 38선에서 무슨 일이 일어났는가? 남한 측이 침입해서 몇 개의 거점을 점거했으나 곧 탈환했다는데, 사실인가?

김일성: 강원도 일대의 국경에서 소규모 충돌이 몇 번 있었다. 적들은 충분한 무기를 소지하지 않았고, 우리의 정규군이 출동하면 즉시 퇴각했다.

스탈린: 격퇴한 것인가, 아니면 그들 스스로 물러난 것인가?

김일성: 교전 끝에 격퇴시켰다. 그들은 국경선에서 퇴각했다.

출처: 스탈린과 북한 정부 대표단(단장 김일성)의 회담(1949년 3월 5일자), 폰드 45, 목록 1, 문서 346, 리스트 13-23, A. V. 토르쿠노프 지음, 구종서 옮김, 《한국전쟁의 진실과 수수께끼》, 에디터, 2003, 41~43쪽.

| 자료 25 | 스탈린과 북한대표단의 대화록
(1949. 3. 7) |

김일성: 지금 상황으로 볼 때 우리가 한반도를 군사적 수단으로 해방할 필요가 있고 충분히 가능하다고 믿는다. 남조선 반동세력은 평화통일에 결코 동의하지 않을 것이다. 그들은 자신들이 북조선을 공격하기에 충분하다고 믿을 때까지, 나라의 분단을 영구화할 것이다. 지금은 우리가 주도권을 확실히 장악할 수 있는 최선의 기회다. 우리 군대는 남한 군사보다 강하다. 게다가 우리는 남한 내에서 강력히 일고 있는 게릴라 운동의 지지를 받고 있다. 남한의 인민대중들은 친미정권을 증오하고 우리를 도울 것이 확실하다.

스탈린: 북쪽이 먼저 남침해서는 안 된다. 세 가지 이유가 있다. 첫째 북한 인민군은 남조선 군대에 비해 압도적으로 우월하지 못하다. 내가 알기로는 북한군이 수적으로도 남한에 뒤진다. 둘째, 남한에는 아직도 미군이 있다. 적대관계가 일어나면, 미군이 개입할 것이다. 셋째, 38선에 관한 미소협정이 아직도 유효하다. 이 사실을 잊어서는 안 된다. 우리 측이 이 협정을 파기한다면, 그것은 미국이 개입할 수 있는 이유가 된다.

김일성: 그렇다면 가까운 장래에 한반도를 통일할 기회가 없다는 뜻인가? 우리 인민들은 다시 하나가 되고 싶어하고, 반동정권과 미국 상전들의 멍에로부터 벗어나기를 열망하고 있다.

스탈린: 적이 침략의도를 가지고 있다면 조만간 침략해올 것이다. 그들이 공격해오면 반격할 수 있는 좋은 기회가 된다. 그때 반격하면 모든 사람들이 당신의 행동을 이해하고 지지할 것이다.

출처: A. V. 토르쿠노프 지음, 구종서 옮김, 《한국전쟁의 진실과 수수께끼》, 에디터, 2003, 44~45쪽.

1949년 2월 모스크바를 방문한 김일성과 박헌영. 앞줄 왼쪽이 김일성, 오른쪽에서 두 번째가 박헌영. 맨 오른쪽은 홍명희다.

반도 상황에 대해 그다지 관심이 없고, 적절한 정보를 공유하지 않고 있다는 점이다. 이 점은 특히 〈자료 24〉의 스탈린의 말 속에서 잘 드러난다. 스탈린은 남북한 군대의 규모에 대해 정확히 알지 못했으며, '조롱하는 듯' 한 태도로 김일성과 박헌영을 만나고 있다. 이것은 당시 소련의 한반도에 대한 관심이 얼마나 적었는가를 방증하는 중요한 자료이다.

스탈린의 변심

하지만 곧 스탈린은 중대한 반전을 맞으면서 그의 입장을 바꾸게 된다. 첫 번째 사건은 주한미군의 철수였다. 〈자료 24〉에서 스탈린이 강조한 주한미군의 존재가 38선 이남에서 사라진 것이다. 물론 주한 미군사고문단이 남아 있었지만, 정규군의 성격을 갖는 것은 아니었다. 미국이 한국전쟁을 예상하고 있었다는 주장의 근거로 제시되곤 하는 〈자료 26〉의 1949년 6월의 문서도 실은 전쟁 발발시 미군의 개입에 관한 것이 아니라, 한국에 있는 미국인들을 어떻게 철수시킬 것인가에 초점을 맞춘 것이었다. 〈자료 26〉의 2항과 3항은 한국전쟁이 일어나자 현실화되었지만, 문서 작성 당시 미국의 거의 모든 기관에서 현실성이 없는 것으로 판단하였다.

두 번째 사건은 중국 공산주의 혁명의 성공이었다. 중국에서 공산주의 혁명이 성공한 것은 세계적으로도 중요한 사건이었지만, 특히 동북아시아에 거대한 충격을 주었다. 식민지 시기에 중국공산당과 함께 항일운동을 펼쳤던 한국의 공산주의자들에게는 천군만마를 얻은 듯한 희소식이 아닐 수 없었다. 이는 중국공산당에 합류하여 활동 중인 한국인들이 북한군에 합류함으로써 실전 경험이 풍부한 새로운 부대가 보강될 가능성을 의미했다.

실제로 공산주의 혁명 후 중국에서 3개 사단 정도, 약 6천 명의 한국인들이 북한에 들어와 인민군에 합류하였다. 그중에는 중국 혁명이 진행 중인 1947년, 북한에서 중국으로 파견된 병사들도 포함되어 있었다. 남북한의 군대가 공히 실전 경험이 없었던 상황에서 숫자보다는 실전 경험과 자신감 풍부한 병사들이 합류했다는 사실 자체가 매우 중요했다.

세 번째 사건은 소련의 원자탄 실험 성공이었다. 이 역시 심리적 요인이 크게 작용했다. 소련의 원자탄 보유 사실이 곧 사용을 의미하는 것은 아니다. 그러나 전쟁이 발발할 경우, 미군의 참전 결정이 쉽지 않을 것이며 참전한다 해도 원자탄을 사용하기는 어려울 거라는 점은 예상할 수 있었을 것이다. 만약 소련이 원자탄으로 보복한다면, 그것도 한반도 아닌 다른 지역, 예컨대 대만이나 유럽에 사용한다면, 미국의 세계전략은 큰 차질을 빚을 수밖에 없었다.

이제 1949년 봄과는 완전히 다른 상황이 도래한 것이다. 1950년 초, 김일성은 평양에 있는 스티코프(T. F. Shtykov) 소련대사에게 스탈린을 만나고 싶다고 했으며, 스티코프는 김일성의 의사를 스탈린에게 전했다. 스티코프는 당연히 스탈린

| 자료 26 | 유사시 미국의 대응 방침(육군부)
(1949. 6. 27) |

1 _ 한국 거주 미국인의 긴급 철수.
2 _ 긴급 결정을 위한 유엔 안전보장이사회에 문제제기.
3 _ 유엔의 승인으로 법, 질서의 회복과 38선의 불가침성을 재확인하기 위해 미군과 기타 유엔가입국의 부대로 구성된 특별 기동대의 치안유지 활동 시작.

출처: Memorandum by the Department of the Army to the Department of State, Washington, June 27, 1949, Subject: Implications of a Possible Full Scale Invasion from North Korea Subsequent to Withdrawal of United States Troops from South Korea, *Foreign Relations of United States, 1949, Vol. VII part 2* (Washington D.C.; Government Printing Office, 1976), pp.1046~1057.

| 자료 27 | 스티코프가 모스크바로 보낸 전문(일자 미상) |

나는 결론적으로 북한의 남침계획은 실현되기 어렵다고 말했다. 나는 북한 지도부의 계획 및 정세파악이 너무 낙관적이고 이상주의적이라고 지적했다. 김일성은 예기치 못한 나의 반응에 화가 난 것 같았다.

출처: 모스크바로 보내는 스티코프의 전보, 폰드 3, 목록 65, 문서 775, 리스트 102~206. A. V. 토르쿠노프 지음, 구종서 옮김, 《한국전쟁의 진실과 수수께끼》, 에디터, 2003, 75쪽.

초대 북한 주재 소련 대사 스티코프와 김일성. 오른쪽에서 두 번째가 김일성이다.

이 방문을 허락하지 않을 거라고 생각했다. 그래서 '그다지 고려할 필요 없는' 제안을 김일성이 했다고 전문을 보냈다. 어쩌면 김일성의 방문을 허가하지 않도록 하기 위한 것이었는지도 모른다.

 이러한 스티코프의 부정적인 태도는 1949년에 있었던 본국과의 마찰 때문이었던 듯 보인다. 1949년 10월, 스티코프는 북한이 먼저 도발한 38선 상에서의 전투에 대해 보고하지 않았다가 스탈린에게 질책을 받았다. 스탈린은 이 전투에 소련의 군사고문을 개입시킨 것에 대해서도 질책했다. 스티코프는 잘못을 반성하는 전문을 보내면서, 당시 38선 상의 전투가 북한에게 중요하다는 판단 때문에 발생한 것이라고 변명했다. 전문에는 쓰지 않았지만, 스탈린은 당시 옹진 은파산 일대에 있던 고지는 38선 이북 지역에 속하며 전략적으로 매우 중요하다는 내용을 북한 지도부로부터 직접 전달받았을 것이며, 이 때문에 외교적으로 소외된 스티코프가 북한 지도부에 대해 신뢰하지 않게 되었을 가능성이 크다. 그러나 스탈린은 스티코프의 해명에도 "다시 한번 귀하에게 경고한다"는 전문을 보냈다.

 스티코프는 1949년 〈자료 27〉과 같은 전문을 본국에 보내기도 했다. 스티코프가 이처럼 부정적인 전문을 모스크바로 보냈지만 어찌된 일인지 스탈린은 김일성의 소련 방문을 허락하였다. 다음의 〈자료 28〉은 1950년 봄, 스탈린과 김일성이 만나서 나눈 대화다.

김일성은 '스탈린 동지'에게 왜 미군이 개입하지 않을 것인지 상세한 분석을 해보였다. 공격은 신속히 수행돼 3일이면 승리할 수 있다고 말했다. 또한 남조선 내 빨치산 운동이 강화돼 대규모 폭동이 일어날 것이라고 했다. 박헌영도 남조선 내 빨치산 활동에 대해 상세히 설명했다. 그는 20만 당원이 그곳에서 대규모 폭동을 주도할 것이라고 밝혔다.[1]

이제 김일성과 스탈린 사이에 본격적으로 전쟁을 통한 통일 논의가 구체화되고 있다. 이 대화 내용은 1949년의 상황이 어떻게 변화했는가부터 전쟁의 개전이 어떻게 이루어졌는가에 이르기까지, 전쟁 초기의 상황을 거의 완벽하게 재현해놓고 있다.

앞에서 스탈린은 중국 혁명의 승리, 소련의 원자탄 실험 성공, 그리고 미국의 대외정책에 대한 부분을 언급하고 있다. 그리고 변화된 조건에서 전쟁을 개시하기 위한 구체적인 방안을 의논하고 있다. 여기서 제시된 방안들은 거의 그대로 현실화되었다. 전쟁이 일어나기 1주일 전, 북측은 조국전선 중앙위원회 명의로 평화통일에 대한 제안을 했으며, 남한에서 이 제안을 거부한 직후에 전쟁이 발발했다. 전쟁의 초기 전개과정 역시 전 전선에 걸쳐 동시에 일어난 것이 아니라 서부전선에서부터 동부전선으로 확대되는 양상으로 전개되었다.

〈자료 29〉는 전쟁 직전, 북한이 제안한 평화통일안이다. 지금까지 이 제안은 전쟁 개시를 숨기기 위한 위장 공세로 알려져 왔다. 〈자료 28〉의 김일성과 스탈린이 나눈 대화를 고려하면, 위장 공세였을 가능성도 있다. 그런데 여기서 주목할 점은, 남한의 국회를 국민의 대표기관으로 인정하고 있는 것이다. 북한의 이러한 태도는 1948년 대한민국 정부 수립 후부터 1991년 남북 기본합의서가 만들어질 때까지 전혀 찾아볼 수 없는 것이었다. 이 제안은 전쟁 초기의 상황에 대한 해석과 관련해서도 중요한 시사점을 던져준다. 이에 대해서는 다음 꼭지에서 설명하겠다.

자료 28 1950년 3월 30일~4월 25일 김일성의 소련 방문건(소련공산당 중앙위원회 국제국 작성)

  스탈린 동지는 김일성에게 국제 환경과 국내 상황이 모두 조선통일에 더욱 적극적인 행동을 취할 수 있도록 바뀌었다고 강조하였다. 국제적 여건으로는 중국공산당이 국민당에 대해 승리를 거둔 덕분에 조선이 행동개시하는 데 유리한 환경을 만들었다. 중국은 이제 국내 문제로 인한 시름을 덜었기 때문에 관심과 에너지를 조선 지원에 쏟을 수 있게 됐다. 필요하다면 중국 군대를 무리 없이 조선에 투입할 수도 있다. 중국의 승리는 심리적으로도 중요하다. 이는 아시아 해방의 기운을 증명했고, 아시아 반동세력과 그들의 주인인 미국 서방의 취약성을 드러냈다. 미국은 중국에서 물러나 더 이상 군사적으로 중국에 도전하지 못한다.

  이제 중국과 소련이 동맹조약을 체결했으므로 미국은 아시아의 공산세력에 대한 도전을 더욱 망설일 것이다. 정보에 따르면 미국 내에서도 타국에 개입하지 말자는 분위기가 주조를 이루고 있다. 소련이 원자탄을 보유하고 유럽에서의 위상이 강화됨으로써 이런 불개입 분위기는 더 심화되고 있다. 하지만 우리는 이 해방의 찬반을 다시 한번 따져봐야 한다. 첫째 미국이 개입할지 여부를 검토하고, 둘째 중국 지도부가 이를 승인하는 경우에 한해 해방작전은 시작될 수 있다는 점을 명심해야 한다.

  김일성은 미국이 개입하지 않을 것이라는 견해를 밝혔다. 그것은 북조선 뒤에 소련과 중국이 있기 때문만이 아니라 미국 스스로 대규모 전쟁을 벌이려 하지 않을 것이기 때문이다. 다음은 두 사람의 대화 내용.

김일성: 마오쩌둥 동지는 항상 조선 전체를 해방하는 우리의 희망을 지지했습니다. 마오쩌둥 동지는 중국 혁명만 완성되면 우리를 돕고, 필요한 경우 병력도 지원하겠다는 말을 여러 차례 했습니다. 하지만 우리는 스스로 조선통일을 이루겠습니다. 우리는 해낼 수 있습니다.

스탈린: 완벽한 전쟁 준비가 필수입니다. 무엇보다 군사력의 준비태세를 잘 갖추어

야 합니다. 엘리트 공격사단을 창설하고 추가 부대창설을 서두르시오. 사단의 무기 보유를 늘리고 이동 전투수단을 기계화해야 합니다. 이와 관련된 귀하의 요청을 모두 들어주겠습니다. 그런 연후에 상세한 공격계획이 수립돼야 합니다. 기본적으로 3단계로 공격이 이루어져야 할 것이요. (1)38도선 가까이 특정지역으로 병력 집결, (2)북조선당국이 평화통일에 관한 새로운 제의를 계속 내놓을 것, (3)상대가 평화제의를 거부한 뒤 기습공격을 가할 것.

옹진반도를 점령하겠다는 귀하의 계획에 동의합니다. 공격을 개시한 측의 의도를 위장하는 데 도움이 된다고 생각합니다. 북측의 선제공격과 남측의 대응공격이 있은 뒤 전선을 확대할 기회가 생길 것이오. 전쟁은 기습적이고 신속해야 합니다. 남조선과 미국이 정신을 차릴 틈을 주어서는 안 됩니다. 강력한 저항과 국제적 지원이 동원될 시간을 주지 말아야 합니다.

출처: 김인걸 외 편저, 《한국현대사 강의》, 돌베개, 1998, 123~124쪽에서 재인용.

| 자료 29 | 평화적 조국통일 추진에 관하여 – 조국전선 중앙위원회 (1950. 6. 19) |

1 _ 인민공화국 최고인민회의와 남조선의 국회를 단일한 전조선 입법기관으로 연합하는 방법으로 통일을 실현.
2 _ 전 조선 입법기관은 공화국 헌법을 채택하고 정부를 구성.
3 _ 채택된 헌법에 기초하여 앞으로 전 조선 입법기관 총선거를 실시할 것.
4 _ 평화적 통일과 전 조선 입법기관의 정상적 활동을 위한 조건을 설정할 목적으로 이승만, 김성수, 이범석, 신성모, 채병덕, 백성욱, 조병옥, 윤치영, 신흥우 등을 체포할 것. 언론·출판·집회·시위·군중대회의 자유 보장, 정치범 석방, 좌익정당 활동의 자유 보장.
5 _ 새로 구성된 정부는 남북의 현존 군대와 경찰보안대를 단일한 군대, 경찰, 보안대로 개편.
6 _ 유엔한국위원단의 철거를 제의할 것.
7 _ 평화통일과 관련되는 모든 대책을 8월 15일까지 완전 실천.
8 _ 남한 국회가 교섭 진행을 동의하는 때에는 최고인민회의 상임위원회는 50년 6월 21일 대표단을 서울로 파견하든가 남의 국회대표단을 평양에서 접견하도록 준비되어 있다. 그리고 상호 대표단의 불가침과 안전을 보장한다.

출처: 김남식 엮음, 《남로당 연구 자료집 제1집》, 아세아문제연구소, 1974, 546~549쪽.

미국이 개입할까?

한편 〈자료 28〉의 대화에는 전쟁 개전의 조건으로서 두 가지가 제시되어 있다. 하나는 미국의 개입 여부를 판단하는 것, 다른 하나는 중국의 도움이 필요하다는 것이었다. 전자는 앞에서 말했듯이 전쟁이 확대되는 것을 두려워하는 스탈린의 입장을 보여준다. 그래서 스탈린은 미국과 그 동맹국들이 참전할 수 있는 시간 여유를 주지 않기 위해서라도 전쟁을 빨리 끝내는 것이 중요하다고 강조하고 있다. 후자는 소련이 적극적으로 개입할 의사가 없다는 점을 보여준다. 즉 소련 대신에 중국의 도움을 받아야 한다고 못박고 있다.

북한의 지도부들은 미국이 참전할 가능성이 거의 없다고 판단했다. 그러나 5월에 이루어진 마오쩌둥과 김일성, 그리고 박헌영 사이의 회의록을 보면 미군이 참전할 가능성을 완전히 배제한 것은 아니었다. 심지어는 일본의 참전 가능성까지도 예측하고 있었다. 또한 1949년 9월 김일성과 박헌영은 남쪽에 미국인 군사고문이 있다는 점을 고려할 때 미국이 개입할 가능성이 크다는 점을 지적하고 있다.

그러나 북한군의 남한 점령이 신속하게 이루어진다면 미국과 일본의 참전이 전쟁 결과에 그다지 큰 영향을 미치지 못할 것으로 내다보았다. 특히 이러한 판단은 〈자료 28〉의 박헌영의 주장과 같이, 남한 전역에서 공산주의자들이 봉기할 것으로 예측했기 때문이기도 하다. 만약 전쟁의 개전과 함께 남한 전역에서 봉기가 일어난다면, 미국이나 그 동맹국들이 참전할 시간 여유는 없을 것이다. 또한 이 같은 가정을 근거로, 전쟁이 3일 만에 끝날 것으로 보았다. 물론 이러한 북한의 주장을 스탈린이 그대로 받아들이지는 않았을 것이다. 이미 1949년 9월 스티코프의 보고를 통해 남한에 있는 공산당 관련자들이 상당히 큰 타격을 입고 있다는 보고를 들은 뒤였기 때문이다. 그래서 스탈린은 중국의 지원이 중요하다는 점을 거듭 강조했다.

스탈린과 협의한 후 북한 지도부들은 중국의 도움을 얻어내기 위해 바쁜 행보를 보이기 시작했다. 1950년 5월 13일, 북한 지도부는 북경을 방문하였다. 이들이 스탈린의 의견을 전달하자 마오쩌둥은 스탈린에게 사실 여부를 확인했다. 그런 다음 김일성과 박헌영에게 북한을 돕겠다고 했다. 그러나 미국이 참전할 경우에만 돕겠다는 입장을 밝혔다. 혁명이 성공한 지 1년도 채 안 된 중국이 다른 나라를 도와줄 여력이 없었던 사정을 짐작케 한다. 실제로 한국전쟁 중 중국 내부에서는 참전을 둘러싸고 심각하게 대립한다.

이상과 같이 전쟁을 계획하는 과정에서 가장 논란이 되는 문제는 스탈린과 마오쩌둥, 그리고 북한 지도부의 역할을 어떻게 규정할 것인가이다. 전통주의 관점에서는 마오쩌둥과 북한 지도부가 스탈린의 지령을 받고 전쟁을 일으켰다고 해석하고 있다. 당시 세계 공산당의 대부였던 스탈린이 공산주의의 확산을 위하여 한반도 전쟁을 지시했으며, 마오쩌둥과 김일성은 그 지시를 성실하게 수행했다는 것이다. 이 논리는 〈자료 25〉를 보면 수긍 가는 면이 없지 않다.

그러나 스탈린이 과연 그 정도로 개전에 깊숙이 개입했는가에 대해서는 의문의 여지가 있다. 위의 전문을 시간 순서대로 보면, 전쟁 계획을 입안한 것은 북한이었다. 다만 개전 후 외부 세력이 개입할 경우 북한 단독으로 전쟁을 승리로 이끌기는 어렵다는 것이 문제였다. 그래서 북한 지도부는 동분서주했다. 소련과 중국의 도움이 필요했던 것이다.

따라서 1949년에서 1950년 사이에 나타나는 스탈린의 입장 변화는 전쟁 지시라기보다는 동의로 보는 것이 더 합리적일 것이다. 북한에 대한 군사 지원이 있었지만 실제로 군대를 파견하지 않는 상황에서 개전을 지시할 입장은 아니었다. 〈자료 28〉에서 스탈린은 옹진 지역에서 전쟁을 개시할 필요성에 대해 언급하는데, 이 또한 스탈린의 지시로 보기는 어렵다. 이미 김일성은 1949년 8월, 옹진에서 전투를 시작할 필요성에 대해 모스크바로 전문을 보낸 바 있었다.

마오쩌둥도 마찬가지다. 마오쩌둥은 북한 지도부가 스탈린의 입장을 전했을 때, 이를 확인하기 위해 모스크바에 전문을 보낼 정도로 한반도 전쟁에 대해 부

1949년 12월 16일 모스크바에 도착한 마오쩌둥 일행. 앞줄 왼쪽에서 두 번째가 마오쩌둥, 다음이 몰로토프(V. M. Molotov), 그로미코(A. A. Gromyko), 불가닌(N. A. Bulganin).

정적인 생각을 갖고 있었다. 특히 중국은 비록 혁명을 이루긴 했지만, 여전히 골치 아픈 숙제를 안고 있었다. 하나는 대만을 점령하는 문제였고, 다른 하나는 중국 대륙 내 국민당 지지 세력과의 갈등을 푸는 문제였다. 게다가 대만은 중국 대륙을 공격하는 기지가 될 수도 있었다. 실제로 한국전쟁이 발발했을 때 미국이 가장 먼저 취한 조치 중의 하나가 대만 해협에 제7함대를 파견한 것이었다.

따라서 전쟁 계획과 관련하여 소련과 중국에 지나친 역할을 부여하는 것은 잘못이다. 김영호의 연구처럼 스탈린의 역할을 강조하면서 이를 미국에 대한 소련의 적극적 공세로 보는 것은, 소련이 전쟁에 동의하지 않던 입장에서 동의하는 입장으로의 전환을 감안한다면 이해할 수 있지만, 당시 소련이 미국과의 충돌을 피하고 있었으며 중국에 권유는 할 수 있되 강요는 할 수 없던 상황이 고려되어야 한다. 즉 스탈린이 전쟁을 지시했다는 것을 증명하기 위해서는 좀 더 자세한 자료들이 필요하다.

일부에서는 전쟁의 발발이 북한 내 권력투쟁 과정에서 일어난 것으로 해석하기도 한다.[2] 즉 남조선노동당 세력에 의한 혁명으로 공산화를 달성하려 했던 박헌영 계열과 남조선노동당의 주도권을 인정하지 않으려는 김일성 계열 간의 권력투쟁 과정에서 김일성 계열이 승리했다고 보는 것이다. 이 가설 역시 현재로서는 증명할 방법이 없다. 이 가설은 박헌영에게는 전쟁 책임이 없다고 주장한 남조선노동당 계열 관련자의 회고록에 근거한 것으로 신빙성이 그리 높지 않다.

이 글에서 김일성이나 박헌영이라는 이름 대신에 '북한 지도부'라는 용어를 쓴 것도 바로 그 때문이다. 김일성이 스탈린이나 마오쩌둥을 만나 전쟁에 대해 의논할 때마다 박헌영은 항상 동석하였으며, 승리를 확신하는 근거로 박헌영의 남한 상황에 대한 설명이 제시되었다. 따라서 박헌영 계열과 김일성 계열 사이에 전쟁에 관한 이견이 있었음을 보여주는 새로운 자료가 발견되지 않는 한, 이들은 모두 전쟁을 통한 통일에 합의했다고 보아야 할 것이다.

남침유도설은 더 이상 유효하지 않은가?

지금까지 '남침유도설'이 여러 측면에서 잘못된 가설들로 구성되어 있다는 점을 비판했다. 마지막으로 논의할 문제는 그렇다면 '남침유도설'은 더 이상 유효하지 않은가를 판단하는 것이다.

아직은 완전히 용도폐기해선 안 된다. 왜냐하면 미국의 참전 여부에 대한 스탈린, 마오쩌둥, 그리고 북한 지도부의 오판 문제가 관련되어 있기 때문이다. 〈자료 28〉에서 스탈린과 김일성은 미국이 참전하지 않을 거라고 재차 확인하고 있다. 마오쩌둥과 북한 지도부가 만났을 때도 미국이 참전할 가능성에 대해 모두 동의하였지만, 기정사실화하진 않았다. 마오쩌둥은 미국이 참전하지 않을 경우 중국이 도와줄 필요가 없다고 했는데, 이는 전쟁에 개입하기 꺼려했던 중국공산당의 입장이기도 했다. 당시 미국의 여러 가지 정책들, 그리고 세계정세로 보아 북한,

소련, 중국의 지도부가 미국이 참전하지 않을 것이라고 판단했을 가능성은 크다.

미국이 전쟁을 유도했다는 증거는 전혀 없다. 그러나 방위선에서 제외시킨 한반도에 전쟁이 일어나자마자 1주일도 안 되어 군대를 파견한 미국의 태도는 어떻게 설명되어야 할까? 또 전쟁이 발발할 거라는 정보를 갖고 있었으면서도 적절히 대처하지 않은 미국의 태도는 어떻게 이해해야 할까?[3]

왜 1950년 6월 25일이었는가?

개전일을 1950년 6월 25일로 정한 것과 관련된 가장 구체적인 문서는 스티코프 평양주재 소련대사가 스탈린에게 보낸 〈자료 30〉의 1950년 5월 29일자 전문이다.

이 전문에 따르면 북한 지도부는 전투태세를 갖추는 데 걸리는 시간과 함께 '장마'라고 하는 계절적 요인을 깊이 고려한 것 같다. 물론 가장 결정적인 요인은 중국의 동의와 협력을 얻어낸 것이 5월이라는 점이었다. 그전에는 전쟁을 개시하기 어려웠다. 중국의 동의를 얻은 뒤 서둘러 전쟁 준비를 했지만 6월을 넘길 수밖에 없었고, 기후를 고려할 때 7월까지 갈 수는 없었을 것이다.

또 하나 고려해야 할 사항이 있었다. 바로 남한의 상황이 안정되어가고 있었다는 점이다. 앞서 3절에서 얘기했듯이, 남한의 상황은 1948년 말을 기점으로 이승만 정부에 유리하게 돌아가고 있었다. 물론 전쟁 직전에 있었던 1950년 5·30 선거에서도 이승만과 한국민주당의 후신인 민주국민당은 승리하지 못했다. 1948년의 5·10 선거와 마찬가지로 중간파를 포함한 무소속 의원들이 대거 당선되었다. 이러한 결과는 북한이 남한의 국회와 북한의 최고인민회의가 연합할 수 있다

자료 30 전투 준비에 관한 스티코프 대사의 보고
(1950. 5. 29)

　　김일성은 스티코프 대사에게 4월 모스크바 회담시 합의된 무기와 기술이 이미 대부분 북한에 전달되었음을 통보. 김일성은 새로운 사단 창설식에 참석하고 돌아온 후 동(同) 사단들이 6월 말까지 준비 완료될 것이라 언급. 김일성의 지시에 의한 인민군 참모장이 바실리예프 장군과 함께 남침공격 계획을 수립한 바, 북한 지도부는 이를 승인. 군조직 문제는 6월 1일까지 완료키로 함. 북한군은 6월까지 완전한 전투준비 태세를 갖추게 됨. 김일성은 6월 말에 전투행위를 개시하는 것을 선호한다고 말함. 그 이후는 시기적으로 적절치 못하다고 언급한 바, 그 이유로 첫째 북한군의 전투 준비에 관한 정보가 남쪽에 입수될 수 있으며 둘째, 7월에는 장마가 시작된다는 점을 들음. 이와 관련 6월 8~10일경 집결 지역으로의 병력 이동을 시작할 것임. 김일성과 면담 후 스티코프는 바실리예프 장군 및 프스트니코프 장군과 의견을 교환. 이들은 7월에 공격을 시작하는 것이 가장 시의적절하나 일기 관계로 6월로 변경할 수밖에 없다고 함.

출처: 김인걸 외 편저, 《한국현대사 강의》, 돌베개, 1998, 125~126쪽에서 재인용.

는 주장을 펴는 근거가 되기도 했다.

그러나 1950년 봄이 되자, 좌익세력은 대부분 검거되고 빨치산 활동도 괴멸 상태에 이르렀다. 또한 경제적으로도 안정을 찾아가고 있었다. 5·30 선거 결과는 이승만 계열과 민주국민당에게는 난처한 것이지만, 대한민국 전체로서는 단독정부 수립에 반대한 중간파들이 합법 정치공간으로 나왔다는 사실이 중요했다. 이것은 1950년의 선거가 1948년의 선거에 비해 높은 정치적 성과를 거두었음을 의미한다.

군사적으로도 남한군은 점차 정비되어가고 있었다. 1949년 숙군 작업이 이루어졌고, 주한 미군사고문단의 활동으로 작전활동의 반경이 넓어지고 있었다. 여기에 더하여, 1950년 1월 26일 '한미 상호군사원조협정'이 체결되었다. 이 협정은 전면적인 군사지원은 아니었지만, 이승만의 북진통일론 때문에 한국군의 증강을 꺼렸던 미국이 군사원조를 하겠다고 협정을 맺은 사실만으로도 남한 정부에게는 큰 성과였다. 미국은 1949년 10월 6일에 승인된 군사방위원조 법안의 302조를 통해서 한국, 이란, 필리핀 등에 2,660만 달러 상당의 원조를 규정해놓고 있었다. 이후 미국의 조사팀이 한국을 방문하여 군사적 상황을 파악했다.

미국의 경제원조도 1950년 들어 강화되기 시작하였다. 1950 회계연도의 ECA 원조안은 미국 의회에서 승인되지 않았다. 그러나 1951 회계연도(1950년 7월부터 1951년 6월까지)의 경제원조안은 승인되었다. 총 1억 달러에 달하는 것이었다. 이 액수는 1950 회계연도 하반기(1950년 1월부터 6월까지)에 3천만 달러가 지원된 것과 비교할 때 놀라운 액수였다. 또한 한국에 대한 경제지원을 위한 규정은 1950년 6월 5일에 승인된 경제협력법으로 통과되었다.

ECA 계획은 1950년 5월부터 본격적으로 실행되기 시작하였다. 1950년 5월 이전에는 인플레이션 때문에 ECA 계획을 위한 자금 방출을 제한하였다. 새로운 계획을 위한 자금이 방출될 경우, 인플레이션이 더 악화될 수 있기 때문이었다. 그러나 안정화 계획이 실시된 뒤 인플레이션이 둔화되면서 1950년 5월에 이르러

ECA 계획을 위한 본격적인 자금투자 계획이 실시되기 시작했다.

최선의 방어는 선제공격

결국 이와 같은 남한의 상황 변화가 북한 지도부에게 전쟁을 한시라도 빨리 일으키도록 작용한 건 아닐까? 남한의 상황이 안정될수록 북한의 의도대로 통일되기는 어려울 것이었다. 게다가 남조선노동당 조직이 거의 괴멸된 상태였으므로 남한 내부에서 자체 혁명이 일어나기를 기대하기도 어려웠다. 북한 지도부의 입장에서 볼 때 빠른 시일 내의 통일을 위해서는 전쟁만이 유일한 수단이었으며, 시간을 늦출수록 북한에게 더 불리한 상황이 전개되리라고 예상하지 않았을까?

〈자료 31〉의 전문은 한편으론 남한의 정세가 불안하다는 점을, 그렇지만 시간이 흐를수록 정세는 북한에 불리하게 돌아갈 가능성이 크다는 인식을 보여준다. 이 점에서 북한 지도부가 '공격은 최선의 방어'라고 생각했을 가능성을 배제할 수 없다. 1949년부터 남한 정부는 공공연히 북침을 주장했고, 이에 대한 북한의 반응은 〈자료 32〉와 같았다.

〈자료 32〉에서 보듯이, 이미 1949년의 시점에서 북한과 소련은 남한 정부가 북한을 침공할 구체적인 계획을 진행하고 있다는 정보를 입수했다. 이승만의 북진통일론을 단지 선전으로만 본 게 아니라, 실제로 계획이 진행 중이라고 판단했던 것이다. 물론 이 계획이 1949년에 일어난 38선 상의 분쟁과 관련된 것일 가능성도 배제할 수는 없다.

미군 철수와 관련해서도 스티코프는 그것이 남한에 의한 북침 가능성을 감소시킨 게 아니라 오히려 '남한 내 반동세력들의 고삐를 풀어주었다'고 평가하고 있다. 스티코프는 '다만 개전시기에 대한 의견 조율만이 남아 있을 뿐' 남한의 북침은 이미 결정된 것이나 다름없다는 전문을 1949년 6월 18일자로 스탈린에게 보냈다. 같은 해 7월 13일에는 남한군 포로들에게서 8월 15일까지 남한이 북한을

한국전쟁에 참전한 중국군 총사령관 펑더화이(왼쪽)와 김일성.

점령하는 계획을 세우고 있다는 정보를 입수했으며, 남한이 북한의 남침에 대비하기 위해 7월에 먼저 공격을 개시할 계획을 세우고 있다고 보고하였다.

1949년 9월 2일, 스티코프는 이승만이 올리버에게 보내는 편지(《자료 17》)를 스탈린에게 보고한다. 이 편지를 어떻게 입수했는지는 분명하지 않지만, 그것은 이승만의 북침 계획이 분명하다는 명백한 증거로 이용된다.

남쪽의 선제공격이 있을 거라는 북한 지도부의 생각이 남침을 결정하는 데 결정적인 역할을 하지는 않았을 것이다. 그러나 주요 요인 중 하나로 작용했을 가능성은 충분하다. 어쩌면 당시의 남북한 관계는 지금 북한과 미국 사이에서 벌어지고 있는 '안보 딜레마(security dilemma)'의 모습 그대로인지 모른다. 어느 한쪽이 먼저 공격할지 모르는 상황에서 양쪽 모두 '방어'를 잘해야겠다고 생각했고, 최선의 '방어'를 위해서는 '공격'이 더 좋을 거라고 생각했을 가능성이 크다. 자료만으로 볼 때는 당시 '미국'만이 유일하게 '공격'이 '최선의 방어'가 아니라는

자료 31 스티코프가 본 한반도 정세
(1949. 9. 15)

 김일성과 박헌영의 입장은 현실적으로 평화통일이 불가능하다는 것이다. (중략) 남한에서는 북한 공산주의자들이야말로 반민족적, 반자주적 집단들로서 통일을 방해하는 장본인이라는 선전을 계속하고 있다. 김일성과 박헌영은 통일이 지연되는 데 대해 책임지고 싶어하지 않는다. 평화적 수단에 의한 통일이 어려워 보이자 김일성과 박헌영은 남한에 대한 군사행동을 통해서 통일을 달성키로 방향을 바꿨다. (중략)
 남조선 반동세력은 남한의 민주운동을 억압하는 데 성공하여, 좌익 정치조직을 파괴 박멸할 것이다. 그와 동시에 남조선 반동세력은 이 시기를 강군 육성의 기회로 이용하여 북한이 북한 땅에 이룩해놓은 성과들을 파괴하기 위해 북한을 공격할 것이다.

출처: 북한주재 소련 대사관의 회답 전보 '남북한의 정치·경제상황의 특징에 대하여', 1949년 9월 15일자, 폰드 3, 목록 65, 문서 776, 리스트 1~21. A. V. 토르쿠노프 지음, 구종서 옮김, 《한국전쟁의 진실과 수수께끼》, 에디터, 2003. 87~94쪽.

입장을 갖고 있었다.

　지금까지 전쟁의 기원을 둘러싸고 수많은 논의가 이루어졌지만, 앞에서 길게 살펴보았듯이 아직 정답은 없다. 여전히 숱한 의문들은 그대로 남아 있다. 1949년 6월에 공포된 농지개혁법령은 계속 미뤄지다가 왜 1950년 3월에 개정 법령이 공포되면서 황급히 실행되었을까? 전쟁 발발 직전인 1950년 봄, 미국은 북한 군대가 이동하고 있다는 사실을 알았으면서도 왜 아무런 조치를 취하지 않았을까? 전쟁이 발발한 뒤 이승만을 비롯한 남한의 정치 지도자들은 왜 느긋하게 사태를 바라보고 있었을까?
　전쟁의 발발에 대한 논의에만 치우친 것이 한국전쟁에 대한 좀 더 다양한 연구를 가로막고 있었던 것도 사실이지만, 그렇다고 전쟁 발발에 대한 논의가 중요하지 않다는 것이 아니다. 앞으로도 많은 연구와 논의, 그리고 관계자들의 증언이 필요하다.

자료 32   스티코프가 스탈린에게 보낸 전문
(1949. 5. 2)

  (전략) 북한에 대한 군사 침공계획에 따라 남한 당국은 국방군의 수를 계속 증가시키고 있다. 남한 내 첩보에 의하면, 금년 1월 1일에는 약 5만 3,600명이었던 국군이 일사분기 말에는 7만 명으로 늘어났다.

  주목할 것은 새로운 기술의 기계화 부대가 늘어나고 있다는 사실이다. 그리고 '사상적으로 주의를 요하는' 사병이나 장교들을 군에서 제거하는 조치가 취해졌다. 대신 반동적 기질이 다분히 있는 젊은이들이 그 자리를 채우고 있다. 미국은 '국군'에게 상당수의 각종 최신 병기와 장비를 꾸준히 공급하고 있다. 남한 당국은 미국으로부터 더 많은 지원을 약속받기 위한 협약 체결을 계획하고 있다. 이를 목적으로 조병옥 등이 워싱턴을 방문하고 있다.

  남한 정부는 대규모 군부대를 38선 인접지역으로 집중배치하고 있다. 입수된 정보에 따르면 38선에 배치된 국군의 수는 총 4만 1천 명 가량이다. 이들은 특히 평양의 동향에 특별한 주의를 기울이고 있다.

  북한의 첩보활동을 돕고 있는 남한의 어느 대대장은 38선 부군에 약 3만 명 이상의 병력이 증강될 예정이며, 북한을 공격할 작전도 이미 수립되어 있고, 이에 대해 제1여단에서는 일개 대대장까지도 알고 있다고 한다. 그는 6월 중에는 예사롭지 않은 움직임이 일어날 것이라고 예측했다. 이 같은 계획과 관련, 남한 당국은 자국 내 시위를 진압하고 반체제운동을 완전히 뿌리뽑기 위한 대책을 준비하고 있다는 소식이다.

출처: 스탈린에게 보내는 스티코프의 전보, 폰드 45, 목록 1, 문서 346, 리스트 41-44. A. V. 토르쿠노프 지음, 구종서 옮김, 《한국전쟁의 진실과 수수께끼》, 에디터, 2003, 50~52쪽.

CHAPTER _4

전쟁은 실패의 연속과정이었다

1950년의 봄은 어느 때보다도 조용했다.
1949년 내내 38선상에서 울리던 포성과 총성도 거의 멈추었다.
낮에는 대한민국, 밤에는 인민공화국을 반복하던 산골 마을에서도 총성이 멎었다.
무슨 이유에선지 평화로운 시간이 흐르고 있었다.
1950년 5월의 선거를 앞두고 최대한 선거 시기를 늦춰보려는
이승만과, 시간 내에 선거를 실시하고자 하는
미국 및 유엔한국위원단 사이에 갈등이 있었지만,
일반인에게는 잘 보이지 않는 갈등이었다.
인플레이션이 잡히고 ECA 자금이 방출된다는 소식도
들려왔다. 시민들은 이제 좀 경제가 좋아지겠거니
생각했다. 농부들도 평온하게 모내기를 마치고
풍년을 기원했다.
5월의 두 번째 국회의원 선거는 수많은 무소속 후보들이
난립하는 가운데 국민들은 '민주주의'가 무엇인지조차
잘 모른 채 그저 찍어야 한다니까 찍는 것 말고는
특별한 정치적 의미를 두지 않았다.
전쟁이 터졌다. 사람들은 그것이 어떤 전쟁이 될지
감잡을 수조차 없었다.
대한민국의 고위직 인사들과 공무원, 경찰들은
서둘러 짐을 싸서 피난을 떠났건만,
일반 국민들은 여느 때처럼
그저 38선상의 충돌이겠거니 하며
집을 떠날 생각을 하지 않았다.
전쟁이 자신들의 삶을 얼마나 할퀴고 지나갈지
알지 못했다. 이때 피난 가지 않은 것이 나중에
비도강파 또는 부역자로 몰리는 빌미가
되리라고는 꿈에도 생각지 못했던 것이다.

첫 번째, 북한의 실패:
서울에서의 3일

한국전쟁은 초기에 남북한 사이의 내전 형태를 띠었다. 남한과 북한에 각각 미군과 소련군의 군사고문단이 있었지만 정규군은 아니었다. 또한 남한과 북한이 각각 미국과 소련의 무기로 무장하고 있었지만, 전쟁 당사자는 남한과 북한의 정부와 군인들이었다. 그러나 곧 전쟁은 국제전으로 바뀐다. 전쟁이 시작된 지 얼마 되지 않아 세계열강들이 앞다퉈 군대를 파견했다. 조그마한 한반도가 외국 군인으로 가득 차게 된 것이다.

　미국은 전쟁이 발발한 지 1주일도 안 돼 일본에 있는 공군과 육군을 한반도에 파견하였다. 전쟁 기간 중 한반도에 파견된 미군은 40만 명이 넘었다. 중국은 유엔군이 38선을 넘은 직후 한반도에 진입하기 시작했다. 국공내전에 참가했던 중국 거주 한국인들을 포함하여 약 1백만 명이 파견되었다. 소련군은 공식적으로 참전하진 않았으나 전쟁 물자를 지원했고, 공군이 부분적으로 참전하였다. 소련의 공군 전투기들은 미군 전투기들이 압록강과 두만강의 국경을 넘지 않도록 제지하는 역할을 수행했다. 소규모이지만 해상의 기뢰 제거 작업에 참여한 일본은 미국의 병참기지로서도 중요한 역할을 했다.

전쟁 기간 중 한반도에서 사용된 무기와 폭탄의 양은 엄청났다. 전쟁이 시작된 지 6개월이 지났을 때 한반도는 거의 초토화되었다. 2차 세계대전을 거치며 성능이 좋아진 전투기와 폭격기가 한반도 상공에서 맹활약을 펼쳤다. 프로펠러만 달렸던 전투기가 제트 엔진을 장착했고, 폭격기는 많은 양의 폭탄을 실어 날랐다. 적군 지역에 있는 기물이 모두 폭격 대상이었다. 오죽하면 1·4 후퇴 때, 많은 피난민들이 미군의 폭격을 피해 집을 버리고 남하했겠는가?

이러한 양상은 미국의 전술 변화에 따른 것이었다. 2차 세계대전까지는 주로 상륙작전과 함께 전차를 앞세우고 진군하는 전략을 썼다. 태평양전쟁 때는 포격 후 상륙하는 작전을 폈는데, 이는 공군이 아니라 해군 함정을 이용한 것이었다(이 전술은 인천상륙작전에도 사용된다). 한국전쟁에서는 좀 더 새로운 전술이 도입되었다. 전투기 폭격으로 먼저 초토화시킨 다음 진군하는 작전이다. 발전한 공군력을 이용한 전술이 도입된 것이다. 또한 병참기지와 보급로를 끊는다는 명분으로 전선이 아닌 후방 지역에도 폭격을 했다. 당시 미군 소속의 한 전투폭격기 조종사의 말을 빌리면, 전쟁이 시작된 지 6개월이 지나자 더 이상 폭격할 대상을 찾기 어려웠다고 한다.

이렇게 엄청난 물량이 동원되었는데도, 전쟁이 시작된 지 1년도 안 된 1951년 봄, 전선은 다시 38선 부근으로 되돌아왔다. 서로 상대방 영토를 거의 다 점령했다가 후퇴하는 양상을 주고받은 다음, 처음의 시작 지점으로 다시 돌아온 셈이다. 어째서 이런 결과가 나왔을까? 남과 북의 공식 교과서는 이 상황을 상대방의 힘에 어쩔 수 없이 밀린 것처럼 서술하고 있는데, 사실일까? 적어도 양쪽 모두 상대방의 전술을 제대로 파악하지 못했거나, 자기들의 힘을 과신한 결과가 아니었을까?

제한전쟁설

한국전쟁에 대한 많은 의혹 가운데 첫 번째는 왜 북한군은 서울에서 3일을 머

그림 3 한국전쟁 전선의 변화

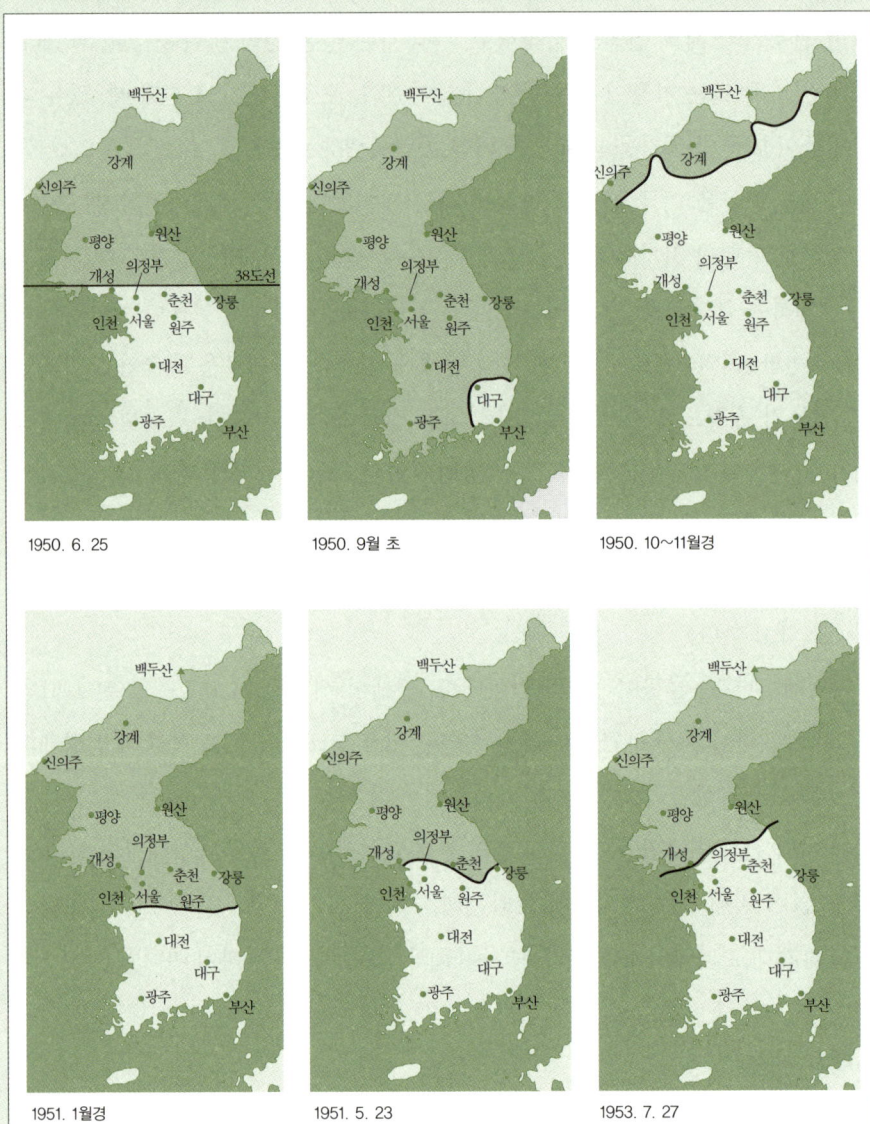

북한군의 서울 점령 후, 인공기를 달고 달리는 전차.

물렀을까 하는 것이다. 전쟁 발발 다섯 시간도 안 되어 개성을 점령한 북한군은 3일 만에 서울마저 점령했다. 그리고 6월 30일이 되도록 한강을 건너지 않았다. 전쟁 초기의 중요한 시기에 왜 북한군은 서울에서 3일이나 머물렀을까? 남한의 군대가 저항 한번 못해보고 후퇴하던 그때, 3일은 순식간에 전쟁을 끝내버릴 수도 있을 만큼 중요한 시간이었다. 이 의혹은 숱한 상상을 자아냈다. 후퇴하는 남한군이 다리를 끊어버려서 강을 건너지 못한 것일까? 하지만 새로 다리를 가설하는 것 정도는 그리 어려운 일이 아니었을 것이다.

서울에서 3일간 머물렀다는 사실은 북한의 전쟁 계획이 남한 전역을 점령하려는 것이 아니었다는 가설을 제기하게 한다. 즉 북한은 서울만 점령함으로써 전쟁을 끝내려 했다는 것이다. 이를 '제한전쟁설'이라 부르기도 한다. 다시 말해, 북한은 전면전을 일으킨 게 아니라는 주장으로, 이는 미국의 '제한전쟁' 전략과는 다른 개념이다. 본래 전쟁론에서 말하는 '제한전쟁'은 전면전의 반대 개념으로 한정된 지역에서 한정된 물자만으로 전쟁을 치르는 것이다. 미국이 한국전쟁에 개입하면서 세계대전으로 확대되는 것을 막기 위해 한반도 내에서만 전쟁을 수행한 전술이 대표적인 '제한전쟁' 전략이다.

'제한전쟁설'은 다음과 같은 몇 가지 사실로 뒷받침된다. 첫째, 〈자료 29〉의 북한의 평화통일 제안이다. 전쟁이 시작되기 1주일 전에 이루어진 이 제안은 일반적으로는 전쟁을 위장하기 위한 것으로 알려져 있다. 그러나 만약 이것이 위장이 아니라 진실이라면, 북한의 계획은 서울을 점령하고 남한의 국회와 북한의 최고인민회의를 통합하여 통일국회를 선포하는 것으로 전쟁을 끝내려고 했을 가능성이 있다는 것이다. 실제로 북한군은 서울을 점령한 뒤 국회의원들을 찾아 나섰다. 그러나 일부를 제외한 대부분의 국회의원들은 이미 보따리를 싸서 피난을 간 뒤였다.

둘째, 남한에서 봉기가 일어날 것으로 판단했을 가능성이다. 〈자료 24〉와 〈자료 25〉, 그리고 〈자료 28〉은 남한에서 활동 중인 남조선노동당 관련자들, 그리고 빨치산에 대한 내용을 담고 있다. 즉 북한이 38선을 돌파하기만 하면 남한 전역에서 환영하는 봉기가 일어나리라고 북한 지도부들은 판단했다는 것이다. 서울을 점령하면 다른 지역은 자연스럽게 '해방' 될 거라고 생각했다면, 굳이 서울에서 전선을 확대할 필요가 없었다.

셋째, 북한군의 작전계획이다. 〈자료 33〉은 전쟁 발발 열흘 전에 평양 주재 소련대사관에서 본국에 보낸 북한의 작전계획에 대한 보고다.

이 보고에 따른다면 서울과 한강 지역을 장악한 2단계까지의 계획만이 구체적으로 세워져 있을 뿐 다른 지역에 대해서는 '잔여세력 소탕' 및 '주요 인구 밀집 지역과 항구 점령'으로 제시되어 있다. 서울을 점령한 이후에는 구체적인 전술을 갖고 있지 않았다는 의미다.

'제한전쟁설'은 당시 동원된 북한군의 수가 전체 13만 5천 명의 3분의 2 정도

| 자료 33 | 북한의 작전계획에 대한 보고
(1950. 6. 15) |

    작전개시는 6월 25일 이른 새벽에 시작됨. 1단계 작전은 옹진반도에서 국지전 형태로 시작한 뒤 주공격선은 서해안을 따라 남쪽으로 이동해감. 2단계 작전은 서울과 한강을 장악함. 동시에 동부전선에서 인민군은 춘천과 강릉을 해방. 이에 따라 남조선군 주력은 서울 일원에서 포위당해 궤멸됨. 마지막 3단계 작전에서는 여타 지역 해방. 적의 잔여 세력을 소멸하고 주요 인구 밀집지역과 항구를 점령함.

    출처: 김인걸 외 편저, 《한국현대사 강의》, 돌베개, 1998, 130쪽에서 재인용.

| 자료 34 | 스티코프가 스탈린에게 보낸 전문
(1950. 6. 21) |

    첩보에 의하면 남한은 북한의 도발에 대한 계획을 감지한 상태라고 김일성은 내게 말했다. 그 결과 남한은 전력 강화를 위한 대책을 강구 중에 있다는 것이다. 38선 경계가 강화되고, 옹진 방면에 전력이 추가되고 있다. 이 때문에 김일성은 당초 계획을 변경해 국경 전반에 걸쳐 공격하겠다고 전해왔다.

    출처: 스탈린에게 보내는 스티코프의 전보, 1950년 6월 21일자, 폰드 45, 목록 1, 문서 348, 리스트 14~15, A. V. 토르쿠노프 지음, 구종서 옮김, 《한국전쟁의 진실과 수수께끼》, 에디터, 2003, 140쪽.

밖에 되지 않았다는 점에서도 설득력이 있다. 6월 25일에 동원된 북한군의 수는 7개 보병사단을 비롯하여 군소부대 및 국방경비대를 포함하여 9만여 명으로 추산된다. 만약 전면적인 남침과 함께 38선 이남 전역을 빠른 시간 안에 확보하고자 했다면, 이보다 더 많은 숫자를 동원해야 했을 것이다.

그러나 '제한전쟁설'은 몇 가지 중요한 결함을 갖고 있다. 먼저, 서울 점령만을 목적으로 했다면 중부전선과 동부전선에 왜 북한군을 투입했을까? 동부전선에서는 상륙작전까지 감행했다. 커밍스처럼 서부전선과 중부전선, 동부전선에 투입된 병력의 진입 시간에 시차가 있었다는 주장이 있지만, 대규모의 군대가 투입된 것은 부인할 수 없는 사실이다.

또한 박명림의 연구에서 보듯이, 유엔군이 38선 이북으로 북진하는 과정에서 찾아낸 북한군 문서들에 따르면 북한군은 38선 이남 전역으로 진격하기 위한 작전을 구상해놓고 있었다. 그리고 방선주는 전쟁 발발 직전인 6월 18일, 인민군 제6사단은 한강 도하를 위해 인천—서울 간 한강의 수심과 강폭을 조사하였다고 밝히고 있다. 이는 남침이 서울 점령만을 목적으로 한 것이 아니었음을 알려준다. 6월 21일, 스티코프가 스탈린에게 보낸 문서 〈자료 34〉에서도 이 점을 잘 보여준다.

그럼 왜 북한군은 서울을 점령한 뒤 지체없이 남하하지 않고 3일을 서울에서 머물렀을까? 후에 북한의 지도부가 영남지역의 방어선을 2개월 동안 뚫지 못한 원인의 하나로 서울 점령 후 바로 남하하지 못했던 것을 들었을 정도로 서울 점령 후 3일은 중요한 시간이었는데도[1] 왜 이런 실수를 저질렀을까? 혹시 미군의 참전 여부를 관측하려고 한 것일까? 서울만 점령하면 다른 지역에서 봉기가 일어나리라는 예측이 빗나가자 38선 이남 전 지역을 점령하는 작전으로 변경하느라 3일을 지체했던 걸까? 설령 남한의 봉기를 기대했을지라도 3일 동안 서울에 앉아서 봉기를 기다렸다는 주장이 설득력이 있을까?

스탈린도 김일성이 3일간 서울에 머무른 것에 대해 매우 궁금해 했다. 그는 스티코프에게 전문을 보내 '북한 사령부가 어떤 계획을 준비 중인지에 대해' 보고

하라고 했다. 그러면서 스탈린은 북한의 사령부가 '전진을 강행할 것인가, 아니면 일시 중지할 것인가?' 라는 질문을 던져놓고, '무슨 일이 있어도 진격을 계속' 해야 하며, '남한 해방이 빠르면 빠를수록 미국이 간섭할 기회가 적을 것'이라는 견해를 전했다. 그리고 말미에, 북한 사령부가 미 공군의 개입에 당황하고 있다는 사실을 지적했다.

그렇다면 북한군은 미 공군의 참전 때문에 서울에 머물렀던 것인가? 당시 작성된 소련 문서에 의하면, 실제로 북한 지도부 중에서 김두봉과 홍명희는 미국의 참전으로 북한의 승리가 어렵다는 입장을 피력했다.

작전 실패로 인한 불가피한 선택

북한군이 서울에서 3일간 머무른 이유에 대해서는 현재로서 정확히 알 수 없다. '제한전쟁설'이든 제한전쟁설 반대 의견이든 그 어느 쪽도, 북한군이 3일 동안 서울에 머무른 데 대한 정확한 근거를 제시하기보다는 당시 상황에 대한 추론을 할 뿐이다. 그런데 당시 북한군의 작전 지도를 보면 한 가지 시나리오가 가능해진다. 즉 북한군의 작전 실패가 서울에서 3일간 머무를 수밖에 없는 상황을 만들었다는 점이다.

〈그림 4〉의 작전 지도를 보면, 북한군의 초기 작전 계획은 서부전선 부대와 함께 중부전선으로 남하한 북한군 제2사단과 제7사단이 한강 이남 지역을 봉쇄함으로써 후퇴하는 남한군과 남한 정부 관계자들을 포위한다는 것이었다. 그런데 중부전선에서 중요한 차질이 생겼다. 춘천 지역 전투에서 남한군 제6사단의 저항이 생각보다 강했던 것이다.[2] 특히 남한군은 춘천 지역의 지형적 특성을 잘 이용하여 북한군의 진로를 집중 방어하여 북한군의 진격을 막았다. 결국 북한군은 홍천을 점령하기로 했던 제7사단이 투입된 뒤에야 춘천을 점령할 수 있었다. 여기에 약 3일의 시간이 소요되었다.

중부전선에서의 3일, 그리고 서울에서의 3일은 한국전쟁 초기 북한의 작전이 실패하는 데 결정적인 역할을 하였다. 당시 북한군의 진군 속도로 보아, 3일이면 이미 수원 이남으로 내려와 있을 시간이었다. 6월 30일의 시점에서 북한군이 이미 수원 이남으로 내려와 있었다면 일본에 있는 미군이 투입되기 쉽지 않았을 것이다. 맥아더는 6월 29일 수원에 가서 전황을 직접 살폈고, 그 상황을 백악관에 알렸다. 6월 30일 미국이 전쟁 개입을 결정하는 데 맥아더의 이 보고는 주요한 근거가 되었을 것이다.

  북한군이 수원을 장악하고 본격적인 남하를 시작하는 7월 5일은 이미 주일미군 제24사단이 전쟁에 투입된 뒤였으며, 그 직후 미군의 1개 기갑사단과 제25사단이 또 투입되었다. 남한군의 경우에도 한강 이남으로 후퇴할 수 있는 길이 열려 있었기 때문에 미군과 함께 방어작전을 수행할 수 있었다. 결국 춘천에서 시간을 지체한 북한군은 후퇴하는 남한군을 차단할 수 없었을 뿐더러 미군이 참전할 수 있는 시간을 주고 말았다. 이것이 바로 한국전쟁 초기에 나타난 북한군의 첫 번째 실패였다.

  물론 중부전선의 문제가 '제한전쟁설'을 완전히 무너뜨릴 근거가 되는 것은 아니다. 만약 북한군이 예정대로 중부전선을 돌파하여 남한 정부의 요인들과 남한군의 남하를 막았다면, 대한민국 정부는 거의 궤멸상태가 되었을 것이다. 남한의 주요 정부기관과 시설들이 서울에 집중되어 있는 점을 감안할 때, 북한군의 포위에 의한 서울 점령은 곧 전쟁 종료를 의미했다고 해도 과언이 아닐 것이다. 또한 이러한 상황에서 미군의 참전은 쉽지 않았을 것이다. 따라서 초기의 작전은 서울을 포위 점령함으로써 전쟁을 조기에 끝내려 했다는 '제한전쟁설'의 또 다른 증거가 될 수도 있다.

  결국 전쟁의 초기 상황에서 북한은 중부전선에서 군사전략적 오판을 범한 결과, 애초 계획과는 달리 빠른 시일 내에 전쟁을 끝낼 기회를 놓쳤던 것이다.

  이렇게 잠정적으로 결론을 내린다 해도 북한군이 왜 서울에서 3일간 머물렀는가 하는 문제는 여전히 의문이다. 춘천 지역의 부대가 도착하지 않았어도 한강을

그림 4 북한군 초기 작전지도

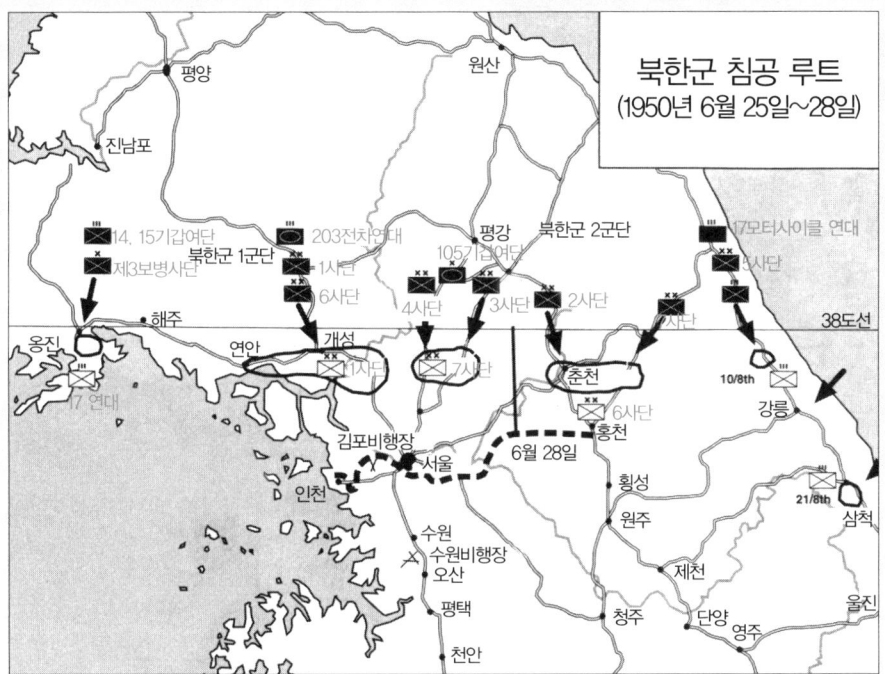

출처: Spnecer C. Tucker ed, *Encyclopedia of the Korean War : A Political, Social, and Military History Vol Ⅰ*, ABC-CLIO Inc.(Santa Barbara, CA.), 2000, p xxvi.

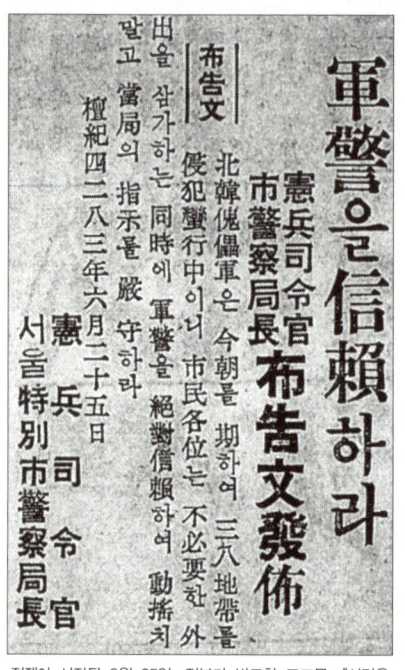

전쟁이 시작된 6월 25일, 정부가 발표한 포고문. "시민은 외출을 삼가고 군경을 절대 신뢰하라"고 씌어 있다.

건너 그대로 진격할 수 있지 않았을까? 서울을 포기할 만큼 남한군이 밀리는 상황이었다면, 중부전선의 북한군과 합류하지 않고도 서부전선에서 단독 작전이 가능하지 않았을까?

전쟁 초기에서 또 한 가지 주목할 사실은 1950년 6월 25일과 26일, 남북한의 방송국에서 발표한 내용이 서로 정반대였다는 점이다. 북한은 1950년 6월 25일 11시, 평양 라디오 방송으로 전쟁이 선포되었다고 발표하였다. 방송 내용은 '서울의 괴뢰 정부군에 의하여 반역적인 침략을 받았으며, 그래서 자위로써 마지못해 북한이 반격을 시작했다'는 것이었다.[3] 북한 방송의 발표는 이후 전쟁 개전에 대한 북한 정부의 공식적인 입장이 된다.

한국군이 해주로 진격한다고?

한편 남한 방송은 6월 25일과 26일, 북한이 38선을 따라 전격 남침을 시도하였지만 남한의 국방군이 잘 막아내고 있다고 발표했다. 아울러 일부 군대가 반격을 시도하여 해주를 향해 진격하고 있다는 내용도 덧붙였다. 이것은 개전 초기 일방적으로 밀리고 있던 남한의 상황을 완전히 호도한 내용이었다. 같은 시각, 이승만은 대전으로 정부를 옮기기 위해 짐을 싸고 있었는데, 서울 시민 중에는 방송을 믿고 피난 가지 않은 사람들도 있었다고 한다. 상황의 급박함을 미처 깨닫지 못했거나, 정권이 바뀐다고 해서 무슨 큰일이야 있겠냐고 생각한 사람들도 있었다.

  그런데 이 방송은 나중에 남한의 북침설을 주장하는 한 근거가 되었다. 실제로 옹진반도에서 남한이 먼저 공격하여 해주로 진격하려 했던 것은 아니었을까? 스탈린과 김일성의 대화에서 나타나는 내용은 명백히 '북침유도설'이다. 옹진에서 작은 충돌이 일어나도록 해서—그것이 북침이면 더욱 좋고—그것을 명분으로 삼아 전쟁을 시작하자는 시나리오였다. 그렇다면 남한이 먼저 북한을 치도록 유도한 것은 아닐까?

  이에 대해서는 두 가지 명백한 답을 제시할 수 있다. 하나는 북한의 주장에 따르면 개전 초기에 옹진반도에서 도발을 한 것은 한국군뿐만 아니라 미군도 포함되어 있다. 그러나 당시 주한 미군사고문단을 제외하면 당시 미군은 없었다. 따라서 미군이 도발할 수 없었음은 명백한 사실이다.

  다른 하나는 한국군이 해주로 갈 수밖에 없었던 지리적인 여건이다. 38선이 옹진반도에서 바다를 거쳐 개성 인근으로 그어져 있는 점을 감안하면, 전쟁이 발발했을 때 바닷길을 제외하고 한국군이 철수할 수 있는 유일한 길은 〈그림 5〉와 같이 해주를 거쳐 후퇴하는 것이었다. 옹진에서 남쪽으로 내려오는 유일한 길은 해주와 연안을 거쳐서 개성, 문산으로 이어지는 길이다. 따라서 북한군의 뒤를 쫓아가는 형국이 될지라도 해주로 향할 수밖에 없었다. 실제로는 한국군의 후퇴였지만, 퇴로는 해주로 가는 길밖에 없었던 것이다. 혹 이러한 상황이 라디오 방송에서 해주로 진격하는 한국군의 모습으로 묘사된 건 아닐까?

그림 5   옹진반도 지역도

두 번째, 미국의 실패: 방어선 붕괴

한국전쟁 개전 초기 미국은 국제 정치에서 승리를 거둔다. 유엔에서 군대를 동원할 수 있는 정치적 합의를 이루어낸 것이다. 1945년 이후 미국은 국제 무대에서 패권을 장악했지만, 국제적인 호응을 받으면서 다른 지역에 개입한 예는 그리 많지 않다.

베트남 전쟁의 경우 한국, 호주, 태국 등 일부 동맹국들이 미국에 호응하여 군대를 파견했을 뿐 대부분의 국가들은 미국의 베트남전 참전에 대해 그다지 긍정적인 반응을 보이지 않았다. 더 가깝게는 1990년대 초의 걸프전과 2003년의 이라크 전쟁이 있지 않은가. 이때마다 오히려 유엔은 미국과 갈등을 빚었다. 그리고 유엔을 동원하지 못한 미국의 제3세계 내전 개입, 또는 제3세계 국가와의 전쟁에 대해 국제 사회는 비판의 눈길을 보냈다.

유엔은 창설 초, 미국이 국제 정치 무대에서 독주한다는 비난을 면하기 위한 수단 역할을 했다. 그래서 유엔이 창설된 직후, 공산주의권에서는 유엔을 미국의 '거수기'에 불과한 조직이라고 비난하였다. 실제로 미국은 유엔에 많은 재정 지원을 했고, 유엔은 미국의 이해관계를 대변했다. 1948년 미국이 한반도 문제를 유엔에 이관한 것 역시 한반도 문제를 미국의 정책에 부합하는 방향으로 해결하기 위한 조치였으며, 소련이 유엔한국임시위원단의 방문을 거부한 것도 그 때문이었다.

그런데 미국이 다른 나라의 전쟁에 개입하면서 유일하게 유엔을 동원할 수 있었던 경우가 바로 한국전쟁이었다. 내부 사정이 혼란한 나라에 평화유지군을 파견한 경우도 있었지만, 유엔의 깃발로 전쟁에 개입한 것은 한국전쟁이 유일했다. 미국이 전쟁에 개입하면서 유엔을 동원한다는 것은 국제 정치에서 중요한 의미를 갖는다. 유엔의 승인으로 미국은 전쟁 개입에 필요한 명분을 얻고 상대방을 침략자로 규정할 수 있게 되는 것이다. 사공이 많으면 배가 산으로 올라가지만, 뱃사공이 한 명일 경우 사람들에게 비난은 받더라도 자기가 원하는 방향으로 갈 수는 있다. 유엔군의 깃발 아래 움직인다면, 뱃사공의 수를 줄이면서 미국이 주도하는 연합군 조직을 만들 수 있었던 것이다.

마치 기다렸다는 듯이

전쟁 발발 소식이 워싱턴에 알려졌을 때, 트루먼 대통령은 미주리 주에 있는 사저에 머물고 있었다. 애치슨 국무장관도 메릴랜드 교외의 농장에서 휴가를 보내고 있었다. 마치 5·16 쿠데타가 일어났을 때, 케네디 대통령과 러스크 국무장관이 외유 중이었던 것처럼. 그러나 워싱턴은 발빠르게 대응했다. 마치 기다리고 있었다는 듯 신속한 대응이었다. 미국 시간으로 6월 25일, 애치슨 국무장관은 대통령의 승인을 받아 유엔에서 한국전쟁 문제를 논의할 것을 결정하였다. 그리고 곧바로 유엔 안전보장이사회에 제출할 결의안을 작성하였다. 트루먼이 워싱턴에 도착하기 전에 이 결의안은 안전보장이사회를 통과하였다. 그 내용은 북한이 평화를 파괴하고 있으며, 적대행위를 즉각 중지하고 북한군을 38도선 이북으로 철수시키라는 것이었다. 이때 이미 북한은 국제적으로 침략국으로 규정되었으

유엔 안전보장이사회에서 유엔군 파견안을 찬성 7, 반대 1, 기권 2로 채택하고 있다.

며, 유엔군을 조직할 수 있는 명분이 마련되었다.

그런데 여기서 갖게 되는 의문은 소련이 안전보장이사회의 상임이사국인데도 북한에 반대하는 유엔 결의안이 통과되었다는 사실이다. 미국은 유엔에 결의안을 제출하면서 소련이 동의하지 않을 경우 결의안이 통과되지 않을 가능성을 우려했다. 그래서 상임이사국인 소련이 거부권을 행사하여 결의안이 통과되지 않으면, 결의안을 총회에 제출하여 승인을 얻는 방안을 구상하고 있었다. 그리고 백악관의 법률 고문들은 이 문제에 대해 법적 검토 중이었다.

소련은 안전보장이사회에 왜 불참했을까?

결의안은 유고슬라비아의 기권 외에 찬성 9표로 통과했다. 소련의 유엔대표였던 말리크(Y. A. Malik)가 안전보장이사회의 회의에 참석하지 않았던 것이다. 7월

7일에 있었던 유엔군 구성을 위한 회의에도 소련은 참석하지 않았다. 유엔 회원국의 무력 원조를 미국 정부의 단일 지휘 아래 둔다는 내용의 공동결의안도 찬성 7표로 가결되었다. 소련은 참석하지 않았고 인도, 이집트, 유고슬라비아는 기권했다.

당시 안전보장이사회는 거부권을 가지고 있는 다섯 나라(미국, 영국, 프랑스, 소련, 중국)와 그렇지 않은 여섯 나라(인도, 유고슬라비아, 이집트, 노르웨이, 쿠바, 에콰도르)로 구성되어 있었는데, 거부권을 가진 나라들 중에서 북한을 편들어줄 수 있는 나라는 소련이 유일했다. 당시 중국 대표는 중국공산당이 아니라 대만의 국민당이었기 때문에 중국 역시 미국 편이었다.

그런데 이 회의에 소련 대표가 불참한 것이다. 그토록 중요한 회의에 소련 대표가 참석하지 않은 이유는 무엇일까? 당시 상황에서 소련은 전쟁의 후원자, 또는 북한과 공동의 전범으로 몰릴 수 있었다. 북한과 함께 전쟁을 일으켰기 때문에 미안해서 참석할 수 없었다는 해석마저도 가능했다. 하지만 어쨌든 소련은 공식적으로는 한국전쟁에 관여하지 않았으므로 안전보장이사회에서 거부권을 행사할 수 있었다. 이 문제는 한국전쟁을 둘러싼 의문 중 아직까지 해결되지 않은, 그러나 가장 주목해야 하는 미스터리다.

소련 대표가 불참한 이유에 대한 대답 중 하나는 소련은 이미 1950년 초부터 안전보장이사회 참여를 거부하고 있었다는 것이다. 중국에서 공산주의 혁명이 성공하자 소련은 안전보장이사회의 중국 대표를 국민당에서 공산당으로 바꾸어야 한다고 주장하였다. 공산당이 대륙을 석권한 마당에 국민당이 대표 자리를 유지하는 것은 합당하지 않다는 것이다. 따라서 이때 소련이 안전보장이사회에 참석하지 않은 것은 당연한 일이었다는 대답이다.

또 하나 가정할 수 있는 답은 소련은 유엔군이 결성되리라고는 미처 예상하지 못했다는 것이다. 일부 러시아 학자들의 주장에 따르면, 스탈린은 유엔 안전보장이사회에서 소련에 대한 비난이 거셀 거라고 생각하고 소련 대표에게 불참을 지시했다 한다. 그리고 유엔에서 북한에 반대하는 유엔군이 결성되리라고는 상상조차 하지 못했다는 것이다. 스탈린이 회의 직전, 유엔의 소련 대표에게 전화했다는 사실은 소련 공산당이 몰락한 뒤 구소련 학자들이 밝힌 내용이다.

그러나 이러한 가정들은 당시 유엔 안전보장이사회의 중요성을 생각하면 수긍하기 어렵다. 소련은 전쟁에 개입했다는 것을 스스로 인정하는 실수를 범했던 것이다. 만약 위의 두 가지 주장이 모두 사실이라면, 스탈린이 나이가 너무 들어서 무엇이 소련에게 유리한지 제대로 파악조차 하지 못했던 것으로 결론지을 수밖에 없다.

미군의 실패는 진정 흑인 때문이었는가?

어쨌든 유엔에서 이루어진 소련과의 첫 대결에서 승리를 거둔 미국은 기세등등하게 주일미군의 한반도 파견을 결정한다. 주일미군의 파견은 유엔군이 결성되기 전에 이루어졌다. 전쟁 발발 1주일도 되지 않아 주일미군이 한반도에 상륙했다. 공군의 참전은 육군보다 더 일찍 이루어졌다. 6월 26일 한반도 상공에 미국 제트기들이 나타났고, 6월 27일부터는 본격적인 활동을 시작했으며, 7월 초에는 미군이 제공권을 완전히 장악했다. B-26 폭격기와 F-80 전투기가 한반도 상공을 뒤덮기 시작하였다.

하지만 곧이어 미국은 참전 후 첫 패배를 맛보게 된다. 미군은 오산에서 방어선을 치고 북한군을 저지하기 위해 스미스(Charles B. Smith) 중령이 지휘하는 제24 보병 사단의 1개 대대를 오산으로 보냈다. 이 부대는 특수임무 부대로서 2차 세계대전 당시 위용을 떨친 부대였다. 그러나 1개 연대로 증강되어 남하하는 북한군을 막기에는 역부족이었다. 결국 반나절도 못 버티고 150여 명의 사상자를 내며 후퇴했다.

뒤이은 대전 전투에서도 미군은 또 한번 패하고 말았다. 대전은 38선 이남의 교

대전에 도착한 미 제24사단 제21연대 스미스 부대. 스미스 부대는 2차대전 때 용맹을 떨친 부대로 한국전쟁 발발 후 가장 먼저 한반도에 파견되었다.

통 중심지인 만큼 만약 북한군이 이곳을 접수할 경우 대부분의 남한 지역을 포기해야 하는 위기에 빠지게 된다. 따라서 미군은 대전에 대규모 병력을 투입하고, 딘(William F. Dean) 소장이 직접 지휘하는 기갑사단을 동원하여 금강을 최후 방어선으로 설정하여 대전을 사수하고자 했다. 그러나 북한군의 공세를 막아내지 못하고 딘 소장이 북한군의 포로가 되는 사태가 발생했다.

대전 전투는 나중에 얘기할 인천상륙작전과 함께 세계전쟁사에 남을 만한 중요한 전투다. 대전 전투에서 북한군이 승리하고 미군 사단장이 포로가 된 데는 두 가지 중요한 이유가 있었다. 하나는 급하게 투입된 미군이 당시 남한의 지형 지물에 익숙하지 못했다는 점이고, 다른 하나는 북한군이 산을 타고 남하하면서 미군의 후방을 차단함으로써 포위 작전을 성공시켰다는 점이다.

결국 미군은 호남지역을 포기하고, 일본과 가까우면서도 큰 항구가 있는 부산을 중심으로 영남지역에 최후의 방어선을 만든다. 이 방어선은 낙동강을 끼고 있어서 낙동강 방어선이라고도 하며, 미군의 워커(Walton H. Walker) 장군이 진두지휘를 했기 때문에 '워커 라인(Walker Line)'이라고도 불린다. 이 방어선에서 1950년 7월 중순부터 9월 중순까지 치열한 전투가 벌어진다.

이렇듯 북한군이 서울을 점령한 뒤부터 낙동강 전선이 형성될 때까지 전투과정을 보면, 어렵지 않게 미군의 작전 실패를 판단할 수 있다. 미군의 실패는 북한군의 전투능력을 과소평가했다는 데 기인했다. 오산 방어선과 대전 방어선에 참여했던 미군들의 증언에 따르면, 스미스 부대 같은 특수부대 앞에서 북한군은 공포에 떨면서 후퇴하리라고 생각했다고 한다. 그러나 실제로 미군과 북한군이 맞닥뜨린 상황에서 당황한 쪽은 미군이었다. 북한군의 전투력은 미군이 생각하고 있던 것보다 훨씬 강했다. 중국의 국공내전에도 참여한 적이 있는 군인들이 포함된 북한군은 미군이 생각하는 '열등한 노랑색 인종'이 아니었다.

미군의 오만함은 인종적 우월감이나, 유색 인종과 그 문화를 비문명적이라고 생각하는 오리엔탈리즘적 사고방식에서 비롯된 것이다. 2차 세계대전 때 일본군의 항복을 받아낸 경험과 함께 이미 선교사 시대부터 뿌리박힌 황인종에 대한 우월의식은 북한군을 쉽게 여기고 전쟁에 임하게 했고, 실패의 주요 원인이 되었다.

또 다른 실패 원인은 미국 사회와 군 내부의 인종차별 문제였다. 한국전쟁 당시 전체 미군의 12퍼센트가 흑인이었다. 흑인들의 부대는 백인들의 부대와 분리되어 따로 구성되었다. 이는 미국 내에 존재하던 인종차별 분위기를 고려한 것이었다. 1960년대 후반까지도 미국에서는 흑인은 백인과 같은 식당, 같은 버스, 같은 화장실을 사용할 수 없었다. 설령 같이 사용하더라도 자리가 달랐다. 영화 〈미시시피 버닝 Mississippi Burning〉은 당시 미국 내 인종차별의 실상을 잘 보여준다. 이런 상황에서 흑인과 백인을 한 부대에 배치할 경우 문제가 발생할 소지가 다분했다.

초기에 투입된 부대 중에는 흑인들로만 구성된 24연대가 있었다. 미국의 한국전쟁사 공식 기록에 의하면 24연대는 '걸핏하면 진지를 버리고 도망갔던 형편없는 전투연대'였다. 1950년 7월 말, 상주에 투입된 약 3,600여 명의 24연대 흑인 병사들은 북한군과의 전투에서 무기와 장비를 버려둔 채 도망가기 일쑤였다. 이들은 백인 장교들의 지휘를 제대로 따르지 않았다. 결국 지역구 사령관은 24연대의 해산을 제안하면서 그 이유를 '깜둥이들의 전형적인 문제'라고 보고하였다. 흑인들로 구성된 부대는 38선 이북으로 북진했을 때도 대대 전체가 투항하거나, 전멸당하기도 했다.[4]

결국 유색인종 진보를 위한 국가협의회(National Association for the Advancement of Colored People: NAACP)는 국제인권변호사인 서굿 마셜(Thurgood Marshall)을 한국에 파견하여 군대 내의 인종차별 문제를 조사하도록 했다. 조사 결과 실제로 인종차별이 있었으며, 여러 면에서 흑인 병사들에게 불리한 조치가 취해졌던 것으로 드러났다. 이렇게 미군의 초기 실패는 인종 문제와 깊은 관련을 맺고 있었다.

이 시기에 미군이 실패한 또 다른 원인은 북한군의 제2전선 전략 때문이었을 가능성도 있다. 북한군이 당시에 펼친 제2전선은 지금까지 거의 주목받지 못했지만 매우 중요한 문제다. 북한은 초기에 동해안 지역으로 군인들을 투입하여 제2전선을 형성했다. 제2전선은 북한군의 일부가 강원도와 경상북도 지역을 통해 북쪽으로 올라오면서 남한군과 미군을 포위하는 전술이었다. 한국전쟁 초기 북한의 신문에는 제2전선에서의 활약에 대한 언급이 종종 나타나고 있다.

현재로서는 정확히 판단할 수 없지만, 이들이 한국전쟁 직전에 극소수 남아 있던 빨치산들과 합류했을 가능성과 함께, 전쟁 전 남한의 빨치산에 투입하기 위해 게릴라들을 훈련시켰던 강동정치학원 소속의 군인들이었을 가능성도 있다.

낙동강 방어선이 형성된 뒤로는 북한 신문에 제2전선에 대한 언급이 거의 없는 점으로 미루어, 제2전선의 북한군들은 낙동강 이북 지역에서부터 충청도 지역에 집중적으로 투입되었던 것 같다. 전선이 낙동강 근처로 이동한 뒤 제2전선에 대한 언급이 나타나지 않는 것은 제2전선에 투입되었던 군인들이 자동으로 정규군에 편입되었기 때문이라고 추측된다.

종로 화신백화점에 내걸린 김일성과 스탈린의 초상화와 현수막. 오늘날 화신백화점은 없어지고 그 자리에 종로 타워가 들어서 있다.

제2전선 문제는 노근리 학살 같은 미군의 민간인학살 문제와도 무관하지 않을 것이다. 제2전선에 투입된 군인들의 복장에 대해서는 알려져 있지 않지만, 만약 이들이 민간인 복장을 하고 있었다면 미군으로서는 상당히 당황할 수밖에 없었다. 민간인과 제2전선에 투입된 북한군을 구분하기 어려울 것이기 때문이다. 이러한 상황에서 노근리 사건과 같은 민간인학살사건이 일어났을 가능성도 배제할 수 없다. 그렇다고 노근리 학살사건에 면죄부를 줄 수는 없다. 노근리에서 학살당한 사람들은 대부분 노인과 여자, 그리고 아이들이었다. 아무리 군인과 민간인을 구분 못한다고 해도 노인과 여자, 아이들은 충분히 구분할 수 있었을 것이다. 노근리 학살사건에 대해서는 명확한 책임의 문제가 거론되어야만 한다.

제2전선 문제는 전쟁 개전 문제와도 관련된다. 북한이 제2전선을 단순한 게릴라 전투가 아닌 전면전으로 계획했다면 이는 한국전쟁이 제한적으로 일어난 것이 아님을 증명한다. 그러나 게릴라전을 통해 각 지역에서 일어날 것으로 예상한 봉기를 지원할 목적이었다면, 제2전선의 존재는 '제한전쟁설'을 뒷받침해주는 중요한 근거가 된다. 구체적인 자료가 없기 때문에 제2전선 문제는 앞으로 좀 더 연구가 필요한 부분이다.

세 번째, **북한**과 **미국** 각각의 **실패**: 인천상륙작전

인천상륙작전은 한국전쟁사에 길이 남을 전투로 기억되고 있다. 전세를 단번에 뒤집었을 뿐만 아니라, 누구도 예상 못한, 허를 찌르는 작전이었다는 것이 일반적인 평가다. 그러나 인천상륙작전에서 북한군과 미군은 각각 중요한 작전의 실패를 저질렀고, 그 실패는 이후 전황에 커다란 영향을 미쳤다.

북한 스스로 인정한 실수

북한군이 먼저 실수를 저질렀다. 북한군은 모든 전력을 낙동강 전선에 집중시켰다. 이미 남한의 90퍼센트 이상을 점령한 상태였다. 남은 지역만 점령하면 38선 이남을 거의 다 장악한다는 장밋빛 희망이 약 두 달 동안 낙동강 전선에서 수많은 군인들을 죽음으로 몰아갔다. 특히 이 시기에는 제대로 훈련받지 못하고 동원된 남북한의 군인들이 수없이 희생되었다. 나중에 이 지역에 학도병 추모비가 세워진 것은 그런 사정과 무관하지 않다.

이 시기의 전투에 대해 나중에 북한 지도부는 〈자료 35〉와 같이 잘못된 전술로

자료 35
노획문서
(1950. 10. 14)

조선 인민군 최고사령관 명령   절대비밀 제6070호

지난 6월에 미 제국주의자들의 지시에 의하여 우리 조국에 동족상쟁의 내란을 도발시킨 리승만 괴뢰군의 불의의 고역을 받고 조국의 독립과 자유와 영예를 위하여 정의의 전쟁에 궐기한 조선 인민군은 조국과 인민을 위한 투쟁에서 견인성과 영웅성과 OOO성을 발휘하였다.

조선 인민군은 적의 진공을 저지시켰을 뿐만 아니라 반공격전으로 넘어가 그를 전멸시킬 수 있는 능력까지 가졌다는 것을 보여주었다. 2개월간의 전투에서 조선 인민군은 남반부 전 지역의 92퍼센트 이상을 해방시켰으며 리승만 괴뢰군의 기본역량을 격멸하고 미국 무력침공자들의 유생역량과 화력OO에 막대한 OO을 주었다. OOO OOOOOOO 군관들과 정치 일꾼들은 첫 성과들에 대하여 심중하지 못하였으며 첫 성과들에 도취함으로써 적의 역량을 과소평가하는 과오를 범하였다. 우리의 일부 군관들과 정치 일꾼들은 조선민주주의 인민공화국을 반대하여 미국이 전쟁에 참가한 결과 역량 비례와 전투행정에서 중요한 변천들이 발생된 것을 과소평가하였으며 적들이 패배에 직면하여 필사적 반항을 조직하리라는 것을 타산하지 못하였다. 그렇기 때문에 진공전에서의 첫 승리에 도취한 군관들과 정치 일꾼들은 진공작전에 있어서 우리의 부대들과 련합부대들을 앞으로 있을 수 있는 적들의 발악적 반항에 대비하여 준비시키지 못하였다. 이와 같은 오류들로서는 첫째로 적을 포위 섬멸하는 대신에 적을 밀고 나감으로써 적에게 퇴각하면서 자기의 영양을 보존할 가능성을 주었다. 둘째로 차지한 진지를 더욱 공고히 하며 여러 가지 수단을 다하여 즉 전호작업, 도로 교차점들에 지뢰를 파묻는 것과 우리의 부대들과 련합부대들의 측면을 보장하는 것으로서 적의 반격에 상당한 타격을 줄 대신에 적의 반격의 시도를 좌절시키지 못하였으며 이미 차지한 진지를 보전하지 못하였으며 적에게 궤멸적 타격을 주지 못하였다. 이와 같은 것은 적으로 하여금 우리의 전투 진지에 침투하게 하여 측면으로 공격을 감행케 하며 우리의 부대들에게 불리한 정세를 조성시킬 수 있는 가능성을 주었다. 또한 이와 같은 것은 적으로 하여금 우리의 전투 진지에 침투하게 하며 미국 침략자들에게 그들의 반격을 개시하기 위하여 자기 역량을 집중할 가능성을 주었다. 미 제국주의 침략자들은 조선을 식민지화하며 조선 인민을 노예화하려는 본래의 자기목적을 달성하려고 우리 군대를 반대하여 태평양 연안에 있는 전체 륙해공군을 조선 전선에 동원하였다.

그리하여 지난 1개월 동안 조선 인민군 부대들은 미국 침략군에게 강력한 반격을 가하여 적들의 발악적 진공을 격파 분쇄하려고 하였으나 적의 우세한 역량으로 말미암아 38도선으로 후퇴하게 되었다. 적들의 진공을 좌절시키는 방어전투에 있어서 우리의 부대들과 련합부대들은 방어에 준비되지 못하였고 반동분자들이 우리의 군대 내부에서 일으키는 혼란에 당황하여 지휘부의 명령이 없이 적에게 진지를 내어줌으로써 적의 진격에 완강한 반격을 가하고 이는 우리의 부대들과 련합부대들을 어려운 (한줄 없어짐)

비견고성을 적이 38선 이북으로는 진격하지 않으리라고 미련하게 생각하면서 이를 설명하려 하였다. 적은 흉악하고 간계하며 그들은 북조선을 점령하려 하며 그렇게 함으로써 남조선에 그들이 수립하였던 경찰제도를 북조선에까지 수립하려 하며 인민들이 창설한 민주주의 제도를 파괴하려 한다.

우리의 부분적 군관들은 악화된 새 정세에 당황하여 적과의 전투에서 비겁성을 나타내며 군대의 지휘를 버리고 적과 투쟁하는 대신에 병사로 가장하고 은신하였으며 무기를 내어버리며 견장을 떼어버림으로써 적에게 붙어 자기의 추악한 생명을 구원하였다.

그와 같은 부대들의 지휘관들과 정치 간부들은 병사들로부터 리탈되었으며 군대 내부에서 발생하는 혼란에 대처하여 적절한 방책을 취함으로써 군대의 사기를 앙양시키며 경각성을 높이며 비겁자들과 우울분자들을 반대하는 등의 투쟁을 조직하지 못하였으며 자기의 부대들을 방어 전에 유효적절하게 동원하지 못하였다. 이러한 결과에 전선에서는 어려운 정세가 조성되었고 적은 개별적 지점들에서 38도선을 넘어 진격을 계속하고 있다. 적은 흉악하고 간계하며 그들은 우리의 약점을 리용하여 우리의 부대들이 자기들에게 반항하지 않고 창황히 퇴각하는 지점들에서 많지 않은 힘으로 공격을 하고 있다. 그 결과 1,700만 이상의 인구가 거주하는 지역이 미 제국주의 침략자들에게 강점되었다. 적들은 우리인민을 무력으로 정복하고 우리 조국을 빼앗으려고 한다. 조선 인민은 우리의 인민군대를 사랑과 존경으로 바라보고 있으며 우리 인민군대가 미 제국주의자들로부터 반드시 조(이하 없음)…….

출처: 미 국립문서보관소 소장 북한 노획문서 중 군정보지, 《KBS 한국전쟁 50주년 기념 다큐멘터리 자료집》, 미발간.

북한군의 선전 포스터. "부산과 진해는 지척에 있다"고 한 것으로 보아 전선이 낙동강 부근에 있을 때의 포스터로 여겨진다.

인해 전쟁을 승리로 이끌지 못했다고 스스로 평가했다.

〈자료 35〉에서 북한군은 초기에 전쟁을 끝내지 못한 원인이 '첫 승리에 도취하여' 미군을 과소평가했기 때문이라고 지적하고 있다. 그리고 그 후 전개되는 인천상륙작전 및 38선 이북에서의 전투에서 실패할 수밖에 없었던 원인을 진단하고 있다.

그런데 북한군의 전략적 실패에도 불구하고 쉽게 이해가 가지 않는 점은 낙동강 전투 시기 미국의 전문들을 분석해보면, 중국군이 참전했을 때만큼의 위기감이 나타나지 않는다는 사실이다. 중국군의 참전 뒤 1·4 후퇴를 할 때는 한반도

자료 36 　 암호전문 No. 405840

핀시(스탈린의 가명) 동지 귀하

 오늘 7월 3일 김일성 및 박헌영과 만났습니다. 대화 서두에서 김일성은 전선의 상황을 진술했습니다. 그의 의견으로는 군대들이 매우 완만하게 작전을 하고 있으며, 특히 중부 방면에서 그렇습니다.
 (국방)상이 현지에 있는데도 도하작전은 조직적으로 진행되지 않았습니다. 그는 (국방)상의 업무처리에 불만을 표시했습니다. 다음에 전선, 해방지역들의 상황의 심각성과 미국인들이 군대후방 또는 북조선 항만에 상륙 또는 공수작전을 할 위험성이 있다고 말하면서 그는 무기 신속공급 요청을 귀하에게 보고하도록 요청했습니다. (중략)

출처: 외교안보연구원 소장문서, 《KBS 한국전쟁 50주년 기념 다큐멘터리 자료집》, 미발간.

자료 37 　 스탈린이 김일성에게 보낸 문서
(1950. 10. 13)

 우리의 저항은 전망이 없다고 생각한다. 중국 동지들은 군사 개입을 거부하고 있다. 이런 상황에서 귀하는 소련이나 중국으로의 탈출을 준비해야 한다. 부대 및 병기들을 대피시킬 필요가 있다. 이에 관한 상세한 대책을 강구하되 신중을 기해야 한다. 적과의 싸움에 필요한 잠재력을 보존해야 할 것이다.

출처: 김일성에게 보내는 스탈린의 전보, 1950년 10월 13일자, 폰드 45, 목록 1, 문서 335, 리스트 2, A. V. 토르쿠노프 지음, 구종서 옮김,《한국전쟁의 진실과 수수께끼》, 에디터, 2003, 175쪽.

를 포기해야 한다는 전망이 나올 정도로 미국 내에서 위기감이 감돌았다. 그런데 낙동강 지역을 제외하고 남한의 90퍼센트 이상이 점령당한 상황에서는 오히려 그리 심각한 긴장감을 찾아볼 수 없는 것이다. 이 또한 남침유도설을 주장하는 이들에게 정황 근거로 이용되고 있다.

그러나 당시 상황은 오히려 북한군을 궤멸시킬 수 있는 기회이기도 했다. 즉 유엔군과 남한군이 밀리고는 있지만, 한반도의 허리를 자를 수 있다면 그것은 곧 38선 이남의 북한군을 포위, 섬멸할 수 있는 기회인 것이다. 〈자료 36〉에서 알 수 있듯이, 북한도 이를 모르진 않았다.

전쟁이 시작된 지 얼마 되지 않아서 북한 지도부는 미군이 한반도의 중간 어느 지역으로 상륙 또는 공수작전을 할 가능성이 있다고 판단하였다. 중국 역시 그 점을 우려하면서 그 대상이 인천 지역이 될 가능성이 있다고 보았다.

문제는 낙동강 전선에서 전투가 계속되면서, 곧 이길 것만 같았던 전쟁이 의외로 길어지는 데 있었다. 제공권을 장악하고 있었던 미군은 낙동강 전선의 북한군 주둔 지역에 네이팜탄을 비롯한 온갖 폭탄을 쏟아부었다. 거기에다 전투가 가장 치열했던 곳 중의 하나인 포항에서는 미 해군의 함포사격 때문에 더 이상의 진격이 어려웠다. 시간이 지날수록 화력이 약한 북한군에게 불리한 상황이 전개되고 있었으며, 북한군이 오히려 뒤로 밀릴 수도 있었다.

그때 인천상륙작전이 감행되었다. 1950년 9월 15일이다. 애초에 미 합동참모본부는 맥아더의 인천상륙작전에 대해서 비관적인 결론을 내렸었다. 인천 지역의 조수간만의 차가 너무 크고, 인천 앞바다에 있는 월미도를 비롯한 섬들이 장애물이 될 수 있다는 이유 때문이었다. 상륙을 위한 LST 정이 정상적으로 가동하려면 수심이 50미터 이상이 되어야 하는데 썰물 때는 불가능했다. 결국 상륙작전은 3~4시간 정도의 밀물 때를 이용하는 방법밖에 없었다.

당시 미국의 작전 지도를 보면, 미국은 동해안의 원산도 상륙작전 지역으로 고려했다. 그러나 원산은 상륙작전의 효과를 보기 어려웠다. 남쪽에 있는 유엔군

부대와 거리가 너무 떨어져 있고 서울과도 멀기 때문에 잘못하면 상륙한 부대가 보급선과 멀어지면서 고립될 가능성이 있었다. 또한 동해안가에 늘어선 산맥은 상륙한 부대가 서쪽으로 이동하는 데 장애물이 될 수 있었다. 결국 맥아더는 인천을 선택했고, 상륙작전은 성공했다.

이미 미군은 노르망디에서, 태평양의 수많은 섬에서, 그리고 필리핀에서 상륙작전을 벌인 경험이 있었다. 그리고 극동군 사령관 맥아더는 2차 세계대전 중 수많은 상륙작전을 성공시킨 인물이었다. 인천상륙작전에는 261척의 함대와 미 해병대 1개 사단, 육군 7개 사단 등 총 7만 5천 명의 병력이 투입되었다. 유엔군은 먼저 함포사격으로 상륙할 지역의 방어망을 파괴한 다음, 군대를 상륙시켰다. 낙동강 전선에 대부분의 군대를 투입하고 있던 북한군은 인천에서 제대로 저항 한 번 못하고 무너져 내렸다.

북한은 왜 상륙작전에 대비하지 못했을까? 상륙작전 대비도 중요했지만, 〈자료 35〉에 보듯이 북한군은 낙동강 전선이 유엔군에게 뚫릴 경우 인민군의 급격한 궤멸 상태를 당할 것을 더 두려워한 것 같다. 낙동강 전선이 뚫리면 북한군은 상륙작전 성공 때와 마찬가지로 급속히 북쪽으로 후퇴해야 했을 것이다. 보급선은 멀고, 제공권은 미국이 장악하고 있었기 때문이다.

운명의 13일

9월 16일, 유엔군은 인천을 탈환했다. 인천 지역에 주둔하고 있었던 북한군 2천 명은 거의 전멸하였다. 이것은 북한군에게 심각한 위기상황이었다. 낙동강 전선에 있는 북한의 주력부대가 남과 북에서 포위당할 수 있었다. 워커 미8군 사령관은 낙동강 전선의 유엔군에게 총반격 명령을 내렸다. 대구-김천-대전-수원 라인을 통해 유엔군의 북상이 전격적으로 시작되었다. 〈자료 37〉에서 보듯, 스탈린은 김일성에게 북한 지역까지도 포기하라고 권고했다.

그런데 이 시점에서 유엔군은 중대한 실패를 하고 만다. 서울 탈환 작전이 열흘 넘게 걸린 것이다. 9월 15일 인천상륙작전이 시작된 뒤 9월 28일 서울을 수복할 때까지 13일의 시간이 걸렸다. 이 기간 중 대부분의 전투는 지금의 연희동 일대에서 벌어졌다. 이 일대를 통해서 서울로 진격하기 위해 유엔군과 한국군이 교대로 투입되었지만, 북한군의 방어망을 쉽게 뚫지 못했다. 이때 처음 창설된 한국의 해병대 역시 효과적인 공격을 벌이지 못했다.

우여곡절 끝에 마침내 9월 28일, 중앙청에 태극기와 유엔기를 올렸으나 서울과 중부지역의 북한군은 이미 후퇴한 뒤였다. 후퇴하는 북한군은 전열을 제대로 정비하지 못한 상태에서 미군의 폭격을 맞아 큰 피해를 입긴 했지만, 인천상륙작전 후 열흘 남짓한 시간이 없었다면 북한군이 만주에서 전열을 정비하여 중국군과 함께 다시 진격하지 못했을 것이다. 결국 유엔군은 전쟁을 승리로 이끌 수 있는 절호의 기회를 놓친 것이다.

물론 13일이라는 시간에 남한 지역의 모든 북한군이 철수하기는 힘들었다. 이때 철수하지 못한 북한군들은 산으로 올라가 빨치산 활동을 시작했다. 이들은 후방에서 제2전선을 형성하였다. 한국전쟁 이전의 빨치산을 구빨치라고 하며, 전쟁 때 미처 후퇴하지 못하고 산으로 올라간 빨치산을 신빨치라고 한다. 구빨치와 신빨치의 차이는 후자가 정규군 출신이라는 점이다. 또한 이들은 산에 올라가 '남부군'이라고 하는 빨치산 특수부대로 재편되었다. 남부군은 1990년대 중반, 소설과 영화로 우리에게 널리 알려졌다.

남부군은 실은 여러 가지 문제를 안고 있는 부대였다. 남부군이 결성된 것은 1951년 8월이었는데, 같은 시기에 북한은 〈자료 38〉처럼 빨치산 부대를 소부대로 편성할 것을 지시했다. 그러나 북한의 지시는 빨치산 부대에 전달되지 못했다. 그리고 소부대로 활동해야 할 빨치산 부대가 대부대인 남부군으로 편성되는 결과를 가져왔다. 산속에서 몰래 활동해야 하는 빨치산이 대부대가 되어 움직인다는 건 당연히 비효율적인 일이었다.

자료 38   94호 결정(1951년 중반)

  조국해방 전쟁과정에 있어 당 단체는 영용한 투쟁을 전개했으나, 당이 요구하는 수준에서 임무를 수행하지 못했다. 전쟁 시작 후 1년이 지났으나, 빨치산의 투쟁은 결정적인 성과를 얻어내지 못했으며, 대중을 조직하여 폭동을 일으키지 못했고, 인민군의 공격이 있었는데도 국방군 내부에 의거운동과 와해를 일으키지 못했다. 이것은 당 정치노선과 정책은 옳았는데 남한 안의 단체들이 잘못해서 그러한 것이다. 특히 당 역량을 보존해서 닥쳐오는 정세에 적합하도록 강력한 투쟁을 지도하지 못했기 때문이다. 앞으로 당 사업 강화를 위해 종래의 행정지역에 따른 조직체를 일단 보류하고 잠정적으로 5개 지역을 설정하여 각각 지구조직 위원회를 조직하여 일체 당 사업을 지도한다. 제1지구는 서울, 경기도 전지역, 제2지구는 남강원도, 제3지구는 충청남북도, 제4지구는 경상북도와 울진군 및 낙동강 이동의 경남 밀양, 창녕, 양산, 울산, 동래, 부산 지역, 제5지구는 낙동강 이서의 경남도, 전남북도 전 지역 및 제주도와 충남의 논산군 지구 등을 설정한다.

출처: 김인걸 외 편저, 《한국현대사 강의》, 돌베개, 1998, 133~134쪽.

빨치산 요원 교육기관인 강동정치학원으로 흡수된 평양학원의 기념사진. 러시아어로 "최초의 러시아어 교사 배출"이라 씌어 있다. 평양학원은 외국어 실력을 갖춘 군 간부요원 양성소로서 1946년 설립되었다.

〈자료 39〉와 같이 1952년 중반, 소부대로 재편 및 산에서 내려갈 것을 결정했을 때는 이미 남부군의 대부분이 궤멸된 상태였다. 한반도에 산악지대가 많은 것은 사실이었지만, 그렇다고 해서 사람의 손길이 전혀 미치지 못할 정도로 험악하지는 않다. 특히 남쪽의 경우 산세가 험하거나, 높지 않기 때문에 빨치산 활동을 하기에는 적절하지 않은 지형을 갖고 있었다.

빨치산은 이젠 영화나 소설 속의 한 장면이 되어버렸다. 그러나 포로문제 등 여전히 해결해야 할 숙제가 남아 있다.

한편 인천상륙작전 외에 유엔군이 계획한 또 하나의 북한군 섬멸 작전은 미 특수부대(10 Corp)가 원산에 상륙하여 남쪽에서 올라오는 남한군과 함께 북한군을 협공하는 작전이었다. 이 작전에 따라 미 특수부대가 9월 말 원산에 성공적으로 상륙했지만, 한국군은 2주가 지난 10월 10일에야 원산에 도착할 수 있었다. 결국

자료 39   111호 결정(1952년 중반) 발췌

  각 지구당이 중앙과의 연락사업을 진행시키지 못해 중앙당의 결정이 제때 전달되지 못했다. 무장투쟁에만 편중하고 당 조직 사업에 소홀했다. 각 유격부대가 대부대로 집결하여 참호를 파고 수일간에 걸친 정규적 진지전을 전개하는 경향이 있다. 이는 경찰과 헌병 조직이 널리 분포된 불리한 조건에서 당과 유격대에 불리한 결과를 준다.

  노동당은 이러한 평가에 따라 유격투쟁, 지하 당 사업에 대해 다음과 같은 대책을 제시했다.

  유격투쟁: 유격대는 인민과 연결되고 당의 지도를 받아야 하며 불필요한 모험적 전투는 피하되 그렇다고 너무 소극적이 되고 위축되어 자진 소멸되어서는 안 된다.

  지하 당 사업: 각급당 지도부는 산으로 올라가지 말고 중요 산업부분과 노동자, 농민, 군부 속에 당 조직을 강화하고 그 토대 위에서 지구당 지도부를 도시로 진출시키도록 한다.

출처: 한국역사연구회 현대사연구반, 《한국현대사 1: 해방 직후의 변혁운동과 미군정》, 돌베개, 1991, 302쪽.

이 작전은 실패했고, 유엔군은 북한의 고위급 인사들을 포로로 잡는 데 실패하고 말았다.

이는 한국전쟁 초기에 북한군이 서울을 점령한 뒤 후퇴하는 남한군을 섬멸하기 위하여 전개했던 작전이 실패한 것과 마찬가지로, 남측이 한국전쟁을 승리로 이끌 마지막 기회를 놓친 것을 의미했다.

네 번째, 미국의 실패:
38선 이북으로의 북진

인천상륙작전의 성공은 한국전쟁의 전황을 일거에 바꿔놓았다. 승리에 도취한 유엔군은 38선 이북으로의 북진을 추진한다. 그러나 이것은 미국에게 지금껏 겪어보지 못한 가장 큰 실패를 안겨주었다. 이 때문에 이후 10여 년간 미국은 다른 나라의 분쟁에 개입하기를 꺼려했으며 미국의 대외적인 냉전전략에 커다란 전환을 가져왔다. 한국전쟁이 끝난 지 1년 후, 베트남의 디엔비엔푸 전투에서 호찌민 군에게 패배한 프랑스가 미국의 개입을 요청했을 때 한국전쟁에서 쓰라린 경험을 했던 미국은 응하지 않았을 정도였다.

트루먼 대통령은 1950년 9월 29일 미군의 38선 돌파를 승인했다. 이것은 NSC 81 문서에 대한 승인을 통해 이루어졌다. 그러나 중국, 소련과의 직접 충돌을 막기 위해 만주를 비롯한 국경지역에는 한국군만 진출케 한다는 조건을 달았다.

미국의 38선 돌파 결정으로 10월 1일, 한국군과 유엔군은 38선을 넘었다. 10월 1일을 국군의 날로 정한 것은 바로 이 날을 기념하는 것이다. 그러나 이 결정은 미국의 전략 중 가장 큰 실패로 역사에 남게 된다. 우리에게는 압록강까지 누가 빨리 도달하나 경쟁을 벌인 멋진 전쟁 시나리오인 38선 이북으로의 북진이 어째서 미국에겐 실패작이 되었을까?

초반엔 거칠 것 없는 전진이 계속되었다. 후퇴하기 시작한 북한군은 중간에 방어망을 칠 여유조차 없이 북쪽으로 밀렸다. 극동군 사령관 맥아더는 유엔군 병사들에게 빠르면 추수감사절, 늦어도 크리스마스는 고향 집에서 보낼 수 있을 거라고 장담했으나 결국 그러한 희망은 이루어지지 않았다. 유엔군의 북진은 중국군의 참전을 불러왔으며, 38선 이북으로 진격한 유엔군 병력의 상당수가 피해를 입는 처참한 결과를 가져왔기 때문이다. 맥아더는 국경지대에는 한국군만 파견하라는 트루먼 대통령의 지시를 묵살하고, 10월 24일 모든 유엔군에 압록강까지 진격하라는 명령을 내렸다. 강경한 반공주의자였던 맥아더는 한반도는 물론 중국의 공산당까지 목표로 삼았던 것이다.

중국은 왜 참전했을까?

중국의 참전 결정은 전격적으로 이루어졌다. 중국 내에서 참전에 대한 논쟁이 벌어졌을 때, 부정적인 견해가 다수를 차지했다. 마오쩌둥이 스탈린에게 보낸 1950년 10월 2일자 편지〈자료 40〉을 보자.

이 편지는 중국의 고민을 보여준다. 중국은 내전 때 공산당을 지원해준 북한의 입장을 고려하면서도, 다른 한편으로 미국과의 전쟁에서 질 경우 전개될 상황을 두려워했다. 특히 대만에 국민당이 존재하고 있는 상황에서 미국이 승리의 대가로 무리한 요구를 해온다면 난처해질 게 뻔했다. 중국이 참전 초기에 9개 사단을 동원하여 1차 공세를 펼친 것도 지원 수행 여부를 타진하기 위해서였을 가능성이 있다.

아무튼 중국은 공산당 중앙위원회의 결정에 따라 10월 13일 참전을 전격 결정하였다. 전쟁에서 패배할지 모른다는 두려움보다 미국이 북한 지역까지 점령할 경우, 대만과 한반도 양쪽으로부터 포위될 수 있다는 두려움이 더 컸던 것이다.

| 자료 40 | 마오쩌둥이 스탈린에게 보낸 편지 |

 (전략) 우리는 적이 38선을 넘어 북으로 진격하는 시점에서 수 개 사단을 북한으로 보낼 계획이다. 그러나 이 문제에 대한 검토 결과, 우리의 참전이 심각한 사태를 야기할 수 있다고 생각된다.

 첫째, 몇 개의 사단만으로 한반도 문제를 해결하기란 어렵다(우리 군의 장비는 매우 빈약하며, 미군에 맞서 군사작전을 성공시킬 자신이 없다). 적은 우리를 물리칠 것이다.
 둘째, 중국의 참전으로 미국과 중국의 전면적인 충돌을 가져올 공산이 크다. 그 결과 소련 또한 전쟁에 휘말릴 가능성이 있다. 이런 형태의 문제는 극대화된다.
 중국공산당 중앙위원회의 많은 동지들은 이 문제에 대해 신중해질 필요가 있다고 주장한다. 물론 우리가 군사원조를 취소한다면 북한 동지들은 대단히 어려운 상황을 맞이하게 된다. 우리들 또한 이 사실을 알고 인내하기 어렵다.
 그러나 우리가 지원한 병력이 미국에게 패배한다면, 미국은 이를 빌미로 우리가 계획했던 평화건설의 꿈을 좌절시킬 것이다. (중략) 대륙 해방을 위해 오랜 기간 전쟁을 지속해온 중국 인민들에게는 평화가 절실하게 필요하다.
 그러므로 지금 당장 북한에 병력을 지원하기보다는 우리의 전력을 보강하는 데 힘을 집중시키는 것이 좋다. 북한이 일시적으로 패배하겠지만, 빨치산 투쟁 등으로 전쟁형태를 변화시키면 될 것이다.

출처: 마오쩌둥이 저우언라이에게 보낸 편지, A. V. 토르쿠노프 지음, 구종서 옮김, 《한국전쟁의 진실과 수수께끼》, 에디터, 2003, 202~204쪽.

저우언라이(周恩來)는 중국군의 참전에 반대하였지만, 펑더화이(彭德懷)의 설득에 마오쩌둥은 참전을 전격 결정하였다. 그러면서도 불안감을 떨치지 못한 채 소련에 공군 지원을 요청하기로 했다.

그런데 중국군보다 더 큰 문제가 유엔군에게 있었다. 빠른 북진으로 인해 유엔군은 보급선과 멀어졌으며, 전선의 부대들은 고립되었다. 게다가 10월 이후 갑작스레 추워진 날씨는 유엔군에게 절대적으로 불리한 조건이었다. 주로 더운 지역, 그것도 평지에 가까운 사막지대에서 훈련받은 미군뿐 아니라 다른 유엔회원국 군인들도 건조하면서 추운 한반도 북쪽의 겨울은 견디기 힘들었다. 그와 달리 한반도보다 더 추운 만주에서 싸운 경험이 있는 중국군과 북한군은 훨씬 유리했다.

인해전술은 존재하지 않았다

특히 주목되는 것은 중국군의 전술이었다. 당시 중국군의 전술은 '인해전술'로 알려져 있다. '인해전술'이란 무기로는 싸움이 안 되니까 숫자로 밀어붙이는, 즉 사람 수와 총알의 수를 맞바꾸는 전술을 말한다. 그러나 실상은 다르다. '인해전술'은 '장진호 전투'와 같은 특수한 상황에서 구사된 것으로서, 중국군 특유의 전술이 결코 아니었다. 그런데도 중국군 하면 '인해전술'을 떠올리는 것은 장진호 전투 경험과 함께 중국군을 '짱꼴라'라고 비하하는 서양인들의 태도에서 비롯되었을 가능성이 크다. 인구가 많으니까 사람 죽이는 일쯤 아무렇지 않게 생각했을 거라는 추측이다.

장진호 전투는 미군이 철수하는 과정에서 일어났는데, 소규모의 미 해병대가 대규모의 중국군과 싸우면서 용감하게(?) 후퇴한 전투로 유명하다. 장진호는 함경남도 장진군의 장진강을 인공으로 막아 만든 호수다. 1950년 11월, 이 호수 일대에서 중국군 12만 명과 유엔군 2만 명이 맞닥뜨렸다. 중국군의 대규모 참전을 알지 못했던 유엔군이 미 해병대 1사단을 장진호 지역으로 침투시키면서 전투가

그림 6 중국군의 전술도

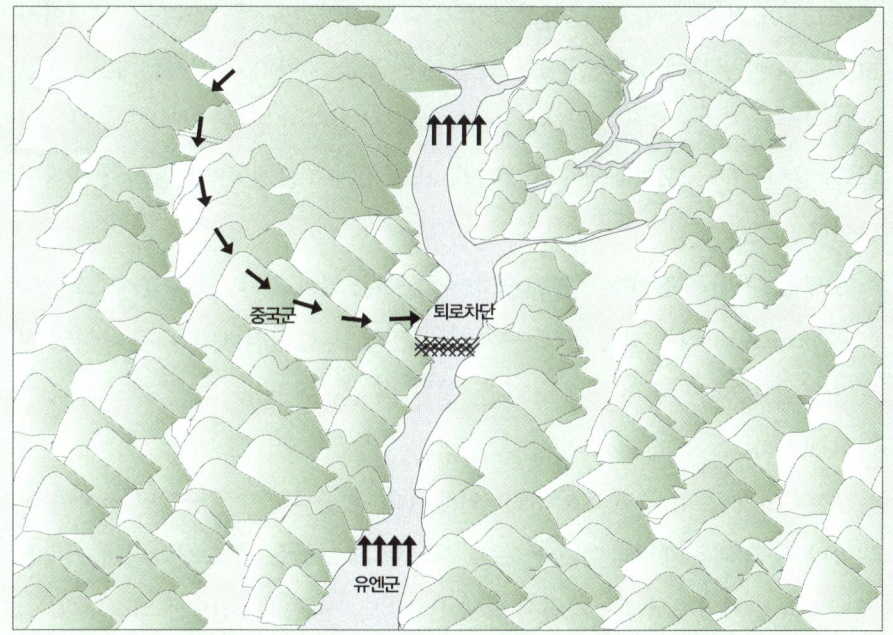

벌어진 것이다. 미 해병대는 중국군에게 포위당했으며, 영하 30도의 매서운 추위 속에서 포위를 뚫기 위해 사투를 벌여야 했다.

중국군의 전술이 곧 '인해전술'로 불린 것은 이때 살아남은 미군들이 나중에 증언하기를, 중국군들이 끊임없이 밀려왔으며, 중국군의 시체들로 진지를 구축했다고 말했기 때문이다. '역사상 유례가 없는 잔인하고 야만스러운' 전쟁이라고 기록된 이 전투에서 중국군 4만여 명, 유엔군 2,500여 명이 전사했다. 이 전투에서 살아남은 미군들은 흥남부두를 폭파하면서 철수한 장본인이기도 하다. '바람 찬 흥남부두'에서 '금순아 굳세어라'라고 노래 부르게 한 그 흥남 철수작전 말이다.

미 해병 1사단은 장진호 전투로 표창을 받았다. 그리고 이들은 나중에 '초신퓨(The Chosin Few)'라는 장진호 생존자협회를 만들었다. 당시 제대로 된 우리말 지도가 없었으므로 일본 지도에 표기된 '장진'의 일본어 발음 '초신'을 그대로 사용한 것이다.

장진호 전투로 인해 널리 알려진 '인해전술'은 중국군의 일반적인 전술이 아니었다. 중국군은 게릴라 전술을 주로 사용했다. 그들은 춥고 산악지대가 많은 중국 동북부 지역에서 활동하면서 밤에 산을 타고 진군하는 전술에 익숙했다. 이러한 중국군의 전술은 보급선이 멀어지면서 고립된 유엔군과 한국군 부대를 포위, 공격할 수 있는 기회를 만들었다. 산을 타고 내려온 중국군은 유엔군의 후방을 차단했으며, 이때 포위된 유엔군과 한국군은 전멸하거나 전원 포로가 될 수밖에 없었다.

사태가 이렇게 되자 미국 내에서는 두 가지 논쟁이 일어났다. 하나는 38선 이북으로의 북진은 잘못된 것이므로 책임을 물어야 한다는 것이었다. 38선 이북으로 북진을 감행할 때도 미 행정부 내에서 찬반 논쟁이 있었다. 반대의 주요 논점은 유엔군 결성이 38선 이북으로의 북진을 의미했던 것은 아니라는 주장이다. 즉 유엔 결의는 북한군을 38선 이북으로 몰아내고 이전의 국경선을 회복하는 것이며,

중국군 포로에게 DDT를 뿌리고 있다.

38선 너머로의 북진은 유엔 결의를 넘어서는 일이라는 것이다.

북진에 반대하는 두 번째 이유는 중국이 줄기차게 참전을 경고하고 있으며, 만약 중국이 참전하면 미국으로서는 감당하기 힘든 전쟁이 될 수도 있다는 주장이었다. 미국과 중국의 전쟁은 자칫 소련의 개입을 불러올 수 있고, 그것은 곧 3차 세계대전의 발발을 의미했다. 때문에 트루먼 대통령은 한반도 전역에 대한 공군의 폭격을 승인하면서도 압록강과 두만강 이북으로의 월경을 금지할 만큼 '제한전쟁'을 추진하고 있었다.

미국의 냉전전략을 고안한 케넌도 중국군 참전 문제에 예민한 반응을 보였다. 케넌은 중국이 공산화되었지만 공산권 내부에서 갈등이 생길 거라고 예측하고 있었다. 1946년 민족주의 경향이 강한 유고슬라비아가 소련과 갈등을 일으켰던 것처럼, 중국과 소련 사이에서도 갈등이 나타날 것이며 이것이 공산권 자체의 약화 및 붕괴로 이어질 가능성이 있다는 것이 케넌의 생각이었다. 그러므로 미국은 중국과 소련이 대립하게끔 만드는 전략을 구사해야 한다는 것이 그의 이론이었다.

그런데 만약 중국군이 참전한다면 중국과 미국은 정면으로 대결하게 되며, 이는 중국과 소련 사이의 연대를 더 강하게 만들어줄 거라고 케넌은 판단했다. 이것은 1950년대 후반 중국과 소련 사이에 갈등이 생기면서 현실로 나타난다. 케넌은 이를 좀 더 앞당길 수 있다고 예측했던 것이다. 하지만 한국전쟁 당시 중국군의 참전으로 이후 중·소 갈등 국면에서 미국이 중국에 접근하는 것은 결코 쉽지 않았다. 결국 미국은 1970년대 초가 되어서야 중국과의 관계를 정상화할 수 있었다.

핵무기를 왜 사용하지 못했을까?

38선 이북으로 진격하면서 새롭게 등장한 논쟁은 전선을 만주로 확대할 것인가, 핵무기를 사용할 것인가였다. 두 가지 모두 맥아더 극동군 사령관이 제기했다. 중국군의 참전으로 유엔군이 수세에 몰리자, 맥아더는 상황 타개를 위해 두 가지 극한 처방을 내놓았다. 하나는 중국군의 보급선인 동시에 퇴각한 북한군이 전열을 가다듬고 있던 만주 지역에 폭격을 가하는 것이었다.

맥아더는 전술의 실패로 마음이 조급해졌다. 중국군이 참전을 결정한 10월 15일, 맥아더는 태평양의 웨이크 섬에서 트루먼 대통령을 만났다. 이때 트루먼은 중국군의 참전 여부와 함께 참전 시 일어날 사태에 대해 질문했다. 맥아더는 중국군이 참전할 경우 더 많은 살상이 일어날 뿐 결국엔 유엔군이 승리할 것이라고 대답했다.

그러나 전세는 맥아더의 장담과는 다른 방향으로 흘러갔다. 10월 25일부터 11월 6일까지 1차 공세를 마친 중국은 그리 많지 않은 군대를 투입하고도 상당한 전과를 올렸다. 그런데도 맥아더는 11월 24일 유엔군에게 전면 공격을 명령했다. 이에 맞서 중국군 역시 11월 21일 군사위원회를 개최하여 11월 25일을 기하여 북진해오는 유엔군과 남한군의 측면과 후방을 공격하여 전세를 반전시킨다는 계획을 세웠다. 결과는 맥아더 전략의 전면적인 실패였다.

맥아더는 다급해졌고, 만주를 폭격해야 한다고 주장함으로써 트루먼 대통령과 갈등을 빚었다. 결국 1951년 4월 11일 맥아더는 사령관에서 해임되고 말았다. 그가 사임 연설에서 남긴 '노병은 죽지 않고 사라질 뿐이다'라는 유명한 말은 이 같은 전략적 실패 이후에 나온 것이다. 맥아더를 해임시킨 트루먼 대통령은 대중적 인기에 타격을 입었지만, 한국전쟁은 세계대전으로 확대되지 않고 빨리 끝날 수 있었다.

맥아더가 제시한 두 번째 처방은 핵무기를 사용하는 것이었다. 이 문제는 맥아더뿐 아니라 미 행정부도 심각하게 고려했다. 핵무기를 사용하면 중국군의 참전으로 인해 빚어진 문제들이 일거에 해결되리라고 판단한 것이다. 맥아더는 12월 24일 트루먼 대통령에게 핵무기를 투하할 지역을 망라한 리스트를 제출하면서, 모두 26기의 원자탄을 투하할 것을 권고하였다. 리스트에는 만주에 있는 중국군 및 북한군의 보급선도 포함되어 있었다.

미 합동참모본부는 긴급회의에 들어갔다. 핵무기의 위력은 적군뿐만 아니라 아군에게도 피해를 주기 때문에 지극히 신중히 할 뿐 아니라 정치적 파급효과에 대해서도 고려해야 했다. 핵무기가 중국군에게 피해를 줄 경우 중국이 어떻게 반응할 것인가도 문제였다.

〈자료 41〉의 보고서에서 가장 중요하게 고려하고 있는 점은 세 가지다. 첫째, 핵무기가 사용한 뒤 예측되는 소련과 중국의 대응이다. 만약 미국이 핵무기를 사용할 경우 또 다른 핵무기 보유국인 소련의 대응을 불러올 수 있었다. 소련이 직접 핵무기를 사용하지 않는다고 하더라도, 만에 하나 핵무기를 중국에 넘길 경우 사태는 걷잡을 수 없이 확대될 수 있었다.

| 자료 41 | 기술적인 보고에 대한 논평
Comments On Technical Memorandum(1950. 12. 21) |

"한국에서 원자탄의 전술적 사용 Tactical Employment of the Atomic Bomb in Korea"

1_ 작전조사과(Operations Research Office) 보고서는 연구의 범위 내에서뿐만 아니라 한국에서의 핵무기 사용 결정 이전에 설명되어야 할 전략적인 문제에 대해 많은 의문을 제기하였다. 이러한 의문들은 다음과 같다.
 a. 핵무기의 사용이 소련에 대한 억제능력을 가지는가?
 b. 핵무기 사용시 공산권은 어떻게 대응할 것인가? 소련의 핵무기를 중국공산당이 사용하도록 만드는 것은 아닐까? 핵무기를 투하할 경우 소련이 공개적으로 전쟁에 나서는 것은 아닐까? 그렇다면 소련의 참전으로 인한 다른 지역에서의 손실이 한국에서 얻은 이익을 상쇄하는 것은 아닐까?
 c. 소련이 그 효능을 정확히 평가할 수 있고 소련이 어떠한 비용도 들이지 않을 수 있는 현재의 조건에서 한국에 핵무기를 사용하는 것은 바람직한가?
 d. 핵무기의 선제사용이 전 지구적인 갈등을 불러일으킬 경우, 미국은 전술·전략적인 요구를 만족시킬 만큼 충분한 수의 핵무기 생산 능력을 가지고 있는가?
 e. 적(소련)이 보복공격으로 모든 종류의 비재래전 무기(핵, 생화학무기)를 동원할 능력을 미국이 일본과 다른 지역에 대해 가지고 있는 약점과 비교하여 고려되었는가?

2_ 어떠한 조건에서든 핵무기는 현재 사용되는 재래무기보다 훨씬 적은 비용으로 적들에게 재앙을 줄 수 있기 때문에 장차 언젠가는 전술적인 목표로써 이용되어야 할 것이다.

3_ 핵무기의 성급한 배치는 기습공격으로써 얻을 수 있는 효과의 많은 부분을 상쇄시킨다. 그러므로 현 국면에서 핵무기의 배치는 기습의 요소를 최대한 이용하기 위하여 주요 세계전략의 일부가 될 필요가 있다.

4 _ 핵무기의 전술적 배치와 관련된 데이터가 부족하기 때문에 가설적이고 이론적인 상황에서 적용한 결과들을 총합한 분석에 의존할 수밖에 없다. ORO 연구는 부여된 제한조건들 내에서 가능한 가장 종합적인 분석이다. 그 보고서는 언제 어디에서 핵무기를 배치할 것인가 하는 결정과 관련하여 매우 유용한 자료를 제공한다. 연구는 총체적인 핵무기의 배치에 유용하게 기여할 것으로 보인다.

5 _ 사령부는 현재 미국이 비축한 핵무기의 숫자와 미국과 그 동맹국들의 생산능력에 대해 알 수 없다. 사령부에서 요청한 무기의 수는 이론적으로 진행된 전술적 분석보다 더 많을 것으로 생각된다. 오키나와나 일본에 핵무기를 배치할 경우 적들에게 표적을 제공하는 격이 될 것이다. 어느 정도의 핵무기가 극동군 사령부에 할당되든지 간에 적대적인 행동에 따르는 손실의 위험을 고려해야 한다. 공수되는 시간은 하와이 또는 괌에 비축해두어 단축할 수 있다.

6 _ 아마도 ORO 연구의 제안과 더 진행된 조사의 장점 중 하나는 핵무기의 전술적 사용이 고려될 각각의 경우에 평가, 조정, 그리고 결정을 위해 요구되는 최소한의 시간을 줄일 수 있는 명령, 정보, 그리고 병참의 구조에 대한 특별한 강조일 것이다.

7 _ 만약 핵무기가 전략 공군과 야전군의 수준에서 전략적 무기로써 광범위하게 배치된다면, 전술적 공중 지원을 위한 현재의 조직적 명령구조의 기본적인 원칙이 이용되어야 할지의 여부가 결정되어야 할 것이다. 현재로서는 연합작전본부(Joint Operations Center)에서 이루어진 조정과 공군사령부가 맡고 있는 책임과 함께 전술 공군과 야전군 수준에서 목표점 선택이 상호 간의 관심사다.

8 _ 지역적으로 가장 중요한 문제는 핵무기 공격의 적합한 목표지점의 정확한 위치를 인식하는 것이다. 당장 이용할 수 있는 목표지점이 공격시간을 결정해주는 전술적 상황에서 충분한 이익을 얻기 위해서는 목표지점에 무기를 효과적으로 공

수할 수 있는 능력이 정보의 간결하고 적절하며 빠른 흐름에 좌우될 것이다. 적절한 핵무기 공격의 목표지점이 정확하고 시기적절하게 정해질 수 있는 능력이 향상될 때까지 핵무기를 배치할 장소가 결정되어서는 안 된다. 성공적인 배치는 정확한 정보에 의존할 수밖에 없다. 그러므로 현재의 정보 수집은 광범위하게 인적 자원에 대한 특별한 강조와 함께 목표물의 특정한 지역에 대한 밀도 높게 이루어져야 한다. (중략)

13_ 핵무기의 전술적 사용은 더 수준 높은 의료지원의 중요성을 증대시킬 것이다. 동일한 상황에서는 공산군의 공격으로 인해서 죽는 숫자보다 핵무기 공격으로 인한 사망자의 수가 훨씬 적을 것이다. (하략)

출처: Commnets On Technical Memorandum, 21 DEC 1950, 《KBS 한국전쟁 50주년 기념 다큐멘터리 자료집》, 미발간.

또한 중국이나 소련이 핵무기로 대응하지 않는다 해도 생화학전과 같은 전술로 나올 경우 유엔군과 남한군은 물론이고 후방지역에 엄청난 피해를 끼칠 수 있었다. 생화학무기를 한반도에만 사용하리라는 보장도 없었다. 만에 하나 일본에까지 보복이 이루어질 경우 동북아 전체에 커다란 지각 변동을 일으킬 수도 있었다. 이것이 〈자료 41〉의 1항과 2항에서 심각하게 고려하고 있는 점이다.

둘째, 핵무기를 사용할 경우 어디에 어떻게 배치해야 하는가의 문제다. 당시 비행기의 비행거리를 고려할 때, 핵무기 배치에 가장 적절한 지역은 일본이었다. 그러나 핵무기를 배치하는 데 걸리는 시간, 적절한 장소 등 고려할 사항들이 많았다. 동시에 핵무기가 배치된 장소를 소련이나 중국이 보복 공격할 경우에 발생할 사태에 대해서도 고려해야 했다. 만약 핵무기를 배치한 장소에 소련이나 중국이 핵무기를 떨어뜨린다면 일본 열도는 치명적인 타격을 입게 될 것이었다. 이것이 3항에서 5항까지의 내용이다.

마지막으로, 핵무기를 사용할 적절한 지역을 찾아야 하는데 그것이 어렵다는 점이었다. 이는 8항의 내용으로, 군사적 측면에서 핵무기를 사용할 수 없었던 가장 큰 이유였다. 당시 미군이 작성한 핵무기 사용 계획서에 따르면, 미국이 고려한 핵무기 투하지역 중 하나는 철원 근방이었다. 계획서는 이 지역에 핵무기를 사용할 경우 어느 정도의 피해가 어느 범위까지 이루어지는지 구체적으로 예측하고자 하였다.

핵무기는 단순한 무기 이상의 정치적 의미를 가지기 때문에 어느 정도 이상의 군사적 성과를 거두기 전에는 사용하기 힘들었다. 1945년 원자탄이 처음으로 사용된 뒤 현재에 이르기까지 여러 강대국들이 약소국의 핵무기 개발을 막아가면서 자신들의 핵 전력을 강화해왔지만, 단 한번도 사용하지 않았다. 이는 곧 핵무기가 지닌 정치적 수단으로서의 의미를 잘 보여준다. 한국전쟁 중 핵무기 사용이 검토되자 영국은 강력하게 반대했으며, 이것이 핵무기를 사용하지 않은 이유 중 하나가 되었다.

Whatever the colour, race or creed,
All plain folks are brothers indeed.
Both you and we want life and peace,
If you go home, the war will cease.

Demand Peace!
Stop the War!

Greetings
from
The Chinese People's
Volunteers

KOREA 1951

1951년 12월 중공군이 유엔군 측에 뿌린 크리스마스카드. "너희와 우리 모두 생명과 평화를 원한다(Both you and we want life and peace)"라는 구절이 인상적이다.

    핵무기를 사용하려면 어느 정도 규모의 중요한 군수시설이 있는 지역이라야 했다. 또한 민간인 거주 지역은 되도록 피해야 했다. 그런데 38선 이북은 전쟁 발발 후 이미 초토화되어 있었다. 제공권을 장악한 미 공군 비행기들이 보이는 모든 구조물을 군사시설로 간주하고 폭격했던 것이다. 전쟁이 끝난 뒤 성한 건물이라곤 하나도 없었던 평양의 모습이 당시 상황을 잘 말해준다. 북한 지도부를 비롯하여 군사관련 시설들은 지하로 들어갔다. 대부분의 군수물자는 중국에서 들어왔다. 군인들도 주로 야간을 이용해서 이동했고, 미 공군의 폭격을 피해 게릴라 전술을 썼기 때문에 군인들이 대규모로 모여 있는 지역을 찾기란 쉽지 않았다.

    결국 미국은 핵무기를 사용하지 못했다. 그 이유가 무엇이었든 간에, 한반도는 그나마 생존권의 위협에서 벗어날 수 있었다. 만약 한국전쟁 때 핵무기가 사용되었다면, 한반도는 더 이상 사람이 살 수 없는 곳으로 변했을지 모른다. 당시 미국이 사용하려 했던 핵무기는 분명 히로시마에 떨어진 것보다 더 큰 위력, 더 큰 살상력을 발휘했을 것이며, 단지 한 발로 그치지 않았을 것이다. 또한 〈자료 41〉의 보고서에서 경고하고 있듯이 소련과 중국이 보복을 감행했을 경우, 한반도는 대체 어떻게 되었을까?

그런데 놀랍게도, 핵무기 사용은 또 한 번 검토되었다. 1953년 정전협정 체결 직전이었다. 미국은 핵무기를 사용하면 북한군이 좀 더 쉽게 미국의 요구를 수용하면서 정전협정에 조인할 거라고 생각했다. 핵무기를 사용한 '대량보복 전략'을 구상하고 있었던 덜레스(John F. Dulles) 국무장관이 제출하고 미 합동참모본부에서 검토한 이 계획은 북한이 정전협상에서 유엔군 측의 제안을 대폭 수용함으로써 실행되진 않았지만, 만약 실행에 옮겨졌다면 북한은 회복할 수 없는 치명적인 재앙을 입었을 것이며, 남한 또한 무사하지 못했을 가능성이 크다.

하와이에 대한민국 망명정부를?

이렇게 38선 이북으로의 북진 결정은 미국의 전사(戰史)상 가장 치욕적인 결정의 하나가 되었다. 미국 의회에서는 즉각 이 문제에 대해 청문회를 열었다. 왜 북진 결정을 했느냐는 질문에 애치슨 국무장관은 당시 행정부의 분위기가 '당연히' 그래야 했다고 대답했다. 반대하는 사람도 있었지만 북진이 당연하다는 게 대세였다는 것이다.

결과적으로 미국은 전쟁 전략을 다시 한번 수정해야 했다. 전격적인 후퇴를 감행해야만 했다. 〈굳세어라 금순아〉의 배경인 흥남부두는 후퇴 과정에서 폭파되고, 수많은 피난민들이 줄 지어 남쪽으로 내려왔다. 한겨울에 이루어진 1·4 후퇴는 전쟁 초기의 피난보다 훨씬 더 많은 사람들을 고통스럽게 했다. 그리고 전선은 다시 충청도까지 밀려 내려갔다.

다급해진 유엔군은 대한민국 망명정부를 세울 계획을 세웠다. 대한민국의 주요 인사를 비롯해 약 10만 명의 사람들을 하와이 근처의 섬으로 옮겨 망명정부를 세운다는 것이었다. 이 계획은 입안 단계에서 취소되었다. 중국군의 공세가 방어전술로 전환된 것이 가장 큰 이유였다. 유엔군은 곧 제한적인 반격을 취했고,

불타는 흥남부두. 1950년 12월 24일 유엔군은 철수하면서 흥남부두를 폭파했다.

1951년 3월 말, 전선은 다시 38선 부근으로 돌아왔다. 그렇지만 망명정부 계획까지 세웠다는 것은 당시 유엔군의 위기감이 어느 정도였는지 잘 보여준다. 전쟁 초기 낙동강 전선까지 밀렸을 때도 이런 계획은 나오지 않았다.

1·4 후퇴 때 유엔군이 느낀 위기감에 비추어볼 때, 어쩌면 한국전쟁의 다섯 번째 '실패'는 중국군이 남진을 멈춘 것이었는지도 모른다. 만약 중국군이 총공세를 펼쳤다면, 유엔군은 정말 대한민국 망명정부를 태평양 위에 세웠을까? 아니면 길어지는 보급선과 미군의 공세에 대한 두려움으로 더 이상 진격하기를 멈춘 중국의 판단이 옳았던 것일까?

1·4 후퇴 직후인 1951년 1월 16일까지만 해도 중국의 계획은 한반도에서 미군을 완전히 몰아내는 것이었다. 중국군이 생각한 최적의 전선은 대전에서 안동을 연결하는 선이었다. 그러나 중국은 1951년 1월 말 이후 진격을 멈추었다.

한국군의 일부는 중국군과 북한군이 38선 이남으로 내려간 뒤에 38선 이북인 사리원 일대에서 유격전을 벌이며 중국군의 병참로를 차단하였다. 중국군의 입장에서 볼 때, 이는 자칫하면 유엔군이 38선 이북으로 진격할 때 범했던 실수를 그대로 반복하는 꼴이 될 수 있었다.

또한 1월 25일에 시작된 유엔군의 반격으로 수많은 중국군이 죽거나 다쳤다. 중국의 지도부는 그동안 사망한 중국군의 수가 10만여 명에 이르는 것으로 추정하였으며, 무리하게 남진을 계속할 경우 30여만 명이 더 사망할 것으로 내다보았다. 그럴 경우 중국 내부에서 부정적인 여론이 일어날 가능성이 컸다. 결국 중국군은 더 이상의 남진을 멈추고 부대를 재편한다. 이제 전쟁은 장기전, 진지전으로 전환하게 된다.

38선 이북 통제권을 둘러싼 갈등?

서로가 상대방의 지역을 짧은 시간 내에 오고 가면서 전투를 벌인 전쟁은 흔치 않다. 대개는 한쪽이 다른 쪽을 일방적으로 몰아붙이거나, 양쪽이 팽팽하게 접점을 형성한다. 점령했다가 철수하는 경우는 흔하지만, 후퇴했다가 점령하고 다시 후퇴하는 것은 역사상 그 어느 전쟁에서도 보기 힘든 현상이다.

그러나 한국전쟁은 전쟁의 양쪽 당사자들이 상대편 지역을 서로 점령했다가 후퇴하는 공방이 벌어졌다. 이 점이 다른 전쟁과 구별되는 한국전쟁의 특수성이다. 5장에서 서술할 포로 교환을 둘러싼 공방은 바로 이 같은 한국전쟁의 특수성에서 그 해법을 찾아야 한다.

그런데 상호 공방의 과정에서 주목할 만한 사건이 일어났다. 38선 이북으로 유엔군과 남한군이 북진했을 때였다. 38선 이북을 점령한 유엔군과 남한군은 점령 지역을 정비하기 위해 새로운 행정기관을 설치하고 실질적인 통치를 해야 했다. 하루가 되든 1년이 되든 현지 주민들을 통제해야 하기 때문이다. 그리하여 유엔군은 이북 5도에 도지사를 임명했다.

그런데 이승만 대통령도 이북 5도에 도지사를 임명한 데서 문제가 발생했다.

| 자료 42 | **38도선 이북 유엔군 점령 지역의 임시 행정조치에 관한 결의문(유엔 소총회 결의)**
(1950. 10. 12) |

한국 관계 소총회는

1_ 1950년 10월 7일자로 총회에서 채택된 결의문의 규정 하에 한국문제 소총회에서 동 결의문에 포함된바 권고에 따라 유엔통합군사령부와 협의하고 조언하도록 요청할 것을 고려하며,
2_ 주권국가 한국에 통일되고 독립된 민주정부를 수립하기 위하여 유엔 주도 하에 총선거 실시를 포함한 모든 소요활동을 취할 것을 결정한 동 총회 건의를 고려하며,
3_ 대한민국 정부는 유엔한국임시위원단이 감시 및 협의할 수 있었던 한국 지역에 효과적 지배권을 가진 합법정부로서 유엔에 의하여 승인되었고 또한 결과적으로 한국의 기타 지역에서 합법적이며 효과적인 지배권을 가졌다고 유엔이 승인한 정부가 없음을 상기하며,
4_ 전쟁 상태의 발발 당시 대한민국 정부의 효과적 통치 하에 속한 것으로 유엔에 의하여 인정을 받지 못하였으며 현재 유엔군이 점령하고 있는 한국 지역의 모든 정부와 민간의 행정 책임은 유엔한국통일부흥위원단이 해당 지역의 행정을 고려하게 될 때까지 통합군 사령부가 임시로 담당할 것을 권고하고, 또한
5_ 통합군 사령부가 본 결의에 의거하여 민간행정을 위하여 설치된 모든 기관과 주한 통합군 사령부 휘하의 수개 유엔 회원국 군대로부터의 장교와 협력하기 위한 조속한 조치를 취하도록 건의하고,
6_ 통합군 사령부에게 한국위원단이 도착할 때까지 본 결의에 응하여 취하여진 조치를 소총회에 계속하여 보고하도록 요청한다.

출처: 〈38도선 이북 국제연합군 점령지역의 임시행정조치에 관한 결의문〉, 정일형, 《유엔과 한국문제》, 국제연합한국협회, 1961, 187~189쪽.

한국군과 유엔군이 기세 좋게 38선 이북으로 치고 올라가자 이승만 대통령은 꿈에도 그리던 평양을 방문했다. 전쟁 전, 점심은 평양에서 저녁은 신의주에서 먹겠다고 북진통일을 외쳤던 이승만 대통령의 꿈이 이루어지는 듯한 순간이었다. 그런 다음 이승만은 이북 5도에 도지사를 임명했던 것이다.

쫓겨난 도지사들

하지만 이승만 대통령이 임명한 도지사들은 유엔군 사령관에게 보기 좋게 쫓겨났다. 분명 대한민국 헌법에는 '대한민국의 영토는 한반도와 그 부속 도서로 한다'고 규정되어 있고, '대한민국은 한반도에서 유일한 합법정부'인데, 어떻게 그런 일이 일어날 수 있었을까?

지금 유엔에 남북한이 동시 가입하고 있는 것도 대한민국 헌법에 비추면 위헌이다. 대한민국이 한반도에서 유일한 합법정부인데 어떻게 한반도 위에 두 개의 정부가 존재하며, 동시에 유엔에 가입할 수 있는가? 어떻게 국가보안법상의 불법단체가 유엔에 가입하는 웃지 못할 사태가 벌어질 수 있는가?

유엔은 〈자료 42〉와 같은 결의를 통해 이승만 대통령이 임명한 도지사에 대한 해임이 정당하다는 유권해석을 내렸다.

이 결의문에서 특히 중요한 사안은 3항이다. 3항은 '대한민국 정부는 유엔한국임시위원단이 감시 및 협의할 수 있었던 한국 지역에 효과적 지배권을 가진 합법정부'라고 규정하고 있다. 이는 유엔에서 대한민국 정부를 승인했던 〈자료 43〉의 승인안의 내용에 기초한 것이었다.

유엔 결의안에는 분명 '총선거와 감시와 협의를 실시할 수 있었던 남한 지역에서 효과적으로 통제 및 사법권을 보유한 합법정부가 수립'되었다고 규정하고 있다. 따라서 이 정부는 '선거가 가능했던 한반도 내에서'만 '유일한 합법정부'가 되는 것이다. 대한민국 헌법의 영토 규정과는 합치하지 않지만, 유엔의 결의

자료 43 제3차 유엔총회의 대한민국 정부 승인안
(1948. 12. 12)

유엔한국임시위원단이 총선거와 감시와 협의를 실시할 수 있었던 남한 지역에서 효과적으로 통제 및 사법권을 보유한 합법정부가 수립되었으며, 이 정부는 선거가 가능했던 한반도 내에서 유일한 합법정부임을 승인한다. (중략)

7개국 한국임시위원단은 한국 인민의 자유로 표현된 의사에 기초하여 장차의 대의정부 발전에 유용한 감시와 협의를 수행할 것이며, 한국 전역에서 여행, 협의 및 감시의 권한이 부여될 것이다.

Declares that there has been established a lawful government (the government of ROK) having effective control and jurisdiction over that part of Korea where Temporary Commission was able to observe and consult and in which the great majority of the people of all Korea reside; that this government is based on elections which were a valid expression of the free will of the electorate of that part of Korea and which were observed by the Temporary Commission; and that is the only such Government in Korea.

출처: Document 42, Department of States, *United States Policy Regarding Korea 1834~1950*, 아시아문화연구소 엮음, 《미국의 대한 정책 1834~1950》, 한림대학교 출판부, 152쪽.

는 선거가 이루어진 지역만을 대한민국의 합법적인 통치 구역이라고 선언하고 있다.

대한민국의 관할 지역은 선거가 실시된 38선 이남뿐

처음 미국이 유엔에 올렸던 대한민국 정부 승인안은 현행 헌법에 나오는 것과 같이 '한반도에서 유일한 합법정부' 안이었다. 그러나 유엔에서 호주를 비롯한 일부 국가들이 선거가 치러지지 않은 지역까지 대한민국 정부가 통제할 수 있다는 조항을 만들 순 없다고 강력히 항의했고, 그 결과 〈자료 43〉과 같은 승인안이 나온 것이다. 그리고 이 승인안은 한국군과 유엔군이 38선 이북으로 북진했을 때 효력을 발휘한다.

따라서 〈자료 42〉의 결의안은 〈자료 43〉의 대한민국 정부 승인안에 근거하여 만들어진 것이었으며, 3항에서 '한국의 기타 지역에서 합법적이며 효과적인 지배권을 가졌다고 유엔이 승인한 정부가 없음'을 선언하였다.

따라서 38선 이북 지역에 대해서는 한국전쟁 발발 후인 1950년 10월 7일 유엔한국위원단(United Nations Commission of Korea, UNCOK)을 대신하여 조직된 유엔한국통일부흥위원단(United Nations Commission for Unification and Rehabilitation for Korea, UNCURK)이 통제권을 갖게 되었다. 이때는 소련 대표가 유엔에 다시 복귀한 다음이었지만, UNCURK는 안전보장이사회가 아닌 유엔총회의 결의에 따라 구성되었다.

비록 며칠 동안이지만, 이승만이 임명한 도지사를 몰아내고 유엔군이 임명한 도지사로 활약한 인물로 김성주가 있다. 그는 유엔군 사령부가 임명한 평안도 도지사였다. 이승만이 별도로 도지사를 임명하자 김성주는 그를 내쫓아버렸다. 김성주는 서북청년단* 부단장 출신으로 김구 암살사건에도 관련된 것으로 알려져 있었다. 하지만 교통부장관까지 지내며 승승장구했던 서북청년단 단장 문봉제

1951년 1월 4일. 이른바 1·4 후퇴 때 피난길에 오른 사람들. 1·4 후퇴 때의 피난민 숫자는 전쟁 발발 직후보다 훨씬 많았다.

와 달리 김성주는 별다른 혜택을 누리지 못했다. 그래서 이승만 정부에 대해 섭섭한 감정을 갖고 있었다 한다.

유엔군이 임명한 평안도 도지사 김성주는 중국군의 참전으로 후퇴하게 되자 부산으로 피난했고, 1952년 대통령 선거에서 조봉암의 사무국장을 맡아 활약했다. 조봉암은 공산주의자라는 비난을 받지 않으려고 반공의 선봉대였던 서북청년단 출신 김성주에게 사무국장 자리를 주었던 것 같다.

그 후 김성주는 유언비어 살포 등의 죄목으로 구속되었다. 그가 퍼뜨린 유언비어는 유엔군이 이승만 대통령을 제거한다는 내용이었다고도 하고, 김구 암살과 관련된 내용을 폭로하겠다는 것이었다고도 한다. 어쨌든 그는 재판을 받던 중 이승만의 직계부대인 헌병사령부에 의해 즉결 처분되었다.

* **서북청년단** 1946년 월남한 이북 각도의 청년단체들이 통합하여 결성한 우익 청년단체.

김성주에 대한 최종 재판은 이미 그가 죽은 뒤 궐석으로 이루어졌으며, 4·19 혁명 후에야 그 사실이 알려졌다. 한 사람의 억울한 죽음이 대한민국 정부의 38선 이북에 대한 관할권 문제에서 비롯되었던 것이다.

북한 정권이 무너진다면 38선 이북은 누가 통제할 수 있는가?

유엔의 대한민국 정부에 대한 승인안은 한국전쟁 때뿐만 아니라 전후에도 계속 문제가 된다. 전쟁 전 38선 이북이었던 중부전선과 동부전선의 일부 지역, 즉 철원, 속초 지역이 남한에 속하게 되었다. 그러나 대한민국 정부는 이 지역에 대한 통제권이 없기 때문에 전쟁이 끝난 뒤에도 1년여 동안 통치권을 행사하지 못했다. 이 지역의 주민들은 전쟁이 끝난 지 10개월 뒤에 있었던 1954년 총선에서 선거권을 행사하지 못했다.

1965년 한일협정이 조인될 때, 그 조약이 포함하는 범위에 대해서도 한일 간에 논쟁이 벌어졌다. 남한 정부는 일본에게 대한민국 정부를 한반도의 유일한 합법정부로 인정할 것을 요구한 반면, 일본은 유엔의 승인안에 기초하여 '1948년 유엔한국임시위원단의 감시 하에 선거가 이루어진 지역'에서만 합법정부로 인정해야 한다고 주장했다. 결국 한일협정은 국제법에 의거한 일본의 주장대로 조인되었다. 지금 일본과 북한 사이에 이루어지는 수교협상 역시 유엔의 대한민국 정부 승인안에 기초한다.

1990년대 초 남북한이 유엔에 동시 가입할 때에도 대한민국에 대한 유엔의 승인안이 중요한 근거가 되었다. 만약 승인안에서 대한민국 정부를 한반도의 유일한 합법정부로 규정했다면 북한은 유엔에 가입하지 못했을 것이다. 만약 북한이 일본과 수교할 수 없고 유엔에도 가입하지 못한 상태에서 핵 위기가 발생하고 미국과 북한 사이에 갈등이 일어나면, 또 다른 전쟁이 일어날 수 있는 중요한 조건이 된다.

그렇다면 만약 통일이 되지 않고 북한 정권이 붕괴한다면, 그 지역을 누가 통제할 수 있을까? 대한민국 헌법에 따르면, 대한민국 정부가 당연히 그 지역에 대한 통치권을 갖는다. 그러나 유엔의 승인안에 따르면, 대한민국 정부가 통치권을 가질 국제법적 근거가 없다.

1990년대 초 북한 정권이 붕괴한다는 소문이 한창 떠돌 때, 남한의 신문들은 북한에 대한 땅 투기, 잃어버린 땅 찾기 운동 등을 보도했다. 그러나 그건 헛된 꿈에 지나지 않는다.

북한 정권이 붕괴할 거라는 심리 공세가 북한 정권을 더욱 안으로 꽁꽁 싸매도록 할 것이라는 점은 그만두고라도, 혹 붕괴한다 해도 남한의 떴다방이 북한의 부동산을 휩쓸 수 있는 법적 근거는 적어도 국제법상으로는 없다. 그리하여 대한민국 정부가 임명한 도지사를 유엔에서 해임하는 사태가 또 일어날지 모른다.

지금까지의 연구에서 한국전쟁의 전개과정에 대한 서술은 대개 '성공'의 과정으로만 그려져 왔다. 한국군과 유엔군은 낙동강 전선에서 북한군을 잘 막았고, 인천상륙작전을 성공적으로 수행했으며, 북한군은 궤멸의 위기에서 중국군의 도움을 받아 38선 이북 지역을 회복했고, 한국군과 유엔군은 중국군의 반격을 방어하는 데 성공해서 남과 북의 경계선을 38선 근처로 되돌려놓았다. 그러므로 이 전쟁은 아무도 실패하지 않았으며, 누구나 승리한 전쟁이었다.

그러나 이제는 인식의 전환이 필요하다. 참혹한 이 전쟁은 앞에서 보았듯이 실패의 연속과정이었다. 그렇기에 어느 누구도 목적을 이루지 못했다.

만약 '제한전쟁설'이 사실이라면, 북한군은 서울을 점령한 상태에서 전쟁을 멈추었어야 했다. 통일은 무력으로 이룰 수 없으며, 당시 한반도 상황에서 전쟁은 어느 일방의 승리로 끝날 수 없음을 깨달았어야 했다. 38선 이남의 사람들은 북한 지도부의 예상대로 북한군을 환영하는 봉기를 일으키지 않았다.

유엔군은 전쟁 이전의 상황으로 돌아가야 한다는 유엔의 결의를 지켰어야 했

1951년 초, 어느 고아원. 전쟁으로 부모 잃은 아이들이 옹기종기 모여 있다.

다. 유엔군이 38선을 넘어 북진할 경우 중국은 전쟁 개입을 경고했다. 중국 내부에서 개입을 둘러싸고 논쟁이 있었지만, 결국 대규모의 중국군이 파병되었다. 연인원 1백만 명이 한반도에 밀려들어 왔다. 북진을 감행한 한국군과 유엔군에게는 혹독한 시련이 기다리고 있었다.

이러한 실패의 연속 과정은 결국 전쟁이 시작된 지 9개월이 되는 시점에서 전선을 원래의 경계선 위치로 돌려놓았다. 어떤 전쟁이든 처음부터 끝까지 성공적인 전쟁은 없다.

2003년 이라크 전쟁에서 미국은 승리를 선언했지만, 전쟁은 지금도 계속되고 있다. 불행한 사실은, 실패의 피해는 전적으로 병사들이나 후방의 민간인들에게 돌아간다는 것이다. 전쟁 지휘자들이 실패에 대해 지는 책임은 지극히 적거나 또는 전혀 책임 지지 않는 경우도 많다.

낙동강 전선에서 죽어간 수많은 군인들, 북으로 진격했다가 얼어 죽은 군인들,

남으로 북으로 피난 다니다가 폭격 맞아 죽은 사람들, 양쪽 군대가 상대방 지역을 번갈아 점령하는 과정에서 적을 도와줬다는 이유로 억울하게 죽은 사람들, 모두 전쟁의 피해자들이다.

CHAPTER_5

전쟁은 왜 2년이나 더 계속되었을까?

1951년 봄, 우여곡절 끝에 전선은 38선 근처로 되돌아왔다.
그러나 전쟁은 끝나지 않았다.
끝나기는커녕, 전선이 남쪽의 낙동강과 북쪽의 압록강을 오가는 데 걸린 시간이
1950년 6월부터 1951년 3월까지 약 9개월이었는데, 38선 부근에 머물러 있던 시간은
무려 2년이 넘었다. 도대체 그 2년 동안 무엇을 했을까?
1970년대 토요일 오후, 모처럼 집에 일찍 들어와 TV를 켜면 어김없이
〈배달의 기수〉가 방영되었다. 실망스러웠지만 선택의 여지가 없었다.
자욱한 포화 속에서 '배달의 기수' 라는 자막과 함께 멋진 음악이 흘러나오는
그 프로의 단골 메뉴는 베트남 전쟁이나 한국전쟁 때의 고지전투였다.
유독 고지전투 장면이 많았던 것은 전우애와 함께 반공 애국심을
고취시키려는 의도에서였겠지만, 외국인 출연자를 기용하지
않아도 되는 이유도 있었을 것이다. 남한군과 북한군이 싸우는
고지전투 장면에는 외국인 배우가 필요없으니까.
내용은 대체로 한 고지를 차지하기 위해 남한군이
북한군과 치열하게 싸우고 결국에는 남쪽이
승리를 거두는 것이었다. 승리 뒤에 남은 것은
죽어간 전우들의 시체, 그 앞에서 살아 남은 전우들은
침통한 표정으로 국가와 민족을 위해
더 열심히 싸울 것을 맹세했다.
이들도 언제 어느 고지 전투에서 죽을지 모르지만.
수많은 젊은이들이 죽어간 고지전투가 바로
2년 동안 있었던 전형적인 전투였다.
당시 고지전투에서 가장 많이 죽은 이들이 '소위' 였다는
소문도 있다. 총알이 '쏘위쏘위' 하며 날아다니고,
가장 용감한 소위들이 '소대, 앞으로' 를 외치며 달려 나가다
죽었다는 것이다. 그들은 20대 중반의 젊은이들이었다.
고지전투에서 죽어간 사병들 역시 20대 초반이었다.
젊은이들의 아까운 목숨을 앗아간 2년간의 전투는
도대체 왜 일어났는가?
무엇이 그 젊은이들의 목숨보다 더 귀했던 것일까?

전쟁을 **어떻게 끝낼** 것인가?

중국군의 참전 후 전선이 38선 근처로 고정되면서, 유엔군과 중국군은 고민에 빠졌다. 양쪽 모두 커다란 실패를 맛본 터라, 전선을 치고 올라가거나 내려오는 것이 현실적인 방안이 되지 못했다. 중국군은 미군을 중심으로 한 유엔군의 화력과 제공권 때문에 쉽게 전진할 수 없었다. 중국군의 겨울 공세에 당했던 유엔군도 북쪽으로 다시 진격하기 어려웠다. 양쪽에 남은 것은 어떻게 하면 더 이상 피해를 입지 않으면서 명예롭게 전쟁을 끝내는가였다.

적에게 최대의 피해를 주면서 우아하게 끝내자

이 시점에서 나온 〈자료 44〉의 미군 측 문서는 미국의 고민을 잘 보여주고 있다. 이제 필요한 것은 한반도 전체에 대한 영향력을 확보하는 것이 아니었다. 〈자료 44〉 a항에서 언급하고 있는 것과 같이 이제는 빨리 전쟁을 끝내는 것이 주요한 목표가 되었다. 그러나 그냥 전쟁을 끝내는 것이 아니라 b항에서 나타나는 바와 같이 최대한 북쪽으로 전선을 확대하여 남한 정부의 영향권을 넓히고, d항의 내

자료 44
합동참모본부가 극동군 사령관에게 보낸 훈령
(1951. 7. 1)

a. 적절한 정전 행위를 통해서 적대적인 행동을 중지한다.
b. 남한 정부의 통제권을 행정과 군사 모든 면에서 38선에 구애받지 않고 최대한 북쪽으로 확대한다.
c. 적절한 단계를 밟아서 비한국군 부대를 한국으로부터 철수시킨다.
d. 북한의 침략이 재개되지 않도록 한국군을 충분히 강화시킨다.

출처: The Joint Chiefs of Staff to the Commander in Chief, Far East(Ridgway), Washington, May 31, 1951, *Foreign Relations of United States, 1951, Vol. VII part 1* (Washington D.C.; Government Printing Office, 1983), pp. 489~490.

용처럼 남한군을 강화하면서 전쟁을 끝내야 했다. 이것은 다시 말하면 정전협상을 통해서 전쟁을 끝내되, 적에게는 최대한의 타격을 주고 남한군의 전력은 최대한 강화하면서 끝내야 한다는 것을 의미했다. 이제 38선 이북으로 진격할 때의 전략은 수정된 것이다.

이 점은 북한과 중국 역시 다르지 않았을 것이다. 현재로서는 당시 북한과 중국 사이에 오고간 문서들이 공개되지 않았기 때문에 어떤 주장이 제기되었는지 정확히 알 수 없다. 그러나 중국군이 1·4 후퇴 때 금강까지 내려왔다가 더 이상 공세를 취하지 않고 방어전략으로 바꾼 것을 보면, 전쟁을 빠른 시간 내에 끝내는 전술을 채택했다고 추측할 수 있다. 중국군이 금강에서 멈추었을 때, 북한 지도부와 논쟁이 있었다는 설이 있다. 북한은 내친 김에 더 남하하자고 주장했지만 당시 주도권을 쥐고 있었던 중국이 더 이상 전진하지 않았다는 것이다.

그러나 이는 '설'일 뿐 정확한 근거는 없다. 다만 중국의 전쟁 지휘부로서는 만주로부터의 보급로가 멀어지면서 더 이상 전선을 확대하는 데 반대했을 거라는 추론이 가능하다. 미국이 제공권을 장악하고 있는 상태에서 보급로가 길어진다는 것은 군사적으로 위험한 일이었다.

이렇게 양쪽은 전술을 바꾸면서 서로 명예롭게 전쟁을 끝낼 방법을 찾기에 바빴다. 이미 1950년 12월과 1951년 3월, 유엔에서는 영국의 주도로 한국전쟁을 끝내기 위한 여러 가지 움직임이 있었지만, 중국이 이를 받아들이지 않았다. 당시 중국은 전쟁에서 그다지 불리한 입장이 아니었다. 따라서 중국은 모든 협상이 중국 영토 안에서 이루어져야 하며, 협상 내용에 중국공산당이 유엔 안전보장이사회 중국 대표로 참여해야 한다는 내용까지도 포함할 것을 요구했다.

결국 전쟁 당사국들 간의 협상이 필요했고, 미국은 유엔주재 소련대사를 통해서 협상이 필요하다고 제안했다. 이때 유엔주재 소련대사였던 말리크를 만난 사람은 케넌이었다. 미군의 38선 이북 북진에 누구보다도 비판적이었던 케넌은 전쟁을 빠른 시간 내에 끝내야 한다는 생각을 갖고 있었다. 말리크는 제안을 받아들

자료 45   정전협상 5개 항목의 의사일정과 의제별 회담 진행기간
(1951. 7. 26)

제1의제: 의제 선택과 의사일정 채택

제2의제: 전투행위를 정지한다는 기본 조건 아래 양군 사이에 비무장지대를 설치하기 위해 군사분계선을 설정하는 문제

제3의제: 정화(停火) 및 정전을 실천하기 위한 구체적 조치로서 정화 및 정전감시 조항, 실시기구의 구성, 권한 및 직책 문제

제4의제: 전쟁포로에 관한 처리 문제

제5의제: 외국 군대의 철수와 한반도 문제의 평화적 해결에 관한 쌍방 관련 국가들의 정부에 권고하는 문제

출처: 김인걸 외 편저, 《한국현대사 강의》, 돌베개, 1998, 141쪽.

그림 7 각 의제별 회담진행 기간

회담기간 의제별	1951	1952	1953
제1의제	13일간		
제2의제	←4개월간→		
제3의제	←6개월 10일간→		
제4의제		←18개월 11일간→	
제5의제		21일간	

1951년 7월, 첫 번째 정전회담이 열린 개성의 내봉장(來鳳莊). 3개월 뒤, 회담장은 내봉장에서 판문점(板門店)으로 바뀌었다. 판문점이란 이름은 '널문리의 가게'란 뜻인데, 회담장 근처에 있던 가게를 한자로 그렇게 표기한 데서 유래했다고 한다.

여, 전쟁이 시작된 지 꼭 1년에서 이틀 모자라는 1951년 6월 23일, 공식적으로 휴전을 제안하였다. 소련의 제안에 대해 중국과 북한은 반대하지 않았으며, 미국 역시 자기들이 먼저 제안한 것이므로 흔쾌히 받아들였다. 중국과 북한이 반대하지 않았던 이유는 전쟁이 계속될수록 미군의 폭격에 의한 피해가 컸기 때문이었다.

1951년 7월 8일 개성에서 정전협상을 위한 절차문제가 합의되고, 이틀 뒤인 7월 10일부터 본격적인 회담에 들어간다. 그리고 7월 26일에야 비로소 정전협상에서 무엇을 논의할 것인가에 합의한다. 이처럼 논의의 대상을 정하는 데만 16일이 걸린 것이다(〈자료 45〉).

의제가 결정되고 본격적인 논의가 들어가는 시점인 1951년 7월 전쟁은 끝났어야 했다. 의제 선택과 의사일정 채택을 규정하는 제1의제를 제외한 모든 의제에서 공산군 측과 유엔군 측은 심각하게 대립했다. 제2의제부터 양쪽은 팽팽하게 대립했다. 화력에 자신 있던 유엔군 측은 당시의 전선을 새로운 군사분계선으로 정하자고 제의한 데 반해, 공산군 측에서는 38도선을 군사분계선으로 정하자고 제안하였다.

유엔군 측의 제안에는 깊은 의미가 있었다. 물론 일차적인 이유는 시간을 끌수록 화력이 우세한 유엔군 측이 좀 더 많은 영역을 확보할 수 있을 것이라는 판단 때문이었지만, 더 중요한 것은 〈자료 44〉에 나타나는 것처럼 시간이 흐를수록 적에게 더 많은 피해를 입힐 수 있을 것이라고 판단했기 때문이다. 협상이 진행되는 동안에도 전투는 계속되었고, 폭격기들은 계속 북한 지역을 폭격했다. 화력에서 우세한 유엔군은 무기가 뒷받침되는 한 계속 38선 이북 지역에 인적, 물적 피해를 줄 수 있었다.

38선 이남의 개성이 북한 영토가 된 까닭은?

10월 중순, 공산군의 제안으로 회담 장소가 개성에서 판문점으로 바뀌었다. 오늘날의 판문점은 이렇게 해서 문을 열었다. 원래 38선 이남 지역이었던 개성이 북한으로 넘어간 것은 정전협상이 판문점에서 진행되었기 때문이다. 판문점을 중심으로 새로이 휴전선을 긋는 과정에서 판문점 북쪽에 속해 있던 개성이 자연스레 북한의 영토가 되었던 것이다. 혹자들의 말처럼, 동부전선에서는 한국군이 열심히 싸웠는데 서부전선의 유엔군은 열심히 싸우지 않아서 지금의 휴전선이 되었다는 것은 사실과 다르다.

초라한 천막에서 시작된 회담은 2년 동안 계속되었다. 그런데 정전협상 기간 중 한 달 동안 전쟁이 중단된 적이 있다. 제2의제가 합의된 1951년 11월 27일 임시 휴전이 선언되었고, 12월 27일까지 한반도에서 총성이 멎었다. 이때 전쟁은 완전히 끝났어야 했다. 그러나 한 달 내에 정전협정을 조인하자고 양측이 합의했지만, 나머지 3개 의제에 대해서는 어떠한 합의도 이루어지지 않았으며, 결국 조금이라도 더 영역을 확보하기 위해 전투는 다시 재개되었다. 휴전선도 다시 그려야 했다.

정전협상, 난항을 거듭하다

정전협상의 의제들은 짧게는 21일, 길게는 1년 6개월 동안 논의되었다. 다섯 개 의제 가운데 문제가 되지 않은 것은 하나도 없었다.

기나긴 포로협상

제2의제가 가장 먼저 합의되었다. 정전협정이 조인되는 순간에 양쪽이 대치하고 있는 선을 중심으로 하여 새롭게 군사분계선을 그리기로 합의한 것이다. 그리고 군사분계선을 두고 쌍방이 2킬로미터씩의 비무장지대를 설정함으로써 전쟁의 재발을 막는다는 데까지 합의하였다.

그러나 협정이 조인된 후 현재까지 비무장지대에는 양쪽의 군대가 조금씩 들어와 2킬로미터라는 규정이 지켜지지 않고 있으며, 비무장이라는 규정 또한 지켜지지 않고 있다. 비무장지대 안 관측소의 남북한 군인들은 모두 무장한 상태로 근무하고 있는데다가, 비무장지대에는 수많은 지뢰들이 깔려 있다.

제3의제도 문제였다. "정화 및 정전을 실천하기 위한 구체적 조치로서 정화 및 정전감시 조항, 실시기구의 구성, 권한 및 직책 문제"를 다루는 제3의제는 정전협정을 잘 지키는지 감시하는 기구를 구성하는 문제였다. 아무리 좋은 협정을 맺어도 잘 지키지 않으면 소용없었다. 따라서 잘 지키는가를 감시하는 문제는 좋은 협정을 만들어놓는 것만큼 중요한 것이었다.

군사장비의 증강을 막기 위하여 양측이 서로 5개 항구를 감시하기로 합의하였다. 유엔군 측 중립국 감시위원단은 북한의 신의주·신안주·만포진·함흥·청진을 감시하고, 공산군 측 중립국 감시위원단은 남한의 부산·인천·강릉·군산·대구를 감시하기로 했다. 또한 병력 증강 없이 교체만을 허용하고, 군사장비는 낡은 장비를 동일한 장비로 교체하는 것만 허용하며 새로운 장비의 유입을 금지하고, 외부로부터의 병력 증강도 허용하지 않기로 합의하였다.

그런데 문제는 '중립국'에 대한 양측의 견해가 일치하지 않는 것이었다. 특히 공산군 측에서 제시한 중립국에 소련을 포함시켜야 한다는 견해가 문제가 되었다. 공산군 측에서는 소련이 한국전쟁에 참전하지 않았으므로 중립국에 포함될 수 있다고 주장했다. 그러나 미국으로서는 이 주장을 받아들일 수 없었다. 3장에서 살펴본 구소련 문서에서 잘 나타나는 것과 같이, 전쟁의 개전과정에 소련이 깊숙이 개입했던 것이 사실인 만큼 소련을 중립국에 참여시키라는 건 억지에 가까운 주장이었다. 소련이 어느 나라의 손을 들어줄지는 뻔한 일이었다. 또한 소련은 제한적이나마 공군을 전쟁에 참여시키고 있었다. 소련 공군은 미공군기가 만주로 넘어오지 못하도록 막는 역할을 했다. 이것은 기본적으로 한국전쟁을 세계대전으로 확대시키지 않겠다는 스탈린의 굳은 의지의 표현이었다.

우여곡절 끝에 제3의제는 공산군 측이 안을 철회함으로써 합의를 보았다. 공산군 측은 폴란드와 체코슬로바키아를, 유엔군 측은 스웨덴과 스위스를 중립국으로 지명함으로써 4개국으로 된 중립국 감시위원회를 구성하는 데 합의하였다. 영화 〈공동경비구역 JSA〉에 나오는 중립국 감시위원회는 이렇게 만들어진 것이다. 현재 북한 측 중립국 감시위원회는 철수했으며, 남한 측 감시위원회는 형식적으로 운영되고 있다. 〈공동경비구역 JSA〉에 나오는 것과 같은 중립국 감시위원회의 적극적인 역할은 영화 속에서나 가능한 것이다.

1대 1 교환인가, 무조건 송환인가?

가장 골치 아픈 난제는 제4의제인 포로문제였다. 제5의제는 한반도 문제를 정치적으로 해결하기 위해 정치회담을 개최하는 방안이었는데, 이것은 정전 후의 문제였기 때문에 합의에 별다른 문제가 없었다. 그러나 포로문제는 생각만큼 간단하지 않았다.

원래 제4의제는 제3의제와 병행해서 논의될 예정이었다. 포로문제를 합의하는 것은 그리 어렵지 않으리라고 예상했던 것이다. 그러나 〈그림 7〉에 나타나는 바와 같이, 포로문제는 장장 1년 6개월이나 시간을 끌었다. 사실 전쟁 포로에 관한 것은 국제적인 합의가 있었던 터라 특별히 문제될 것이 없었다. 1949년에 조인된 제네바 협정은 전쟁이 끝난 뒤 모든 포로들을 본래의 소속국에 무조건 돌려보내도록 규정하고 있으며, 대부분의 국가들이 이 협정에 동의하고 있었다. 따라서 정전협상에서도 제네바 협정에 의거하여 양쪽이 포로를 교환하는 선에서 협상이 마무리되리라고 기대했다.

그런데 포로 교환을 위한 명부를 교환하면서 문제가 발생하였다. 포로를 교환하기 위해서는 먼저 포로들의 명부를 교환하고 그에 따라 자기네 군인이 맞는가를 확인해야 한다. 유엔군 측이 전달한 명부에는 공산군 포로가 13만 명 정도 되었는데 비해, 공산군 측이 전달한 명부에는 유엔군 포로가 11,000명 정도밖에 되지 않았다. 적어도 5만~6만 명은 되리라는 유엔군 측의 예상과는 크게 못 미치는 숫자였다.

여기서부터 협상은 꼬이기 시작했다. 유엔군 측에서는 공산군 측이 포로 숫자를 축소시켰다고 주장했다. 유엔군 측은 1950년 말에 공산군 측이 포로 숫자를 5

만여 명이라고 한 적이 있었는데, 이제 와서 11,000여 명만 명부에 포함시킨 것은 명백한 불법 행위이므로 받아들일 수 없다는 입장을 취했다. 그런데 공산군 측에서는 정전협상이 시작되기 전부터 포로 교환 문제가 심각해질 것을 예측하고 있었다. 양측의 포로 숫자가 너무 차이가 난다는 점을 알고 있었던 것이다.[1]

그럼 정말 공산군 측에서 포로 숫자를 축소하여 제시한 것일까? 현재로서는 명확한 근거 자료를 찾기가 쉽지 않다. 그러나 몇 가지 고려해야 할 점이 있다. 하나는 당시 포로들 중 많은 수가 추위와 굶주림으로 죽었다는 점이다. 일부 포로들은 노역에 동원되었다가 죽기도 했다. 다른 하나는 북한군의 회유작업이었다. 북한군은 남한군 포로들에게 북한군에 편입되면 좋은 옷과 좋은 음식으로 대접받을 수 있다고 회유함으로써 남한군 포로들을 북한군으로 편입시키고자 하였다. 남한군과 북한군은 서로 의사소통이 가능했기 때문에 추위와 배고픔에 떨던 포로들 중 일부가 북한군으로 편입되었을 가능성이 있다. 물론 북한군의 강요에 의해 편입된 경우도 있을 것이다.

그런가 하면 일부 포로들은 중요한 산업시설이나 군사시설 부근의 포로수용소에 수용되었다가 폭격에 의해 사망했다는 설도 있다. 미국의 폭격으로 많은 피해를 보고 있던 공산군 측에서 일부러 주요 시설 근처에 포로수용소를 만들어놓고 이들을 폭탄받이로 삼았다는 것이다. 이러한 진술은 북한군에 잡혀 있다가 포로교환으로 돌아온 사람들의 증언을 통해서 나오고 있다.

그러나 전체 포로의 80퍼센트 이상이 북한군에 편입되거나 굶어 죽거나 얼어 죽었을 가능성은 없다. 그렇다면 11,000명의 포로 명부 속에는 어떤 진실과 거짓이 숨어 있는 것일까?(〈자료 46〉 참조).

유엔군 측은 공산군 측의 포로 명부에 대해 이의제기를 할 수는 있었지만, 그렇다고 직접 조사를 할 수는 없었다. 전선에서 한창 전투가 진행 중인데 어떻게 상대방 지역을 방문하여 조사를 할 수 있겠는가?

그리하여 포로 숫자 문제로 고심하던 유엔군은 새로운 제안을 내놓는다. 1대 1

자료 46   전쟁포로 송환

단위: 명

국적	부상포로 교환	대량포로 교환	계
계	6,670	75,823	82,493
북한	5,640	70,183	75,823
중국	1,030	5,640	6,670
계	684	12,773	13,444
미국	149	3,597	3,746
한국	471	7,862	8,321
영국	32	945	977
터키	15	229	243
필리핀	1	40	41
캐나다	2	30	32
콜롬비아	6	22	28
호주	5	21	26
프랑스	–	12	12
남아프리카	1	8	9
그리스	1	2	3
네덜란드	1	2	3
벨기에	–	1	1
뉴질랜드	–	1	1
일본	–	1	1

출처: 미합동참모본부사, 국방군사편찬위원회 옮김, 《한국전쟁(하)》, 국방부군사편찬위원회, 1991, 496~497쪽.

거제도 포로수용소. 1951년.

로 포로를 교환하자는 것이었다. 공산군 측이 포로들을 일부 숨기고 있는 만큼 1대 1 교환이 이루어져야 공산군 측이 감추고 있는 포로들이 모두 귀환할 수 있다는 주장이다. 만약 군인의 숫자가 1대 1 교환에 모자란다면, 북한이 납치한 민간인들로 그 수를 채울 수 있다고 생각했다.

이러한 제안에는 유엔군의 고민이 숨어 있었다. 앞서 말했듯이, 당시 유엔군을 주도했던 미국의 전략은 적에게 최대한 피해를 입히면서 전쟁을 우아하게 끝내는 것이었다. 그런데 명부대로 포로 교환이 이루어지면, 유엔군 측은 11,000명의 군인이 늘어나지만 공산군 측은 10배가 넘는 13만 명의 군인이 늘어나는 것이었다. 이는 미국의 전쟁 전략에 전면적으로 반하는 것이었다.

그렇지만 1대 1 교환에도 문제는 남아 있었다. 교환되지 않고 남은 포로들을 처리할 방법이 없는 것이었다. 1대 1 교환에서 모자라는 숫자를 민간인 납치자들로 채운다고 할지라도, 민간인 납치자의 숫자 역시 정확히 알 수 없으며 그중엔 김규식처럼 전쟁 중에 사망한 사람도 있고, 납북인지 월북인지 불분명한 사람도 많았다. 교환이 이루어지지 않은 채 남은 공산군 측 포로들을 남한의 법에 의해 처벌할 수도 없었다. 제네바 협정은 포로들을 인도적으로 대우할 것과 그들의 의사에 반해 불이익을 줄 수 없도록 규정하고 있다. 공산군 측 정규 군인들을 남한에 계속 억류한다면, 이들의 처리 문제가 골칫거리가 아닐 수 없었다. 전후 식량이 모자라 남한 사람들도 굶는 판에 돌려보내지 않은 포로들을 관리하는 것도 불가능했다.

1대 1 포로교환이란 그때까지 누구도 해본 적 없는 기상천외한 제안이었지만 결국 미국은 이 안을 철회할 수밖에 없었다.

포로의 **자유의사**에 따른 **송환**은 옳은 것이었나?

1대 1 교환을 철회한 다음 유엔군이 고안해낸 방법이 바로 자의에 의한 송환이었다. 즉 돌아가기를 원하는 포로들은 모두 돌려보내되, 그렇지 않은 포로들은 돌려보내지 않겠다는 것이다. 이 역시 제네바 협정(〈자료 47〉 참조)에서 규정하고 있는 무조건 송환(제118조)에 위배되는 것이었다. 그러나 제네바 협정에는 포로가 자신의 의사에 반해서 불이익을 받아서는 안 된다는 규정(제7조)도 있기 때문에 본인이 원하지 않을 경우 돌려보내지 않을 수도 있다는 미국의 주장 또한 설득력이 있었다. 두 입장 사이에서 포로교환 협상은 수 개월 동안 표류하였다. 양쪽 군대는 다시 춘계공세니, 추계공세니 하면서 상대방에게 더 큰 타격을 입히기 위한 전투에 몰두하였다.

유엔군이 자의에 의한 송환 결정을 내린 것은 새로운 관점에서 승리를 얻기 위해서였다. 즉 자의에 의한 송환을 통해 심리전에서 승리할 수 있다고 판단한 것이다. 판문점에서 포로 송환에 대한 논의가 진행 중일 때, 남한의 포로수용소에서는 반공포로와 공산포로 사이에 갈등이 첨예화하고 있었다. 당시 포로들을 몇 개 지역으로 나누어 집단 수용하고 있었는데, 포로수용소 내에서 공산주의에 반

자료 47 | 포로의 대우에 관한 제네바 협정
(1949. 8. 12)

제7조: 포로는 어떠한 경우에도 본 협약 및 전조에서 말한 특별 협정(그러한 협정이 존재할 경우)에 의하여 그들에게 보장된 권리의 일부 또는 전부를 포기할 수 없다.

제118조: 포로는 적극적인 적대행위가 종료된 후 지체없이 석방하고 송환하여야 한다. 적대행위의 종료를 위하여 충돌 당사국 간에 체결된 협정에 상기 취지의 규정이 없거나 그러한 약정이 없는 경우에는 각 억류국은 전항에 정하는 원칙에 따라 지체없이 송환계획을 작성하고 실천하여야 한다.

출처: http://61.72.226.18/multi_treaty.nsf/3079d7fa13ff3d35c9256dd600348213/B7308C4D075BACD249256770001D3BFD?OpenDocument

대하는 포로들과 그렇지 않은 포로들 사이에서 집단적인 갈등이 나타나고 있었던 것이다.

포로교환은 한국전쟁의 특수성을 보여준다

유엔군은 포로들 사이의 갈등을 이용하고자 했다. 만약 포로들이 돌아가지 않겠다고 선언하고 자유세계에 남는다면, 전 세계에 자유민주주의 체제의 우월성을 선전하는 동시에 전쟁에 개입한 명분을 만들 수 있을 것이었다. 포로들의 송환 거부는 곧 공산주의자들이 사람들을 강제로 군대에 끌어내 전쟁터로 내몰았다는 증거가 될 것이었다. 전쟁은 이제 또 다른 전쟁으로 이행하기 시작했다. 내전에서 국제전으로 전환된 전쟁이 포로 교환을 둘러싸고 '이데올로기 전쟁'으로 전환한 것이다. 전투에서 승리하지 못한다면, 명분에서라도 승리하자는 새로운 전략이 창조된 것이다.

공산군 측은 유엔군의 제안에 강하게 반대의사를 표시하였다. 특히 중국은 유엔군의 제안을 받아들일 수 없는 나름의 고민이 있었다. 〈자료 48〉을 보면 알 수 있듯이, 송환을 거부한 포로들 중 북한군이 7,900명인 데 비해 중국군은 14,704명으로 거의 두 배 가까운 숫자였다. 이러한 현상이 나타난 것은 중국군 중 많은 수가 공산주의 혁명 전에 국민당군 소속이었기 때문이다. 이들은 공산화된 중국보다는 대만으로 가기를 원했다. 이러한 사정 때문에 중국으로서는 유엔군의 제안을 받아들이기 어려웠다. 포로 송환을 둘러싼 논의는 다시 결렬되었고, 회담은 2개월 동안 중단되었다.

그러나 공산군이 유엔군의 제안을 일방적으로 무시할 수 없는 측면도 있었다. 특히 북한 입장에서는 포로의 자유 의지에 의한 송환은 인권의 측면에서 중요한 문제였다. 바로 이 점이 한국전쟁의 특수성이며, 한국전쟁에서 포로협상이 중요한 이유도 여기에 있다. 어떤 전쟁을 막론하고 전쟁 발발 6개월 이내에 어느 한

자료 48 송환 거부 포로 현황

유엔군 측에 의한 포로

단위: 명

처리	계	중국인	한국인
계	22,604	14,704	7,900
공산 측 통제로 귀환	628	440	188
탈출 및 실종	13	2	11
인도군의 관리 중 사망	38	15	23
인도로 이송	86	12	74
유엔군 측 통제로 전향	21,839	14,235	7,604

공산군 측에 의한 포로

단위: 명

처리	계	미국인	영국인	한국인
계	359	23	1	335
공산 측 통제로 귀환	347	21	1	325
인도로 이송	2	-	-	2
유엔군 측 통제로 전향	10	2	-	8

출처: 미합동참모본부사, 국방군사편찬위원회 옮김, 《한국전쟁(하)》, 국방부군사편찬위원회, 1991, 496~497쪽.

포로들을 구분하기 위해 옷을 달리 지급했다. 왼쪽부터 공산포로, 중국군 포로, 반공포로.

쪽이 상대편의 영토를 거의 다 점령했다가 다시 거의 점령당하는 예는 없다. 남북은 상대방 영토를 90퍼센트 이상 점령해 통치한 경험을 갖고 있었다. 북한은 1950년 6월 말부터 9월 15일까지 약 2개월 반 동안 남한의 90퍼센트를 통치했으며 이 기간 동안 각 지역마다 인민위원회를 조직하고 토지개혁을 실시하는 등 많은 정책을 실시했다. 유엔군도 1950년 10월 초부터 11월 중순까지 북한 지역을 통치했다.

누가 포로의 자유 의지를 확인할 것인가?

그런데 문제는 남과 북이 각각 상대방의 영토를 통치하는 동안 그 지역에 거주하는 청년들을 군인으로 모집했다는 사실이다. 특히 남한에서 자원입대 형식으로 북한군에 입대한 청년들이 적지 않았다. 그중에는 좌익 활동을 하고 북한에

북한으로 돌아가지 않겠다는 포로와 그를 설득하고 있는 북한군 대표.

대해 우호적인 사람도 있었지만 그렇지 않은 사람도 있었다. 지금도 남한에는 북한군에 끌려갔다가 극적으로 탈출한 경험을 갖고 있는 사람들이 적지 않다.

북한은 1950년 7월 1일 최고인민위원회 상임위원회 결정으로 '전시동원령'을 남쪽의 점령 지역으로 확대하였다. 전시동원령은 전 지역에 걸쳐 동원을 선포하고 동원 대상을 1914년부터 1932년까지 출생한 사람으로 규정했다. 1950년 기준으로 만 18세에서 36세까지의 청년들을 징병 대상으로 삼은 것이다. 미 CIA의 보고에 의하면 서울 학생의 절반 이상이 북한군에 입대한 것으로 나타난다.

또한 북한은 유엔군의 인천상륙 직후, 남한에 있는 청년들에 대한 징병을 강력하게 실시할 것을 지시하였다. 남한 청년들이 남한군에 편입되는 것을 막기 위한 조치였는데, 후퇴하고 있던 시점에서 이루어진 이 지시가 제대로 실행되었다면 북한군에 강제로 편입되었던 남한 청년들은 대부분 남한군의 포로가 되었을 것이다. 왜냐하면 유엔군이 인천을 시작으로 한반도의 허리를 끊었기 때문이다.

이렇게 북한군으로 있다가 포로가 된 경우가 문제였다. 이들이 무조건 북한으로 송환될 경우 가족이나 친구는 물론이고, 다닐 직장이나 학교도 없고, 아무것도 할 수 없는 상황이 될 것이었다. 공산주의 사상이 투철한 사람들이야 그렇다 치고 어쩔 수 없이 북한군에 입대한 포로들을 무조건 북으로 송환하는 것은 비인도적인 처사가 아닐 수 없었다. 북한으로서는 이 문제를 인정하자니 스스로 제 잘못을 수긍하는 꼴이 될 것이고, 그렇다고 공산주의 신념이 투철하지 않은 청년들을 받아들여 재교육하는 것도 쉬운 일이 아니었다. 결국 포로의 자유 의지에 의한 송환으로 협상이 타결될 수밖에 없었던 것이 바로 한국전쟁의 특수성이었다. 비록 미국의 심리전의 일환으로 제기된 방안일지라도, 인도주의적 견지에서 볼 때 적절한 해결책이 될 수 있었다.

그러나 또 다른 문제가 발생했다. 과연 누가 포로의 자유 의지를 확인할 것인가? 누가 확인하는가에 따라서 선택이 달라질 수 있었다. 특히 유엔군 측 포로수용소에서는 반공포로들이 조직적으로 활동하면서 공산포로들과 대립하고 있었고, 반공포로 속에는 반공청년단원들이 포함되어 있다는 소문도 있었다. 문화방송의 TV 다큐멘터리 〈이제는 말할 수 있다〉의 '한국전쟁과 포로' 편은 당시 포로수용소에서 벌어진 일들을 적나라하게 보여주었다(2004년 7월 18일, 25일, 8월 1일 방송, 김환균 연출).

또한 포로들 간의 대립 와중에 거제도 포로수용소장이 포로들의 포로가 되는 웃지 못할 해프닝이 벌어지기도 했다. 그는 곧 협상에 의해 풀려났지만, 유엔군은 풀려난 포로수용소장을 문책하고 새로운 소장을 임명했다. 새로 임명된 소장은 더 강력하게 포로들을 통제하였다.

여기에 더하여 공산군 측이 자유 송환에 강력하게 반대한 것은 1952년 4월 10일 유엔군 사령부가 공산군 포로들을 대상으로 조사를 실시한 결과, 공산군 포로 약 17만 명(민간인 억류자 포함) 가운데 10만 명이 자유 송환을 원하는 것으로 나타났기 때문이다. 따라서 유엔군 측과 공산군 측은 이 문제를 놓고 다시 한번 대립하였고, 휴전협상은 또 결렬되었다.

포로문제에 대한 양측의 견해를 잘 보여주는 것은 〈자료 49〉에서 볼 수 있는 1952년 8월에 있던 스탈린과 저우언라이의 회담이다. 즉, 〈자료 49〉는 공산군과 유엔군 사이에서 평행선을 달리고 있던 포로문제에 대한 입장을 잘 보여준다. 중국은 포로문제에 대해 미국의 주장을 받아들이지 않고 있었다. 반면, 북한은 전쟁을 빨리 끝내기 위해 미국의 입장을 수용하고자 하였다. 여기에는 수풍발전소가 폭격당한 뒤 나타난 북한 내의 정치적 동요 역시 한 몫을 하고 있었다.

전쟁을 끝내자 – 이해관계의 일치

협상을 멈춘 채 전쟁을 계속할 수는 없었다. 전쟁 당사국들에게 전쟁을 빨리 끝내야 하는 사정들이 발생했다. 1953년 3월 소련에서는 스탈린이 사망하면서 미국에 대한 냉전정책을 유연하게 풀어가야 한다는 견해가 나왔다. 전쟁이 빨리 끝나기를 가장 고대한 것은 중국이었다. 중국은 혁명에 성공한 지 1년 만에 한국전쟁에 참전하는 바람에 혁명 후의 사업들을 진행하지 못하고 있었다. 또한 대만 점령을 위한 작전도 한국전쟁 때문에 추진할 수 없었다. 빨리 전쟁을 끝내고 중단된 사회작업을 진행시켜야만 했다.

미국은 1952년 말의 대통령 선거에서 아이젠하워(Dwight D. Eisenhower)가 당선되면서 상황이 급반전했다. 아이젠하워는 군인 출신이지만, 대통령 선거에서 한국전쟁의 종전을 공약으로 내세웠다. 1·4 후퇴 때의 악몽을 잊지 않고 있던 미국인들에게 종전이라는 공약은 설득력이 있었다. 아이젠하워 행정부는 출범하자마자 한국전쟁을 끝내기 위해 적극 노력했고, 그 과정에서 정전협정이 체결되기 전에 한미 상호방위조약을 먼저 체결하자는 안보 공약을 요구한 이승만 정부와 갈등을 일으키기도 했다.

또 다른 전쟁 당사국이자 중국군에게 의지하고 있던 북한으로서는 중국의 입

자료 49 스탈린과 저우언라이의 회담 비망록
(1952. 8)

스탈린: 적을 격퇴할 수 있는가?

저우언라이: 우리는 가능하다고 확신한다.

스탈린: 우리가 확보한 지점을 유지할 수 있는가?

저우언라이: 금년의 경과로 미루어볼 때 이들 진지를 확보하여 강화하는 것이 가능하다는 것을 알 수 있었다.

(중략)

스탈린: 미국인은 분명 중국인 포로들을 자신들 곁에 남겨두기를 바라고 있다. 이는 결국 포로를 석방하는 데 관심이 없다는 뜻이다. 그들은 포로들을 장제스에게 보내는 방안까지 생각하고 있다.

저우언라이: 장제스는 포로 가운데 자신의 대만 공작원들도 상당수 포함되어 있음을 확인했다.

스탈린: 미국은 국제법을 위반해가면서까지 포로문제를 자기들의 재량으로 결정지으려 한다. 그러나 국제법에는 모든 전쟁 당사자는 범죄 때문에 유죄가 확정된 자를 제외한 포로들을 송환하도록 정해져 있다. 마오쩌둥은 포로문제를 양보할 것인지, 아니면 우리의 입장을 지킬 것인지 태도를 분명히 해야 할 것이다.

저우언라이: 현재 이 문제로 북한 동지들과 약간의 의견 차이가 있다. 미국인은 8만 3천 명의 포로 송환에 동의하고 있고, 북한 측도 이에 동의할 의사가 있다. 그러나 북한 동지들은 미국이 교묘한 게임을 진행 중이라는 사실을 간과하고 있다. 포로 송환자 8만 3천 명 중 6,300명이 중국인이고 나머지는 북한인이다. 실제로는 1만 3,600명의 중국 지원군 병사들이 송환되어야 하지만, 미국은 이를 거부하고 북한인 7만 6천 명을 송환하려 한다. 이렇듯 미국은 우리를 교묘하게 이간질시키는 게임을 전개하면서 정황을 지켜보고 있다.

스탈린: 현재 몇 명의 북한군 포로가 억류되어 있는가?

저우언라이: 9만 6,600명이다. 중국인 및 북한인 포로들의 수는 원칙적인 문제다. 중국 정부는 2만 명의 중국인을 포함한 11만 6천 명의 포로 송환을 요구하고 있다. 그러나 미국이 중국의 요구를 받아들이지 않고 적은 수의 포로 송환에만 동의한다면, 우선 그들의 제안을 받아들이고 계속적으로 포로 송환에 대한 교섭을 강화해나갈 것이다.

스탈린: 적절한 대처다.

(중략)

스탈린: 미국인 포로는 얼마나 되는가?

저우언라이: 북한과 중국에 약 1만 2천 명 정도가 억류 중인데, 그중 7,400명은 남한인이다.

출처: 스탈린과 저우언라이의 회담기록, 폰드 45, 목록 1, 문서 329, 리스트 64~72, A. V. 토르쿠노프 지음, 구종서 옮김, 《한국전쟁의 진실과 수수께끼》, 에디터, 2003, 400~409쪽.

장에 반대할 여유가 없었다. 또한 초토화된 북한 지역의 재건 작업이 무엇보다 시급했다. 오로지 대한민국 정부만이 정전협정 체결을 반대하였고, 학생과 시민을 대규모로 동원하여 정전협정 반대 시위를 조직하였다.

결국 정전협상은 휴회 6개월 만인 1953년 4월 16일, 공산군 측의 요청에 따라 재개되었다. 재개된 지 4일 만에 부상 포로들의 교환이 이루어졌고, 6월 8일에는 본국 송환을 거부하는 포로의 처리를 합의함으로써 1년 반 동안이나 끌어왔던 포로 교환문제가 해결되었다. 유엔군과 공산군이 서로의 통제 아래 송환 의사를 확인한 뒤에도 결론을 내리지 못한 포로들은 인도군이 관할하는 지역으로 이송하여 양측이 함께 설득작업에 들어가기로 합의했다.

하지만 이승만 정부는 이러한 합의에 반대했고, 유엔군과 공산군이 정전협정에 조인하기로 합의한 6월 18일, 유엔군이 억류하고 있던 반공포로 2만 7천여 명을 일방적으로 석방시켰다. 이것이 바로 반공포로 석방사건이다. 이 사건은 공산군뿐만 아니라 유엔군으로서도 묵과할 수 없는 사건이었다. 왜냐하면 전쟁이 일어난 직후 대한민국 정부는 이승만의 서신 한 장으로 한국군의 작전지휘권을 유엔군 사령관에게 넘긴 상태였기 때문이다. 〈자료 50〉의 이른바 '대전협정'이라 불리는 문서로 인해 전쟁 기간 동안 한국군은 유엔군의 통제를 받았다. 그런데 한국 정부가 유엔군 사령관의 허가 없이 반공포로를 석방하도록 명령한 것이다. 이 사건은 한미관계에 갈등을 가져온 중요한 요인이 되었으며, 이후 1950년대에 미국이 이승만 정부를 신뢰하지 못하게 된 시발점이기도 하다.

이 사건으로 공산군은 정전회담을 다시 중단시켰으나, 한국군이 정전협정을 준수하도록 유엔군이 보장하겠다고 확약함으로써 회담이 재개되었다. 결국 7월 22일 군사분계선이 확정되고, 7월 23일에는 비송환 포로들이 비무장지대 내의 인도군 관할 지역으로 인계되었으며, 7월 27일 판문점에서 정전협정이 조인되었다.

자료 50 〈한국군의 작전권 이양에 관하여〉 이승만 대통령이 맥아더 원수에게 보낸 서한 내용
(1950. 7. 14)

　대한민국을 위한 유엔의 군사적인 공동 노력으로 귀하가 유엔군 총사령관에 임명되어 대한민국과 그 인접지역에서 싸우고 있는 모든 유엔군이 귀하의 작전지휘권 하에 편입된 사실에 비추어, 본인은 현재의 전쟁상태가 지속되는 동안 대한민국 군의 작전지휘권을 귀하에게 …… 이양하게 된 것을 다행으로 생각하는 바입니다.
　대한민국 국민은 귀하의 작전지휘 하에서 그 임무를 수행하게 된 것을 자랑스럽게 생각할 것이며, 대한민국 국민과 정부 또한 우리들의 공동의 전투 노력에 대한 전반적인 지침을 …… 유엔에서 위임된 군사지휘권을 장악하고 있는 고명하고 탁월한 장군으로부터 받게 된 사실에 대해 긍지와 고무를 받을 것입니다. (후략)

출처: 중앙일보사 엮음, 《민족의 증언》 1, 중앙일보사, 1983, 304쪽.

남과 북에서 모두 버려진 빨치산

포로문제는 끝난 것이 아니었다. 남한군에게는 아직도 남은 문제가 있었다. 바로 빨치산이다. 빨치산은 일반적으로 한 지역의 주민들이 그 지역의 정부에 반대하여 벌이는 투쟁을 의미한다. 따라서 내전 형태의 전쟁이기 때문에 빨치산 활동으로 체포된 사람들은 포로로 규정되기보다는 해당 지역의 법에 의해 처벌된다. 포로로 규정되더라도 이들이 갈 곳은 없다. 그런데 4장에서 언급한 38선 이북으로 후퇴하지 못한 신빨치산들은 남한의 주민이 아니라 북한의 정규군 출신이었다. 이들을 어떻게 대우해야 하는가? 이들은 포로인가? 아니면 빨치산 활동을 한 만큼 남한의 법에 의해 처벌받아야 하는가? 이들 중 대부분이 빨치산 부대인 남부군으로 편입되었으니 정규군에서 이미 이탈한 것은 아닌가?

〈자료 51〉의 항목 중 가항은 한국전쟁 때의 신빨치산에 해당하는 내용을 담고 있다. 즉 정규군 출신으로 부대를 이탈하였다가 복귀에 실패한 경우에도 포로로 대우해야 한다는 것이다. 그런데 남북한 정부는 모두 빨치산들을 외면하였다. 남한 정부는 빨치산을 포로로 대우하지 않았다. 이들은 남한의 법에 의해 처벌받았으며, 최근까지도 감옥에서 생활하거나 사회안전법에 의해 감시받아야 했다. 북한 역시 책임에서 자유로울 수 없다. 이들의 활동을 제2전선으로 인정했다면 정전협상 과정에서 이들을 고려했어야 한다. 그러나 정전회담에서는 빨치산에 대한 언급이 전혀 없었다. 〈자료 39〉의 제111호 결정에서 그들에게 산에서 내려가라고 했으니 더 이상 아무 책임도 없다는 것인가?

하나의 고지가 한 사람의 목숨보다 더 귀중했는가?

1953년 7월 27일 오전 10시, 정전회담 제159차 본회의에서 유엔군 수석대표 해리슨(William. K. Harison) 중장과 공산군 수석대표 남일은 세 통의 정전협정서와

자료 51 제네바 협정 4조 2항
(1949. 8. 12)

4 _ 다음의 자들 또한 본 협정에 의하여 포로로 대우받아야 한다.
　가. 피점령국의 군대에 소속된 또는 소속되었던 자로서 특히 그러한 자가 그들이 소속된 교전 중에 있는 군대에 복귀하려다가 실패한 경우 또는 억류의 목적으로 행해진 소환에 불응한 경우에 전기의 소속을 이유로 점령국이 그들을 억류할 필요가 있다고 인정하는 자. 단, 동 점령국이 본래 그가 점령하는 영토 외에서 적대행위가 행해지고 있는 동안에 그들을 해방시켰다 하더라도 이를 불문한다.
　나. 본조에 열거한 부류에 속하는 자로서 중립국 또는 비교전국이 자국의 영토 내에 접수하고 있고, 또한 그러한 국가가 국제법에 의하여 억류를 요하는 자. 단, 이들 국가가 부여하기를 원하는 더욱 유리한 대우를 행하지 못하며 또한 제8조, 제10조, 제15조, 제30조 제5항, 제58조 내지 제67조, 제92조 및 제126조와 충돌 당사국과 관계 중립국 또는 비교전국과의 사이에 외교관계가 존재하는 때에는 이익보호국에 관한 조항은 예외로 한다. 전기의 외교관계가 존재하는 경우에는 이들이 속하는 충돌 당사국은 이들에 대하여 본 협정에서 규정하는 이익보호국의 임무를 행함이 허용된다. 단, 이들 충돌 당사국이 외교상 및 영사 업무상의 관행 및 조약에 따라 통상 행하는 임무를 행하지 않는다.

출처: http://61.72.226.18/multi_treaty.nsf/3079d7fa13ff3d35c9256dd600348213/B7308C4D075BACD249256770001D3BFD?Open Document

2년 17일 동안 계속된 정전회담 의사록. 미군의 키보다 높다.

부속 협정서에 각각 서명했다. 이후 클라크(Mark. W. Clark) 유엔군 사령관, 북한군 총사령관 김일성, 그리고 중국 인민지원군 총사령관 펑더화이가 각각 정전협정서에 서명하였다. 미국은 대한민국의 대표에게 서명하라고 했지만, 대한민국 정부는 끝내 정전협정에 서명하지 않았다. 이승만 대통령은 정전협정 이전에 미국으로부터 확실한 안보공약을 받아야 한다고 생각하고 있었다. 이렇게 해서 1950년 6월 25일에 시작된 한국전쟁은 3년 1개월 2일 만에 끝났다.

그나마 1953년 초의 상황 변화가 정전협정을 빨리 매듭짓게 했다는 주장도 있다. 그러나 전쟁은 1951년 봄에 끝났어야 했다. 아니면 늦어도 정전협상이 시작되는 시점에서는 끝났어야 했다. 또는 1951년 말, 한 달간 임시 휴전이 성립되었을 때 끝날 수도 있었다. 유엔군과 공산군 모두 조금이라도 더 유리하게 협상을 이끌기 위해 무려 159회의 회담이 열렸다. 그동안 쌓인 정전회담 관련 문서만 해도 어른 키를 훌쩍 넘는다. 회담 기간 내내 양측은 누가 정전회담 기간 중의 약속을 위반했는가를 놓고 줄곧 싸웠다. 마치 아이들이 놀이를 하면서 서로 상대방이 규칙을 어겼다고 우기는 것과 다를 바 없었다. 정전회담 첫날, 공산군은 유엔군의 차에 꽂힌 흰색 깃발을 보고 항복을 의미한다고 선전했다. 그러나 회담장에 가는 차에 흰색 깃발을 꽂는 게 양측의 합의였다. 공산군 측은 회담장에서 유

고지전투. 정전협정이 2년이란 시간을 끄는 동안 전선에서는 고지를 뺏고 빼앗기는 고지전투가 계속되어 수많은 젊은이들의 목숨을 앗아갔다.

엔군이 앉을 의자의 다리를 잘라 높이를 낮춰놓기도 했다. 눈높이를 맞추려고 한 것일까? 한편 유엔군은 회담장 주변을 폭격하여 공산군 측을 자극했고, 공산군 측은 회담장 주변 전투 금지 구역에까지 폭탄이 떨어졌다고 주장했다. 서로 회담을 끝낼 의지가 전혀 없는 것처럼 보였다.

 회담장에서 서로의 이익을 챙기기 위한 싸움이 오가는 동안, 남·북한군과 유엔군, 그리고 중국군의 젊은이들은 38선 주변의 고지 위에서 수없이 다치고 죽었다. 군사전략상 중요한 고지라는 이유만으로 이들은 기어올라가라는 명령을 받았으며, 서로 빼앗고 빼앗기는 공방 속에서 생명을 잃었다. 1951년 9월 13일부터 한 달 동안 강원도 양구군에서 계속된 '단장의 능선' 전투에는 탄약 70만 발, 항공기 출격 842회, 폭탄 250톤이 퍼부어졌다. 이 전투로 유엔군은 597명이 전사하고 3천여 명이 부상했으며, 공산군은 1,500여 명이 전사하고 7천여 명이 부상했다. 정말 이 고지 하나가 2천여 명의 목숨보다 중요한 것이었을까?

1951년 10월 27일부터 31일까지 4일간 벌어진 김일성 고지*전투에서는 유엔군 병사 132명이 죽고 182명이 부상당했다. 1952년 9월 28일부터 10월 2일까지 벌어진 독수리 고지전투에서는 유엔군 항공기의 오폭으로 아군 1개 소대가 전멸하기도 했다. 그 5일간의 전투에서 공산군 825명, 유엔군 109명이 죽었다. 고지전투는 그처럼 한이 맺힌 곳이었기에 붙여진 이름도 다양했다. 김일성 고지, 마오쩌둥 고지, 백마고지, 아이스크림 고지, 독수리 고지…….

유일한 승리자는 일본?

한국전쟁을 연구하면서 느끼는 한 가지 흥미로운 사실은 누구도 승리하지 못한 전쟁에서 누구도 패배하지 않았다고 주장한다는 점이다. 이렇게 수많은 인명 피해와 파괴로 점철되어 있는데도, 모두가 승리했다고 주장한다. 대한민국 정부는 북한의 불법 남침과 적화야욕으로부터 자유민주주의 체제를 지켜냈다고 주장한다. 조선민주주의 인민공화국 정부는 미국과 이승만 정부의 침략을 막아내고 사회주의 조국을 성공적으로 보위했다고 주장한다. 중국은 한반도 전체를 점령하여 중국에 대한 전초기지를 세우려는 미국의 음모를 분쇄했다고 주장한다. 미국 역시 대한민국 정부와 같은 입장을 취하고 있지만, 유일하게 전략적인 실패를 자인하고 있다. 즉 38선 이북으로의 북진이 가져다준 전략적 실패에 대해서 솔직하게 문제를 제기하고 있다. 그러나 포로문제에 관한 한 미국은 전략적인 성공을 거두었다고 자평한다.

자, 과연 이 전쟁의 승리자는 누구인가? 중국은 한국전쟁으로 많은 것을 잃었지만, 많은 것을 얻기도 했다. 마오쩌둥의 하나뿐인 아들을 포함하여 수많은 중국군들이 전장에서 죽었으며, 사회주의 혁명 사업들이 연기되었고, 대만을 점령

---

* **김일성 고지** 강원도 평촌 가칠봉에 위치한 924고지. 북한군이 붙인 이름이다.

함으로써 사회주의 혁명을 완수하려고 했던 계획도 포기해야 했다. 그러나 중국은 한국전쟁을 통해 미국과 군사적으로 맞섰다는 자부심을 얻었다. 1894년 청일전쟁에서 일본에게 진 이후 잃었던 자존심을 되찾는 계기가 되었다. 그리고 아시아에서 공산주의의 맹주로 우뚝 섰다.

누구도 승리하지 못한 전쟁이지만, 엄밀하게 이 전쟁의 수혜자를 따져본다면 그것은 바로 일본이 아닐까? 이는 한국이 베트남 전쟁으로 얻은 혜택과는 성격이 다르다. 한국은 베트남에 파병하고 기업을 진출시키는 등 적극적인 공세를 펼쳤다. 그리고 이를 통해 적극적으로 재화를 획득하였다. 그러나 일본은 자의보다는 타의에 의해 전쟁 특수를 챙겼다. 또한 자위대를 출범시키며 재무장할 수 있는 기회를 만들었다. 그리고 한국전쟁 기간에 이루어진 샌프란시스코 강화조약*을 통해 2차 세계대전에 대한 면죄부를 챙기고자 했다. 이 회담에서 일본은 독도 문제를 자기들 입맛에 맞게 처리할 수 있었다. 일본의 극우세력들은 지금도 독도를 일본 땅이라고 우기고 있다. 독일 역시 혜택을 보았다. 한국전쟁 시기를 통해 유럽에서 소련에 대한 봉쇄정책을 강구하고 있었던 미국은 독일 경제의 재건과 함께 재무장이 소련에 대한 봉쇄에서 필수적이라고 생각했다. 독일과 일본의 재무장을 막고자 했던 소련의 정책은 한국전쟁이 장기화되면서 실패하고 말았다.

일본과 독일이 한국전쟁으로 가장 큰 혜택을 받았다고 할지라도, 어쨌든 한국전쟁은 승리자가 없는 전쟁이었다. 대한민국과 미국은 38선 이북 지역을 점령하지 못했다. 북한과 중국은 38선 이남을 점령하지 못했다. 어쩌면 한국전쟁은 한반도에서의 전쟁이 결코 누구에게도 승리를 안겨주지 않는다는 교훈을 준 것인지도 모른다. 한반도에서는 앞으로도 절대 무력으로 뭔가를 얻을 생각은 말라는 경고와 함께.

---

* **샌프란시스코 강화조약** 일본의 전쟁 책임문제를 해결하기 위하여 1951년 9월 8일 일본과 연합국 사이에 조인된 조약. 이 조약을 통해 일본은 독립을 회복하였으며, 배상 및 영토와 관련된 문제들을 유리하게 해결하였다.

CHAPTER_6

전쟁은 후방에서도 진행되었다

최근의 조사에 따르면, 현대로 올수록 전쟁에서 피해를 입는
민간인의 수가 늘어나고 있다고 한다.
전선에서 싸우는 군인들보다 전투를 하지 않는
민간인들의 피해가 더 크다는 것이다. 이러한 양상은 이라크 전쟁처럼
함포사격과 공군의 폭격, 그리고 미사일에 의한 전쟁에서 심하게 나타난다.
이라크 전쟁에서 미국은 더욱 정교해진 무기로 조준 폭격이 가능하다고 했지만
결과는 그렇지 못했다. 잘못된 정보, 부정확한 폭격으로 인한 수많은
민간인 피해자들이 양산되었다. 잘못된 정보 때문에 폭탄이
결혼식 피로연장에 떨어졌고, 그로 인한 파괴는 민간인들이
전쟁에 얼마나 크게 노출되어 있는가를 잘 보여준다.
그런데 더 큰 피해는 이데올로기, 종교, 그리고
종족분쟁이 낳는 야만적 만행이다.
이 경우, 민간인 피해자가 발생하는 것은 폭격이나
전투 때문만이 아니다. 무장하지 않은, 싸울 의사 없는
민간인들에 대한 집단학살이 자행되는 것이다.
한국전쟁 역시 이데올로기 전쟁의 형태를
띠었기 때문에 예외가 아니었다.
수많은 민간인들이 전쟁터가 아닌 곳에서 희생되었다.
때로는 폭격 때문에, 때로는 이데올로기의
외피를 쓴 집단학살 때문에 희생되었다.
전쟁이 시작되기 전부터 4·3 항쟁과 여순사건,
그리고 보도연맹사건들을 경험했던 한국인들은
전쟁 기간 동안 또 다른 학살사건들을 겪어야 했다.
또한 전쟁의 피해는 정치, 사회, 경제, 모든 분야에
걸쳐 총체적으로 나타났다. 민주주의는 무시되고,
사회는 무질서했으며, 전쟁에 올인한 경제는
민간인들의 생활을 고려할 여지가 없었다.

'이승만을 제거하라!'

19
80년대 이후 한국 현대사 연구가 본격화되면서, 이승만 정부에 대한 연구가 진행되었다. 대체로 결론은 이승만 정부는 미국에 예속되어 있던 정부였으며 그로 인해 1950년대의 한국 사회는 자생적인 발전보다는 미국의 반공정책에 복무하는 독재정권 밑에서 신음할 수밖에 없었다는 것이다.

그런데 최근에 보수 언론들은 이에 대해 문제를 제기하였다. 이승만은 대한민국이라고 하는, 북한에 비해 '훌륭한' 정부를 탄생시키는 데 중요한 역할을 했다는 것이다. 이승만 정부가 존재했던 1950년대의 한국 사회가 비록 그리 희망적이지는 않았을지언정, 한반도에서 자본주의 체제를 지키기 위해서는 불가피하게 독재의 칼을 휘두를 수밖에 없었으며 그 칼은 자본주의에 기초한 국민국가 수립이라는 결과를 가져왔다는 것이다. 그리고 그것은 1960년대 이후의 비상을 위한 준비기였으며, 그런 의미에서 이승만 정부는 재평가받아야 한다는 것이다.

또한 이승만 정부는 민족주의적이었다는 것이다. 이승만은 반공 이데올로기와 함께 반일 이데올로기를 중요한 슬로건으로 내세웠고, 미국과도 많은 갈등을 일으켰는데, 이는 좀 더 많은 원조를 얻어내기 위한 이승만의 '민족주의적 노력'의 과정에서 일어났다는 것이 보수 언론의 주장이다.

이승만은 왜 미국과 대립했는가?

이승만은 미국이 주도한 유엔한국임시위원단 감시 하의 분단정부 수립과정에 적극 참여했을 뿐만 아니라 미군정의 지지를 받으며 대통령에 당선되었다. 그런데도 1950년대에 미국과 이승만 사이에서 나타난 심각한 갈등은 어떻게 설명해야 할까?

1949년의 국회 프락치 사건*부터 1950년 5·30 총선거 연기, 1953년 반공포로 석방, 1950년대 후반 환율문제, 그리고 1959년 재일교포 북송에 반대하는 한일 간의 무역금지 정책을 둘러싼 갈등에 이르기까지 이승만은 대통령으로 재임하는 동안 여러 영역에서 미국과 대립하였다.

바로 이 점이 이승만의 민족주의적인 측면을 보여주는 것이라 보수 언론은 강변하고 있다. 미국은 자신들의 이해관계를 일방적으로 한반도에 관철시키려고 하였지만, 이승만은 이에 대항하여 민족의 이익을 지켜내기 위한 정책들을 실시했다는 것이다.

그렇다면 이승만의 정치고문이었던 올리버(Robert. T. Oliver)가 '이승만은 미국에 앞서서 미국의 이익을 실현하려고 했던 인물'이라고 한 평가는 어떻게 해석해야 할까? 또한 이승만 정부와 미국의 갈등을 이승만의 입장에서만 평가하는 것이 과연 올바른 분석일까?

이승만과 미국의 갈등이 가장 잘 드러난 사건은 1952년의 부산정치파동이었다. 〈자료 52〉에 보이는 미국의 태도는 이승만 정부에 대한 미국 정부의 고민이

---

* **국회 프락치 사건** 일부 국회의원들이 남조선노동당의 프락치 혐의를 받고 체포된 사건으로, 사건 발생 때부터 조작되었다는 설과 실제로 프락치 역할을 했다는 설이 있다. 아직도 그 실체가 규명되지 않고 있다.

| 자료 52 | 미 합동참모본부가 동경 극동군 사령관에게 보낸 전문
JCS 912098(1952. 6. 25) |

국방부와 국무부는 이승만에 의해 야기된 정치 정세가 두 가지로 전개될 가능성이 있다고 판단한다.

첫째는 갑작스러운 사태 발전이 없이 지금처럼 정치적 대응책으로 문제 해결을 추구하는 방향이다. 두 번째는 사태가 악화되어 유엔의 군사작전이 방해받지 않기 위하여 부득이 직접 개입을 해야 하는 경우다. 이럴 경우에 대비하여 상세한 정치 및 군사 계획을 수립, 워싱턴에 보고하길 요망한다.

계획이 누설될 경우 미국 정부가 매우 곤란해질 것이므로 유엔한국통일부흥위원단(UNCURK)의 참여는 가능한 한 제한되어야 한다. 그 계획을 세우는 데 있어서 가이드 라인은 다음과 같다.

첫째, 그 계획의 실천은 미국 대통령의 재가를 받아서 수행한다. 그러나 갑작스러운 폭동 등이 발생하여 즉각적인 대응이 필요할 때는 유엔군 사령관이 그 계획의 실천을 명령할 수 있다.

둘째, 그렇게 심각하지 않은 비상사태에서는 유엔한국통일부흥위원단, 미국 대사관, 유엔군 사령부가 이승만 대통령에게 적절한 조치를 취하도록 요구한다. 만약 이 요구가 묵살되면 유엔군 사령부는 유엔한국통일부흥위원단의 요청에 따라 미국 정부에 대해 내정간섭의 허락을 요청해야 한다. '유엔을 대신해서 행동하라'는 미국 정부의 허락이 떨어지면 유엔군 사령부는 다음과 같은 조치를 취해야 한다.

❶ 한국 육군참모총장에게 육군과 경찰 및 유사 군사집단의 모든 병력을 장악하도록 명령한 뒤 부산 지역에 직접 계엄령을 선포, 그 업무에 당하도록 지시하라. 정책상 한국군만 동원할 것.

❷ 계엄통치를 할 경우에도 한국 육군의 포고령은 한국 정부의 기능을 주권의 상징으로서 충분히 발휘할 수 있도록 하고, 조속한 민간정부로 복귀시키는 선에서 발효되어야 한다.

이상은 사항과 관련하여 한국 육군참모총장의 신뢰도를 평가하여 보고하라. 특히 이승만 대통령이 예방조치로 1950년 7월 14일에 유엔군에게 이양한 작전권을 되찾아 갈 경우를 가상하라.

출처: The Jint Chiefs of Staff to the Commander in Chief, Far East(Clark), Washington, June 25, 1952, *Foreign Relations of United States, 1952~1954, Vol. XV part 1* (Washington D.C.; Government Printing Office, 1984), pp. 358~360.

무엇이었는지 잘 보여준다.

전쟁이 시작된 지 정확히 2년이 되는 1952년 6월 25일, 미국의 합동참모본부는 클라크 극동군 사령관에게 〈자료 52〉의 문서를 보냈다. 전방에서 정전협상과 함께 고지전투가 한창 진행되던 때에 보낸 이 문서는 정전협상이나 전투 전략과는 전혀 관계가 없는 내용을 담고 있었다.

문서의 핵심은 이승만이 무언가 사건을 일으켰으며 그로 인해 비상조치가 필요하다는 것이었다. 여기서 의미하는 비상조치는 군대를 동원한 쿠데타였다. 이승만 대통령이 사태를 정상화시키도록 유엔한국통일부흥위원단, 주한미국 대사관, 그리고 유엔군 사령부가 압력을 넣어야 하지만, 만약 정상화가 되지 않을 경우 내정간섭이 이루어져야 하며, 그 형태는 유엔군 사령부가 배후에서 지휘하는 한국군에 의한 쿠데타가 되어야 한다는 것이 문서의 골자였다.

한국군만 동원하라고 권고한 이 쿠데타 계획에는 한국군이 모든 권한을 장악하고 계엄통치를 실시하도록 되어 있다. '조속한 민간정부로의 복귀'까지 언급하고 있는 점으로 보아 이 계획은 완전한 쿠데타 계획이었으며, 이승만을 대통령직에서 제거하기 위한 계획이었다.

또 다른 문서에는 계획이 좀 더 구체적이다. 이승만을 서울로 불러들여 감금한 다음 국무총리로 하여금 정권을 장악하게 하고, 만약 국무총리가 거부하면 참모총장에게 전권을 행사하도록 한다는 계획이었다. 비록 이 계획들이 실행에 옮겨지지는 않았지만, 1953년 이승만이 불시에 반공포로를 석방했을 때 이 계획은 다시 한 번 가동되었다. 그러나 잘 실행되지는 않았다. 이른바 '에버레디 계획(Plan Everready)'으로 불리는 이 계획은 왜 입안되었으며, 왜 실행되지 않았는가?

1950년 한국전쟁이 발발한 뒤에도 한국의 정치 상황은 크게 변하지 않았다. 특히 대통령을 국회에서 뽑게 되어 있는 헌법 규정으로 인해, 무소속 후보들이 대거 당선된 1950년 5·30 선거 결과는 이승만에게 불리했다. 전쟁 중이었지만 국회의원들의 대통령에 대한 원성은 커져만 갔다. 유엔군의 참전으로 전세는 호전

옷과 물품을 지급받고 있는 국민방위군. 1951년 4월, 대구.

되었으나, 부정부패 사건을 비롯한 수많은 비리들이 나타났고 국회의원들에 대한 탄압사건도 일어났다. 1950년 겨울에 일어난 국민방위군 사건과 1951년 음력설을 전후하여 일어난 거창 민간인학살 사건이 대표적인 예다.

국민방위군은 전쟁에 참전할 한국군을 보강하기 위해 긴급 소집한 예비군 부대였다. 국민방위군 조직 사업은 반공청년단에게 맡겨졌으며, 17세 이상 40세 이하의 청년들이 국민방위군으로 편입되었다. 그런데 국민방위군으로 편입되어 훈련받던 청년들이 전쟁에 투입되기도 전에 추위와 굶주림을 견디지 못하고 죽거나 탈출하는 사태가 속출한 것이다. 5만 명의 훈련병이 죽었으며, 30만 명 이상이 구타를 당해 부상하거나 굶주림, 추위로 신체 손상을 입었다.

국회에서는 바로 진상규명에 나섰다. 조사 과정에서 국민방위군 훈련에 할당된 예산의 상당 부분을 반공청년단 관계자들이 빼돌렸다는 사실이 밝혀졌다. 또한 빼돌린 예산의 일부가 이승만 계열 정치인들에게 흘러들어갔다는 단서도 포착되었다. 그러나 이승만 정부의 방해로 조사는 더 이상 진행되지 못했다. 다만 반공청년단 책임자에게 처음에는 무죄를 선고했다가 사형으로 바꾸어 처형하는 선에서 사건이 마무리되었다.

거창 민간인학살 사건은 한국전쟁 때 일어난 민간인학살 사건 중 가장 규모가 큰 것이다. 공비 토벌을 위해 거창 지역에 주둔한 한국군이 지역 주민들을 공산주의에 협력했다는 혐의로 집단학살한 것이다. 빨치산들은 활동지역 주변의 주민들에게 식량을 의존하고 있었기 때문에 한국군은 산간지역 주민들을 소개(疏開)했고, 그 과정에서 어린이와 노인, 그리고 여자를 포함한 민간인들이 학살당했다.

사건이 알려지면서 국회는 진상규명을 위한 조사단을 조직했다. 그런데 조사단이 거창 지역에 조사를 나가던 중 공비들의 습격을 받은 일이 있었는데, 조사단을 습격한 것이 공비가 아니라 공비로 가장한 한국군이었다는 사실이 밝혀져 국회는 책임자 처벌을 강력히 요구하고 나섰다. 거창 민간인학살을 주도한 부대장은 사형에 처해졌으나, 국회의원 습격을 주도한 김종원은 훗날 치안국장 자리까지 올라갔다. 반면 당시 국회조사단장이었던 서민호는 장교 살해 혐의로 구속 수감되었다. 국회의원 서민호가 지방선거를 앞두고 출신지인 전남 순천에 갔다가 한 요정에서 그의 경호원과 육군 대위 서창선 사이에 벌어진 싸움을 말리면서 서창선이 권총을 뽑자 정당방위로 자신의 호신용 권총으로 상대를 먼저 쏘아 살해했기 때문이었다. 그런데 이것은 정권 당국이 서창선이라는 육군 대위를 시켜 서민호를 본보기로 잡기 위해 짠 각본이었다.[1] 이 사건은 정당방위가 성립될 수 있었지만, 서민호는 4·19 혁명이 일어날 때까지 8년 동안 감옥 생활을 해야 했다.

정권 안보를 위해 전선의 군인을 부산으로 부른 이승만

국회에서는 더 이상 이승만이 권력을 독점해서는 안 된다는 분위기가 팽배했다. 새로운 지도자나 새로운 정치 체제를 추진하려는 움직임이 구체화되기 시작했다. 이들은 진보적인 인사들이 아니었지만 민주주의의 기본 질서마저 외면하고 국회의원의 신분을 보장하지 않는 이승만이 대통령 노릇을 계속해서는 안 된다는 데 의견이 일치했다.

다급해진 이승만은 1951년 국회의 소수파였던 자신의 지지 세력을 규합하여 '자유당'을 창당하였다. 1945년 귀국 후 '국부(國父)'를 자처해온 이승만은 특정 정당이나 정치조직의 책임자가 되는 것을 거부해왔다. 그러나 국회에서 다수를 장악하지 못하자 새로 정당을 창당하고 그를 통해서 다시 한번 대통령에 당선되려 한 것이다.

그러나 '자유당'은 이승만의 바람과 달리 '원외 자유당'이 되고 말았다. 이승만을 지지하는 국회의원들이 거의 없었으며, 자유당에 참여하기를 거부했기 때문이다. 오히려 절반쯤 되는 국회의원들이 '원내 자유당'을 따로 만들어 의원 내각제로 개헌을 추진하였다. 의원내각제로 대통령을 무력화시키고, 국회 내 다수의 지지를 받는 국무총리가 국정을 담당하게 하자는 것이었다.

당시 헌법에 따르면, 국회의원들은 내각제 개헌을 추진할 필요가 없었다. 국회에서 대통령을 뽑도록 되어 있었기 때문에 다른 인물을 대통령으로 선출하면 되었다. 그런데 이승만을 대체할 만큼 지도력을 갖춘 지도자가 없는 게 문제였다. 따라서 내각제 개헌으로 이승만을 무력화시키는 것만이 유일한 대안이었다. 내각제 개헌에는 '원내 자유당'뿐만 아니라 한국민주당의 후신인 민주국민당도 동조하였다. 이렇게 되니 의원내각제를 지지하는 국회의원이 정족수의 3분의 2를 넘었고, 이들은 개헌안을 내놓았다.

상황이 이렇게 되자 이승만은 자신을 지지하는 소수 국회의원들로 하여금 '대통령 직선제'를 골간으로 하는 헌법 개정안을 내놓게 했다. 그리고 관제 시위를 조직하여 내각제 개헌을 추진하는 국회의원들에 대한 소환운동을 벌였다. 1952년 초 지방자치단체 선거를 통해 국회 밖에서 세력을 획득한 이승만은 이들을 동원하여 국회의원들을 '매국노'로 몰아붙이며 압박한 것이다.

그러나 국회는 아랑곳 않고 내각제 개헌을 추진하였다. 이에 이승만은 전방에 있는 일부 부대를 부산으로 빼돌려 부산을 중심으로 한 경상남도 지역에 계엄을 선포하였다. 부산 지역에 공비가 나타났다는 게 이유였지만, 나중에 밝혀진 바로는 정부에 의해 동원된 가짜 공비들이었다. 계엄령이 선포된 뒤, 국회의원들이 타고 가던 통근버스가 출근길에 통째로 견인되어 그들 중 일부가 '국제공산당' 연루 혐의로 구속되는 사태가 발생했다. 입법부의 기능은 완전히 정지되었다.

사태가 이에 이르자 발등에 불이 떨어진 것은 미국이었다. 미국과 함께 유엔군으로 전쟁에 참여한 국가들의 대사관과 UNCURK에 참여한 각국 대표단의 항의가 주한미국 대사관, 유엔군 사령부, 심지어는 워싱턴에까지 쏟아졌다. 자기들은 자유민주주의를 수호하고 북한의 침략을 막기 위해 귀중한 젊은이들의 생명을 희생하면서까지 한국을 돕고 있는데, 정작 한국 정부가 자유민주주의를 존중하지 않는다면 참전 명분이 없어지는 것이었다.

미국은 사태 해결을 위해 이승만을 만나 여러 가지 형태의 '협박'을 가했다. 국회의원들의 조속한 석방과 헌법 절차에 따른 국정운영의 필요성을 강조하였다. 만약 그러한 조치가 이루어지지 않을 경우 유엔군이 철수할 수도 있다고 했다. 그러나 이승만은 미국의 요구를 수용하지 않았다. 그는 한국전쟁이 진행 중인 상황에서 자신이 어떤 행동을 하더라도 미국은 대한민국 정부를 버릴 수 없다는 것을 잘 알고 있었다.

이와 같은 이승만의 태도를 가리켜 미국은 '벼랑 끝 전술(brinkmanship)'이라 일컬었다. 이승만의 벼랑 끝 전술은 그 후 미국과의 갈등이 있을 때 몇 번 더 나타났다. 차기 대통령 선거를 1년 앞둔 1955년, 이승만 대통령은 새로 부임한 주한미국 대사를 몰아붙였다. 새로 부임한 레이시(William S. B. Lacy) 대사는 마닐라의 미국 대사관에서 필리핀 대통령 선거를 조종했다는 풍문에 싸인 인물이었다. 세간에는 레이시 대사가 차기 대통령 선거에서 이승만을 몰아내기 위해 부임했다는 얘기가 돌았다. 레이시 대사가 부임하자 야당의 지도급 인사들은 그를 만나기 위해

백방으로 손을 썼다. 레이시 대사의 적극적 활동으로 자신들이 정권을 차지할 수 있다고 생각했기 때문일까? 그런데 이승만은 레이시 대사를 내몰기 위해 미국인 사업가들의 한국 내 재산을 동결하는 초강수를 두었다. 결국 레이시 대사는 2개월 만에 본국으로 돌아갔다.

1959년 재일동포들의 북송이 시작되자 이승만은 일본과 무역 단절을 선언하였다. 무역 단절로 손해를 보는 쪽은 한국이었고 결국 해제할 수밖에 없었지만, 이승만은 분단된 상황에서 미국이 한국 정부의 정책에 섣불리 개입할 수 없다는 점을 이용하려 했다. 또한 오랜 미국 생활을 통해 미국 정부가 세계 여론의 동향에 얼마나 민감한지도 잘 알고 있었다.

〈자료 52〉의 쿠데타 계획은 이 같은 상황에서 나온 것이었다. 이승만이 계속 민주주의 체제를 위협한다면, 미국으로서는 더 이상 유엔의 외피를 쓰고 전쟁을 수행하기가 힘들었다. 전선에서 싸워야 할 부대를 후방의 계엄군으로 돌린 이승만에 대한 불만이 터져 나왔다. 유일한 대안은 이승만을 제거하는 방법밖에 없다는 것이 미국의 판단이었다.

최근 이 쿠데타 계획이 어떻게 진행되었는지 조금씩 전모가 드러나고 있다. 부산에 계엄군을 동원하라는 이승만의 명령을 거부했던 이종찬 참모총장과 이용문 장군, 그리고 박정희를 비롯한 일부 영관급 장교들이 이 계획에 개입되어 있었다. 이들은 장면을 국가 수반으로 추대할 계획이었고, 이들 중 일부가 장면의 비서실장이자 사상검사로 이름을 날렸던 선우종원을 만나기도 했다. 그러나 보복이 두려웠던 장면은 이미 유엔군의 병원선으로 도망간 뒤였다.

쿠데타 계획은 실행되지 않았다. 1953년과 1954년 다시 한번 이승만 제거 계획이 수립되었고, 때문에 항상 준비해둬야 하는 계획(Ever Ready)이라는 이름이 붙었다. 상황이 좋지 않으면 언제든 실행에 옮길 수 있는 계획이란 뜻이다. 그렇지만 이 계획은 1950년대 내내 한번도 실행되지 않았다. 오히려 이 계획에 참여했던 박정희가 1961년 군사쿠데타를 일으키면서 계획의 일부가 실행되었다. 그러나 현재까지 공개된 문서에 의하면, 5·16 쿠데타를 미국이 뒤에서 조종했다는 증거는 없다.

반공과 민주주의 사이의 딜레마

미국의 쿠데타 계획은 왜 실행에 옮겨지지 않았을까? 당시 미국의 문서에 따르면, 가장 큰 이유는 이승만을 대체할 지도자가 없다는 것이었다. 전쟁이 진행 중인 상황에서 미국으로서는 강력한 카리스마를 가진 반공 지도자가 필요했다. 이승만만큼 한국 사회에 널리 알려져 있으면서 카리스마를 가진 인물은 없었다. 만약 김규식이 납북되지 않았다면 달라졌을 가능성도 있다. 그러나 대안으로 제시되고 있던 주미대사 출신의 장면이나 민주국민당의 신익희는 대중들에게는 너무도 알려지지 않은 인물들이었다.

이들은 정치인들 사이에서는 인기가 있었지만, 이승만 정도의 대중 장악력은 갖추지 못했다. 미국이 볼 때, 장면은 신사다운 기품을 갖추었지만 카리스마가 약했고, 신익희는 강력한 정치력이 있지만 대중적 인기도에서 뒤떨어질 뿐 아니라 1945년 이전의 정치 경력을 신뢰하기 어려웠다. 신익희는 미군정에 의해 밀려난 임시정부의 인물이었다. 미군정은 김구 및 임시정부 계열의 인사들과 많은 갈등을 겪었고, 그렇기 때문에 미국은 임정 출신들을 믿고 뒷받침해줄 수 없었다.

그밖에 미국이 개입할 때 예상되는 세계의 비난 여론, 전쟁 중 정치 변화가 일어날 경우 예상되는 한국 내 혼란, 이승만 제거 계획에 반대하는 미 군부 내 강경파의 입김 등이 이 계획을 실행에 옮길 수 없었던 이유들이었다. 그러나 무엇보다도 이승만을 대체할 수 있는 정치세력의 부재야말로 가장 큰 원인이었다.

결국 미국은 대타협을 택하게 된다. 말이 대타협이지, 실은 이승만의 손을 들어준 것이었다. 당시 국무총리였던 장택상을 통해서 내각책임제 개헌을 추진한 국회의원들과 타협하여 '발췌 개헌안'이라는 사상 초유의 개헌안을 내놓았다.

임시수도 부산에 자리잡은 임시정부. 프랑스 화가 들라크루아의 〈민중을 이끄는 자유의 여신〉을 본떠 그린 그림 속 주인공이 태극기를 들고 있다.

'발췌 개헌안'은 내각책임제 개헌안과 이승만이 내놓은 대통령 직선제 개헌안에서 중요한 부분을 발췌하여 만든 누더기 개헌안이었다. 실제 내용에서는 대통령 직선제만을 골자로 하였다. 내각책임제 개헌안에서 수용된 부분은 일원화되어 있는 국회를 양원제로 만든다는 것뿐이었다. 그나마 양원제 국회에 대한 헌법 조항은 4·19혁명이 일어날 때까지 단 한번도 실현되지 않았다.

이승만은 승승장구할 수 있는 날개를 달았다. 미국과의 기싸움에서 승리했다. 이제 미국이 민주주의를 내세우며 이승만을 압박하기는 힘들었다. 나아가 이승만은 대타협 대신에 이승만 주위에서 독재정치를 뒷받침하고 있는 인사들을 제거해달라는 미국의 요구를 수용하면서 자신에게 유리한 방향으로 처리했다. 즉 부산정치파동 직후에 열린 자유당 전당대회에서, 가장 큰 정적인 이범석을 숙청한 것이다.

이범석은 이승만을 지지하고 있었으나 언제라도 이승만을 위협할 수 있는 인물이었다. 광복군 활동을 한 이범석은 친일 경력이 없고 임시정부의 후광도 입고 있었다. 또한 해방 직후 민족청년단이라는 우파 성향의 청년단체를 조직하여 수많은 청년들의 지지를 받고 있었다. 《사상계》의 장준하나 국무총리를 지낸 백두진 등이 모두 민족청년단 출신이다. 민족청년단은 미군정의 지원을 받은 유일한 청년단체다.

이범석을 숙청한 이승만은 자기에게 충성을 다할 인물들로 자유당을 채웠다. 그 중심에 이기붕이 있었다. 이기붕의 부상은 누구도 예상하지 못한 사건이었다. 이기붕은 식민지 시기부터 유명했던 인물도 아니었다. 그의 부상은 몇 가지 이유로 설명된다. 하나는 그가 해방 직후 미군정의 통역을 했기 때문에 미국과 가까운 관계를 유지하고 있었다는 점이다. 따라서 미국이 이승만 주위의 강성 인물들을 제거한 다음 자기들과 가까운 이기붕의 등용을 종용했을 가능성도 있고, 반대로 미국과의 관계를 유연하게 풀기 위해 이승만이 이기붕을 끌어들였을 가능성도 있다.

두 번째는 이기붕의 부인 박마리아의 활동과 관련된 점이다. 박마리아는 식민지 시기부터 교육계에서 활발하게 활동했던 인물이다. 그녀는 김활란 등과 함께 식민지 시기의 친일 여성으로도 유명하다. 박마리아는 해방 후 이화여대 영문과 교수로 재직하다가 프란체스카와 가까운 관계를 맺게 되었고, 그 연고로 남편을 강력하게 추천했다는 것이다.

사실 지금까지 대통령 부인에 대해서는 왈가왈부하는 것을 금기시해왔다. 역대 독재정권마다 많은 비판이 있었지만, 대통령 부인들에 대한 이미지는 긍정적이었다. 프란체스카에 대해서도 '검소하다'는 평가를 비롯한 긍정적인 이미지가 많았다. 그런데 당시 주한미국 대사관은 프란체스카가 이승만의 인사 문제에 지나치게 개입하고 있다는 보고서를 본국에 보낸 적이 있다. 이기붕의 등장도 이와 무관하지 않을 가능성이 있다.

이기붕이 미국과 가깝다는 사실과 그의 부인 박마리아의 영향력, 이 두 가지는 이기붕이 부상하게 된 이유를 잘 보여준다. 이승만과 미국의 입장에서 볼 때, 이기붕은 한미관계에 긍정적인 역할을 할 수 있는 인물인 동시에 부인의 영향력을 무시할 만큼 카리스마 있는 인물은 아닌 것으로 파악된 것이다.

이기붕을 중심으로 한 세력들은 1954년 총선거를 통해서 자유당 내에서 입지를 확보하고, 국회에서도 과반수를 장악하였다. 그리고 또 한번의 쇼를 연출하였는데, 바로 '사사오입 개헌'이다. 사사오입 개헌은 이승만의 종신집권을 위한 개헌 과정에서 투표 결과를 뒤집은 사건이었다. 당시 개헌을 하려면 국회의원 수의 3분의 2인 136명의 찬성을 받아야 했는데, 한 표가 모자라는 135표가 나왔다. 국회의장은 개헌안이 부결되었다고 선포했다. 그날 밤 자유당에서는 기발한 아이디어를 냈다. 전체 국회의원 수 203석의 3분의 2를 계산하면 '135.3333……'이 나오는데, 0.5 이하를 버림으로써 135명이면 3분의 2가 된다고 새로운 해석을 내놓은 것이다. 결국 다음날 국회는 개헌안이 통과되었다고 선포함으로써 전날의 결정을 번복했다. '발췌 개헌'과 '사사오입 개헌', 2년 사이에 있었던 두 차례의 해프닝은 이승만의 장기집권에 중요한 발판이 되었다.

발췌 개헌안이 국회를 통과한 뒤 1952년 8월 15일 제2대 대통령 선거가 실시되었다. 우리 역사상 처음으로 국민들의 손으로 직접 대통령을 뽑는 선거였다. 그러나 전쟁 중에 치른 선거 결과는 뻔한 것이었다. 누구도 이승만의 당선을 부인하지 못했고, 결과 역시 그랬다. 이승만은 다시금 무소불위의 권력을 휘두르는 권력자가 되었다.

바로 이것이 한국전쟁 중 후방에서 벌어진 정치전쟁이었다. 3장에서 살펴보았듯이 한국전쟁 직전 남한의 상황은 안정되어가고 있었다. 그러나 이승만의 입장에서는 정치적 불안이 계속되고 있었으며, 부산정치파동은 이승만이 정치적 통제력을 강화하는 중요한 계기였다.

부산정치파동 직전에 있었던 지방자치제 선거 역시 이승만의 지방 통제력을 강화시켜주었다. 원래 지방자치제도는 중앙 집중화를 막기 위한 민주적인 제도이지만, 전쟁이라는 상황은 거꾸로 이승만 정부에게 선거를 통해 지방의 권력 핵심에 자신들의 지지자를 심도록 하는 결과를 가져다주었다. 그 후에는 지방자치 선거가 실시되지 않았다.

부산정치파동은 비록 전쟁이라는 특수 상황에서 일어난 일이긴 하나, 한미관계의 전형을 보여준 사건이었다. 미국은 제3세계 정책에서 민주주의와 반공 사이에서 고민하였다. 민주주의는 미국식 자유주의의 상징이었고, 반공은 냉전 체제에서 미국 중심의 세계 체제를 유지하는 필수조건이었다. 문제는 제3세계의 경우 반공 체제를 유지하기 위해서는 미국식 자유주의를 견지하기가 어렵다는 것이었다. 이 문제는 개발독재라는 또 다른 이데올로기가 등장하는 1960년대에 가서 해결된다. 즉 경제개발을 위해서는 독재 체제가 필요할 수밖에 없다는 이론이 등장하면서, 반공 독재정권에 대해 미국이 지지를 보내는 현상이 나타나는 것이다. 그렇지만 미국은 때로 미국식 민주주의적 가치 앞에서 반공 독재정권과 대립하였다.

대한정책에서도 이러한 현상이 적지 않게 일어났다. 이승만 정부와 박정희 정부를 거치면서 미국은 두 가지 목표 사이에서 고민했다. 4·19 혁명 후나 부마항쟁*과 10·26 사건 후, 미국은 강력한 반공 이데올로기를 갖춘 지도자를 필요로 했고, 박정희와 전두환의 손을 들어주었다. 그리고 한국의 독재 체제는 미국의 지원을 받으며 유지되었다.

반대로 1960년의 3·15 부정선거와 1987년의 6월 항쟁 때는 민주화를 열망하는 국민들의 손을 들어주었다. 국민의 힘에 의한 민주화가 자칫 혁명으로 전화될 가능성이 있다고 판단한 것이다. 그리 되면 남한이 외부의 침략에 의해 붕괴되는 것보다 더 심각한 상황이 초래될 수 있었다. 곧 '외부로부터의 안보'에 대비되는

* **부마항쟁** 1979년 10·26 사태 직전 부산과 마산 지역에서 일어난 민주화 운동.

'내부로부터의 안보'였다.

부산정치파동 사건 때, 미국은 강력한 지도자로 여겨지는 이승만의 손을 들어주었다. 그 대가로 1950년대 내내 이승만 정부로부터 끊임없이 도전받았다. 미국이 추진한 정책들은 '반공'이라는 큰 틀을 제외하고는 대부분 이승만 정부의 반대에 부딪혔다. 원조 감축도, 한일관계 정상화도 제대로 추진할 수 없었다.

아마도 요즘 미국의 고민은 독재 체제 시대와는 정반대의 내용일 것이다. 대한민국이 너무 민주화되어 있거나 혹은 너무 좌경화로 기운 건 아닌지 의심스러운 눈으로 바라보고 있을 것이다. 그렇다고는 해도 반공과 자유주의 사이에서의 고민은 1952년 부산정치파동 후 지금에 이르기까지 미국의 대한정책에서 나타나는 핵심 사안이다.

민족안보인가, 정권안보인가

처음의 문제 제기로 돌아가자. 과연 이승만 정부는 한국전쟁으로 '민족'의 이익을 지키려고 했는가? 일부 보수 언론에서 평가하듯이 '자유민주주의'의 가치와 '자본주의' 시스템을 지키려고 했는가?

백번 양보한다 해도 부산정치파동이 '자유민주주의'의 가치를 수호하려던 사건이 아닌 것은 명백하다. 또한 이승만 정부의 '북진통일론'은 이승만이 주장한 '민족'이 무엇을 의미하는지 잘 보여준다. 그가 주장한 '민족'은 보통 국민들로 구성된 민족은 아니었다. 만약 그랬다면, 민족 구성원들을 또다시 죽음으로 몰아넣는 북진통일론을 주장하지 말았어야 했다. 민족 구성원들을 죽음으로 몰아넣으면서 대관절 어떤 '민족'을 구하려 했단 말인가? 이 점은 '민족'의 이름을 내걸고 전쟁으로 통일을 이루고자 한 김일성도 마찬가지다. 한국전쟁 당시 남과 북의 지도자들이 구하고자 한 것은 '민족'이 아니라 자신의 '정권'이 아니었을까?

세금을 **현물**로 받자

전쟁 기간 중에는 사회, 경제적 조건들이 평상시처럼 정상적으로 돌아가지 않는다. 특히 경제는 위기에 가까울 만큼 어려워질 수밖에 없다. 수요와 공급이 정상적으로 이루어지지 않기 때문이다. 전쟁으로 생산시설과 유통시설이 파괴되고, 이로 인해 일자리를 잃은 실업자들이 양산된다. 실업자 양산은 다시 수요의 감소로 이어진다.

전쟁이 자국 영토에서 일어나지 않았을 때는 이러한 현상이 일어나지 않는다. 이 경우에는 오히려 전쟁 물자를 공급하기 위해 생산시설을 총가동해야 하기 때문에 국내 생산이 더욱 활성화되고 경제도 좋아진다. 많은 군인들이 동원되기 때문에 실업률도 내려간다. 미국이 두 차례에 걸친 세계대전과 한국전쟁, 베트남 전쟁, 그리고 걸프전에 이르기까지 경제적 호황을 누린 근본 이유는 자국 내에서 전쟁을 치르지 않았기 때문이다. 물론 행정부는 전쟁을 위한 재정지출로 적자에 허덕인다. 그러나 생산과 소비의 증가는 역설적으로 세수를 늘릴 수 있는 기회를 만든다.

한국의 경우, 전쟁이 한반도에서 일어났기 때문에 이러한 '혜택'을 누릴 수 없었다. 생산시설은 대부분 파괴되었으며, 수많은 피난민들로 전국이 대혼란에 빠졌다. 정부는 전쟁을 수행할 군대를 유지하는 데 돈이 필요했지만, 돈을 얻기가 쉽지 않았다. 사람들이 어디에 사는지 파악할 수도 없고, 얼마나 돈을 버는지 감시하기도 힘들었다. 세금을 걷을 수가 없던 것이다.

1945년 이후 계속된 경제적인 혼란이 한국전쟁으로

전쟁 중에도 삶은 계속된다. 한 농부가 수차로 논에 물을 대고 있다.

다시 한번 가중되었다. 해방 직후 많은 일본인 기술자들이 본국으로 돌아가고, 그동안 일본 경제에 의존하고 있었던 한국 경제는 생산과 공급에 차질이 생겼다. 또한 3장에서 말했듯이 악성 인플레이션이 계속되면서 가격체계가 무너졌다. 신생 정부인 대한민국은 의욕 과잉으로 과도한 재정지출을 통해 산업재건을 실행하고자 하였다. 그나마 1950년 봄의 재정안정계획을 통해 인플레이션이 웬만큼 해결되는가 싶더니, 바로 그때 전쟁이 일어난 것이다. 대한민국은 경제적으로 총체적 난국에 빠졌다.

난국 중에도 먼저 해결해야 하는 문제는 전쟁을 치르고 있는 군인들을 먹여 살리고, 도시 사람들이 폭동을 일으키지 않도록 식량을 대는 것이었다. 유엔군의 원조만으로는 해결되지 않았다. 이러한 상황에서 나온 묘안이 바로 현물세였다. 근대사회의 상징은 화폐이며, 화폐를 통해서 시장이 활성화된다. 근대사회로의 이행과정에서 현물세는 폐지되고, 화폐를 중심으로 한 경제체제가 성립된다. 그런데 근대사회로 이행한 한국 사회에서 현물세가 등장한 것이다. 그것이 곧 '임시토지수득세' 다.

대한민국 정부는 1951년 9월 '임시토지수득세법'을 발표하였다. 이 법은 '6·

| 자료 53 | 임시토지수득세의 과세표준 |

제5조. 제1종 토지수득세의 과세표준은 다음과 같이 한다.
1_ 갑류(전답으로 을류 이외의 토지)—그 토지의 수확량
2_ 을류(전답 중 대통령령으로 지정한 작물 또는 대통령령이 정하는 바에 의하여 정부의 허가를 얻어 특수한 작물을 생산하는 토지)—그 토지의 소득 금액

제6조. 제1종 토지수득세의 세율은 다음과 같이 한다.
  갑류: 각 기별 수확량을 아래의 각급으로 구분하여 누진으로 각 세율을 적용하여 산출한 수량을 세액으로 한다.

10석 이하의 수량	100분의 15
10석을 초과하는 수량	100분의 20
20석을 초과하는 수량	100분의 24
50석을 초과하는 수량	100분의 28

  을류: 각 기별 소득 금액을 아래의 각급으로 구분하여 누진으로 각 세율을 적용하여 산출한 금액을 세액으로 한다.

40만 원 이하의 금액	100분의 25
40만 원을 초과하는 금액	100분의 30
100만 원을 초과하는 금액	100분의 35
200만 원을 초과하는 금액	100분의 40
300만 원을 초과하는 금액	100분의 45
500만원을 초과하는 금액	100분의 50
1,000만 원을 초과하는 금액	100분의 60
5,000만 원을 초과하는 금액	100분의 70

농지개혁법에 의하여 분배를 받은 토지에 대하여는 연부상환하는 기간 중에 한하여 그 토지의 제1종 토지수득세는 제1항의 규정에도 불구하고 아래에 의한다.

갑류: 각 기간별 수확량을 아래의 각급으로 구분하여 누진으로 각 세율을 적용하여 산출한 수량을 세액으로 한다.

        10석 이하의 수량　　　　　　　100분의 10
        10석을 초과하는 수량　　　　　100분의 15
        20석을 초과하는 수량　　　　　100분의 19
        50석을 초과하는 수량　　　　　100분의 23

을류: 각 기별 소득 금액을 아래의 각급으로 구분하여 누진으로 각 세율을 적용하여 산출한 금액을 세액으로 한다.

        40만 원 이하의 금액　　　　　　100분의 15
        40만 원을 초과하는 금액　　　　100분의 20
        100만 원을 초과하는 금액　　　 100분의 25
        200만 원을 초과하는 금액　　　 100분의 30
        300만 원을 초과하는 금액　　　 100분의 35
        500만 원을 초과하는 금액　　　 100분의 40
        1,000만 원을 초과하는 금액　　　100분의 50
        5,000만 원을 초과하는 금액　　　100분의 60

출처: '현물세제 수(遂) 채택 : 임시토지수득세법안 국회통과', 〈동아일보〉, 1951년 9월 10일자.

25 사변으로 인한 국가 경제의 불안정을 조정하기 위하여 토지수익에 대한 정세를 물납으로 통합함으로써 통화팽창의 방지와 양곡정책에 기여' 하는 것을 목적으로 한다고 했다. 즉 양곡수집을 통해 도시의 식량을 확보해야 했던 정부가 양곡수집 과정에서 나타나는 통화팽창 과정을 생략한다는 논리로 임시토지수득세를 만든 것이다.

정부는 영세농들의 생활을 보장한다는 명분으로 〈자료 53〉과 같이 누진세율을 적용하였다. 그렇지만 10석 미만의 수확을 하는 영세농에게 15퍼센트를 징수한다는 것은 커다란 부담이 될 수밖에 없었다.

게다가 농민들을 더 힘들게 한 것은 농지개혁이 유상으로 이루어짐으로써 납부해야 하는 지가상환이 더해진다는 점이었다. 〈자료 53〉의 두 번째 세율은 지가상환을 해야 하는 농민들에게 5퍼센트 정도의 세 부담을 경감해준다는 내용을 담고 있다. 그러나 당시의 농지개혁법에 따르면 지가상환은 5년 동안 생산물의 30퍼센트를 납부하도록 되어 있었다. 그러므로 10석에서 20석 미만의 수확을 하는 농가의 경우, 1년 생산량의 45퍼센트를 지가와 현물세로 납부해야 했다.

여기에 더하여 인플레이션은 농민들에게 큰 부담이었다. 현물로 세금을 내게 되자 농민들은 쌀 판매를 통해 더 많은 현금을 확보하는 것이 불가능해졌다. 〈자료 54〉에 나타나는 바와 같이 전쟁 기간 중 쌀, 보리, 밀가루 등 곡물 가격은 적게는 12배, 많게는 25배까지 뛰었다. 이는 〈자료 54〉의 통계가 정확하다는 가정 하에서 나온 수치다. 전쟁 중 식량 가격은 부르는 게 값일 만큼 높을 수밖에 없다.

그러나 농민들은 높은 가격을 받고도 쌀을 팔 수 없었다. 생산물 중 잉여가 될 수 있는 부분은 상환금 및 세금으로 정부에 납부해야 했고, 나머지 쌀로는 자급하기도 모자란 형편이었다. 결국 임시토지수득세는 인플레이션으로 인한 정부의 부담을 고스란히 농민들에게 떠넘긴 셈이었다. 당시 재무부장관 백두진은 '임시토지수득세가 없었다면 경제체제가 붕괴되었을 것'이라고 자평하였는데, 이는 정부의 입장에서 성공적인 것이었지 일반 농민들에게는 생존권 위협이었다.

자료 54　주요 상품의 소매가격 추이(서울)

단위: 원

	단위	1950년 6월 (가)	1951년 12월 (나)	1953년 2월	(나)/(가)
쌀	20 리터	53	314	1,240	23.4
보리쌀	20 리터	36	210	860	23.9
밀가루	20 킬로그램	100	700	1,250	12.5
광목	1 마	4.9	55.0	60.0	12.2
여자 고무신	1 켤레	3.8	54.0	70.0	18.4
연탄	1 톤	140	-	3,400	24.3
빨래비누	1 개	2.5	20.0	40.0	16.0
금	1 돈	81	759	1,800	22.2

출처: 한국은행, 《경제연감》, 1955년판, I-198~199쪽.

이후 '보릿고개', '절량농가(絶糧農家)'라는 말이 생겨났다. 보릿고개는 봄에 쌀이 떨어진 후 보리가 재배되기 직전까지를 가리킨다. 갖고 있던 쌀도 다 떨어지고 보리는 수확 전이었으므로 먹을 것이 없었다. '보릿고개'를 넘기지 못하고 죽어가는 사람들이 속출했다. '절량농가'는 말 그대로 식량이 떨어진 농가를 일컬었다.

또 인플레이션

 임시토지수득세는 4·19 혁명이 일어나는 1960년까지 존속하면서 농민들을 괴롭혔다. 총 조세수입 중 임시토지수득세가 차지하는 비중은 많게는 30퍼센트에서 적게는 14퍼센트였다. 특히 전쟁 기간 중에는 임시토지수득세로 군량미와 공무원들의 봉급을 해결했다.

 그렇다면 〈자료 54〉와 같은 인플레이션은 왜 나타났을까? 당연히 전쟁으로 인해 생산에 차질을 빚었기 때문에 공급 부족으로 나타난 현상이었다. 공급이 모자라는 상황에서 전쟁으로 인한 수요의 확대는 곧 가격의 급등을 가져올 수밖에 없었다. 그런데 한국전쟁 당시의 인플레이션은 일반 전쟁 시기에 나타나는 인플레이션보다 심각했다. 필수품의 가격이 1~2배가 아니라 20배까지 상승한다는 것은 경제체제가 불안정을 넘어 붕괴로 이어질 수 있는 위기였다.

 문제는 공급 부족만이 아니었다. 인플레이션의 또 다른 주범은 통화팽창이었고, 통화팽창의 주된 요인은 전쟁 중 정부가 방출한 유엔대여금이었다. 유엔대여금이란 유엔군의 작전상 필요한 국내 경비 일체를 한국 정부가 한국 원화로 대여해주는 것을 말한다. 1950년 7월 26일 한국 정부와 유엔사령부는 '유엔군 경비지출에 관한 한미협정'(《자료 55》)을 체결하였다.

 대한민국 정부를 돕기 위하여 온 유엔군이니 필요한 경비를 정부에서 공여하는 것은 어쩌면 당연한 일일 수도 있다. 전쟁은 총과 칼로만이 아니라, 먹고 입어

미제 초콜릿을 든 아이.

야 하는 사람에 의해서 수행되는 만큼 돈 없이는 불가능하다.

그런데 자신들이 도우러온 국가가 경제적으로 붕괴될 위험에 있는데 거기다 대고 돈을 요구한다면, 도와주느니만 못한 결과를 가져오게 된다. 수혜국의 경제 문제로 불안정한 상황이 초래되면, 오히려 역효과를 낳는 것이다. 임진왜란 때 명나라 군대가 위기에 처한 조선의 왕실을 도와주기 위하여 한반도에 파견되었지만, 명나라 군대로 인해 조선의 경제는 더 피폐해졌고 민심 이반이 심각했다는 것이 한 예다.

자료 55   유엔군 경비지출에 관한 한미협정
(1950. 7. 26)

목적: 대한민국 정부와 미국 정부 간에 체결되는 본 협정은 1950년 6월 25일부 및 6월 27일부 유엔 안전보장이사회 결의에 의거하여 미합중국이 임명한 유엔회원국 연합군 총사령관 지휘로 한국에서 작전 중인 제 군대와 대한민국 정부 및 동 국민 간에 행해지는 통화 및 신용의 공급과 사용에 관한 제 관계를 통할한다.

제1조. 대한민국이 공여하는 한국 통화

대한민국 정부는 유엔회원국 연합군 총사령관에 대하여(이하 총사령관으로 약칭) 동 사령관 지휘를 받는 참가 군대를 포함하여 한국 및 한국 수역에서의 작전 및 활동에서 생기는 경비지출로서 동 사령관이 요구하는 금액, 종류, 시일, 장소에 따라 대한민국 통화와 그 통화로 된 신용(이하 한국 통화 및 신용이라 칭한다)을 공여한다.

제2조. 한국 통화의 변상과 신용공여의 취소

총사령관은 언제든지 대한민국 정부에 대하여 위 제1조에 의하여 공여된 한국 통화의 전부 또는 일부를 변상할 수 있으며, 또 그 명의로 설정된 모든 한국 통화—신용의 전부 또는 일부의 취소를 요구할 수 있다. 본 협정이 만료될 때는 총사령관은 위 제1조에 의하여 공여된 한국 통화로서 그가 소지하고 있는 전액을 대한민국 정부에 반환하여야 하며, 그 명의로 설정된 신용한도 중의 미사용분은 취소되어야 한다.

제3조. 기타 통화의 사용

위 제1조에서 공급하기로 합의된 통화 이외의 다른 통화 사용이 필요할 때, 총사령관은 적당하다고 생각되는 한도까지 당해 통화를 사용케 할 수 있다.

제4조. 대한민국에 대한 보고

만약 사령관이 한국 통화와 신용을 그 지휘 하에 참가하고 있는 타국 군대에 양도할 경우에는 그 양도 내용을 수시로 대한민국 정부에 보고하여야 한다.

제5조. 결제의 연기

위 제3조의 규정에 의하여 사용하게 된 통화를 포함하여 본 협정에 의한 통화 및 신용의 공여 및 사용에서 발생되는 채무의 결제는 관계 군대 소속국 정부와 대한민국 정부 간에 직접 행한다. 그 협상은 당해국 정부와 대한민국 정부가 상호 타당하다고 생각되는 때까지 연기할 수 있다. 미합중국 또는 기타 제3국 통화가 총사령관에 의하여 제3국 군대에 양도되었을 경우 양도국 정부와 그 양도를 행하는 미합중국 정부의 권리는 여하한 방법으로도 손상되지 않는다.

제6조. 기록의 보유

본 협정에 의하여 수령 및 양도된 통화와 신용의 금액을 표시하는 기록은 위 제3조에 의하여 수령 및 양도되는 통화의 금액을 표시하는 기록과 함께 보존하여야 한다.

제7조. 유효 기일 및 종료

본 협정은 서명 즉시 실시되고 효력을 발생하며, 상호간에 본 협정의 필요성이 없어졌다고 합의하는 시일까지 효력을 가진다.

(하략)

미합중국을 대표하여 주한 미국대사 존 제이 무치오

대한민국을 대표하여 재무부장관 최순주

출처: 이대근, 《한국전쟁과 1950년대의 자본축적》, 까치, 1987, 281~282쪽에서 재인용.

유엔대여금과 함경도 또순이

당시 한국 경제의 상황이 좋지 않았기 때문에 〈자료 55〉의 협정에서 '총사령관은 언제든지 대한민국 정부에 대하여 제1조에 의하여 공여된 한국 통화의 전부 또는 일부를 변상할 수 있다'고 규정하고 있다. 1950년 봄의 재정안정계획이 한국 정부의 지출을 줄이기 위하여 입안된 것이었고, 이를 통해 인플레이션을 가까스로 잡았음을 감안할 때, 유엔군에게 대여금을 주는 것은 통화팽창을 통한 인플레이션을 다시금 야기하는 결과를 가져올 게 불 보듯 뻔했다. 뚜렷한 재정수입이 없는 한국 정부가 유엔군에게 대여금을 주기 위해서는 통화를 새로 찍는 것 말고 달리 방법이 없기 때문이다.

1950년 7월부터 1951년 6월까지 유엔군에게 대여한 금액은 20억 원을 넘었다. 1951년도만 보더라도 통화량 증가분이 49억 3천만 원이었는데, 이중 유엔군 대여금에 사용된 것은 36억 2천만 원으로 전체 통화량 증가분의 73퍼센트였다. 물론 여기에서 유엔군이 상환한 금액과 원조물자 판매대금으로 보충되었지만, 이것을 감안하더라도 한국전쟁 기간 동안에 이루어진 총 통화량 증가분 가운데 50퍼센트 이상이 유엔군 대여금으로 사용되었다.

통화란 물건과 같아서 공급량이 늘어나면 가치가 떨어지게 마련이다. 통화 가치가 떨어지면 자연히 물가는 상승한다. 일반적으로 경제개발을 빨리 수행하기 위해서는 정부의 투자를 늘려야 하는데, 이 때문에 일시적으로 통화량이 증가하기도 한다. 정부의 투자 확대를 위한 일정한 정도의 통화량 증가는 시중에 유통되는 통화량을 늘려서 소비 진작의 효과를 불러올 수 있다.

그러나 한국전쟁 시기의 통화 증가는 일자리 창출이나 국민들의 수요 증가로 나타나지 않았다. 정부의 투자가 새로운 일자리를 만들어내는 대신, 전쟁 시기 한국 정부의 투자는 유엔군에게 지불되었다. 그럼 유엔군에게 지불된 돈이 다시 사회로 환원되었는가 하면, 꼭 그렇지만은 않았다. 유엔군은 전쟁 수행을 위한 시설을 만들기 위하여 특정한 사람들에게 공사를 수주하였다. 그리고 이 과정에서 특정한 한국인들에게 부가 집중되기 시작하였다. 일부 건설업체들이 이 과정에서 성장하기 시작하였다.

반면에 통화량 증가로 물가가 상승했는데도 국민들은 돈이 없었다. 길거리에는 실업자가 넘쳐났고, 돈 없는 국민들은 수요를 창출할 수 없음은 물론이거니와 엄청나게 값이 오른 생필품을 사는 것조차 어려웠다. 돈을 벌기 위해 할 수 있는 것은 오직 장사밖에 없었다. 생산 직종에 종사하는 것은 꿈도 꾸기 어려웠다. 그나마 전쟁특수로 유엔군 관련 기관의 자리들이 늘어나긴 했지만 소수에 한정된 것이었고, 일용직 정도만 보장될 뿐이었다. 결국 국민들이 유엔군 대여금으로 인한 고통을 고스란히 떠안아야 했다.

돈 없는 사람들 중 일부는 농지개혁의 대가로 받은 지가증권(地價證券)을 팔았다. 유상매수(有償買收) 유상분배(有償分配)로 이루어진 농지개혁으로 지주들은 지가증권을 받았지만, 전쟁 때문에 마치 요즘의 '카드 꺾기'처럼 지가증권도 '꺾기'로 팔아야 했다. 액면가가 있는 지가증권은 인플레이션으로 그 가치가 점점 떨어졌다. 땅을 정부에 판 대가로 받은 지가증권은 다시 생산 산업 부문에 투자됐어야 했다. 이를 통해서 국내 자본을 축적할 수 있어야 했다. 그러나 목숨을 유지하기도 힘든 피난 생활 속에서 사람들은 액면의 절반에도 못 미치는 돈을 받고 지가증권을 바꿨다. 살인적인 인플레이션으로 지가증권의 가치가 반 이하로 떨어진 상황에서 다시 '꺾기'를 통해 액면가 이하의 가격으로 지가증권을 넘기게 되니, 이를 통한 산업자본화는 현실화되기 어려웠다.

이러한 상황에서 비정상적인 산업구조가 탄생하게 되었다. 즉 피난지에서 피난민들을 중심으로 한 상업이 활발하게 일어나기 시작했다. 대도시마다 곳곳에 시장이 들어서기 시작한 것이 이즈음이다. 피난 온 사람들에게 유일하게 돈을 벌 수 있는 방법은 장사밖에 없었다. 생활력이 강한 함경도 아줌마들을 가리키는 함경도 '또순이'라는 말이 나오기 시작한 것도 이 무렵이다. 한국의 경제구조는 기

| 자료 56 | 제1, 2, 3차 산업별 구성비 추이(생산액 기준) |

단위: %

연도 산업	1952	1953	1954	1955	1956
제1차 산업	50.8	50.1	41.5	35.1	31.3
제2차 산업	10.3	13.4	10.1	12.1	13.2
제3차 산업	38.5	36.6	47.2	51.9	53.7
합계	100.0	100.0	100.0	100.0	100.0

출처: 한국은행, 《한국의 국민소득》, 1973, 120쪽.

형화되어갔다. 〈자료 56〉에서 보듯이 1, 2차 산업에 비해 3차 산업의 비대화 현상이 나타났던 것이다.

전쟁 중인 1952년과 1953년, 3차 산업의 비중은 35퍼센트를 넘어섰고 전쟁이 끝난 뒤에도 3차 산업은 꾸준히 성장하여 1955년에는 50퍼센트를 넘어섰다. 과거 농업국가였던 한국의 1차 산업 비중은 50퍼센트를 밑돌았다(〈자료 56〉). 건전한 생산보다는 유통 마진을 통해 운영되는 비정상적 시스템으로 경제구조가 형성된 것이다. 농지개혁을 통해 산업자본주의 국가로 성장할 꿈을 꾸었던 대한민국은 그와는 전혀 다른 방향으로 나아갔으며, 그 피해는 전적으로 국민들에게 돌아갔다.

유엔군 대여금이 중요한 또 다른 이유는 대여금 상환과정에서 맺어진 미국과의 협정을 통해서 한국 경제에 대한 미국의 개입이 강화되었다는 점이다. 유엔군 대여금으로 인플레이션이 악화되자, 한국 정부는 미국 정부에게 대여금의 일부를 상환해줄 것을 요청하였다. 미국 또한 한국 경제의 붕괴를 좌시할 수만은 없었기 때문에 대여금의 일부를 돌려주기로 하고 협상에 들어갔다.

그런데 문제가 발생했다. 인플레이션 때문에 한국의 통화가치가 떨어지면서 갚아야 할 액수에 차액이 생긴 것이다. 처음 유엔군대여금을 주었던 시점에서 계산하면 원화 가치가 상대적으로 높았기 때문에 미국은 더 많은 달러를 갚아야 했다. 그러나 1951년 중반, 원화 가치가 2분의 1 이하로 떨어진 것을 기준으로 삼으면 미국이 갚을 돈은 절반 이하로 떨어지게 된다. 이 문제와 함께 상환 시기를 둘러싸고 한국과 미국 정부 사이에 논란이 벌어졌다.

왜 전쟁 중에 통화개혁을 했을까?

논란 끝에 이승만 정부는 환율을 고정하는 조치를 취하기로 했다. 그것이 바로 1953년 2월 14일에 이루어진 통화개혁 조치다. 새롭게 '환(圜)' 단위를 만들어

화폐개혁으로 바뀐 새 화폐. 단위가 '환'이다.

100원을 1환으로 바꾸는 통화개혁을 단행한 것이다. 더 이상 한국의 통화가치가 하락하는 것을 막으려는 조치였다. 그럼으로써 유엔 대여금 환수 과정에서 더 많은 달러를 받을 수 있기 때문이었다.

통화개혁으로 고정된 환율은 1달러당 180환이었다. 만약 통화개혁이 이루어지지 않았다면, 1달러당 1만 8천 원이 되었을 것이다. 빵 하나를 사려면 커다란 가방에 돈을 넣어가야 하는 사태가 발생했을 것이다. 차라리 임시토지수득세처럼 현물로 내는 편이 부피가 적었을 수도 있었다.

일본과 같은 고정환율을 원한 이승만 정부는 180환을 고정환율로 만들기를 원했다. 당시 미국과 일본은 브레턴우즈 체제*에서 고정환율 제도를 채택하고 있

* **브레턴우즈 체제** 1944년 미국의 뉴햄프셔에 있는 브레턴우즈(Bretton Woods)에서 맺어진 협정으로, 이 협정을 통해 달러를 기준으로 하는 세계 통화체제가 형성되었다.

었다. 이는 일본 경제가 한국에 비해 상대적으로 안정되어 있었기 때문이기도 했지만, 일본의 산업부흥 과정에서 인플레이션을 막고자 했던 미국 정부의 특혜 정책이기도 했다. 이승만 정부는 이러한 한일 간의 차별 대우에 대해서 불만을 갖고 있었다. 환율이 올라갈 경우 이승만 정부는 같은 액수를 요구해도 더 적은 금액을 원조받을 수밖에 없었다. 이것이 통화개혁을 실시한 중요한 요인이었던 것이다.

그러나 1953년 2월 이후에도 통화량은 꾸준히 증가했고, 환화의 가치는 계속 하락했다. 환율은 1달러 대 500환, 650환으로, 급기야 4·19 혁명 후에는 1,350환으로 7배 이상 올라갔다. 1달러당 180일 때 180만 환 상당의 원조를 미국에 요청하면 그것은 곧 1만 달러를 의미했다. 그러나 1달러 대 500환일 때에는 3,600달러밖에 받을 수 없었다. 즉, 환율에 따라 미국으로부터 받을 수 있는 원조의 양이 크게 달라지는 것이다.

한편 유엔군 대여금 상환을 위한 협상의 와중에서 트루먼 대통령의 특사 마이어(C. E. Meyer) 대사가 한국을 방문했다. 유엔군 대여금을 해결하기 위한 것이었다. 그리고 한국 정부와 마이어 특사 사이에 협정이 맺어졌다. 그것이 〈자료 57〉의 곧 한미경제조정협정, 일명 '마이어 협정'이다.

마이어 협정은 몇 가지 중요한 내용을 담고 있다. 첫째 한미합동경제위원회를 설치한다는 것이다. 제1항에서 합동경제위원회는 운영기관이 아니라 조정 및 자문기관이라고 명시했지만, 한국과 미국의 경제조정관이 참여하는 한국과 미국 사이의 경제관련 문제들을 조정하는 최고위 기관이었다. 한국 측에서는 재무부장관이, 미국 측에서는 유엔군의 경제고문이 경제조정관을 맡았다. 두 직위가 서로 격이 맞는 것은 아니었으나, 유엔군 사령관이 미국의 원조물자에 대한 권한을 장악하고 있는 상황에서 어쩌면 한국의 재무부장관보다 유엔군 사령관의 경제고문이 더 큰 권한을 행사할 수 있었는지도 모른다.

이보다 더 중요한 내용은 제5항의 '특별 원화계정'이었다. 특별 원화계정은 미

자료 57   한미경제조정협정(발췌)
(1952. 5. 24)

1 _ 한국과 유엔사령부 간에 효과적인 경제조정의 촉진을 주요 기능으로 하는 합동 경제위원회(이는 조정 및 자문기관이며 운영기관은 아니다)를 설치할 것.
2 _ 유엔군이 차입하여 미국 측 요원에게 매각하는 원화 전액을 월별로 한국에 달러화로서 완전 상환할 것.
3 _ 미군이 차입하여 선의의 군사목적으로 사용하는 원화도 월당 400만 달러를 한도로 하여 한국 정부에 달러화로서 상환할 것.
4 _ 미국은 과거의 원화 차입금 중 미국군요원에게 매각한 원화 금액을 한국 정부에 완전 상환할 것.
5 _ 미국 원조물자의 원화 매각대금을 예치할 특별 원화계정을 신설할 것.
6 _ 금융 안정을 위한 하나의 수단으로서 현재 사용 보유하고 있는 ECA와 점령지 행정, 구호원조 대충계정의 모든 자금을 국내 채무변제에 사용할 것.

출처: '한미경제조정협정(마이어 협정) 조인', 〈서울신문〉, 1952년 5월 26일자.

자료 58   한국 경제에서 차지하는 외국 원조의 비중

구분 연도	연도GNP 구성(백만 달러)			일반세입 구성(억 원)		
	GNP(A)	수원액(B)	B/A(%)	총세입(C)	원조자금(D)	D/C(%)
1953	1,361	194	14.3	46.6	7.9	17.1
1954	1,467	154	10.5	125.9	44.7	35.5
1955	1,414	237	16.8	323.7	150.5	46.5
1957	1,672	383	22.9	415.1	224.5	54.1
1958	1,897	321	16.9	454.8	245.8	54.0
1959	1,980	222	11.2	448.8	189	42.1
1960	1,996	245	12.3	476.6	167.6	35.2
1961	2,104	199	9.5	607.5	240.5	39.6

출처: 한국은행, 《한국의 국민소득》, 1973; 《조사월보》, 1964년 12월호; 경제기획원, 《한국경제 통계연감》 1963; 홍성유, 《한국 경제의 자본축적 과정》, 아세아문제연구소, 1965, 42쪽; 한국재정40년사편찬위원회 엮음, 《한국재정 40년사》, 한국개발연구원, 1991, 157쪽.

국 원조물자의 매각대금을 예치하는 특별한 예금 계좌이다. 이른바 '대충자금' 이라고 불리는 원조물자 판매대금은 한국 정부의 재정 중 중요한 구성요소였다. 〈자료 58〉을 보면 1950년대를 통해 한국 정부의 예산에서 원조자금이 차지하는 비중은 40퍼센트를 웃돈다.

그런데 미국의 원조는 현금이 아니라 물품으로 들어왔다. 원조 액수가 책정되면, 그 액수에 해당하는 물건을 구입해서 수혜국에 전달하는 것이다. 따라서 미국은 '바이 아메리칸(Buy American)'이라고 하는 특수한 정책을 실행하고 있었다. 즉 원조 물품을 미국에서 생산한 제품으로 구입함으로써, 원조 때문에 수출에 차질을 빚는 미국의 생산업자들에게 혜택을 주는 것이었다. 한국에 대한 원조의 경우, '바이 아메리칸' 정책이 모두 지켜진 것은 아니다. 일본 경제의 부흥을 돕기 위하여 입찰을 거쳐 일본 물품을 구입하기도 했다.

한국 정부는 원조물자를 재정으로 사용하기 위해 물자를 국민들에게 팔아 그 대금을 예산으로 사용하였다. 이것을 대충자금이라고 한다. 그런데 〈자료 57〉의 마이어 협정을 통해서 대충자금을 위한 특별계정이 만들어졌고, 이 계정의 권한을 미국의 경제조정관이 장악하게 되었다. 쉽게 말하면 대충자금이 들어 있는 계좌의 비밀번호와 인감을 미국의 경제조정관이 쥔 것이다. 한국 정부가 예산을 집행하기 위해서는 미국 측 경제조정관의 인감과 비밀번호가 있어야 가능했다. 이는 곧 미국이 한국 정부의 재정 문제와 경제정책에 깊숙이 개입했음을 의미한다.

예컨대 한국 정부가 새로 고속도로를 만들고 싶다고 하자. 그러려면 예산을 편성해야 한다. 그런데 미국에서 고속도로를 만드는 게 바람직하지 않다면서 인감과 비밀번호를 내놓지 않는다. 그럼 한국 정부는 결코 고속도로를 만들 수 없는 것이다. 〈자료 58〉과 같이 전체 정부 세입의 40퍼센트 이상을 미국원조로 충당하고 있었기 때문에 미국에 의한 대충자금의 통제는 한국 경제 정책에 대한 직접적인 개입을 의미했다.

이러한 한미 경제관계는 1953년 12월 14일의 경제재건과 재정안정계획에 관한 합동경제위원회 협약으로 더욱 구체화되었다. 운영이 아니라 조정 및 자문만을 담당하겠다고 하던 합동경제위원회가 명실상부한 정책결정 기관으로 격상되었다. 비록 합동경제위원회가 1956년까지 제대로 가동되지는 않았지만, 미국의 원조에 대한 사용 권한을 장악하고 있었기 때문에 합동경제위원회가 움직이지 않는 한 이승만 정부의 경제정책은 제대로 실행될 수 없었다. 이 점은 1956년까지 경제복구가 제대로 이루어지지 못한 이유가 되기도 했다.

남한의 경제는 미국과의 긴밀한 관계 속에서 본격적인 자본주의의 길을 걷기 위한 조건들이 마련된 것이다. 긍정 또는 부정의 평가를 넘어서 전쟁이 또 다른 '창조'의 의미를 갖는다는 것은 바로 이러한 일련의 경제정책 과정 속에서 잘 드러난다.

죽어가는 민간인들 – 집단학살

쟁의 비인도적 성격은 무엇보다도 민간인에 대한 집단학살에서 잘 드러난다. 나치의 유대인 학살, 일본군의 난징 대학살을 비롯해 2차 세계대전 후에도 집단학살은 계속되고 있다. 근대 이전에 벌어진 민간인학살이야 비이성적 행위로 치부한다 해도 근대사회에서 벌어지는 집단학살은 이성적으로는 도저히 이해할 수 없는 파렴치한 행위다.

1945년 이후 아프리카에서 벌어지고 있는 전쟁들은 대부분 종족 간의 전쟁이다. 수천 년 동안 종족을 중심으로 나뉘어 있던 경계선이 유럽인들에 의해 자의적인 국경으로 확정된 뒤, 한 국가 내에서 주도권을 장악하기 위한 종족 간의 전쟁이 일어났다. 한 종족이 다른 종족의 '씨'를 말리는 처참한 살육이 벌어지고 있는 것이다. 우간다에서 자행된 종족 간의 살육은 1년 사이에 100만 가량의 민간인이 학살되는 최악의 사태였다.

티토(Joseph Tito)*가 죽은 뒤 벌어진 유고슬라비아 내전은 종족 및 종교 간의

---

* **티토** 유고슬라비아의 독립운동을 이끌었으며, 2차 세계대전 후에는 40년 넘게 유고슬라비아의 지도자로 활동했다.

북한군의 서울 점령 직후에 열린 인민재판.

전쟁이었다. 소련에 대항하는 국가주의와 사회주의의 깃발 아래 종족, 종교 간의 갈등을 봉합하고 있었던 유고슬라비아에서 사회주의가 붕괴되면서 치열한 갈등이 전개되었다. 특히 이슬람 계열의 종족에 대한 기독교 계열의 만행은 가장 선진 지역이라고 하는 유럽의 야만성을 잘 보여주는 것이었다. 한 종족을 몰아내기 위하여 집단 강간까지 자행했던 유고슬라비아에서의 만행은 미국과 나토가 개입함으로써 막을 내렸지만, 분쟁의 불씨는 지금도 남아 있다.

인도와 파키스탄 간의 전쟁은 두 나라가 종교적 이유로 분리된 이후 지금까지 50년이 넘도록 계속되고 있다. 특히 인도와 파키스탄의 전쟁은 전선뿐만 아니라 국경 근처의 카슈미르와 같은 분쟁 지역에서 '테러' 형태로 나타나 민간인들의 피해가 커지고 있다.

미국과 중동의 분쟁, 이스라엘과 팔레스타인의 전쟁은 모두 종교 갈등의 외피를 쓰고 진행되고 있다. 표면적으로는 문명 간의 충돌, 종교 간의 충돌로 비치는 이 전쟁의 이면에는 석유를 둘러싼 이권과 중동 지역에서 주도권 확보라는 정치 경제적 배경이 숨어 있다. 특히 이 전쟁은 '테러'라는 가장 저열한 형태의 전쟁 방식을 택하고 있어서 민간인들은 세계 어느 곳에서나 피해자가 되고 있다. 9·11 테러, 인도네시아의 발리에서 일어난 테러뿐만 아니라 중동 지역에서의 테러도 군사시설보다 민간인들을 목표로 한 것이 더 많았다.

한국전쟁은 종족, 종교적 갈등과는 거리가 멀다. 그러나 이데올로기 갈등이 내화되어 있었기 때문에 집단학살이 벌어졌다. 4·3 항쟁과 여순사건, 보도연맹사건 등을 통해 집단학살을 경험한 사람들은 전쟁을 통해 또다시 잔인한 학살을 겪어야 했다.

남과 북에서 벌어진 학살들

한국전쟁 시기 민간인학살은 전황에 따라 서로 다른 양상을 띠고 발생했다. 한국전쟁 초기의 민간인학살은 한국 경찰과 미군에 의해 일어났다. 대표적인 것이 보도연맹사건과 노근리 사건이다.

보도연맹사건은 남한 경찰이 주로 평택 이남에 있던 보도연맹원들을 집단학살한 일을 가리킨다. 보도연맹은 해방 직후 좌익 활동을 하다가 전향한 사람들이 가입해 있던 준(準)국가단체인데, 북한군이 진주할 경우 이들이 북한군에게 유리한 활동을 할 것을 염려하여 학살한 것이다. 현재 확인된 경우만 10여 건이 넘으며, 피해자의 정확한 숫자는 밝혀지지 않았다. 지금도 새로운 증언과 피해 상황이 나오고 있는 것을 보면, 앞으로도 피해자의 숫자는 더 늘어날 가능성이 크다.

북한군이 영남지방을 제외한 38선 이남 대부분을 장악하면서 또 다른 학살사건들이 발생했다. 북한은 1950년 7월 22일 '전시 조건 하에서 발생하는 범죄에 대해서 형법 적용에 관한 지도적 지시'와 같은 해 8월 21일에 '군사행동 구역에서의 군사재판소에 관한 규정'을 발표하였다. 남한 지역을 점령한 북한은 '국군

장교와 판검사는 무조건 사형에 처한다', '면장, 동장, 반장 등은 인민재판에 부친다'라고 규정하였다. 여순사건 때에도 경찰 고위간부, 미군 방첩대(CIC) 요원, 우익 인사들을 최고심사위원회에서 '반역자'로 분류하여 곧바로 처형했고 말단 경찰들이나 여타 우익 인사들을 선별 처리한 바 있었는데, 전쟁 시 점령 하에서도 그러한 방침이 반복된 것이다. 정확한 숫자를 알 수는 없지만, 대한민국 정부의 공식 발표에 의하면 북한군이 남한 지역을 장악했을 때 학살당한 민간인의 총수는 12만 9천여 명에 이른다.

지방에서는 주로 국가 공무원, 경찰, 지주 등이 학살 대상이 되었으며, 인민재판이라는 형식을 통해 학살이 이루어졌다. 이 시기의 학살은 북한군보다는 주로 해당 지역에 거주하는 사람들이 조직한 인민위원회에 의해서 일어났다. 따라서 학살은 때로 계급, 이데올로기보다는 오래된 갈등 때문에 일어나기도 했다. 지역 인민위원회 설치와 인민재판의 실태는 윤흥길의 소설 《완장》에서 엿볼 수 있다. TV 드라마로 극화되기도 한 이 소설에는 당시 북한군을 대신하여 동원된 마을 주민들이 어떤 사건들을 저질렀는지 잘 나타나 있다.

인천상륙작전이 성공한 직후에는 후퇴하는 북한군이 대전형무소에서 엄청난 학살을 저지르기도 했다. 이 사건을 조사한 미군이 남긴 문서에 의하면, 총 피살자는 7천여 명이 넘었다. 주로 대전형무소에서 복역 중이었던 정치범들이었고, 일부는 후퇴 길에 끌고 갈 수 없었던 포로들이었다. 북한군이 후퇴한 뒤 대전형무소를 접수한 유엔군들은 형무소 마당과 우물에 처박혀 있는 수많은 시체들을 발견했다고 한다.

유엔군과 한국군이 38선 이남 지역을 수복한 뒤에는 북한군에 협조한 사람에 대한 남한군의 보복이 이어졌다. '부역'으로 대표되는 북한군에 대한 협조 행위는 '부역행위 특별처리법'이라는 특별법에 의해 처벌되기도 하였지만, 인민위원회의 학살에 대한 보복 차원에서 재판을 거치지 않고 이루어진 학살도 적지 않았다. 부역자에는 북한군에 협력한 사람들 외에도 '반정부 감정 포지자(抱持者)'까지 포함되었기 때문에,[2] 부역자로 처벌된 사람들의 범위는 매우 넓었다. 부역자 처벌이 심각한 사태에 이르자 1950년 10월 4일 장창국 헌병 사령관은 '부역자를 불법 구속하여 구타할 경우 그 책임자는 물론 담당자를 엄벌' 하겠다는 성명을 발표하기까지 했다.

부역행위 특별처리법은 사형금지법과 함께 1950년 12월 1일 발효되었다. 부역행위 특별심사위원회를 시, 도, 구, 군에 설치하고, 부역자 체포를 위한 합동수사반이 편성되었다. 또한 동네마다 공안위원회가 설치되었고, 부역자들은 그 정도에 따라 갑, 을, 병으로 구분되었다. 1950년 11월 중순까지 약 5만 5천여 명의 부역자들이 검거되었고, 대부분의 사람들이 5년형 이상의 선고를 받았다. 박완서의 소설 《그 많던 싱아는 누가 다 먹었을까》[3]에는 당시의 상황이 잘 그려져 있다.

"일은 그것으로 끝나지 않고 그 후 나는 끊임없이 끌려 다녀야 했다. 고발이 그렇게 잇달았는지 저희끼리 나 하나를 가지고 서로 조리돌리는 건지 그 내막은 알 도리가 없고, 또 궁금해 할 경황조차 없었다. 별의별 청년단체들이 다 나를 보자고 했다. 그들은 나를 빨갱이 년이라고 불렀다. 빨갱이고 빨갱이 년이고 간에 그 물만 들었다 하면 사람도 아니었다. 사람이 아니기 때문에 영장이고 나발이고 인권을 주장할 수도 없었다. 빨갱이를 색출하고 혼내줄 수 있는 기관은 수도 없이 난립돼 있었고, 이웃이 계속 우리를 수상쩍게 여기는 한 난 그들의 밥이었다. 그들은 나를 함부로 욕하고 위협하고 비웃었다. 그러나 그들의 눈빛에 비하면 그 정도는 인권 침해도 아무것도 아니었다." (254쪽)

이 소설의 주인공은 오빠를 동경하는 꿈 많은 소녀였다. 그런 오빠가 좌익에 빠지면서 주인공 역시 좌익 활동에 빠지기 시작했다. 그러나 그 소녀가 혁명가가 된 것은 아니었다. 당시의 사회적인 분위기 속에서 좌익 활동에 가담할 수밖에 없는

1951년 4월, 북한군에게 부역한 혐의로 처형당하는 사람들. 구덩이를 파게 한 다음 헌병들이 일제 사격을 하고 있다. 처형당한 이들은 대구 근교 마을의 주민이었다.

```
                              CONFIDENTIAL         COUNTRY   Korea
IHS NO
REPORT NO. R-55-51            WDGS -- INTELLIGENCE REPORT    I. D. NO.  787462
SUBJECT:   Execution by ROK Army Military Police
FROM: ARMA Korea              REFERENCES:        BID
EVALUATION: A-1        DATE OF INFORMATION: April 1951       DATE OF REPORT: 3 May 1951
INCL.  7     PREPARED BY: BOB E EDWARDS Lt Col GSC           SOURCE: KMAG

SUMMARY OR SID REPORT:

         The attached photos are forwarded for general information only.
      These photos portray the typical method of execution employed by
      South Korea. Victims were convicted of collaborating with the
      Communists, and executed near Taegu sometime during the month of
      April 1951. Photos were taken by a KMAG advisor and loaned to
      the Army Attache Office for developing and printing. Further
      information relative to names of victims, exact nature of offenses,
      and other details not available.


              7 incls --
                photos
```

부역자 처형 장면을 찍은 사진들에 관한 미국 측 문서.

분위기가 존재하고 있었다. 그리고 한국전쟁이 다가왔다. 다른 사람들과 같이 피난가지 않았던 주인공과 그의 가족은 부역죄로 커다란 곤욕을 치르게 되었다.

"처음부터 경찰로 붙들려간 숙부는 재판에서 사형을 언도받았다. 그 사실을 출옥하는 사람 편에 숙부가 보낸 편지에서 알았을 정도로 우리는 숙부에게 옥바라지도 제대로 할 형편이 못 됐다. 숙부의 편지는 내가 왜 사형을 당해야 하는지 모르겠다, 변호사라도 대서 나를 좀 살려달라는 거였다. 어쩌면 우리에게는 힘이나 백이 돼 줄 만한 친척이 그렇게도 없었던지 우리 집안이 무 밑동 잘라놓은 것처럼 고적하고 보잘것없는 처지라는 걸 그때처럼 절감한 적도 없었다.
부역한 죄수가 하도 많을 때라 솜옷 한번 차입하는 데도 온종일이 걸렸다. 마침 오래 형무관 생활을 한 친척이 있어 그 정도의 편의는 봐주길 기대하고 청을 해봤는데 어림도 없더라는 것이었다. 말단 공무원이 부역자하고 상종하기를 꺼릴 수밖에 없는 세상이란 걸 알면서도 치가 떨리게 야속했었다. 할 수 있는 대로 이른 새벽에 줄을 서려고 엄마는 예전에 현저동에서 각별하게 지내던 집을 찾아가 염치없이 하룻밤을 드새곤 했는데 그럴 때마다 따뜻한 위로와 대접을 받았다며 없는 사람이 훨씬 인정스럽더라고 했다.
그나마의 옥바라지나마 못 하게 된 사이에 숙부는 처형을 당했다. 실은 언제 처형을 당했는지 그 날짜도 모른다. 숙부의 편지 한 장 외엔 아무런 연락도 없었고, 사형을 집행했으니 시체를 인수해가란 통고 같은 것도 물론 받은 바 없다." (257쪽)

급기야 친척이 부역죄로 처형을 당하게 되자, 더 이상 근거지에 남아 있는 것이 의미가 없어졌다. 이제 주인공은 가족들과 함께 피난을 떠나게 된다. 이때가 이른바 '1·4 후퇴' 때였다. 더 이상 뒤돌아볼 필요도 없었으며, 오히려 피난을 떠나는 것이 더 즐거운, 이제 목숨을 보장할 수 있는 유일한 길이 되고 만 것이다.

"피난을 하도 벼르고 부러워했기 때문에 도무지 고생길이란 생각이 안 들었다. 강 건너, 산 넘고, 들 지나 우리도 마침내 피난을 가게 됐다는 게 꿈같이 즐겁기만 했다. 연년생 두 아이를 어떻게 건사해야 얼어 죽이지 않을 것이며, 무엇을 얼마만큼 어떻게 가지고 가야 우리 식구가 굶어 죽지 않을 것인가, 하는 현실적인 문제가 조금도 걱정이 안 됐다. 사실 그런 현실적인 짐은 몽땅 내 몫인데도 한강다리만 건너면 모든 문제를 떠맡고 안식을 줄 사람이 기다리고 있는 것처럼 마음이 덮어놓고 부풀었다. 피난 짐을 피크닉 준비처럼 쌀 수는 없건만 그랬다. 우리는 피난 갈 자격도 없었다. 나뿐 아니라 우리 식구는 마음 속 깊이에 피난을 못 갈지도 모른다는 생각을 묻어두고 있었다."(264~265쪽)

유엔군과 한국군이 북진을 감행한 뒤에는 북한 지역 곳곳에서도 학살행위가 벌어졌다. 공산주의자들에게 동조했다는 혐의로 수많은 북한 주민들이 학살당했다. 국제법률가위원회가 공식적으로 조사한 황해도 신천 지역이 대표적인 예다. 정확한 피해자 숫자는 알 수 없으나 북한 측 발표에 따르면 신천에서 약 35,000명이 학살당했다. 북한 측에서는 미군에 의한 학살이라고 하지만, 반공청년단에 의한 보복 학살이 많았던 것 같다. 북한에서의 학살사건은 〈자료 61〉의 국제민주법률가협회의 보고서에 잘 나타나 있다.

1·4 후퇴로 유엔군이 38선 이남으로 후퇴하자 북한 정권은 이듬해 1월 5일 '적에게 일시 강점당했던 지역에서의 반동단체에 가입하였던 자들을 처리함에 관하여'를 발표하였다. 이에 따라 유엔군이 북한을 점령했을 때 유엔군에 협력했던 사람들에 대한 처벌이 이루어졌다. 이 과정에서 특히 조선노동당원들 중에서 유엔군에 협력했거나 당원증을 버리고 도망간 사람들에 대한 처벌이 엄격하게 이

루어졌다. 이 과정을 주도했던 것은 조선노동당의 조직책임을 맡고 있었던 소련파의 허가이였다. 김일성은 허가이의 엄격한 당원 처벌을 비판하였다. 즉 조선노동당이 '관문'을 너무 좁게 하여 당원들이 여러 가지 어려운 상황을 맞도록 했다는 것이다.

한편 같은 시기에 남한에서도 학살이 저질러졌다. 남한의 민간인학살은 주로 빨치산들이 활동하던 지역에서 일어났다. 빨치산을 토벌하는 과정에서 빨치산과 주민들의 관계를 끊기 위하여 토벌군들은 산 인근지역의 주민들을 소개하였다. 산 주변에 주민들이 거주하지 않으면 빨치산들이 생존에 필요한 식량을 구할 수 없기 때문이다. 주민들을 소개하는 과정에서 빨치산에 협력한 혐의가 있는 사람들이 대량으로 학살되었다. 주로 지리산 주변 지역에서 민간인학살이 많이 발생했는데, 지금까지 알려진 지역은 함평, 문경, 대구, 함양, 산청, 거창, 충무 등이다.

1951년 봄 다시 38선 부근에 전선이 형성되면서, 이후의 민간인학살은 주로 미군의 폭격에 의해 이루어졌다. 미군의 북한 지역에 대한 폭격은 무차별적인 것이었다. 대부분의 시설물들이 이미 파괴된 상태에서 이루어진 폭격은 주로 사람을 대상으로 한 것이었으므로 많은 민간인들이 피해를 입을 수밖에 없었다.

이렇게 한국전쟁 동안 벌어진 민간인학살은 보도연맹원 학살 약 20만 명, 형무소 수감자 학살 약 5만 명, 빨치산 토벌과정에 약 5만 명, 북한군 및 인민위원회에 의한 학살 약 10만 명 등으로 추산되고 있다. 아마 알려지지 않은 사건들을 합치면 훨씬 더 많은 민간인들이 피해를 입었을 것이다. 불과 3년 사이에 40만 명이 넘는 민간인들이 학살된 것이다. 전쟁이 얼마나 무자비한 것이며, 얼마나 많은 인명을 앗아가는지 여실히 알 수 있다.

전쟁을 통한 전통적 갈등의 외화

그런데 한 가지 주목할 점은 집단학살이 이데올로기 갈등만으로는 설명할 수

가족의 시체를 찾는 사람들.

없는 현상들까지 포함하고 있다는 점이다. 이데올로기적 분열이나 계급 또는 신분의 갈등과 관계없이 전통시대부터 지속되어온 가문 혹은, 성씨 간의 갈등이 학살의 형태로 나타나기도 했다. 이는 한국 사회가 갖고 있는 특수성이 나타난 것으로, 한국전쟁에는 국내외 갈등만으로 설명할 수 없는 또 다른 '알파'가 존재하고 있었음을 보여준다.

1995년 '해방 50주년'을 맞아 한 한국방송공사에서 방영했던 〈전쟁으로부터의 해방〉은 한 마을에 거주하는 두 성씨 집단 사이에 발생했던 불행한 사건을 다루고 있다. 같은 마을에 사는 두 성씨 가문은 인민군의 점령, 그리고 한국군의 수복 과정에서 서로 보복의 과정을 거쳤다. 전쟁이 끝난 지 50년이 지났건만 두 성씨 집단은 지금껏 어떤 소통도 하지 않는다. 다만 지난날의 기억을 떠올리지 않으려고 쉬쉬 하며 지낼 뿐.

한편 민간인들의 피해는 학살에만 그치는 것이 아니었다. 전쟁으로 수많은 이산가족들이 생겨났다. 이산가족으로 인한 정신적, 물질적 피해는 민간인학살 못지않게 엄청난 고통을 안겨주었다. 해방 직후 서울로 공부하러왔던 북한 출신 청년들은 가족과 영원히 이별하리라고는 꿈에도 생각하지 않았다. 북한군에 편입되었다가 인천상륙작전으로 북한군과 함께 후퇴한 남한 출신 청년들은 가족에게 영영 돌아가지 못하리라고 생각지 않았다. 미군의 무차별 폭격을 피해 자식들을 남쪽으로 내려 보냈지만 차마 집을 버릴 수 없어 고향에 남았던 부모들은 전쟁이 끝나면 자식들을 만날 수 있을 거라고 믿어 의심치 않았다. 공산주의 이념을 좇아 북으로 간 사람들이나 공산주의가 싫어 남으로 내려온 사람들 모두 전쟁이 끝난 뒤 고착화된 분단이 가족들을 갈라놓으리라고는 생각하지 않았다.

1985년 1차 이산가족 상봉 이후, 2000년부터 다시 재개된 이산가족 상봉은 전쟁이 끝난 지 50년이 지났지만 이들의 고통이 계속되고 있음을 잘 보여준다. 이념 때문에 아내와 자식들을 남쪽에 두고 북으로 떠난 아버지에 대해 그리움과 함께 분노를 느끼는 자식들의 삶은 지금도 소설로 형상화되어 사람들의 공감대를 형성하고 있다.

이산가족은 남과 북으로만 나뉘어 있었던 것이 아니다. 같은 남한 땅에 살면서도 서로 생사를 몰랐던 가족들이 다시 만나는 진풍경이 벌어지기도 했다. 1984년에 있었던 이산가족 찾기 행사는 온 국민을 눈물바다 속으로 몰아넣었고, 〈누가 이 사람을 모르시나요〉라는 노래가 한때 유행했다.

전쟁에서 가장 직접적인 피해를 입는 것은 전선에서 싸우는 군인들이다. 그러나 전쟁은 전선에서만 이루어지는 것이 아니라 후방에서도 벌어지기 때문에 군인 아닌 민간인도 엄청난 피해를 입는다. 민간인학살과 같은 피해도 있고, 정치적 갈등이나 경제적 곤란 같은 피해도 있다.

정치, 경제적 문제들은 시간이 흐르고 새로운 시대를 맞으면서 조금씩 치유되고 있다. 민주화의 진전, 반공 이데올로기의 퇴색, 경제성장과 투명성의 진전 등은 전쟁으로 입은 상처를 치유하는 과정이라고 할 수 있다.

그러나 민간인학살과 이산가족 문제는 여전히 현재 진행형이다. 아직도 억울하게 죽어간 수많은 민간인들이 '공비(共匪)'로 간주되어 명예회복이 이루어지지 않고 있다. 수십 년간 누운 채 방치되었던 거창 사람들의 넋을 기리는 비석이야말로 한국 현대사의 잔인한 흔적이다. 또한 화해 무드 속에서 이산가족들의 만남이 시작되었지만, 만남도 잠시 이들은 다시 헤어져야 한다.

전쟁의 비극은 남한에서만 일어나지 않았을 것이다. 북한에서도 수많은 비극이 일어났을 것이다. 실질적인 자료 조사가 이루어지지 않았기 때문에 이 책에서는 북쪽에서 일어난 사건들에 대해서는 서술하지 않았다. 북한이 발표한 자료만을 근거로 삼기도 어려우며, 그렇다고 남한의 자료만을 이용하는 것 또한 객관성을 잃기 쉽기 때문이다.

밝혀지지 않은 **의혹들**, 박헌영 **숙청**과 **세균전**

전쟁 기간 동안 북한에서 일어난 정치적 변화, 그리고 북한 지역에 대한 미군의 세균전은 한국전쟁에 대한 연구에서 논란이 되고 있는 문제들이다. 사건의 객관적인 진실 여부로 인해 자주 언급되지는 않지만, 한국전쟁의 성격을 이해하기 위해서는 반드시 짚고 넘어가야 할 사건들이다.

전쟁 기간 동안 북한 지도부는 중요한 변화를 겪는다. 소련파의 대표적 인물인 허가이와 연안파*의 대표적인 인물 무정**이 숙청되었다. 뿐만 아니라 김일성 계열의 가장 큰 정적이었던 박헌영 중심의 남조선노동당 계열의 인사들이 숙청되었다. 북한의 부수상 겸 외무상이었던 박헌영의 숙청은 남한에서 바라볼 때 북한 현대사 최대의 의혹이라 할 만큼 논란이 되는 사건이다.

전쟁 기간 중 북한 지도부 안에서는 김일성에 대한 반감이 나타나고 있었다. 특

---

* **연안파** 연안 지역에서 활동했던 사회주의 계열의 화북독립동맹 관련자들을 가리킨다. 이들은 1946년 초 북한으로 들어온 후 북한 지도부의 주요 세력 중 하나로 활동했다.
** **무정** 연안파의 핵심 인사로, 중국공산당과 함께 대장정에 참여한 것으로 유명하다. 그는 주로 무정 장군으로 불리었으며, 해방 직후의 여론조사에서 새로운 국가가 수립될 때의 국방부장관 후보로 꼽히기도 했다.

히 전쟁이 초기에 빨리 끝나지 않았던 시점에서 반감을 표시하는 세력들이 적지 않았다. 김두봉과 홍명희는 미군이 참전했는데도 전선을 확대한 것에 대해 반감을 갖고 있었다. 그 밖에도 일부 세력들은 전쟁이 1950년 8월 15일 전에 끝나지 않았다고 비판하였다. 〈자료 59〉는 이러한 당시 갈등을 보여준다.

결국 이러한 상황에서 김일성은 박헌영과 남로당 계열의 인사들을 희생양으로 삼았을 가능성이 크다. 전쟁으로 조성된 상황에 대한 책임을 떠넘긴 것이다. 그러나 이것으로 박헌영 사건이 모두 해명되지는 않는다.

박헌영은 간첩인가?

박헌영은 1920년대 이후 공산주의 운동의 대표적인 인물이었다. 그런 그가 1952년 말 '미제의 간첩'이라는 혐의로 처형되었다. 그의 체포 계기가 1952년 말 남조선노동당 계열 인사들이 추진했던 쿠데타가 실패했기 때문이라는 것이 거의 정설로 받아들여지고 있다. 그런데 문제는 왜 그 사건이 '간첩사건'이 되었는가다. 전쟁 기간 중에 쿠데타 음모가 있었다면 그 사실만으로도 체포가 가능했을 것이다. 그런데 정작 사건의 전말은 '공화국 전복 음모사건'이 아니라 '미제의 간첩사건'으로 드러났다. 공산당의 책임비서가 미국의 간첩이었단 말인가? 북한의 재판 자료에 의하면 박헌영은 이미 1945년 이전부터 미국의 요원들과 접촉하고 있었다는데, 그럼 1945년부터 1950년까지 남한에서 전개된 공산주의 활동은 모두 미국을 이롭게 하기 위한 것이었단 말인가?

납득할 수 없는 의문이 많기 때문에 남한에서는 이 사건을 정치적 숙청으로 해석하고 있다. 즉 한국전쟁에서 승리하지 못한 북한 지도부가 전쟁 실패의 책임을 박헌영을 비롯한 남조선노동당 계열의 인사들에게 떠넘기려 했다는 것이다. 이러한 주장은 특히 남조선노동당 계열에서 활동했던 인물들의 증언에 의해서 제기되고 있다. 그렇지만 숙청하려면 '쿠데타 음모'만으로도 가능했을 텐데, 굳이

| 자료 59 | 스티코프가 스탈린에게 보내는 전문 |

 1950년 8월 25일자 귀하의 전보(김일성의 노력을 치하하는 내용의 전문—지은이)를 김일성에게 전달했다. 김일성은 전보 내용을 메모에다 옮겨 적었다.
 김일성은 연신 귀하에게 감사의 뜻을 전해달라고 부탁했다. 그리고 박헌영을 불러 귀하의 전보를 읽어주었다.
 또 김일성은 박헌영과 논의한 후에 스탈린 동지의 친서를 중앙위원회 정치위원국에 정식으로 통보해도 되는지 물었다. 이때 김일성에게 이 편지는 매우 중요했다. 그는 정치국 인사 일부가 반감을 품고 있는 만큼, 친서를 공개할 필요가 있다고 강조했다. 위원들에게 스탈린 동지의 친서를 공개하는 일은 김일성의 위상을 높여주는 계기가 될 것으로 생각했다.
 나는 김일성이 원한다면 그렇게 해도 무방하다고 대답했다.
 김일성은 내일 정치위원회를 소집해서 이 편지 내용을 직접 읽어주겠다고 했다.

출처: 소련군 참모본부 제8국 제75021호 암호문, 1950년 8월 28일자, 폰드 45, 목록 1, 문서 346, 리스트 5~6, 10~11. A. V. 토르쿠노프 지음, 구종서 옮김, 《한국전쟁의 진실과 수수께끼》, 에디터, 2003, 154쪽.

'간첩'이라는 혐의를 씌운 이유가 무언지는 여전히 의문거리다.

  박헌영과 남로당 계열의 숙청에 관해서 참고할 사실들이 있다. 하나는 1952년 1월 박헌영과 펑더화이의 만남이다. 박헌영은 펑더화이에게 더 이상의 전쟁을 원하지 않는다는 견해를 밝혔다. 만일 소련과 중국이 전쟁을 계속할 생각이라면 노동당 중앙위원회는 그 어떤 곤란도 극복하고 현재 입장을 고수하겠다고 말했다. 그러나 곧이어 박헌영은 당시 군사적 상황이 중국군에게 유리하다는 펑더화이의 설명을 듣고 나서, 자신의 방문은 '개인적인 차원'에서 이루어진 것이며 노동당 중앙위원회나 북한 정부의 공식 입장이 아니라고 밝혔다.[4]

  짧은 만남이었지만, 여기에는 중요한 정치적인 내용들이 포함되어 있다. 전쟁 문제를 둘러싸고 북한과 중국의 지도부 사이에 견해 차이가 있었다는 점이다. 그런데 박헌영은 그것이 북한 지도부의 견해가 아니라 자신의 개인적인 견해라고 주장하고 있다. 이것은 분명 북한 지도부 내에서 분열이 나타나고 있음을 보여준다. 그리고 그 분열이 전쟁 전략에 관한 문제와 깊은 연관이 있음을 박헌영과 펑더화이의 대화는 시사한다. 결국 박헌영 사건은 전쟁의 전략 및 책임 문제를 둘러싼 북한 내부 갈등의 표출일 가능성이 있다.

  다른 하나는 박헌영 사건이 진실을 반영하고 있다는 주장도 있다. 장기수 출신으로 《조국: 어느 '북조선 인민'의 수기》를 집필한 김진계 씨는 이 사건에 대해 매우 상세하게 증언하였다. 그는 먼저 "처음 사건이 났을 때만 해도 모두들 반신반의했다. 그러다가 내용을 알아보고 재판 문건, 재판 과정, 재판 소식을 듣고 잘못이 있었다는 것을 확신했다"고 전제하면서, 그 이유에 대해서 〈자료 60〉과 같이 증언하였다.

  이 증언은 김진계 씨가 직접 경험했다기보다는 주위에서 들은 말을 종합한 것이기 때문에 정확하다고는 할 수 없다. 소련파였던 박영빈은 박헌영으로부터 미국의 간첩이라는 진술을 들은 적이 없다고 증언한 반면, 북한에서 검사로 일하다가 남파되어 장기수로 복역했던 김중종은 공판을 직접 참관했다면서, 문제가 된 것은 박헌영 집 지하실에 있던 무전기로써 이는 전쟁 기간 동안 미국과 직접 접촉했던 증거라고 증언했다. 이 사건과 관련해서는 여전히 많은 의문이 남아 있다. 박헌영 사건의 진실은 과연 무엇일까?

어쨌든 북한 정권은 한국전쟁을 계기로 북한 사회에 대한 통제권을 강화했다. 김일성 계열의 가장 큰 라이벌이었던 남조선노동당 계열 인사들이 숙청되었다는 사실 하나만으로도 김일성 계열의 권력 기반은 이전에 비해 튼튼해졌다고 할 수 있다. 그러나 남한과 비교할 때 북한의 김일성 계열에게는 아직 연안파라고 하는 라이벌이 존재하고 있었다.

1956년 김일성 계열과 연안파 계열은 또 한번 치열한 권력투쟁을 치러야 했다. 소련에서 1953년 스탈린이 죽은 이후 그 이듬해부터 스탈린 격하운동이 일어난 것과 보조를 같이 하여 연안파는 김일성을 권좌에서 몰아내기 위한 조선노동당 내에서의 권력투쟁을 전개하였다. 그러나 이러한 시도는 성공하지 못했고, 연안파 세력들은 대부분 당에서 쫓겨났다. 그러나 소련과 중국은 북한의 내정에 대한 간섭을 통해 연안파 세력의 철저한 숙청에 반대했다. 특히 연안파와 가까운 관계를 맺고 있던 중국은 연안파에 대한 숙청에 대해 반대하는 입장이었다. 따라서 연안파에 대한 숙청은 중국군이 북한에서 철수한 1958년에 가서야 가능했다. 이러한 과정은 북한 정권에게는 뼈아픈 것이었으며, 북한에서 주체사상이 나오는 중요한 하나의 계기로 작용하였다.

따라서 한국전쟁이 끝나는 시점에서 김일성 중심의 세력들이 북한의 권력을 완전하게 장악했다고는 볼 수 없다. 그럼에도 불구하고, 북한 정권은 반미이데올로기를 통해 국민에 대한 이데올로기적 통제를 강화하였다.

한국전쟁 시기 북한 정권의 안정은 반미 이데올로기로부터 나왔다. 북한은 전쟁의 모든 책임을 미국에게 돌렸으며, 북한 주민들은 미 공군의 폭격으로 커다란 상처를 입었다. 이것이 1950년대 이후 오늘에 이르기까지 북한이라고 하는 특수한 체제가 존재할 수 있는 중요한 요인이다.

| 자료 60 | 박헌영 간첩사건의 새로운 전모(발췌) |

 (1950년) 12월 21일에 열린 제3차 전원회의를 준비하는 정치국회의에서 박헌영의 이름을 직접 거명한 것은 아니나 그를 두고 비판이 굉장했다. 일부 군대 간부 사이에서는 박헌영을 총살해야 한다는 소리까지 흘러나왔다. 자기만 살겠다고 개별 행동을 한데 대한 비판이었다. 다른 사람은 걸어서 후퇴했는데 고위급 가운데 박헌영이 차편으로 강계에 제일 먼저 도착한 게 화근이었다. (중략)

 당시 신불출*은 군인, 노동자들의 사기를 높이는 데 역할이 커 당으로부터 높은 대우를 받고 있었다. 이를 시기한 임화**가 그를 자기 밑에 끌어들이려고 1952년 여름부터 접근했다. 하루는 신불출, 임화, 조일명 세 사람이 얼큰하게 취한 상태에서 임화가 신불출에게 '우리는 남로당이니까 박헌영, 이승엽 동지에게 의지해야 한다. 정부를 엎어버려야 한다. 박헌영을 밀어야 한다'는 내용의 말을 했다고 한다. 신불출이 이에 동의하지 않자 싸움이 벌어졌고 조일명과 합세한 임화에게 신불출은 몰매를 맞았다. 다음날 술이 깬 신불출이 억울한 생각도 들고 아무래도 낌새가 이상하다 싶어 조일명과 임화를 당과 사회안전성에 고발했다. (중략)

 1953년 3·1절 기념행사를 끝내고 박승원의 집에 모여 이승엽 등이 한잔 마시고 하는 말이 심상치 않았다. 이날 임화가 '정전을 파탄시키기 위해서는 사람을 이남으로 보내야 한다. 우리가 만반의 준비를 하고 있으니 정전하지 말고 밀고 들어오라고 미국에 우리의 의사를 전달해야 한다'고 목소리를 높였던 것으로 밝혀졌다. '지난 9월에 짜놓은 것이 수포로 돌아가지 않았는가'라는 얘기도 있었다. 이 대화들은 식모, 운전사들에 의해 고스란히 사회안전부에 보고되었다. (중략)

* **신불출** 해방 직후 유명한 코미디언으로 월북했다.
** **임화** 남로당계 시인.
*** **이들** 박헌영의 비서였던 현애리스와 이사민.

이들***은 1950년 3월, 당국에 구라파 여행을 요청했다. 내무성에서 불가 통보를 했으나 계속 졸라댔다. 그러나 박헌영의 외무성 측은 4월에 출국사증을 내주었다. 그러자 안전국은 이들이 출국할 때 모스크바를 경유하도록 하고, 모스크바 공항에서 이들의 몸과 짐을 샅샅이 수색했다. 의심했던 대로 이들의 몸에서 그동안 이들이 수집한 자료가 쏟아져 나왔다. 이들은 그 길로 이북으로 강제소환되었다. 안전국은 이들을 다그쳐 미 정보기관으로부터 정보수집 임무를 띠고 침투된 정보요원임을 밝혀냈다. 이들이 체포되자 입국 경위가 문제됐다. 체코 정부의 '신원 불분명' 지적과 안전국의 '고향 불명' 판단에도 불구하고 박헌영이 입국사증을 내준 사실이 곧 드러났다. 그러나 이승엽이 이들과 직접 연결되었음은 당시엔 드러나지 않았다. 나중에 박헌영 사건이 터지자 이 문제가 다시 거론되지 않을 수 없었다. (하략)

출처: 김진계, 〈박헌영 간첩사건의 새로운 전모〉, 《월간 말》 1994년 11월호.

또한 북한은 전쟁을 통해 사회주의 체제로 변화할 수 있는 계기를 마련하였다. 한국전쟁으로 남한이 본격적인 자본주의화로 들어갈 수 있는 한미관계를 만들었다면, 북한은 전쟁이 안긴 파괴로 새로운 경제체제를 수립할 수 있는 기반을 만들었다. 무엇보다도 집단농장 체제의 수립은 전쟁이 준 '선물'이었다.

수많은 사람들이 죽고 폭격으로 농지가 황폐해진 상황에서 집단적인 농정이 아니고서는 땅을 다시 개간하는 것이 불가능했다. 농민들은 자연스럽게 집단을 형성하였고, 북한은 세계에서 가장 단기간에 사회주의 협동농장화를 이룩한 사회가 되었다. 전쟁 직후에 시작된 집단농장화는 1957년에 마무리되었다. 다른 사회주의 국가에서 10년 이상 걸린 일을 겨우 4년 만에 마친 것이다. 일부러 1년의 과도기를 두었을 만큼 북한의 사회주의화는 빨리 진척되었다.

역사의 아이러니일까? 철저한 파괴를 낳은 전쟁이 또 다른 창조를 가져온 것이다. 만약 전쟁이 없었다면 남한의 자본주의화, 북한의 사회주의화가 그렇게 빨리 이루어질 수 있었을까? 전쟁을 통한 지주계급의 몰락은 역설적이게도 자본주의화와 사회주의화를 촉진하는 역할을 하였다. 또한 전쟁으로 강화된 남북한의 정권은 국가 주도의 경제개발을 가능케 했다. 비록 체제는 서로 달랐지만 남북한의 정권은 각각 경제복구, 경제발전을 위해 무소불위의 권력을 휘둘렀다. 때문에 박정희와 김일성을 비교하고자 하는 시도가 오늘날에도 적잖이 계속되고 있다.

미국의 세균전 감행은 진실인가?

전쟁 기간 중 제기되었던 세균전 문제 역시 그 진실 여부를 밝히기가 쉽지 않다. 공산군 측에서는 미군 비행기가 세균 무기를 투하하여 북한 주민들에게 막대한 피해를 입혔다고 주장하면서, 국제기구 인사들을 북한에 초청하여 조사를 실행했다. 당시 북한과 중국에서 조사를 벌인 국제기구는 '국제민주법률가협회'와 '국제과학조사단'이었다. 국제민주법률가협회의 보고서 내용은 〈자료 61〉과 같다.

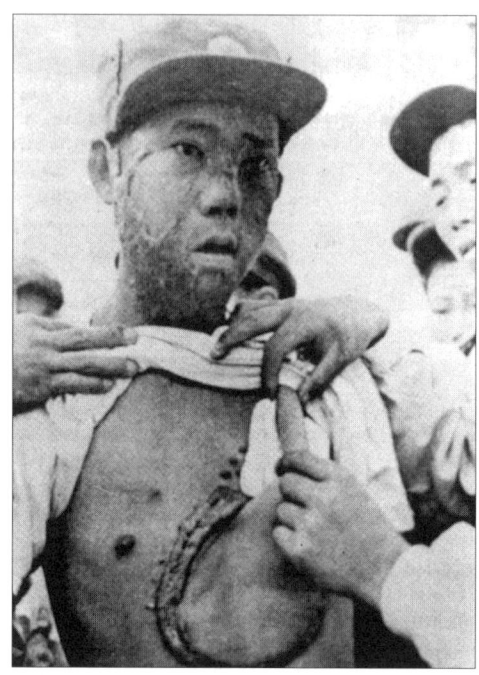
어느 북한군 포로의 가슴에 아로새겨진 네이팜 탄 상처.

국제민주법률가협회는 1946년 프랑스에서 조직되어 오늘날까지 인권문제와 관련하여 국제적인 활동을 벌이고 있는 권위 있는 기관이다. 최근에는 한국의 국가보안법 폐지를 위한 성명을 발표하기도 했다. 국제민주법률가협회가 작성한 보고서는 〈자료 61〉에서 인용한 세균전 외에도 미군이 자행한 것으로 보이는 화학전, 그리고 민간인학살 등에 관한 내용을 광범위하게 담고 있다. 만약 이 보고서의 내용이 모두 사실이라면, 미군은 인도적 측면에서 엄청난 범죄를 저지른 것이었다.

그러나 미군은 자신들이 직접 조사할 수 없었기 때문에 조사 결과를 믿을 수 없다고 일축하였다. 또한 〈자료 61〉의 보고서는 조사단이 직접 조사를 통해 작성한 것도 있지만, 북한 주민들의 증언을 통해 작성된 것도 있었다. 따라서 증거를 조작했을 가능성도 완전히 배제할 수는 없었다.

| 자료 61 | 미국의 범죄에 대한 국제민주법률가협회 조사단의 보고서(요약) |

조선 인민군 및 중국 인민지원군 부대와 지방 항공 감시소들의 보고에 의하면 북한 169개 지역에서 여러 가지 종류의 곤충들이 발견되었다.

대표적인 15개 지역에 대한 전문가의 조사가 진행되었으며 그곳들에서 발견된 곤충이 1952년 1월 28일과 3월 12일 사이에 확증되었다. (중략)

많은 경우에서 특별한 종류의 파리, 벼룩, 거미 딱정벌레, 빈대, 귀뚜라미, 모기와 기타 곤충들이 발견되었으며, 그 대부분은 지금까지 한국에서 볼 수 없던 것들이었다. 곤충들은 많은 경우 인가에서 멀리 떨어져 있는 곳, 예컨대 눈 위와 강의 얼음 위, 그리고 풀과 돌 사이에서 발견되었다. (중략)

일반적으로 곤충이 나올 수 없는 대단히 낮은 기온을 고려할 때, 또한 그 곤충들이 왕왕 한 장소에서 같이 발견할 수 없는 파리, 거미와 같은 각양각색의 곤충들로 구성된 집단임을 고려할 때 이러한 곤충들이 나타난 것은 의심을 일으키게 하였다. 전문조사 결과 곤충들이 병균에 감염되어 있었음을 보여주었다. 전문가들의 의견에 따르면 이 곤충들은 인공적으로 배양된 것으로 생각된다. (중략)

1952년 2월 23일 평안남도 평원군에서는 산 위에 파리와 생선들이 다량으로 발견되었다. 생선들은 거의 썩어 있었으며 콜레라에 감염되어 있었다. 이 생선들은 산 위에 잘못 투하된 것으로 생각된다. 발견된 세균 종류는 급성 콜레라, 파스토르, 페스트, 에비텔라, 리브스, 바칠루스, 파라브스 등이었다.

파리는 토종의 한국 파리와는 다른 이상한 것들이었다. 발견된 파리는 날개가 길었으며 조금 벌어져 있었다. 몸집은 큰 편이었으며, 머리는 토종 파리의 그것보다 비교적 큰 편이었다. (중략)

[결론]

1_ 미국 군대는 북한 인민군을 반대하며 북한의 일반에게 죽음과 질병을 만연시킬 목적으로 인공적으로 세균을 감염시킨 사례와 파리와 기타 곤충들을 고의적으로 산포함으로써 1907년 육전법규와 관습에 관한 헤이그 협약의 조문을 위반했으며 1925년 제네바 의정서에서 재확인한 세균전 금지 조항을 위반하는 가장 엄중하고 전율적인 범죄를 한국에서 범하였다. (하략)

출처: 김주환 엮음, 《미국의 세계전략과 한국전쟁》, 청사, 1988, 164~210쪽.

누구의 주장이 사실인가? 정전협상이 진행되는 동안 전선에서는 전투가 그치지 않았고 후방에 대한 폭격도 계속되었기 때문에 어떠한 조사도 할 수 없었다. 그럼에도 미군이 세균전과 함께 화학전까지 시도했다는 주장은 계속 제기되고 있다. 특히 2차 세계대전 당시 일본이 만주에서 실행한 세균전 실험 내용을 미군이 물려받아 이용했을 거라는 추측이 나오고 있다. 이러한 주장 역시 명확한 증거를 찾기는 어렵다. 현재까지도 한국전쟁에서의 세균전과 화학전은 가능성으로서 존재할 뿐 명확한 실체는 드러나지 않고 있다.

CHAPTER_7 전쟁은 왜 끝나지 않았고, 끝나야만 하는가?

1953년 7월 27일 유엔군과 공산군은 정전협정에 조인하였다. 그리고 전쟁은 끝났다.
그런데 정말 끝난 것일까? 끝났다면 왜 그 후에도 휴전선이나 동해와 서해에서
수많은 사람들이 죽고 다치고 끌려갔는가?
왜 남과 북이 서로 군비경쟁을 벌이며 막대한 군사력을 유지하려고 했는가?
언제부턴가 남한에서는 '정전' 이라는 말 대신에
'휴전' 이라는 말을 쓰고 있다.
'정전(停戰)' 은 말 그대로 전쟁을 정지한다는 뜻이다.
'휴전(休戰)' 은 전쟁을 쉰다는 뜻이다.
따라서 휴전이 좀 더 호전적인 용어다.
끝난 게 아니라 쉬고 있는 것이니 언제든
다시 시작할 수 있다는 의미다.
그런데 남한에서는 '휴전' 이라는 말이 굳어졌으며,
'휴전선', '휴전협정' 이라 부른다.
하지만 당시의 정확한 용어는 '정전' 이었다.
지금도 판문점에서 열리고 있는
유엔군과 공산군의 회담을 '군사정전위원회' 라
하지 '군사휴전위원회' 라고 하지 않는다.
이름이야 어찌 되었건 그 협정으로
전쟁이 끝나지 않은 것은 분명하다.
무언가 싸움이 계속되고 있다.
도대체 왜 이런 상황이 계속되는 것일까?

정전협정의 무효화

1957년 미 국무부와 유엔군 사령부는 돌연 정전협정 13조 (ㄹ)항의 무효를 선언하였다. 그리고 1958년에는 한국에 핵탄두를 달 수 있는 미사일을 배치했다고 선언하였다. 미국은 정전협정의 많은 조항 중에서 왜 하필 13조 (ㄹ)항에 주목한 것일까?

〈자료 62〉와 같이 정전협정은 더 이상 전쟁이 일어나지 않도록 하면서 전쟁의 상처를 치유하기 위한 여러 조항들을 포함하고 있다. 최근 정전협정을 평화협정으로 바꾸자는 논의가 진행되고 있다. 국제법적으로 정전협정은 전쟁을 정지한 상태이기 때문에 언제든지 다시 전쟁을 시작할 수 있는 여지를 남기고 있기 때문이다. 그러나 정전협정은 2년 넘게 논의한 만큼 조항 하나하나가 매우 치밀하다.

정전협정이라도 잘 지키자

59조와 60조에서 규정하고 있는 실향민귀향 협조위원회와 정치협상은 그 대표적인 조항 중의 하나다. 최근에 와서야 이산가족 상봉이 이루어지고 있지만, 이

정전협정서. 한국군 대표는 서명을 거부했다.

미 정전협정에는 실향민들의 귀향을 위한 조치가 취해져야 한다고 규정되어 있었다. 비록 실천에 옮겨지진 않았지만 말이다.

한반도 문제를 전쟁이 아닌 정치협상을 통해서 평화적으로 해결하자는 60조의 조항 역시 중요한 내용이다. 유엔군과 공산군 사이의 협상은 철저히 군사적인 문제에 제한되어 있었다. 정치적인 문제에 대해서는 논의하지 않기로 합의했던 것이다. 정전협상의 제5의제에서 정치 문제에 대한 논의가 이루어져야 한다고 했지만, 그것은 당사국들에게 권고한다는 차원에서만 합의된 것이었다. 정치협상은 꼭 한 번 1954년 제네바에서 열렸고 쌍방의 견해차만 확인한 가운데 막을 내렸다.

군사적인 긴장 완화에 관해 가장 중요한 조항은 13조의 전쟁물자에 대한 조항과, 13조 조항을 감시하기 위한 41조 및 43조 조항들이다. 특히 13조의 (ㄹ)항은 한

자료 62   정전협정

　유엔군 사령관을 일방으로 하고 조선 인민군 최고사령관 및 중국 인민지원군 사령원을 다른 일방으로 하는 하기의 서명자들은 쌍방에 막대한 고통과 유혈을 초래한 한국 충돌을 정지시키기 위하여, 최후의 평화적 해결이 달성될 때까지 한국에서의 적대행위와 일체 무력행위의 완전한 정지를 보장하는 정전을 확립할 목적으로 하기 조항에 기재된 정전조건과 규정을 접수하며 또 그 제약과 통제를 받는 데 개별적으로나 공동으로나 또는 상호간에 동의한다. 이 조건과 규정의 의도는 순전히 군사적 성질에 속하는 것이며, 이는 오직 한국에서의 교전 쌍방에만 적용한다.

제1조. 군사분계선과 비무장지대
1_ 한 개의 군사분계선을 확정하고, 쌍방이 이 선으로부터 각기 2킬로미터씩 후퇴함으로써 적대 군대 간에 한 개의 비무장지대를 설정한다. 한 개의 비무장지대를 설정하고 이를 완충지대로 삼아 적대행위의 재발을 초래할 수 있는 사건의 발생을 방지한다.(중략)
4_ 군사분계선을 하기와 같이 설립한 군사정전위원회의 지시에 따라 이를 명백히 표지한다. 적대 쌍방 사령관들은 비무장지대와 각자의 지역의 경계선에 따라 적당한 표지물을 세운다. 군사정전위원회는 군사분계선과 비무장지대의 양 경계선에 따라 설치한 일체 표지물의 건립을 감독한다.
5_ 한강 하구의 수역으로서 그 한쪽 강 안이 일방통제 하에 있고 다른 한쪽 강 안이 다른 일방의 통제 하에 있는 곳은 쌍방의 민간선박의 항해에 이를 개방한다. 첨부한 지도에 표시한 부분의 한강 하구의 항행 규칙은 군사정전위원회가 이를 규정한다. 쌍방 민간선박이 항행함에 있어 자기 측의 군사통제 하에 있는 육지에 배를 대는 것은 제한받지 않는다.
(중략)

10 _ 비무장지대 내의 군사분계선 이남의 부분에 있어서의 민사행정 및 구제사업은 유엔군 사령관이 책임진다. 비무장지대 내의 군사분계선 이북의 부분에서의 민사행정 및 구제사업은 조선 인민군 최고사령관과 중국 인민지원군 사령원이 공동으로 책임진다. 민사행정 및 구제사업을 집행하기 위하여 비무장지대에 들어갈 것을 허가받은 군인 또는 민간인의 인원 수는 쌍방 사령관이 각각 이를 결정한다. 단 어느 일방이 허가한 인원의 총수는 언제나 1천 명을 초과하지 못한다. 민사행정 경찰의 인원 수 및 그가 휴대하는 무기는 군사정전위원회가 이를 규정한다. 기타 인원은 군사정전위원회의 특정한 허가 없이는 무기를 휴대하지 못한다.

(중략)

제2조. 정화 및 정전의 구체적 조치

가. 총칙

12 _ 적대 쌍방 사령관들은 육, 해, 공군의 모든 부대와 인원을 포함한 그들의 통제하에 있는 모든 군사력이 한국에서의 일체 적대행위를 완전히 정지할 것을 명령하고 또 이를 보장한다. 본 항의 적대행위의 완전 정지는 본 정전협정이 조인된 지 12시간 후부터 효력을 발생한다.

13 _ 군사정전의 확고성을 보장함으로써 쌍방의 한 급 높은 정치회담을 진행하여 평화적 해결을 달성하는 것을 이롭게 하기 위하여 적대 쌍방 사령관들은

㉠ 본 정전협정 내에 따로 규정한 것을 제외하고 본 정전협정이 효력을 발생한 후 72시간 내에 그들의 일체의 군사력, 보급 및 장비를 비무장지대로부터 철거한다. (중략)

㉡ (중략) 상기한 연해도서라는 용어는 본 정전협정이 효력을 발생할 때에 비록

일방이 점령하고 있더라도 1950년 6월 24일에 상대방이 통제하고 있던 섬들을 말하는 것이다. 단 황해도와 경기도의 도계선 북쪽과 서쪽에 있는 모든 섬 중에서 백령도, 대청도, 소청도, 연평도 및 우도의 유엔군 사령관의 군사 통제 하에 남겨두는 도서군을 제외한 기타 모든 섬은 조선 인민군 최고사령관과 중국 인민지원군 사령원의 군사 통제 하에 둔다. 한국 서해안의 상기 경계선 이남에 있는 모든 섬들은 유엔군 사령관의 군사 통제 하에 남겨둔다.

ⓒ 한국 국경 외로부터 증원하는 군사 인원을 들여오는 것을 정지한다. 단 아래에 규정한 범위 내에서 부대와 병력의 교체, 임시임무를 담당한 인원의 한국 도착 및 한국 국경 외에서 단기 휴가를 하였거나 혹은 임시임무를 담당하였던 병력의 한국 귀환은 허가한다. (중략) 중립국 감시위원회는 그의 중립국 감시소조를 통하여 본 정전협정 제43항에 열거한 출입항에서 상기의 서가된 부대 및 인원의 교체를 감시하며 시찰한다.

ⓔ 한국 국경 외로부터 증강하는 작전 비행기, 장갑차량, 무기 및 탄약의 반입을 정지한다. 단 정전 기간에 파괴, 파손, 손모 또는 소모된 작전 비행기, 장갑차량, 무기 및 탄약은 같은 성능과 같은 유형의 물건을 1대 1로 교환하는 기초 위에서 교체할 수 있다.

(중략)

다. 중립국 감시위원회

❶ 구성

36_ 중립국 감시위원회를 설립한다.

37_ 중립국 감시위원회는 4명의 고급 장교로 구성하되 그중 2명은 유엔군 사령관이 지명한 중립국, 즉 스웨덴 및 스위스가 이를 임명하며 나머지 2명은 조선 인민군 최고사령관과 중국 인민지원군 사령원이 공동으로 지명한 중립국, 즉 폴란드 및

체코슬로바키아가 이를 임명한다. 본 정전협정에서 쓴 중립국이라는 용어의 정의는 그 전투부대가 한국에서의 적대행위에 참가하지 않은 국가를 말한다. 동 위원회에 임명되는 위원은 임명하는 국가의 군대로부터 파견될 수 있다. (중략)

❷ 직책과 권한

37_ 중립국 감시위원회의 임무는 본 정전협정 제13항 (ㄷ)목, 제13항 (ㄹ)목 및 제28항에 규정한 감독, 감시, 조사 및 시찰의 기능을 집행하며 이러한 감독, 감시, 조사 및 시찰의 결과는 군사정전위원회에 보고하는 것이다.

(중략)

43_ 중립국 감시소조는 하기한 각 출입항에 주재한다.

유엔군의 군사통제지역

인천, 대구, 부산, 강릉, 군산

조선 인민군과 중국 인민지원군의 군사통제지역

신의주, 청진, 흥남, 만포, 신안주

(중략)

59_ ㉢ 쌍방의 본조 제59항 (ㄱ)목에 규정한 민간인의 귀향 및 본조 (ㄴ)목에 규정한 민간인의 이동을 협조하는 조치는 본 정전협정이 효력을 발생한 후 되도록 속히 개시한다.

㉣ 1) 실향민귀향 협조위원회를 설립한다. 동 위원회는 영관급 장교 4명으로 구성하되 그중 2명은 유엔군 사령관이 이를 임명하며 그중 2명은 조선 인민군 최고사령관과 중국 인민지원군 사령원이 공동으로 이를 임명한다. 동 위원회는 군사정전위원회의 전반적 감독과 지도 밑에서 책임지고 상기 민간인의 귀향에 관계되는 본 정전협정 중의 일체 규정을 쌍방이 집행하는 것을 감독한다. 동 위원회의 임무는 운송 조치를 포함한 필요한 조치를 취함으로써 상기 민간인의 이동을 촉진 및 조절하며 상기 민간인이 군사분

계선을 통과하는 월경지점을 선정하며, 월경지점의 안전 조치를 취하며, 또 상기 민간인의 귀향을 완수하기 위하여 필요한 기타 임무를 집행하는 것이다.

2) 실향민귀향 협조위원회는 그의 임무에 관계되는 어떠한 사항이든지 합의에 도달할 수 없는 때에는 이를 곧 군사정전위원회에 제출하여 결정하게 한다. 실향민귀향 협조위원회는 그의 본부를 군사정전위원회의 본부 부근에 설치한다.

3) 실향민귀향 협조위원회가 그의 임무를 완수한 때에는 군사정전위원회가 즉시 이를 해산시킨다.

제4조. 쌍방 관계 정부들에의 건의

60_ 한국 문제의 평화적 해결을 보장하기 위하여 쌍방 사령관은 쌍방의 관계 제국 정부에 정전협정이 조인되고 효력을 발생한 후 3개월 내에 각기 대표를 파견하여 쌍방의 한 급 높은 정치회담을 소집하고 한국으로부터의 모든 외국군대의 철수 및 한국 문제의 평화적 해결 등의 문제들을 협의할 것을 이에 건의한다.

(하략)

출처: 미합동참모본부사, 국방군사편찬위원회 옮김. 《한국전쟁(하)》, 국방부군사편찬위원회, 1991, 455~477쪽.

반도에서 더 이상의 전쟁이 일어나지 않도록 하자는 강한 의지가 담겨 있다. 즉 한반도에 들어오는 무기들은 이전에 있었던 무기들 중에서 성능이 나빠져서 교체해야 하는 무기만 허가하며, 기존의 무기보다 성능이 뛰어난 무기를 들여오는 것을 금지한다는 내용이다. 이 조항은 군비증강을 통제함으로써 남북 사이에 군사적인 균형을 유지하여 전쟁이 일어나지 않도록 방지한다는 의미를 갖고 있다.

　이러한 군비 통제를 실현하기 위해 정전협정에서는 중립국 감시위원단 하에 감시소조를 두기로 합의하였다. 감시소조는 남북한의 주요 항구에 배치되어 어떠한 무기들이 들어오는지 감시하는 것이 주요 목적이다. 감시소조의 영향력은 공항에는 미치지 못했으며, 5개 주요 항구 외에는 감시하지 못하는 한계가 있었다. 그러나 남북의 각 지역에서 공히 가장 중요한 항구들을 감시한다는 것만으로도 감시소조의 활동은 매우 중요한 의미를 가졌다. 특히 1950년대의 열악한 항공 사정을 감안할 때, 무기의 대량 반입은 선박을 통해 이루어질 수밖에 없었으며, 감시소조의 활동은 단순한 상징 이상의 활동이었다.

　유엔군과 공산군 측은 13조 (ㄹ)항의 위반 여부를 두고 계속 대립하였다. 쌍방이 모두 서로를 군비 증강에 혈안이 되어 있다고 비난하였다. 특히 유엔군 측이 강하게 비난하고 나섰다. 비난의 요지는 북한에 소련의 신형 항공기가 들어왔다는 것이었다. 공항을 감시할 수 없기 때문에 사실 여부를 확인할 수는 없었지만, 유엔군의 주장은 남한으로 탈출한 북한 조종사의 증언을 통해 확인되기도 했다.

　공산군 측에서는 유엔군의 주장을 강력하게 부인하였지만, 인공위성도 없고 공항의 정보도 교환하지 않던 당시 상황에서 유엔군의 주장이 사실인지 아닌지 판단할 근거는 아무것도 없었다. 그러자 유엔군 측에서는 북한군이 먼저 13조 (ㄹ)항을 위반하였으므로 더 이상 그 조항이 유효하지 않다고 선언해버렸다. 그리고 주한미군에 핵탄두를 장착할 수 있는 미사일을 배치했다. 주한미군의 핵 미사일은 1991년 남북한 사이의 비핵화선언이 이루어질 때까지 계속 남쪽에 남아 있었다.

자료 63 대한민국과 미합중국 간의 상호방위조약
(1953. 10. 1)

본 조약의 당사국은 모든 국민과 모든 정부와 평화적으로 생활하고자 하는 희망을 재확인하며 또한 태평양 지역에서의 평화기구를 공고히 할 것을 희망하고, 당사국 중 어느 한쪽이 태평양 지역에서 고립되어 있다는 환각을 어떠한 잠재적 침략자도 가지지 않도록 외부로부터의 무력 공격에 대하여 스스로 방위하고자 하는 공통의 결의를 공공연히 또한 공식으로 선언할 것을 희망하고, 또한 태평양 지역에서 더욱 포괄적이고 효과적인 지역적 안전보장 조직이 발달될 때까지 평화와 안전을 유지하고자 집단적 방위를 위한 노력을 공고히 할 것을 희망하며 다음과 같이 동의한다.

제1조. 당사국은 관련될지도 모르는 어떠한 국제적 분쟁이라도 국제적 평화와 안전과 정의를 위태롭게 하지 않는 평화적 수단으로 해결하고 또한 국제관계에서 유엔의 목적이나 당사국이 유엔에 대하여 부담한 의무에 배치되는 방법으로 무력의 협위나 무력의 행사를 삼갈 것을 약속한다.

제2조. 당사국 중 어느 한쪽의 정치적 독립 또는 안전이 외부로부터의 무력 공격에 의하여 위협을 받고 있다고 어느 당사국이든지 인정할 때에는 언제든지 서로 협의한다. 당사국은 단독으로나 공동으로 자조와 상호원조에 의하여 무력공격을 방지하기 위한 적절한 수단을 지속하며 강화시킬 것이며 본 조약을 실행하고 그 목적을 추진할 적절한 조치를 협의와 합의 하에 취할 것이다.

제3조. 각 당사국은 타 당사국의 행정지배 하에 있는 영토와 각 당사국이 타 당사국의 행정지배 하에 합법적으로 들어갔다고 인정하는 금후의 영토에 대하여 타 당사국에 대한 태평양 지역에서의 무력공격을 자국의 평화와 안전을 위태롭게 하는 것이라고 인정하고 공통한 위험에 대처하기 위하여 각자의 헌법상의 수속에 따라 행동할 것을 선언한다.

제4조. 상호 합의에 의하여 미합중국의 육군, 해군과 공군을 대한민국의 영토 내와

그 부근에 배치하는 권리를 대한민국은 허여하고 미합중국은 이를 수락한다.

제5조. 본 조약은 대한민국과 미합중국에 의하여 각자의 헌법상의 수속에 따라 비준되어야 하며 그 비준서가 양국에 의하여 '워싱턴'에서 교환되었을 때에 효력을 발생한다.

제6조. 본 조약은 무기한으로 유효하다. 어느 당사국이든지 타 당사국에 통고한 후 1년에 본 조약을 종지시킬 수 있다.

이상의 증거로서 하기 전권위원은 본 조약에 서명한다.
본 조약은 1953년 10월 1일 워싱턴에서 한글과 영문으로 두 벌 작성됨.
대한민국을 위해서 변영태
미합중국을 위해서 존 포르터 덜레스

출처: 《조약집》 제1권, 외무부 방교국, 452~455쪽.

유엔군의 무효 선언에는 어떤 목적이 있던 게 아닐까? 여기에는 당시 미국의 대외정책 변화가 중요한 역할을 하였다. 정전협정 13조 (ㄹ)항의 폐기는 한반도에서 군사적 균형이 깨지지 않도록 하기 위한 미국의 조치였던 것이다.

전쟁은 끝났지만 남북한에는 외국군이 계속 주둔하였다. 북한의 경우, 1958년 중국군이 철수하였지만 남한에는 미군이 계속 주둔하였다. 남한에 미군이 주둔할 수 있었던 근거는 〈자료 63〉 한미 간의 상호방위조약이었다.

이승만 정부가 정전협정 전에 맺기를 원했던 한미상호방위조약은 전쟁이 끝난 지 2개월이 지나서야 체결될 수 있었다. 조약 체결 전에 정전협정이 성립되면 단독으로라도 북진을 불사하겠다는 이승만 대통령의 위협에 대해, 미국은 그럴 경우 모든 유엔군을 철수시키겠다고 대응했다. 이승만 대통령은 반공포로 석방이라는 강수를 두면서까지 한반도에 대한 미국의 방위공약을 얻어내고자 했으나, 결국 상호방위조약은 미국이 의도했던 대로 정전협정이 끝난 뒤에 체결되었다.

주한미군 감축에 따른 미국의 고민

미국이 방위조약 체결을 정전협정 조인 뒤로 미룬 데는 두 가지 이유가 있었다. 첫째, 만약 정전협정 전에 방위조약이 체결되면 공산군 측에서 협정 조인을 연기할지 모른다는 우려가 있었고, 둘째, 이승만이 독단으로 북진을 감행할 경우 방위조약이 체결되면 미국이 빠져나올 방법이 없었다. 때문에 미국은 안보공약을 원하는 이승만의 요청을 수용하는 것에 대해 '꺼려' 하기도 했다.

10월 1일에 조인된 상호방위조약의 제4조에서는 '미합중국의 육군, 해군과 공군을 대한민국의 영토 내와 그 부근에 배치하는 권리를 대한민국은 허여하고 미합중국은 이를 수락한다'는 내용을 담고 있다. 다시 말해 제4조는 미국의 군대가 대한민국의 영토에 주둔할 수 있도록 허락하는 가장 중요한 조항이다. 대한민국 정부도 미국의 도움을 통해 안전보장을 받아야 되겠다고 생각했지만, 미국의 입

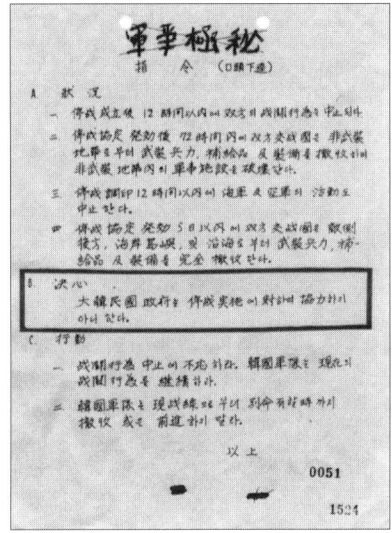
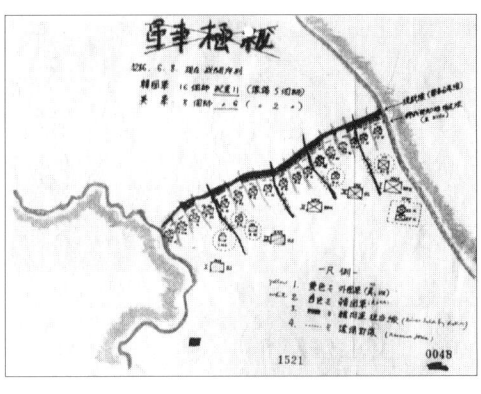

"대한민국 정부는 정전 실시에 대하여 협력하지 아니 한다", "한국군대는 현재의 전투행위를 계속하라"는 이승만 대통령의 지령문(왼쪽)과 당시 전선을 표시한 지도.

장에서도 북한에 중국군이 주둔하고 있는 상황에서 한국군만으로 남한을 지킨다는 것은 불가능하다고 생각했다.

또 하나 중요한 점은 반공포로 석방에서 드러났듯이 이승만 정부가 불시에 어떤 행동을 할 가능성을 차단할 필요가 있었다. 만약 전쟁이 이승만 정부의 선제공격에 의해 일어난다면, 미국으로서는 이승만 정부를 원조할 만한 명분을 찾을 수 없었다. 침략자를 도와줄 수는 없기 때문이다. 상호방위조약 1조는 유엔헌장에 위배되는 무력을 금지한다고 규정하고 있으며, 3조는 유사 시 자동으로 개입하는 것이 아니라 헌법 절차에 따라 개입한다고 규정하였다. 3조의 헌법 절차는 의회의 비준을 의미하는데, 이것은 곧 이승만 정부가 먼저 도발할 경우 미국은 의회에서 한국에 대한 원조안을 부결시킴으로써 어떤 책임도 지지 않겠다는 의미였다.

미국은 상호방위조약을 맺으면서 한국군의 작전지휘권 문제에 대해 가장 큰 관심을 보였다. 만약 한국군의 작전지휘권을 미국이 주도하는 유엔군에서 관할

한다면, 한국군이 갑자기 북한을 공격하는 사태는 막을 수 있었던 것이다.

그러나 한미상호방위조약을 맺는 단계에서는 작전지휘권을 유엔군에 두지 못했다. 한국군의 작전지휘권은 1년이 지난 1954년 11월에 가서야 유엔군 측으로 넘어왔다. 그것도 경제원조와 군사원조를 대가로 한 것이었다.

〈자료 64〉는 일반적으로 한미합의 의사록으로 알려져 있다. 한미합의 의사록은 정식 조약의 성격을 갖진 않지만, 한국과 미국 정부 사이에서 합의된 사항들을 공포한 것으로서 상호방위조약 이상으로 중요한 내용을 담고 있다. 가장 중요한 조항은 2항의 한국군의 작전지휘권을 유엔군에 이관한다는 내용이다.

그와 함께 3항에서는 한국군의 규모를 규정하고 있다. 즉 한국군의 규모가 한국의 경제에 비하여 지나치게 클 경우 부담이 될 것이기 때문에 합의 의사록에서 한국군의 규모를 규정한 것이다. 그러나 실은 미국의 원조로 운영되고 있는 한국군의 규모가 너무 커지면 원조가 걷잡을 수 없이 늘어날 수 있음을 염두에 둔 것이었다.

그런데 정전협정이 체결된 1953년을 전후하여 미국의 대외정책이 변화했다. 나중에 자세히 설명하겠지만, 변화의 핵심은 미국의 대외원조를 줄이는 것이었다. 따라서 미국은 한국에 대한 군사원조를 축소하는 것은 물론, 한국에 주둔 중인 주한미군의 규모도 축소하고자 하였다. 군사비를 감축하는 가장 좋은 방법은 군인의 수를 줄여 인건비를 아끼는 것이다.

미 행정부는 정전협정이 체결된 직후부터 주한미군의 감축을 추진하였다. 주한미군의 숫자는 한국전쟁 기간 중 45만 명을 정점으로 하여 점차 감소하였다. 전쟁이 끝난 직후에도 10만 명을 넘었던 주한미군의 규모는 1959년에는 6만 여명 정도로 감축되었다.

문제는 주한미군의 감축이 한반도에서 세력 균형을 깰지 모른다는 점이었다. 중국군이라도 없으면 좋을 텐데, 중국군은 1958년까지 북한에 주둔하였다. 중국군이 철수한다 해도 중국과 북한은 국경을 맞대고 있어서 전쟁이 일어나면 중국

| 자료 64 | 한국에 대한 군사 및 경제원조에 관한 대한민국과 미합중국 간의 합의 의사록 및 이에 대한 수정 (1954. 11. 17) |

 대한민국과 미합중국의 공동 이익은 긴밀한 협조를 계속 유지하는 데 있는 바 이는 상호 유익함을 입증하였으며 자유세계가 공산침략에 대하여 투쟁하며 자유로운 생존을 계속하고자 하는 결의를 위하여 중요한 역할을 한 것이다.
 따라서 대한민국은 다음 사항을 이행할 의도를 가지고 있으며 또한 이를 그의 정책으로 삼는다.

1 _ 한국은 유엔을 통한 가능한 노력을 포함하는 국토 통일을 위한 노력에 있어서 미국과 협조한다.
2 _ 유엔사령부가 대한민국의 방위를 위한 책임을 부담하는 동안 대한민국 국군을 유엔사령부의 작전지휘권 하에 둔다. 그러나 양국의 상호적 및 개별적 이익이 변경에 의하여 가장 잘 성취될 것이라고 협의한 후 합의되는 경우에는 이를 변경할 수 있다.
3 _ 경제적 안정에 배치하지 않고 이용할 수 있는 자원 내에서 효과적인 군사계획의 유지를 가능케 하는 부록 B에 규정된 바의 국군병력 기준과 원칙을 수락한다.
4 _ 투자기업의 사유제도를 계속 장려한다.
5 _ 미국의 법률과 원조계획에 일반적으로 적용되는 관행에 부합하는 미국 정부의 원조자금의 관리를 위한 절차에 협조한다.
6 _ 부록 A에 제시된 것을 포함하여 경제계획을 유효히 실시하는 데 필요한 조치를 취한다. 대한민국이 실현하겠다고 선언한 조건에 기하여 미합중국은 다음 사항을 이행할 의도를 가지고 있으며 또한 이를 그의 정책으로 삼는다.
(하략)

출처: 《조약집》 제1권, 외무부 방교국, 456~461쪽.

군이 또 개입할 가능성이 컸다. 따라서 미국이 한반도 전략을 세우는 데는 항상 중국군의 군사력을 고려해야 했다.

핵무기를 배치하자

주한미군의 규모를 줄이면서 한반도에서 세력 균형을 유지하는 방법은 없을까? 고민하던 미국이 찾아낸 것이 바로 한반도에 핵무기를 배치하는 방법이었다. 핵탄두를 직접 배치하는 것은 아니고, 만일의 사태에 대비해 핵탄두를 장착할 수 있는 미사일을 배치하는 것이었다. 특히 이 점에 대해서는 미 국무부가 예민하게 반응했다. 한반도에 핵탄두가 있는 상황에서 예기치 않은 일이 발생할 수도 있다고 판단했던 것이다.

어쨌든 핵무기 탑재가 가능한 미사일을 배치한다는 것은 명백히 정전협정 13조 (ㄹ)항을 위반하는 것이었다. 미국으로서는 13조 (ㄹ)항을 폐기하지 않고서는 합법적으로 미사일을 배치할 수 없었다. 그러나 단지 이러한 목적 때문에 미국이 북한의 항공기 증강을 조작했다고 단언할 수는 없다. 북한 역시 군비 증강 의사가 전혀 없었다고는 할 수 없다. 왜냐하면 북한이 새로운 미그(MIG)기를 들였다는 사실을 증명할 증거도 없지만 부인할 증거도 없기 때문이다.

뉴룩정책과 동북아 지역통합 전략

한국전쟁은 국내에 많은 변화를 가져왔다. 무엇보다도 엄청난 파괴로 한반도 전체가 폐허로 변했다. 1950년대 내내 남북한은 경제복구 사업에 치중할 수밖에 없었다. 경제개발은 먹고사는 문제를 해결한 다음의 문제였다. 하루하루를 살아가기조차 힘겨운 상황이었다. 게다가 수많은 남자들이 전선에서 죽었기 때문에 노동력이 고갈되어 복구에 어려움을 겪을 수밖에 없었다. 특히 북한은 노동력 부족으로 인한 어려움이 컸기 때문에, 1959년 재일동포의 '북송'이 시작되자, 부족한 노동력을 보충하기 위한 정책이라고 평가하기도 했다.

그러나 다른 한편으로는 폐허 위에서 새로운 경제 체제가 싹트기 시작했다. 전쟁 기간을 통해서 남북한에 지주계급이 사라졌다. 이미 남북한에서는 1946년과 1950년에 토지개혁과 농지개혁으로 지주의 토지를 빈농 및 소작인들에게 분배하는 개혁을 실시했다. 그러나 개혁이 단시간에 이루어지기란 불가능했다. 특히 남한에서는 농지개혁이 유상으로 진행되었기 때문에 땅값을 분할 상환하는 과정에서 지주가 재등장할 가능성이 높았다. 농지개혁법으로 농지소유의 상한을 설정하여 지주가 등장할 수 있는 가능성을 차단하였지만, 6장 2절에서 말했듯이 현물세와 지가 납부로 절량농가가 된 농민들은 싼값에 땅을 처분할 수밖에 없었다.

지주들은 한국전쟁 기간을 통해 몰락했다. 대부분의 지주들은 농지 몰수의 대가로 받은 지가증권의 가치가 하락해 재기하기 어려웠다. 인민재판에서 학살된 지주들도 적지 않았으며, 학살을 피하기 위해 피난을 떠나는 과정에서 상당한 피해를 입기도 하였다. 한반도에서 수백 년 동안 지배신분으로서 특권을 누렸던 지주계급은 한국전쟁을 통해 자연스럽게 사라졌다.

이러한 사회경제적 조건 위에서 남북한은 각각 자본주의와 사회주의 체제의 길을 걷기 시작했다. 남한의 경우 미국과의 긴밀한 연계 속에서 자본주의적 질서를 만들기 위한 정책이 본격적으로 시작되었다. 북한에서는 노동력의 고갈로 자연스럽게 집단농장이 형성되었고, 이것은 사회주의 체제로의 발전을 가속화시켰다.

한반도에서 가장 큰 변화는 남북 간의 분단이 고착화되었다는 사실일 것이다. 한국전쟁 전에 이미 한반도는 분단되었지만, 그 분단이 오랫동안 지속되리라고 생각한 사람은 아무도 없었다. 단지 일시적인 현상으로만 생각했다. 그러나 한국전쟁은 분단을 고착화시켰다. 단지 눈에 보이는 분단을 넘어서 한국인들의 마음속에 분단을 고착시킨 것이다. 반공 이데올로기와 반미 이데올로기의 대립인 한국전쟁을 통한 상처는 분단을 해결하는 데 적잖은 시간이 걸리도록 만들었다. 분단은 50년 넘게 지속되고 있으며, 또 앞으로 얼마나 더 계속될지 누구도 예측할 수 없다.

007 작전 – 미국의 세계전략 변화

한국전쟁이 가져온 변화는 한반도 내에 국한된 것이 아니었다. 한국전쟁에 깊숙이 개입한 미국의 대외정책에도 중요한 변화가 일어났다. 뉴룩(New Look) 전략의 실행이 대표적인 변화다. 뉴룩은 새로운 비전을 제시하는 전략이라는 의미에서 붙여진 이름이다.

한국전쟁이 시작되자 미국은 NSC 68을 승인하였고, 엄청난 군사비 증가가 발생했다. 전쟁이 진행되는 동안 미국의 군사비는 그전에 비해 3배 이상 증가하였으며, 이는 곧 미 행정부의 재정적자로 이어졌다. NSC 68의 입안자들은 미국의 재정적자는 그리 큰 문제가 되지 않을 것이며, 2차 세계대전 때처럼 오히려 미국 경제의 호황을 이끌어낼 거라고 전망했다. 그러나 전쟁이 지속되면서 미국 내에서는 전쟁을 끝내라는 여론이 확산되었고, 전비를 부담하는 세금이 많아지면서 미국인들의 불만이 커졌다. 결국 아이젠하워 행정부는 군사비를 줄여야 했고, 이를 뉴룩정책이라는 이름으로 실행하기 시작하였다.

뉴룩정책의 핵심은 '건전한(sound) 경제' 위에서 정책을 실행한다는 것이다. 즉 어떠한 정책이든지 경제적인 능력이 허락하는 한도 내에서 실행해야지, 그것을 넘어서는 범위에서 실행할 경우 경제구조나 재정구조에 무리를 줄 수 있다는 것이다. 뉴룩정책을 실행하기 위해서는 정부의 늘어난 재정 지출을 줄여야 했고, 가장 효과적인 방법은 군사비를 줄이는 것이었다. 따라서 세계적 차원에서 활약하고 있는 미군에 대한 지출을 줄이는 것이 중요한 해결방안이 되었다.

뉴룩정책 하에서 미국의 대외정책은 몇 가지에 초점이 맞추어졌다. 첫째, 해외에 있는 미군을 감축하고 대외원조를 줄이는 것이다. 미국의 원조로 유지되고 있던 한국군 규모의 제한 역시 뉴룩정책 아래 실행된 것이었다. 주한미군은 한국전쟁 당시 32만 명에서 7만여 명으로 감축된 반면, 한국군은 전체 20개 사단 중 2개 사단만이 감축되는 데 그쳤다. 여기에는 이승만 정부의 강력한 반발과 함께 1950년대 말부터 고조되기 시작한 냉전 체제의 또 다른 긴장이 중요한 역할을 했다.

둘째, 은밀한 작전을 선호하면서 다른 나라에 직접 개입하지 않고자 했다. 대규모 군대를 통한 개입보다는 '은밀한 작전'을 통한 개입이 돈이 적게 들기 때문이었다. 영화에 나오는 007 작전이 바로 이러한 '은밀한 작전'의 예가 될 수 있을 것이다. 곧, CIA가 적극적으로 해외에서 활동하기 시작했다. 때마침 CIA 국장으로 임명된 앨런 덜레스(Allen W. Dulles)는 국무장관 존 덜레스의 동생이었고, 국무부의 대외정책은 CIA를 통해서 적극적으로 실행되었다.

아이젠하워 행정부 시기에 미국은 여러 지역에서 '은밀한 작전'을 진행시켰다. 1952년 미국은 이란과 과테말라에서 쿠데타와 정권전복 계획을 지원하였다. 1953년 필리핀에서는 대통령 선거에 개입하여 막사이사이(Ramon Magsaysay) 후보를 지원하였다. 막사이사이는 필리핀이 일본에 점령당했을 때 게릴라 활동을 벌였던 농민단체 '후크발라하프' 단 탄압에 앞장섰던 인물로, 미국이 선호하는 개혁을 추진하고 있었다. 막사이사이는 후크단에 유화적이었던 키리노(Elpidio Quirino) 후보를 누르고 대통령에 당선되었다.

대만에서는 1957년을 전후하여 장제스(蔣介石) 총통을 제거하기 위한 계획이 입안되었다. 이는 마치 한국전쟁 시기의 '이승만 제거 계획'과 유사한 내용을 갖고 있었다. 미국의 정책에 협조하지 않았던 장제스를 제거하고, 좀 더 우호적인 세력을 지도자로 앉히고자 한 것이었다. '이승만 제거 계획'과 마찬가지로 계획은 실행되지 않았지만, 미국은 장제스 주위의 강경파들을 제거하고, 경제개발을 추진했던 온건한 관료들을 등용하도록 종용하였다.

이렇게 이란, 과테말라, 그리고 필리핀과 대만에서 이루어진 계획들은 미국에 우호적이지 않은 정권을 교체하기 위한 것이었으며, 직접 개입하는 것보다 돈이 훨씬 적게 들면서 약소국의 내정에 간섭한다는 비난을 피할 수 있는 효과적인 방법이었다.

미국은 1954년 프랑스가 디엔비에푸에서 호찌민(胡志明)에게 패배하여 베트남에서 물러날 때에도 베트남에 개입하지 않았다. 한국전쟁의 경험은 베트남에 대한 적극적인 개입을 가로막는 중요한 계기가 되었다. 이 점 또한 한국전쟁이 미국의 대외정책에 미친 중요한 변화가 될 것이다. 38선 이북으로의 진격이 가져왔던 엄청난 실패는 그 후 10년이 지나도록 미국이 제3세계에 직접적으로 개입하지 못하는 중요한 원인으로 작용하였다. 미국은 남베트남에 대한 은밀한 지원으로 공산주의자들이 영향력을 확대하지 못하게 막는 데 주력하였다.

셋째, 재래식 무기를 감축하는 것이었다. 소련이 원자탄을 개발한 후 NSC 68에서는 재래식 무기의 개발이 필요하다는 점을 강조하였다. 그러나 군인이나 탱크 등 핵무기를 제외한 모든 재래식 무기를 증강시키는 데에는 엄청난 돈이 필요했다. 실제로 미국은 한국전쟁을 통해 재래식 무기를 사용한 전쟁에 얼마나 많은 돈이 투입되는지 경험했다. 따라서 이에 대한 대안으로 돈이 덜 들면서 적에게 더 큰 타격을 줄 수 있는 방안이 필요했다. 바로 핵무기를 적극적으로 활용하는 방안이었다.

아이젠하워 행정부의 덜레스 국무장관은 대량보복 전략을 중요한 군사적 개입 수단으로 천명하였다. 대량보복 전략은 공산권에서 어떠한 공세적인 조치가 있을 경우 핵무기를 사용하여 보복을 한다는 것이다. 다행히 아이젠하워 행정부 당시 미국은 단 한번도 핵무기를 사용하지는 않았지만, 이러한 정책은 미국의 봉쇄정책이 다시 군사적 차원에서의 봉쇄로 되돌아갔음을 의미한다. 미국의 초기 봉쇄정책은 케넌에 의해 경제, 심리적 차원에서 시작되었다가 1949년 중국의 공산화, 소련의 핵무기 개발 이후 군사적 봉쇄로 조금씩 확산되었다. 그리고 아이젠하워 행정부에 들어와 군사적 수단이 봉쇄정책의 핵심 내용으로 자리잡게 된 것이었다.

따라서 아이젠하워 행정부는 모든 대외원조를 상호안전법(Mutual Security Act)으로 통합시키면서, 군사적 관점에서 봉쇄정책을 실행하였다. 경제원조는 군사원조보다 더 많은 돈이 들기 때문에 되도록 확대하지 않고 동결시켰다. 경제원조의 목적 역시 군사원조를 보조하는 역할로 축소되었다. 이러한 미국의 군사원조 중심의 대외원조는 1960년대에 들어 또 한번 바뀌지만, 1950년대에는 지속적으로 추진되었다. 한국도 예외가 아니었다.

넷째, 미국은 대외원조를 줄이기 위하여 미국 정부 외의 다른 기관이나 국가가 대외원조를 감당하는 방안을 찾고자 하였다. 그 방안 중 하나는 미국의 개인 기업들이 후진국에 투자하도록 하는 것이었다. 1950년대 후반 미국은 이승만 정부에게 외국인의 투자를 촉진하기 위한 투자유치법을 만들도록 압력을 가하였고, 이 때문에 한국과 미국 사이에 적지 않은 마찰이 일어났다.

또 다른 방안은 미국 외의 다른 국가에게 원조의 일부를 떠안기는 것이었다. 대표적인 예가 일본이 한반도에 대한 원조를 책임지도록 하는 것이었다. 따라서 미국은 한일 간의 관계가 정상화되도록 한일회담을 주선하였다. 한일관계 정상화를 위한 정책은 1950년대 미국의 아시아 정책에서 가장 중요한 정책의 하나였다.

그렇지만 이승만 정부는 반일 이데올로기를 통치 이데올로기로 삼고 있었고, 국민들 역시 일본으로부터 해방된 지 10여 년밖에 되지 않았기 때문에 일본과의 관계 정상화에 대해 크게 반발했다. 결국 1960년대에 가서야 한일관계를 정상화시킴으로써 한반도에 대한 부담을 일본에 넘기려는 미국의 정책은 성사될 수 있었다.

큰형님이 된 중국

한국전쟁이 낳은 또 다른 세계 변화는 〈자료 65〉에서 나타나는 바와 같이 중국과 제3세계의 부상이었다. 특히 중국의 부상은 미국이 군사원조를 강화한 가장 중요한 이유였다. 한국전쟁에서 미국과 '맞장'을 떴던 중국은 아시아에서 소련을 대신하여 큰형님으로 자리잡았다.

1940년대와 1950년대에 아시아와 아프리카에서는 식민지로 있던 지역들이 독립하면서 여러 신생국이 등장했다. 이들은 오랫동안 식민지를 경험했기 때문에 강한 민족주의 성향을 갖고 있었다. 또한 자신들을 지배했던 제국주의 국가, 즉 자본주의의 열강들에 대해 강한 반감을 갖고 있었다. 따라서 이들의 성향은 자연스럽게 사회주의 경향을 띠었다. 이들이 1955년 인도네시아의 반둥에서 제3세계 중립국 동맹을 형성할 수 있었던 것도 그런 배경에서 가능했다. 제3세계 민족주의의 부상은 미국에게 적지 않은 부담으로 작용했다.

　소련 또한 스탈린 사후, 제3세계 정책에 변화를 주었다. 세계 사회주의 국가 중 가장 강력한 나라라는 권위를 앞세우며 군사 개입이나 정치 개입에 초점을 맞추었던 스탈린의 정책과는 달리, 새 수상 흐루시초프(N. S. Khrushchyov)는 스탈린을 비판하면서 새로운 대외정책을 강조하였다. 새로운 대외정책은 곧 경제원조를 통해 소련에 대한 제3세계의 인상을 부드럽게 풀어가는 것이었다. 이 역시 경제, 심리적 방법으로 미국의 봉쇄에 대응하는 정책이었다. 따라서 소련의 제3세계 원조량은 점차 증가하였다.

　특히 〈자료 66〉을 보면 소련은 이집트, 인도 등 제3세계 국가들에게 집중적으로 원조를 주고 있다. 소련은 공산주의 운동에 대한 지원에서 벗어나 제3세계 민족주의에 대한 지원을 통해 세계적인 영향력을 강화하려고 했던 것이다. 〈자료 66〉에 따르면 아프가니스탄과 이집트에 대한 소련의 원조는 미국에 비해 엄청나게 큰 규모였으며, 인도에 대한 원조도 미국보다는 적으나 상당한 규모였음을 알 수 있다.

　그러나 이러한 상황보다도 미국이 더 신경을 썼던 것은 중국의 부상이었다. 중국의 성장에 대한 적극적인 대응이 필요했다. 이는 경제적으로 중국에 제재를 가하는 한편 군사적인 균형을 유지하는 방향으로 진행되었다.

　사실은 이 점이 미국이 한반도에서 주한미군과 한국군의 규모 감축을 추진하면서 빠질 수밖에 없었던 딜레마였다. 중국의 힘이 점점 더 성장하고 있는 상황에서 한반도의 군사적 균형을 깰 수는 없었다. 한반도에서 군사적 균형이 깨질 경우 곧바로 일본에 위협이 가해질 수 있었다. 일본에 대한 위협은 곧 아시아에서 미국의 영향력이 사라지는 것을 의미했다. 미국으로선 물러설 곳이 없었던 것이다. 그리고 바로 이것이 미국이 한반도에 핵탄두를 탑재할 미사일을 배치하고, 전 세계적으로는 핵무기 사용을 전제로 한 대량보복 전략을 선포한 이유였다.

　이렇게 미국이 군사 수단을 통한 봉쇄를 강화하는 데 반해서 소련은 흐루시초프의 등장 후 미국과의 관계 개선을 모색했다. 제3세계에 대해서는 정치, 군사적

자료 65
NSC 5707 발췌
(1957. 2. 19)

기본적인 문제: 현재 서구 유럽, 공산주의 블록, 아시아·아프리카 지역에서 많은 변화가 일어나고 있다. 서부 유럽과 공산주의권, 그리고 아시아·아프리카 지역에서 나타나고 있는 정치, 군사적인 변화는 점차 빨라지고 있으며, 그 현상이 좀 더 확실해지고 있다.
(중략)

4_ 공산 중국의 지위의 상승
문제점: 공산 중국은 경제적, 군사적 성장을 계속하고 있다. 중국은 점차 국제 사회에서 열강의 하나로 인정받고 있으며, 극동지역에서 잠재적인 경쟁자들을 물리치고 공산주의권에 엄청난 영향력을 행사하고 있다.

미국의 안보를 위한 중요한 문제
❶ 인도의 경제성장이 중국에 뒤지고 있다.
❷ 중국의 성장을 막고 유엔 가입을 막아야 함.
❸ 중소관계에 갈등을 일으키도록 압력을 가해야 한다.

5_ 민족주의의 부상
문제점: 아시아와 아프리카에서 급격하게 확산되고 있는 민족주의는 새롭게 등장한 신생국들 사이에서 더 나은 생활과 지역 갈등의 위험이라는 두 가지 현상을 모두 초래하고 있다.

미국의 안보를 위한 중요한 문제
❶ 지역 갈등

❷ 만약 경제개발을 위한 이들의 희망이 사라진다면, 극단적인 정치인들이 정치권력을 장악할 가능성이 크다. 아시아와 아프리카 지역에서 경제개발에 대한 잠재적 능력은 다양하게 평가할 수 있다. 어떤 나라들은 행정적, 기술적 능력이 결여되어 있고, 어떤 지역에서는 주요한 자원 부족이 문제가 되고 있다.

출처: National Security Council, Review of Basic National Security Policy: Basic Problems for U.S. Security Arising out of Changes in the World Situation, in Memorandum of Discussion at the 314th Meeting of the National Security Council, Washington, February 28, 1957, *Foreign Relations of United States, 1955~1957*, Vol. XIX(Washington D.C.: Government Printing Office, 1990), pp. 425~435.

자료 66 1955~1958년 미국·소련의 제3세계 국가 원조 현황

단위: 백만 달러

국가	ICA	다른 미국 기관	미국 개인투자	미국 총	공산국 지원 총계
아프가니스탄	33	14		47	136
버마	25	18		43	42
캄보디아	94	2		96	22
실론	11			11	20
이집트	2	14		16	235
인도	126	293		419	295
인도네시아	27	97		124	109
이란	114	26		140	
이라크	7			7	
이스라엘	51	37	구체적인 통계자료 없음	88	
요르단	28			28	
레바논	16			16	
네팔	7			7	
파키스탄	204	68		272	
필리핀63	72		135		
사우디 시리아				194	
태국	73	2		75	
터키	166	56		222	10
예멘				16	
총계	1,047	699	214	1,959	1,092

출처: W.W. Rostow, *Eisenhower, Kennedy, and Foreign Aid* (Austin: University of Texas Press, 1985), p. 18.

원조보다 경제원조를 강조하고, 미국에 대해서는 대화를 제의하였다. 일시적으로 평화적인 분위기가 찾아오기도 했다. 흐루시초프와 아이젠하워가 서로를 방문했다. 그리고 군축을 실행하기 위한 논의도 계속했다.

그런데 소련의 인공위성 개발이 미국을 또 자극하였다. 1957년 소련은 최초의 인공위성 스푸트니크(Sputnik) 발사에 성공했다. 스푸트니크의 발사는 두 가지 중요한 사실을 의미했다. 첫째, 소련이 우주에서 미국을 공격할 수 있는 가능성이다. 당시 미국의 언론 매체들은 소련의 인공위성이 하늘에서 미국을 공격하는 만화들을 양산해냈다.

둘째, 대륙간 탄도탄의 개발이 가능하다는 것을 의미했다. 기존의 핵무기들은 대형 폭격기가 수송하거나, 사정거리 1천 킬로미터 이내의 미사일에 의해서 발사되도록 고안되었다. 그러나 인공위성을 쏠 수 있다는 것은 미사일의 사정거리가 무한히 늘어날 수 있음을 뜻했다. 2001년 북한이 쏘아올린 미확인 물체가 일본을 통과하여 태평양까지 이르렀을 때, 자유세계에서는 북한이 장거리 미사일을 실험했다고 야단법석을 떨었다. 북한에서는 장거리 미사일이 아니라 인공위성 발사 실험이었다고 주장했다. 인공위성이든 미사일이든 간에 그 실험은 북한이 장거리 대륙간 탄도 미사일을 만들 능력이 있다는 것을 의미했다.

〈자료 67〉의 문서는 1950년대 후반 미국이 느끼고 있던 위협이 무엇인지 잘 보여준다. 소련의 위협에 더하여, 중국의 핵무기 보유 가능성까지 예상해야 했다. 중국이 원자탄 실험에 성공하는 것은 1964년이었다. 분명 미국이 군사적으로 위기감을 느끼고 있으며, 군사적인 지원이 경제, 사회적인 요소보다 더 우위에 있어야 한다는 점을 강조하고 있다.

아이젠하워 행정부는 군사적 봉쇄를 강화하는 쪽으로 정책을 선회하였다. 더 이상 소련과 화해를 추진하다가는 전 세계적 차원에서 군사적 균형이 깨질 수도 있었다. 뉴룩정책에 대한 재고가 이루어졌다. 그리고 한반도에서 주한미군과 한국군을 감축하려던 정책은 1959년을 기점으로 더 이상 추진되지 않았다. 오히려 이

1957년 소련이 세계 최초로 인공위성 스푸트니크 호 발사에 성공하자 각국 신문들이 앞다퉈 보도하고 있다. 소련의 성공은 미국의 대외정책을 바꿔놓았다.

정책은 케네디(John. F. Kennedy) 행정부에 들어서서 더 적극적으로 추진되었다.

이렇듯 한국전쟁이 미친 영향은 대단했다. 대리전(war by proxy), 제한전(limited war), 잊혀진 전쟁(forgotten war) 등의 이름으로 다양하게 불리고 있지만, 한국전쟁은 어쩌면 우리 역사가 세계사에 가장 큰 영향을 미친 전쟁이었다고 할 수 있다.

한국전쟁은 아직도 끝나지 않고 있다. 세계사적 차원에서 냉전이 해체되었다고들 하지만, 한반도에서는 전쟁이 계속되고 있다. 가장 큰 원인 제공자는 바로 정전협정이다. 정전협정은 일반적으로 알려진 것만큼 그렇게 불완전한 협정은 아니다. 수십만 명이 전선에서 피를 흘리는 가운데도 2년 넘게 계속된 유엔군과 공산군의 협상이 결코 바람직한 것은 아니었으나, 정전협정의 내용은 전쟁 재발을 막기 위한 다양한 조치를 담고 있다. 뿐만 아니라 전쟁의 상처를 치유하기 위한 내용도 포함하고 있다.

문제는 그러한 내용을 지닌 정전협정이 제 기능을 하지 못하고 있는 점이다. 군비 증강을 막기 위해 남북한의 주요 항구에 설치되었던 중립국 감시소조들은 남과 북의 정권에 의해 모두 쫓겨났다. 13조 (ㄹ)항에서 규정하고 있는 군비 증강 금지 규정은 한낱 휴지 조각이 되었다.

또한 정전협정 조인 후에 처리해야 할 문제들이 산적돼 있는데도 지금까지 처리되지 않고 있다. 정치회담을 통한 한반도 문제의 평화적 해결 방안은 1954년 제네바에서 모여 서로 간의 의견 차이만 확인했을 뿐, 그 후 한번도 전혀 열리지 않았다. 이후 유엔에서 논의된 문제들은 통일에 대한 공산권과 미국 및 남한의 견해 차이로 겉돌 수밖에 없었다.

서해교전이 일어난 이유

정전협정을 체결하면서 해결하지 못했던 또 하나의 문제는 해상의 군사분계선을 설정하는 것이었다. 그런데 문제는 국제법에서 영해는 12해리(22.224킬로미터)로 규정되어 있어 남과 북의 영해가 서로 겹칠 수밖에 없다. 가령 유엔군의 관할로 규정된 서해 5도는 북한까지의 거리가 10킬로미터도 되지 않는다. 따라서 서로 자기 영해로 규정할 경우 이 지역에서 불가피하게 충돌이 일어날 수밖에 없다. 동해 역시 마찬가지다. 해안선에서 12해리를 설정할 경우, 서로 겹치는 영역이 발생한다.

유엔군 사령부에서는 정전협정 조인 직후 해상의 군사분계선을 설정하여 북한에 통보하였다. 그러나 북한에서는 유엔군 사령부가 설정한 해상 군사분계선이 자의적이라면서 받아들이지 않았고, 1999년에야 김정일 국방위원장의 명의로 자기들 나름대로의 해상 군사분계선을 설정하였다. 결국 남과 북이 합의한 해상 군사분계선은 '없는' 것이다.

자료 67 NSC 5913/1(발췌)
(1959. 9. 25)

1 _ 기본적인 위협은 아시아에서 공산주의자들의 힘이 커지고 있다는 점이다. …… 소련의 후원을 받고 있는 중국의 힘은 점점 더 커질 것이다. 이와 관련하여 중요한 점은 중국이 1963년 이전에 핵무기를 보유할 가능성이 있다는 점이다. (중략)
2 _ 공산주의자들이 당분간 계속해서 중국 대륙을 통치할 것이라고 보아야 한다. 중소 간의 분쟁 가능성이 있지만 아시아에서 중국의 힘은 점차 증가할 것이다.
3 _ 중국의 경제성장에 의한 위협: 중국의 경제성장은 미국에게 극동에서 가장 주요한 위협 요소가 될 것이다. 중국의 경제성장률은 다른 아시아 국가들보다 월등히 앞설 것이며, 일본을 앞지를 가능성도 예측해야 한다. 이러한 중국의 경제성장은 다른 비공산주의 아시아 국가들에 많은 영향을 미칠 것이다. 물론 과도한 인구는 중국에게 끊임없이 문제가 될 것이다. 그러나 실질적인 안보, 군사적 보장 없이는 경제적 위협이 논의될 수 없다.
4 _ 현재 비공산권의 불안정이 몇 년 사이에 극복되리라고는 볼 수 없다. 특히 한국과 같은 분단국가의 상황이 중요하다. 공산세계의 선전의 요인이 되고 있다.
6 _ 현재의 상황이 계속되는 한 이 지역에 대한 미국의 원조는 계속되어야 한다.
7 _ 아시아의 민족주의는 이전에는 반식민, 반서구의 생각이 강했지만, 이제는 공산 중국에 반대하는 역할을 하기도 한다. 동시에 미국에 대한 이미지도 나아지고 있다. 그러나 공산세계의 위협에 대한 인식의 증가가 곧 방어력의 향상을 의미하지는 않는다.
8 _ 아시아에서 공산주의의 봉쇄를 위해서는 일본과 인도의 역할을 강조해야 한다. 일본은 이미 남아시아와 동남아시아에서 중요한 공헌을 하고 있다.
12 _ 분단국가의 자유 정부에 의한 실질적인 재통일.
25 _ 핵무기의 사용이 전쟁 억제의 역할을 효과적으로 수행한다는 것을 인지시킴.
26 _ 미군 주둔의 필요성을 인지시킴.

28 _ 계속해서 대만을 유일한 합법정부로 인정할 것.

32 _ 콜롬보 계획, ECAFE, 그리고 지역적인 메콩 계곡 계획, 동남아시아 통신 네트워크의 건설 등을 지원할 것.

36 _ 또한 자유 아시아 국가들에게 제한된 군사원조가 이루어지도록 하여, 미국이 (1)그 국가들이 자유세계의 일원이며, (2)공산주의의 영향권 내로 흡수되지 않도록 하기 위하여 지원하고 있다는 의지를 보여주어야 한다.

출처: NSC 5913/1, September 25, 1959, James S. Lay, Jr., "U.S. Policy in the Far East", November 10, 1960, RG 273, Records of the NSC, EO12856, Box 51, NA.

2002년 6월 29일, 전국이 월드컵 열기에 휩싸여 있을 때 서해 연평도 부근에서 남북 간에 교전이 발생하여 해군 6명이 전사하고 18명이 부상했다. 교전으로 침몰한 참수리 357호정을 인양하고 있다.

    이로 인해 정전협정 후 동해안과 서해안에서는 수많은 사건들이 발생했다. 남과 북의 어부들이 해상 군사분계선을 넘었다는 혐의로 끌려가는 일이 다반사였다. 경우에 따라서는 수십 척의 어선들이 통째로 북한에 끌려가기도 했다. 아무리 남과 북의 정부가 경고를 해도 파도가 높거나 꽃게가 많이 잡히는 철에 뱃머리를 돌리는 것은 쉽지 않은 일이었다.

    문제는 여기서 그치지 않았다. 끌려갔다가 돌아온 어부들은 조사를 받았다. 북한에서 무슨 훈련을 받지는 않았는가, 혹시 북한을 찬양하는 사람으로 변해서 돌아온 건 아닌가, 남쪽에 가면 어떤 일을 하라고 지시받은 것은 아닌가……. 조사 과정에서 일부 어부들이 간첩으로 몰려 냉전 체제의 상징인 국가보안법에 의해 처벌받았다. 아직까지 돌아오지 못한 사람들도 있다. 2004년 10월 8일 한국방송공사〈인물현대사〉에서 방영된〈내 조국은 어디인가—납북어부 이재근〉은 해상

어느 고지에서 전사한 이름 모를 젊은이의 유해. 한국전쟁은 아직도 끝나지 않은, 그러나 반드시 끝나야 할 전쟁이다.

군사분계선(NLL)이 제대로 설정되지 않았기 때문에 일어난 불행한 사건을 잘 보여주었다.

1999년과 2002년에 있었던 서해교전은 결코 우연한 사건이 아니었다. 예견된 사건이었다. 피해를 입은 건 어부들이었으며, 어부들을 지켜줘야 할 국가는 이들에 대해 어떠한 책임도 지지 못했다.

휴전선에서의 문제도 심각했다. 남과 북이 서로 2킬로미터씩 설정한 비무장지대는 이미 지뢰밭으로 변해버렸으며, 남과 북이 철책을 조금씩 앞당김에 따라 총 4킬로미터가 되어야 할 비무장지대가 지금은 비무장이 전혀 없을 정도로 변해 있다. 1960년대 유엔군 사령관의 보고에 의하면, 한 해 동안 휴전선에서의 충돌로 사망하는 사람은 100명이 넘었다. 가장 심각하게 충돌했던 1967년에는 휴전선에서 벌어진 남북 간 교전 횟수가 117건에 이르렀으며, 북한군 사살 224명, 유엔군 사망 122명, 한국경찰과 민간인 사망자가 22명이었다. 3일에 한 번씩 교전이 일어나 하루에 한 명꼴로 사망한 것이다.

    남과 북은 첩보전과 내부 교란을 위하여 서로 특수부대 요원이나 공작원을 파견했다. 1950년대 남한에서 북한으로 파견하는 공작원들을 훈련시켰던 첩보부대나 영화 〈실미도〉에 나오는 부대, 그리고 북한의 대남공작 기관들은 모두 양측의 전쟁이 비밀리에 진행되고 있었음을 보여준다. 1960년대 중반, 남북 간의 교전이 심각한 상황에서 남과 북은 많은 요원들을 상대방 지역에 보냈으며, 이로 인해 남북 간의 갈등이 증폭되곤 했다. 이것이 과연 전쟁이 끝난 상태에서 가능한 일인가?

    1996년에 일어난 북풍사건은 15대 총선에 영향을 미치기 위하여 휴전선에서 총격사건을 일으키도록 남한에서 북한을 사주한 사건이었다. 지금까지도 정확한 진실이 밝혀지지 않고 있지만, 정치적인 이유 때문에 정전협정을 위반하라고 사주하고 또 그것을 들어주었다면, 과연 전쟁이 끝났다고 할 수 있겠는가?

    전쟁이 끝나지 않았다는 가장 중요한 증거는 국가보안법의 존재다. 국가보안법은 지금도 서슬이 시퍼렇게 살아 있다. 그나마 2000년 6·15 공동선언이 나오고 17대 국회에서 국가보안법 개폐를 위한 논의가 이루어지는 것은 환영할 일이다. 하지만 국가보안법 개폐를 반대하는 주장도 적지 않다. 전시가 아니라면 인간의 기본적인 자유를 구속하는 상황이 왜 계속되어야 하는가? 한국처럼 민주주의 체제가 발전한 나라에서 광범위한 자의적 해석이 가능한 반민주적인 법이 언제까지 존재해야 하는가?

    도대체 이 전쟁은 언제 끝날 것인가? 어떻게 해야 이 전쟁을 끝낼 수 있을 것인가? 정전협정 개정, 한미상호방위조약 개정, 국가보안법 개폐 등의 요구는 모두 전쟁을 끝내기 위한 노력이건만 그마저 쉽지 않은 것이 현실이다.

자료 68　북한의 대남 도발 건수

	1965년	1966년	1967년
비무장지대 주요사건	42	37	423
휴전선남부 주요사건	17	13	120
비무장지대 교전 횟수	23	19	117
휴전선남부 교전 횟수	6	11	95
휴전선남부 북괴 사살	4	43	224
휴전선남부 북괴 생포	51	19	50
유엔군 피살자	21	35	122
유엔군 부상자	6	29	279
한국경찰 민간 피살자	19	4	22
한국경찰 민간 부상자	13	5	53

출처: 《조선일보》, 1967년 11월 4일자.

맺음말

한국전쟁은 아직 끝나지 않았다

이 책은 한국전쟁에 대한 모든 내용을 다 담고 있는가?

한국전쟁이 한국사에서 매우 중요한 사건인 만큼 지금까지 풍부한 연구 성과들이 나와 있다. 기존의 연구들이 없었다면 필자는 '한국전쟁'이란 제목의 강의는 물론 이 책도 쓸 수 없었을 것이다. 하지만 이 책이 한국전쟁의 모든 사실들을 다 포괄한다고는 말할 수 없다. 제대로 얘기하지 못한 부분도 적지 않고, 전혀 언급하지 않은 부분도 있다. 좀 더 자세히 얘기해야 하는데 그렇지 못한 부분도 많다. 필자의 능력이 모자란 탓도 있지만, 다른 한편으론 기존 연구의 부족과 함께 한국전쟁을 객관적으로 서술하고 싶은 욕심 때문이기도 하다.

예컨대 전쟁 중 벌어진 민간인학살 문제와 세균전 및 화학전, 그리고 북한의 상황에 대한 분석은 좀 더 자세히 다루고 싶은 부분이었다. 그러나 본문에서 말했듯이 이 문제들은 어느 일방의 자료들만 이용할 수 있을 뿐 객관적으로 검증된 자료를 이용하는 것이 불가능했다. 민간인학살 문제는 학살당한 측과 학살한 측이 서로 다른 주장을 하고 있다.

따라서 본격적인 분석이라기보다는 그와 관련된 내용의 일단을 보여주는 데 그칠 수밖에 없었다. 세균전만 하더라도 최근에 나온 스티븐 엔디콧과 에드워드 해거먼의 《한국전쟁과 미국의 세균전》에는 좋은 자료와 분석이 들어 있다. 책 자체를 소개하는 것이 더 좋겠다는 생각에서 그중 객관성을 담보할 수 있는 자료 하나만 인용하였다. 북한에 대해서는 북한이 공개한 자료 외에는 다른 것을 구할 수 없는 것이 현재의 상황이다. 그렇다고 소문이나 관련자들의 증언만으로 사실을 재구성하는 것은 객관적이라고 할 수 없다.

가장 큰 아쉬움은 한국전쟁에 참여했던 군인들의 회고록을 충분히 활용하지 못한 점이다. 4장과 5장에서 다룬 한국전쟁의 전개과정은 관련 자료들을 통해 서술한 부분이기도 하지만, 한국전쟁과 관련된 많은 회고록에서 얻은 자료들도 적지 않다. 이러한 자료들을 일일이 인용하기 어려웠는데, 이것은 필자의 게으름에 대한 변명에 지나지 않는다.

또한 한국전쟁 중 이 땅 위에서 살고 있었던 평범한 사람들의 모습 역시 충분히 담고 싶었다. 개인의 일기부터 사진에 이르기까지 다양한 자료들을 통해서 전쟁이 진행되는 동안 보통 사람들은 어떻게 살았는가를 보여줄 때 왜 전쟁이 일어나서는 안 되며, 빨리 끝났어야 하는가를 잘 드러낼 수 있을 것으로 생각했다. 그러나 아쉽게도 이 작업은 나중으로 미루어야 할 것 같다.

필자가 한국전쟁에 대해 한 가지 더 하고 싶은 작업이 남아 있다. 문학작품과 영화, 노래, 그리고 사진자료 등을 통해서 한국전쟁을 표현하는 것이다. 이러한 작업은 한국전쟁 관련자, 당시 사람들의 증언 및 회고록과 함께 결합되어 다루어져야 할 것이다. 이 책에서 부분적으로 인용한 한국전쟁 관련 영화와 노래들은 좀 더 심층적으로 분석되어야 한다. 그 분석을 통해서 한국전쟁이 어떠한 내용의 '연성 권력(Soft Power)'으로 한국 사회에 내재되어 있는가를 찾아내야 한다.

한국전쟁이 끝나지 않은 또 다른 이유

역사의 대중화에 관심을 갖고 있기 때문에 다양한 다큐멘터리 작업에 참여했던 필자로서는 문화적 형상을 통해서 그려지는 한국전쟁이 어쩌면 물리적인 수단에 의해 이루어진 전쟁보다 더 큰 힘을 갖고 한국 사회를 움직여왔을지도 모른다고 생각한다. 한미관계가 외부로 드러나는 다양한 힘보다 그 안에 감추어진 연성 권력에 의해 더 강하게 규정되고 있다는 사실은 문화적 힘의 중요성을 잘 보여준다.

필자가 한국전쟁을 그려내면서 기존에 일반적으로 알려져 있는 패러다임을 극복하고자 했던 것 역시 한국전쟁이 갖고 있는 보이지 않는 힘을 의식했기 때문이다. 한국전쟁의 형상화는 남북한에서 정권의 통치 이데올로기의 일부로 작용하였다. 따라서 남과 북이 서로 상이하게 한국전쟁을 해석하였고, 그 외의 해석은 절대 허용하지 않았다. 북한은 말할 것도 없고, 남한 역시 정부의 공식적인 해석 이외의 것에는 '빨갱이' 딱지가 붙거나 심지어는 법적인 처벌이 따르기도 했다.

한국전쟁 연구의 가장 큰 공로자의 한 명인 브루스 커밍스에게 빨간 딱지를 붙이고 있는 나라는 아마 전 세계에서 한국뿐일 것이다. 미국 학자들도 커밍스가 다소 삐딱하게 역사를 본다고는 생각하지만, 그렇다고 그를 '빨갱이'로 보진 않는다. 그는 미국의 정책에 비판적일 뿐 공산주의자는 아니다. 최근에 나온 그의 책 《North Korea: Another Country》(한국에서는 '김정일 코드'라는 엉뚱한 제목으로 출간되었다)는 미국의 대외정책에 비판적인 그의 시각을 잘 보여준다.

한국전쟁이 끝나지 않았다는 사실은 남북한 정권이 자신들의 입맛에 맞게 해석한 한국전쟁의 '보이지 않는 권력' 속에서 더 잘 드러난다. 1994년과 2004년 두 차례에 걸쳐 일어난 김일성 조문파동은 한국전쟁을 일으킨 원흉이라는 코드가 지금까지 한국 사회에서 어떻게 작용하고 있는가를 잘 보여주는 대표적인 예다. 그러나 동시에 6·15 공동선언에 환호하는 한국인들의 모습에서 이 전쟁에 대한 새로운 해석이 가능하며 또 필요하다고 느끼기도 한다.

필자가 이 책을 쓰면서 가장 노력한 것은 한국전쟁에 이해관계를 갖고 있는 어떤 국가의 국민도 아닌, 한 걸음 떨어져 있는 연구자의 입장에서 서술하자는 것이었다. 기존의 '권력'으로부터 떨어져서 좀 더 객관적으로 한국전쟁을 바라보기를 원했기 때문이다. '권력' 안에서는 객관적인 분석이 나올 수 없다. 따라서 필자는 남한 사람도 북한 사람도 아닌, 미국 사람도 중국 사람도 아닌, 한 현대사 연구자의 입장을 견지하고자 했다. 물론 필자도 민족주의 감정에 충실한 한국 사람으로서의 입장을 완전히 떨쳐버릴 수는 없었다. 그러나 최대한 노력하였다. 그것만이 기존의 '권력'에서 벗어나는 유일한 길이 될 수 있다고 생각했다.

독자들은 이 책에서 새로운 해석과 새로운 내용을 발견할 수 있을 것이다. 이는 '권력'에 길들여진 기존의 '한국전쟁'에 관한 담론과는 다른 것들이다. "어, 이런 일이 있었어?" 또는 "이렇게 볼 수도 있나?"라는 의문들이 나오리라고 생각한다.

그러나 이 책에 실려 있는 내용들 중 일부는 학계에서는 결코 새로운 이야기가 아니다. 어떤 부분은 미국 학계에서 이미 논의되었던 것 —38선 돌파와 관련된 논쟁, 핵무기 사용 논쟁, 반공포로 석방 문제— 들이다. 케넌의 봉쇄이론은 국내에는 잘 알려져 있지 않지만, 학계의 전문가들은 익히 알고 있는 것이다. 그런데도 얼마 전 케넌이 사망했을 때, 국내의 모든 신문들은 케넌의 이론을 잘못 소개했을 뿐만 아니라 매카시 선풍을 일으키는 데 중요한 역할을 한 인물로 왜곡하기까지 했다.

한국전쟁의 개전과 관련된 연구는 국내에서도 이미 계속되어온 것이고, 민간인학살 문제는 재론의 여지없이 '과거사' 문제의 핵심 사안이다. 다만, 학계에서는 이미 오고 간 이야기들이 대중과 만나는 것을 보이지 않는 권력이 차단하고 있었을 뿐이다.

이 책을 어떻게 읽을 것인가?

필자가 기존의 연구 성과들이 주장한 내용들만 반영한 것은 아니다. 필자 역시 한 사람의 역사가로서 한국전쟁을 나름의 시각을 통해 해석하고자 했다. 또한 가능한 한 다른 연구자들이 주목하지 못한 자료를 새롭게 보거나, 자료를 발굴하고자 했으며, 그 자료들을 통해서 새로운 관점에서 새로운 시각을 제공하고자 했다. 이 책이 단순히 개설서가 아니라고 주장하는(?) 필자의 입장도 바로 이 점에 연유한다.

우리가 이 책을 통해서 다시 한번 생각해보아야 할 것은 다음과 같은 질문들일 것이다. 이 질문들은 이후의 한국 현대사와 현재를 바라보는 필자의 시각과 맞닿아 있다. 예컨대 분단의 책임에 대한 문제는 한국 현대사를 바라보는 필자의 시각을 담고 있다.

    한국전쟁: 한반도는 외세의 힘에 의해서만 분단되었는가? 우리에게는 아무 책임도 없는가?
    한국 현대사: 한국군 전체의 5퍼센트를 동원한 5·16 쿠데타의 성공은 미국의 방조 때문인가, 아니면 우리의 잘못 때문인가?
    현재의 한국 사회: 한국의 대외관계를 앞으로 어떻게 풀어 나가야 할 것인가? 외세에 의해 분단되고 세계 냉전이 한국전쟁의 한 요인이 되었다고 해서, 가만히 앉아 외세를 비난하고만 있으면 대외관계 문제가 모두 풀리는가?

필자는 한국전쟁에 대한 인식의 전환이 필요하다고 생각한다. 이것은 대학에서 한국전쟁을 강의하면서 가장 절실하게 느낀 점이다. 이 점은 전쟁 초기를 '실패의 연속과정'으로, 전쟁 후반부를 '포로문제'에 초점을 맞춰 서술한 데서 잘 드러나 있다. 포로문제는 국제 협정만으로는 풀 수 없는 한국전쟁의 특수성, 그리고 '인권'이라는 인류 보편가치의 문제를 담고 있는 정말 중요한 사안이다. 더 이상 전쟁이 일어나서는 안 된다는 것을 한국전쟁의 가장 중요한 교훈으로 삼고자 한 것 역시 '평화'와 '인권'이라는 인류 보편의 가치, 그리고 21세기에 지향해야 할 가치를 염두에 둔 것이다.

아울러 과거사에 대한 논의가 분분하고, 과거사 청산에 대한 다양한 입장이 개진되고 있는 지금, 필자는 한국전쟁이야말로 '과거사'의 중요한 이슈라고 본다. 일부에서는 21세기로 나아가야 하는 시점에서 과거사나 따지고 있어야 하느냐고 비판하지만, 1965년에 청산되었어야 할 한일관계가 제대로 되지 못했기 때문에 벌어지고 있는 현재의 사태를 고려한다면, '과거사 문제'는 결코 지나간 과거의 일이 아님을 잘 알 수 있다.

한국전쟁도 마찬가지다. 한국전쟁 시기에 있었던 일들을 명확하고 객관적으로 분석함으로써 실체를 밝혀 나가면, 그러한 비극이 다시는 일어나지 않게 하는 기초가 될 것이다. 만약 한국전쟁을 그저 지나간 일로 치부하고 넘어간다면, 한국전쟁이 재개될 수 있으며, 그로 인해 한반도에 사는 인간이 모두 전멸하는 엄청난 재앙이 닥칠 수 있는 것이다.

물론 두려운 점도 없지 않다. 전쟁을 '창조의 과정'이라 했으니 창조를 위해 전쟁이 필요한 게 아니냐고 해석하는 독자는 없겠지만, 그래도 이 책의 전체를 보지 않고 부분만을 보아 필자의 시각을 판단하면 어쩌나 하는 두려움이 있다. 그러나 많은 독자들이 현명하게 판단해주리라 믿는다.

이 책에서는 뒤의 참고문헌에 실은 책들을 주로 참조하였다. 그 밖에도 서울대학교에서 '한국 현대사의 이해' 수업을 강의하면서 임시 교재로 만들었던《한국 현대사 강의 교재》와, 이것을 다른 연구자들과 함께 보완한《한국 현대사 강의》(돌베개, 1998)를 기본 자료로 참조했다. 또한 필자가 한미관계를 연구할 때 주로 다루는 《Foreign Relations of the United States》(Washington D.C.; Government Printing Office) 시리즈와 최근에 번역 출간된 《한국전쟁의 진실과 수수께끼》는 미국과 소련의 자료를 이용하기 위한 기본적인 자료가 되었다.

이 책의 성격상 일일이 각주를 달지 못했음을 한국전쟁 연구자들에게 사과드린다. 참고문헌 목록에 실린 책들 외에도 좋은 연구 성과들이 많이 있다. 목록에 들어 있지 않다고 해서 주목하지 않아도 되는 연구가 아니며, 실어놓은 목록은 필자가 강의를 진행하면서 주목했던 책들일 뿐이다.

방송을 통해서 방영된 한국전쟁 관련 다큐멘터리들도 주요 자료로 이용하였다. 1990년 방영된 한국방송공사의 〈한국전쟁 40주년 기념 다큐멘터리〉(10부작)와 국내외 사정으로 방영되지 못한 〈한국전쟁 50주년 기념 다큐멘터리〉(12부작), 그리고 문화방송이 2000년부터 현재까지 제작하고 있는 〈이제는 말할 수 있다〉의 한국전쟁 관련 내용들 역시 중요한 자료가 되었다. 필자가 자문위원으로 참여하였으나, 오히려 자문 과정에서 얻고 배운 것이 적지 않다.

아울러 강의실에서 이루어진 학생들과의 적극적인 소통 과정이 이 책을 쓰는 데 가장 중요한 역할을 했듯이, 독자들의 적극적인 채찍이 이 책을 더욱 풍부하게 만드는 데 커다란 역할을 할 것으로 생각한다. 독자들과의 소통을 기대한다.

■ 이 책에 사진을 제공해주신 분들

국정홍보처
도서출판 눈빛
백범기념관
서울특별시사편찬위원회
역사비평사
전쟁기념관
한국반공화보편찬위원회

*이 책에 사용된 사진은 해당 사진을 보유하고 있거나 저작권을 가지고 있는 분들의 허락과 도움을 받아 게재한 것입니다.
*저작권자를 찾지 못하여 허락을 받지 못한 사진에 대해서는 저작권자가 확인되는 대로 게재 허락을 받고 통상의 기준에 따라 사용료를 지불하도록 하겠습니다.

한국전쟁 주요일지

―1950년

6월 25일(일) 새벽 4시, 전쟁 발발
27일(화) 대한민국 정부, 대전으로 이전 / 유엔 안전보장이
사회, 한반도에 군대 파견 결의
28일(수) 북한군, 서울 점령
29일(목) 미국 폭격기 B29, 평양 최초 폭격
30일(금) 북한군, 한강 건너 남하

7월 7일(금) 맥아더, 유엔군 총사령관에 임명
8일(토) 북한군, 남한 점령지역에 토지개혁 공포
16일(일) 금강 방어선 붕괴 / 정부, 대전에서 대구로 이전
20일(목) 북한군, 대전 점령
28일(금) 한미 간 유엔군 비용지출에 관한 협정
30일(일) 미국, 유엔군에 협조하지 않는 나라에 대해 마셜
플랜 원조 중지 결정

8월 18일(금) 정부, 부산으로 이전
21일(월) 대한 경제원조 위해 일본에 ECA 기금 설치

9월 2일(토) 북한군, 낙동강 일대에서 총공격 개시
7일(목) 소련의 '유엔 공군 한국폭격 중지' 결의안, 유엔
안전보장이사회에서 9대 1로 부결
10일(일) 국회, 유엔 창설일인 '유엔 데이'(10월 24일)를 공
휴일로 제정
15일(금) 인천상륙작전
19일(화) 이승만 대통령, 인천상륙 축하회에서 국군은 한만
국경까지 진격한다고 발언
26일(화) 중앙청에 태극기 게양
28일(목) 서울 완전 탈환
29일(금) 정부, 서울로 귀환

10월 1일(월)   한국군, 38선 돌파
　　10일(화) 유엔군, 원산 점령 / 이승만, 38선 이북 전 지역에 계엄령 선포
　　19일(목) 유엔군, 평양 점령 / 한강 가교 준공식
　　20일(금) 맥아더, 한국군을 한만 국경에 조속히 도달시키라고 명령
　　22일(일) 서울에서 부역 혐의자 9,900명 체포
　　25일(수) 중공군 참전
　　26일(목) 유엔군, 압록강변 초산까지 진격

11월 12일(일) 압록강 철교 폭파
　　24일(금) 정부, 국민방위군 설치 법안 국회 제출
　　27일(월) 북동전선의 유엔군, 후퇴
　　28일(화) 중부전선의 유엔군, 후퇴
　　29일(수) 한국전쟁 확대로 유럽 주식 폭락
　　30일(목) 트루먼, 원폭 사용도 불사하겠다고 발언

12월 3일(일) 비상국회 소집, 신성모 국방장관 유엔에 원폭 사용 요청 / 장진호 전투에서 미 해병대와 중국군 교전 계속. 인해전술이란 말이 이 전투에서 비롯됨
　　5일(화)   공산군, 평양 점령
　　21일(목) 국민방위군 설치법 공포
　　23일(토) 워커 미8군 사령관, 전선시찰 중 교통사고로 사망
　　24일(일) 유엔군과 피난민, 흥남 철수 완료
　　30일(토) 유엔군, 모든 전선에서 38선 이남으로 철수 / 서울, 쌀값 폭등

━━━━━ 1951년

1월 4일(목)　유엔군 서울 철수(1·4 후퇴)
　21일(일)　정부, 지세 임시조치법안 국회 제출

2월 6일(화)　미국, 최초의 수소폭탄 실험
　11일(일)　거창 민간인학살사건
　19일(월)　중부전선에서 중국군 철수 / 부산에서 38선 정지 반대 집회

3월 2일(금)　수원 이남 지역에 피난민 귀환 허용
　14일(수)　국군, 서울 재탈환
　20일(화)　중국군 사령관에 펑더화이 임명
　24일(토)　유엔군, 38선 넘어 북진
　29일(목)　국회, 국민방위군 사건 폭로
　31일(토)　국회, 거창 민간인학살사건 조사위원회 구성

4월 1일(일)　서울, 피난민 귀환
　5일(목)　한강 철교 복구공사 완료
　11일(수)　맥아더 극동사령관 해임, 리지웨이 임명

5월 12일(토)　국민방위군법 폐지 공포
　5일(화)　국회, 정전 반대 만장일치 가결

6월 6일(수)　'철의 삼각지대'에서 격전 계속
　23일(토)　말리크 소련 대표, 유엔 총회에서 공식적으로 정전회담 제안
　28일(목)　이승만 대통령, 승패 없는 정전보다 죽음을 택하겠다고 담화

7월 1일(일)　공산군, 정전회담 제안 수락. 7월 10일~15일 개성에서 회담 개최 제의.
　3일(화)　유엔군, 정전회담 수락
　8일(일)　정전회담 양측 대표단 확정
　10일(화)　정전회담 제1일, 의사일정 교환(개성) / 부산, 정전 반대 집회
　11일(수)　정전회담 제2일, 회의운영에 관한 협정 체결 / 서울, 정전반대 국민 궐기대회 / 유엔군, 평양 비행장 야간 폭격
　12일(목)　정전회담, 기자단 문제로 중단

	15일(일)	정전회담 재개
	16일(월)	미 공군, 개전 이후 최대의 폭격
	18일(수)	유엔 함대, 원산 맹폭격
	19일(목)	정전 후에도 미군 철수 않는다고 애치슨 미 국무장관 성명 / 국민방위군사건 관련자 사형 판결
	31일(화)	유엔군, 현 전선을 기초로 휴전선, 비무장지대 설정 강조
8월	7일(화)	미 하원, 개전 후 6월 30일까지 군사비 50억 달러 지출 발표
	11일(토)	평양방송, 유엔군의 독가스 사용 보도
	23일(목)	중부, 동부 전선에서 고지전투 계속 / 미 상원, 대한 경제원조 가결
	25일(토)	미 하원 군사위원회, 정전회담 결렬되면 원자폭탄 사용하라고 언명
9월	5일(수)	유엔군, 18일의 전투 끝에 '피의 능선' 점령
	10일(월)	미, 영, 프 삼국외상, 한국문제로 회합 / 임시토지 수득세 국회통과
	12일(수)	동부 산악지대 격전 계속 / 마셜 미 국무장관 사임
	13일(목)	유엔군, 연 20일간 원산항 폭격
	19일(수)	양구 '단장의 능선'에서 격전 계속
	21일(금)	판문점으로 회담장소 이동
	30일(일)	16일부터 30일까지 원조물자 2만여 톤 도착
10월	31일(수)	공산군, 현재의 접촉선을 기초로 군사경계선과 비무장지대 설정 제안
11월	8일(목)	비신스키 소련 외상, 유엔총회에서 즉시 정전과 38선으로 양군 철수 제안
	10일(토)	정전회담, 군사경계선 문제에 관해 서로 제안 제시
	18일(일)	전시생활개선법 공포
	30일(금)	이승만, 양원제와 대통령직선제 중심의 개헌안 제출
12월	5일(수)	이승만, 지리산 빨치산 토벌 협조 요망 방송
	7일(금)	유엔 함대, 동북해안에 포격 계속
	17일(월)	원외자유당 발기인 대회
	23일(일)	원내자유당 결당 대회

1952년

1월
- 10일(목) 정전회담 교착 상태
- 13일(일) 지리산 일대에서 빨치산 300여 명 사살

2월
- 2일(토) 경상남북 9개 군에 비상계엄
- 5일(화) 국회의원 보궐선거
- 18일(월) 거제도 포로수용소 집단시위

3월
- 13일(목) 거제도 포로수용소 집단시위
- 15일(토) 전국 피난민 등록 실시 / 북경방송, 미국의 세균전 사진 보도
- 21(금) 포로교환 참모장교회의에서 공산국 측 포로 무조건 송환 주장

4월
- 17일(목) 민주국민당과 원내자유당 소속 121명의 국회의원들, 내각책임제 개헌안 제출
- 24일(목) 서민호 의원 사건
- 25일(금) 유엔군, 송환희망 포로 7만이라고 발표 / 지방자치법에 의한 지방의원 선거 실시
- 28일(월) 샌프란시스코 대일강화조약 발효 / 유엔군 총사령관에 마크 클라크 임명

5월
- 7일(수) 거제도 포로수용소장 도드 준장 포로들에게 납치 / 유엔군, 자유의사에 따른 포로교환안 제시
- 8일(목) 공산군, 포로 개별심사안 반대
- 10일(토) 도드 준장 석방
- 13일(화) 보트너 준장, 거제도포로수용소장 임명
- 14일(수) 국회, 서민호 의원 석방 결의
- 20일(화) 거제도 포로수용소에서 집단시위, 사상자 다수
- 24일(토) 한미경제협정 조인(이른바 '마이어 협정')
- 25일(일) 부산 일원에 비상계엄령 선포, 부산 정치파동 시작
- 26일(월) 국회의원 50여명 국제공산당 자금 수수 혐의로 체포
- 28일(수) 유엔한국통일부흥위원단(UNCURK), 이승만에게 체포의원 석방 권고
- 29일(목) 무쵸 주한 미 대사, 워싱턴에 한국의 정치상황 보고

6월 3일(화) 지방의회, 내각책임제 개헌안 반대 결의 / 트루먼, 이승만에게 친서
  11일(수) 공산군 대표, 유엔군의 공산군 포로 처우 항의
  17일(화) 거제 공산포로 17,000명 새 수용소로 이동
  23일(월) 거제도 포로수용소, 포로 심사 재개
  27일(목) 미군, 거제도 포로 47,000명에 대한 재심사 완료 / 한미합동경제위원회 1차 회담
  29일(일) 유엔군, 북한의 13개 수력발전소 완전 파괴했다고 발표

7월 1일(화) 서민호 의원 사형 판결
  3일(목) 정전회담, 포로문제에 대한 유엔군 제안에 공산군 찬성
  4일(금) 발췌개헌안 163 대 0으로 가결
  9일(수) 이승만, 서민호 의원 사건 재심 명령
  10일(목) 국회의장 신익희, 부의장 조봉암, 윤치영 선출
  19일(토) 한강철교 개통식

8월 8일(금) 정부통령 선거 완료. 대통령에 이승만, 부통령에 함태영

10월 15일(수) 백마고지 전투 9일째 계속
  29일(수) 월북작가의 작곡, 가요 판매금지
  31일(금) 거제도 포로수용소에서 집단시위 발생, 포로 178명 부상

11월 5일(수) 미 대통령 선거, 아이젠하워 당선
  10일(월) 박헌영 북한 외상, 유엔총회 의장에게 북한 폭격 중지를 요청
  29일(토) 네루 인도 수상, 저우언라이에게 인도가 제안한 한국평화안 수락 권고

12월 2일(화) 이승만, 인도의 제안에 반대하며 국경선까지 진격하겠다고 주장 / 아이젠하워, 한국 방문
  3일(수) 유엔 총회, 포로문제에 대한 인도의 결의안 가결
  15일(월) 봉암도 포로수용소에서 집단시위, 82명 사망

1953년

1월 5일(월) 이승만, 일본 방문

2월 6일(금) 빨치산 토벌 종합전과 발표(1952년~1953년 1월말)
 －교전회수 998회, 사살 1,042명, 생포 340명, 귀순 204명
 8일(일) 부산 쌀값 60만원으로 폭등
 10일(화) 덜레스 미 국무장관, 상원 외교위원회에서 자신은 중국연안봉쇄, 만주폭격, 한국에서 원자탄 사용 등에 대해 모른다고 증언
 15일(일) 오전 6시를 기해 통화긴급조치 공포(화폐개혁)

3월 5일(목) 스탈린 사망
 6일(금) 마렌코프 신임 소련 수상 취임
 9일(월) 밴프리트 미8군 사령관, 상원 외교위원회 증언에서 한국전쟁에 원자탄 사용 주장
 23일(월) 국군 최초로 네이팜탄 사용
 30일(월) 저우언라이 수상, 송환희망 포로를 전원 귀환시키고 불원포로는 중립국 이송 요구

4월 8일(수) 유엔군 측 송환포로 명단은 5,800명, 공산군 측은 600명 / 유엔 정치위원회, 세균전 조사를 위한 중립적 국제위원회 설치안 채택
 11일(토) 유엔, 공산 양측 상병(傷病)포로교환 협정 정식 조인 / 이승만, 한국군 단독 북진 선언
 20일(월) 상병포로 교환 개시. 4월 27일까지 8차에 걸쳐 교환

5월 4일(월) 처칠 영국 수상, 송환불원포로 관리할 중립국으로 인도나 파키스탄 지명에 찬성

  7일(목) 정부, 5개 중립국에 폴란드와 체코 포함에 반대
  24일(토) 정부, 정전 반대 성명서 발표

6월 1일(월) 이승만, 정전성립 전에 한미상호방위조약 체결하면 정전반대 철회 제의
  8일(월) 포로교환에 관한 협정 조인 / 이승만, 전투 계속 성명 발표 / 육군참모총장서리, 국군은 단독전투에 필요한 준비 완료, 대통령의 명령을 대기중이라고 성명
  10일(수) 전쟁발발 3주년을 '북진통일의 날'로 제정 / 스위스, 한국포로송환중립국위원회 참가 통고
  11일(목) 이승만, 정전은 죽음을 의미한다고 성명
  12일(금) 중부, 동부전선에서 고지전투 격화
  18일(목) 이승만, 반공포로 석방 / 덜레스 미 국무장관, 한국정부의 반공포로 석방은 유엔군의 권한 침범이라고 성명
  27일(토) 유엔군, 25일 현재 탈주 포로 2만 7,312명이라고 발표

7월 9일(목) 동부, 서부전선에서 고지전투 계속
  21일(화) 한국은 휴전협정조인식에 대표 파견 않겠다고 선언
  24일(금) 정전협정 조인식장 건설 완료
  25일(토) 고지 전투 계속
  26일(일) 미8군 사령관, 이승만에게 정전협정 성립 통고
  27일(월) 미8군 사령관, 9개 국어 방송으로 오후 10시에 정전명령 발표 / 군사분계선 발표 / 전 전선, 오후 10시를 기해 전투 중지

* 군사문제연구소 엮음, 《한국전쟁일지》, 군사문제연구소, 1991.

■ 주

2장

[1] '소련의 조선신탁관리주장에 대해 각계에서 반대견해 피력', 〈동아일보〉, 1945년 12월 28일자.
[2] 〈한국의 신탁문제를 논의〉(얄타회담, 1945. 2. 9) 합동통신사조사부 역편, 1956, 《얄타비밀협정—미 국무성 발표전문》, 합동통신사, 311~312쪽(김인걸 외 편, 《한국 현대사 강의》, 돌베개, 1998, 23~24쪽에서 재인용).

3장

[1] 구소련 문서, 김인걸 외 편저, 《한국 현대사 강의》, 돌베개, 123~124쪽.
[2] 김학준, 〈북한 정치 지도층의 권력투쟁과 한국전쟁〉, 《한국전쟁: 강대국 정치와 남북한 갈등》, 평민사, 1989
[3] 하리마오, 《38선도 6·25 한국전쟁도 미국의 작품이었다》, 새로운 사람들, 1998

4장

[1] 김영호, 《한국전쟁의 기원과 전개과정》, 두레, 1998, 67쪽에서 재인용.
[2] 소진철, 《한국전쟁의 기원》, 원광대 출판부, 1996, 234~235쪽.
[3] 미합동참모본부, 《미합동참모본부사: 한국전쟁》(상·하), 국방부전사편찬위원회, 1991.

[4] 한국전 참전 미 24흑인연대 병사들은 왜 줄곧 도망쳤나, 《월간 말》 1996년 7월호.

5장

[1] 소련군 참모본부 제2총국 제21405호 암호전보, 1951년 7월 3일자, 폰드 45, 목록 1, 문서 339, 리스트 8~10, A. V. 토르쿠노프 지음, 구종서 옮김, 《한국전쟁의 진실과 수수께끼》, 에디터, 2003, 306~310쪽.

6장

[1] 박경수, 《장준하 민족주의자의 길》, 돌베개, 2003.
[2] 내무부 치안국 대한경찰전사 발간회, 《대한경찰전사》 I, 홍국연문협회, 1952.
[3] 박완서, 《그 많던 싱아는 누가 다 먹었을까》, 웅진닷컴, 1995.
[4] 소련군 참모본부 제2총국 제16293호 암호 전보, 1952년 2월 8일자, 폰드 45, 목록 1, 문서 342, 리스트 81~83, 《한국전쟁의 진실과 수수께끼》, 393~394쪽.

■ 참고문헌

서장

카를 폰 클라우제비츠, 이종학 옮김, 《전쟁론》(증보판), 일조각, 1997.
브루스 커밍스, 김자동 옮김, 《한국전쟁의 기원》, 일월서각, 1995.
와다 하루키, 서동만 옮김, 《한국전쟁》, 창작과비평사, 1999.
김학준, 《한국전쟁》, 박영사, 2003.
한국정치연구회정치사분과 엮음, 《한국전쟁의 이해》, 역사비평사, 1990.

1장

서중석, 《한국 현대민족주의운동 I》, 역사비평사, 1993.
_____, 〈해방 전후 민족통합운동〉, 《독립운동사 연구》 제12집, 1998.
_____, 〈일제시기, 미군정기의 좌우대립과 토지문제〉, 《한국사 연구》 제67집, 1989.
정용욱, 《해방 전후 미국의 대한정책》, 서울대 출판부, 2003.
박태균, 《현대사를 베고 쓰러진 거인들》, 지성사, 1984.
_____, 〈미소의 분할 점령과 군정〉, 《한국역사 입문 3》, 풀빛, 1996.

김남식, 《남로당 연구》, 돌베개, 1984.
정병준, 〈해방 직후 이승만의 귀국과 동경 회합〉, 《한국민족운동사연구》, 1997.
방기중, 《한국 근현대 사상사 연구》, 역사비평사, 1992.
김창순·김준엽, 《한국 공산주의 운동사》, 청계연구소, 1986.
한영우, 《다시 쓰는 우리 역사》, 경세원, 1997.

2장

정용욱, 〈1945년 말 1946년 초의 신탁통치 파동과 미군정〉, 《역사비평》 봄호, 2003.
도진순, 《한국 민족주의와 남북관계》, 서울대 출판부, 1997.
송남헌, 《해방 3년사》, 까치, 1984.
정병준, 《몽양 여운형 평전》, 한울, 1995.

3장

브루스 커밍스, 김동노 외 옮김, 《한국 현대사》, 창작과비평사, 2001.
브루스 커밍스, 박의경 옮김, 《한국전쟁과 한미관계》, 청사, 1987.
서중석, 《한국 현대민족주의운동 II》, 역사비평사, 2002.
A. V. 토르쿠노프, 구종서 옮김, 《한국전쟁의 진실과 수수께끼》, 에디터, 2003.
박명림, 《한국전쟁의 발발과 기원》, 나남, 1996.
한국전쟁 연구반, 〈특집: 1948~1950년을 어떻게 볼 것인가?〉, 《역사와 현실》 제27호, 1998.
정병준, 〈한국 농지개혁의 재검토〉, 《역사비평》 겨울호, 2003.
김성보, 《남북한 경제구조의 기원과 전개》, 역사비평사, 2000.
박태균, 〈미국의 대한부흥 경제정책의 성격〉, 《역사와 현실》 28호, 1998.
John Lewis Gaddis, *Strategies of Containment*, Oxford: Oxford Univ. Press, 1982.
하리마오, 《38선도 6·25전쟁도 미국의 작품이었다》, 새로운 사람들, 1998.

4장

김철범,《한국전쟁과 미국》, 평민사, 1995.

박명림,《한국 1950 전쟁과 평화》, 나남, 2002.

조셉 굴든, 김병조 옮김,《한국전쟁 비화》, 청문각, 2002.

김경일, 홍면기 옮김,《중국의 한국전쟁 참전 기원》, 논형, 2004.

윌리엄 스툭, 서은경 옮김,《한국전쟁과 미국의 외교정책》, 나남, 2004.

미합동참모본부,《미합동참모본부사: 한국전쟁》(상·하), 국방부전사편찬위원회, 1991.

김영호,《한국전쟁의 기원과 전개과정》, 두레, 1998.

신복룡,《한국분단사 연구, 1943~1953》, 한울 아카데미, 2001.

소진철,《한국전쟁의 기원》, 원광대 출판국, 1996.

5장

양대현,《역사의 증인》, 형설출판사, 1993.

브루스 커밍스·존 할러데이, 차성수·한동주 옮김,《한국전쟁의 전개과정》, 태암, 1989.

스티븐 엔디콧·에드워드 해거먼, 안치용·박성휴 옮김,《한국전쟁과 미국의 세균전》, 중심, 2003.

김주환 엮음,《미국의 세계전략과 한국전쟁》, 청사, 1988.

박진홍,《돌아온 패자》, 역사비평사, 2004.

김기진,《끝나지 않은 전쟁, 국민보도연맹: 부산경남지역》, 역사비평사, 2004.

6장

이대근,《한국전쟁과 1950년대의 자본축적》, 까치, 1987.

박태균,〈1950년대 미국의 정전협정 일부조항 무효선언과 그 의미〉,《역사비평》여름호, 2003.

_____, 〈1954년 제3대 총선과 정치지형의 변화〉,《역사와 현실》17호, 1995.

홍석률, 〈한국전쟁 직후 미국의 이승만 제거 계획〉,《역사비평》겨울호, 1996.

김동춘,《전쟁과 사회》, 돌베개, 2000.

김영택,《한국전쟁과 함평양민학살》, 사회문화원, 2001.

노민영·강희정,《거창양민학살: 그 잊혀진 피울음》, 온누리, 1991.

김성칠,《역사 앞에서》, 창작과 비평사, 1997.

Steven Hugh Lee, *Korean War*, London: Person Education, 2001.

7장

Park Tae Gyun, "Changes in U.S. Policy toward South Korea in the Eariy 1960s," *Korean Studies*, vol. 23, Univ. of Hawai'i, 1999.

김한길,《현대조선역사》, 사회과학원 역사연구소(일송정 펴냄), 1983.

W. W. Rostow, *Eisenhower, Kennedy, and Foreign Aid*, University of Texas Press: Austin, 1985.

이종원,《東アジア冷戰と韓米日關係》, 동경대학출판회, 1995.

_____, 〈米韓關係における介入の原型 ― エウァーレヂィ計劃 再考(1)~(2)〉,《法學》58권 1호, 59권 1호, 1994, 1995.

_____, 〈五十年代東アジア冷戰ノ變容ト米韓關係〉,《法學》59호, 1995.

Bruce Cumings, "The Origins and Development of the Northeast Asian Political Economy; Industrial Sectors, Product Cycles, and Political Consequences," *International Organization*, Vol. 38, No. 7, 1984.

■ 찾아보기

ㄱ

개성 185, 195, 253, 254
거점 중심 전략 116
거제도 포로수용소 260
거창 민간인학살 사건 287, 288, 326
건국동맹 47
건국준비위원회 71
걸프전 17, 197, 298
경성 콤그룹 44
경성방직 42
경제안정화조치 152
경제조정관 313, 316
경제협조처(ECA) 135, 136, 152, 176, 183
고려공산청년동맹 44
고지전투 247, 277, 278, 286
〈공동경비구역 JSA〉 257
공산청년대학 44
공산포로 262, 266, 268
공안위원회 322
공화국 전복 음모사건 331
광복군 50
9월 총파업 55, 103, 104
국가보안법 152, 238, 374, 376
국민방위군 287
국민방위군 사건 287
국제과학조사단 337
국제민주법률가협회 325, 337, 338, 339
국회 프락치 사건 148, 283
군사분계선(NLL) 254, 272, 346, 371, 374, 375
군사정전위원회 343, 346, 350

〈굳세어라 금순아〉 224, 233
굿펠로 96
《그 많던 싱아는 누가 다 먹었을까》 322
《그해 겨울은 따뜻했네》 15, 18
김구 27, 34, 38, 39, 44, 49, 96, 101, 102, 106, 109, 143, 152, 153, 240, 292
김규식 34, 38, 86, 92, 102, 103, 104, 109, 261, 292
김도연 147
김두봉 191, 331
김성수 42, 43, 44, 46, 49
김성주 240, 242
김일성 27, 44, 46, 49, 51, 62, 76, 101, 110, 134, 150, 156~166, 168, 170, 172, 175, 178, 179, 187, 190, 195, 205, 211, 213, 276, 326, 330, 331~332, 334, 337
김일성 고지전투 278
김일성 조문파동 380
김정주 158
김종원 288
김진계 333
김창룡 149
김철수 51
김활란 294

ㄴ

나가사키 19, 67
낙동강 방어선 203, 204
낙동강 전선 207, 212, 213, 243, 244, 247
《남로당 연구》 34, 150
남부군 214, 274

남북지도자 연석회의 108, 110 147, 149
남일 274
남조선 과도입법의원 106, 107
남조선노동당(남로당) 35, 104, 110, 111,
    143, 148, 150, 152, 172, 177, 186, 330,
    331, 333, 334
남침유도설 113, 123, 141, 149, 172, 212
내각제 개헌 289
노근리 학살사건 205, 206, 320
농지개혁 148, 152, 180, 301, 302, 309,
    311, 359
〈누가 이 사람을 모르시나요〉 328
뉴룩(New Look)정책 359, 360, 369
니츠 122

ㄷ

다이지타오 40
단장의 능선 전투 277
대공황 25
대동아공영권 50
대량보복 전략 233, 363
대전 213, 235
대전 전투 201, 202
대전협정 272
대전형무소 321
대충자금 316
대통령 직선제 289, 293
대한국민대표 민주의원(민주의원) 93, 96,
    98, 102, 103
(대한민국) 임시정부 38~42, 44, 45, 50,
    55, 57, 69, 72, 84~86, 92, 93, 96, 101,
    102, 132, 147, 292
대한민국 정부 승인안 240, 242

덜레스(Allen. W. Dulles) 362
덜레스(John F. Dulles) 233, 362, 363
도요토미 히데요시 25
도지 라인 152
독·소 불가침조약 50, 65
독도 279
〈동아일보〉 42
디엔비엔푸 전투 219, 362
딘 202

ㄹ

〈라이언 일병 구하기〉 16
러스크 68, 198
러시아 혁명 25, 26
러일전쟁 5, 22, 26
레너 78
레이시 290, 291
로스토 115, 116
로젠버그 박사 부부 사건 122
루스벨트 65, 67, 90

ㅁ

마셜 플랜 110, 114~116, 135
마셜, 서굿 204
마오쩌둥 27, 62, 76, 121, 166, 168, 170,
    172, 220, 221, 222, 278
마이어 313
막사이사이 362
만주사변 5, 66
말리크 199, 250
매카시 선풍 6, 65, 122, 381
맥아더 87, 116, 117, 127, 157, 192, 212,

맥아더 87, 116, 117, 127, 157, 192, 212, 213, 220, 273
메이지 유신 25
모스크바 3상회의 결정서(3상회의) 84, 86~95, 97, 98, 104, 108, 110
몽골풍 21
무정 330
문봉제 240
〈뮤직박스〉 15, 18
미 군사고문단 126, 195
미 합동참모본부 126, 127, 212, 227, 284, 286, 249
미 CIA 267, 361
미·소공동위원회 46, 88~90, 92~95, 99, 101, 102, 105~108
미군정 32, 34, 50, 52, 64, 69, 71, 79, 84, 85, 92, 93, 96, 101~103, 106, 107, 109, 110, 132, 141, 142, 283, 292, 294
미군정 법령 33호 141, 142
〈미시시피 버닝〉 203
미제의 간첩사건 331
민족유일당 운동 99
민족청년단 51, 294
민족혁명당 38, 57, 99
민주개혁 74
민주국민당 99, 148, 174, 176, 289
민주주의민족전선(민전) 48, 93, 98, 103

ㅂ

바이 아메리칸(Buy American) 316
박마리아 294, 295
박정희 27, 28, 50, 149, 291, 296, 337
박헌영 44, 45, 49, 51, 85, 101, 103, 104, 110, 111, 150, 158, 159, 161, 165, 168, 170, 172, 179, 211, 330~336
반공청년단 287, 288, 325
반공포로 262, 266, 272, 286
반공포로 석방 283, 381
반공포로 석방사건 272
반둥 364
반민족행위자 처벌을 위한 특별위원회 147
반탁운동 92~94, 96~98, 102, 147
발리 320
발췌 개헌안 292, 293, 295
〈배달의 기수〉 247
백관수 42, 43
백남운 158
백두진 294, 302
번스 87, 152
베닝호프 71, 72
베트남 9, 77, 79, 80, 219, 279, 362
베트남 전쟁 9, 17, 33, 63, 64, 80, 197, 247, 279, 298
병자호란 21
보도연맹 150, 152, 320, 326
보도연맹사건 35, 281, 320
보릿고개 304
보성전문학교 42
봉쇄 114, 117, 279, 363, 365, 369, 372, 381
봉쇄정책 30, 114, 115, 116, 123, 124, 135, 279, 363
부마항쟁 296
부산정치파동 35, 283, 293, 295, 296, 297
부역행위 특별처리법 321, 322
북대서양 조약기구(NATO) 122, 319
북조선 임시인민위원회 106
북조선노동당 104

북진통일론 146, 176, 177, 297
북풍사건 375
브레턴우즈 체제 312
비무장지대 254, 272, 346, 347, 375, 377
빨치산 80, 157, 165, 176, 186, 204, 214, 216, 274, 288, 326

ㅅ

사사오입 개헌 295
4·3 (제주)항쟁 26, 35, 132, 142, 143, 281, 320
《사상계》 294
4·19 혁명 34, 242, 288, 293, 296, 304
삼균주의 40
삼민주의 40
3·15 부정선거 296
상륙작전 213
상호방위조약 269, 352, 354, 355
샌프란시스코 조약 69, 120, 279
서민호 288
서북청년단 240
서창선 288
서해교전 371, 374, 375
선우종원 291
세계 체제론 33, 83
세균전 35, 330, 337, 338, 341, 378, 379
소련의 원자탄 실험 성공 120, 121, 162, 165
소장파 148
손기정 47
손진태 51
송진우 42, 43, 92
수원 192, 193, 213
수정주의 64, 71, 73, 76, 83

수풍발전소 269
스미스 201
스미스 부대 203
스탈린 27, 50, 62~65, 68, 73~76, 90, 121, 150, 155~162, 164~166, 168~172, 174, 177, 178, 181, 187, 190, 195, 200, 201, 205, 211, 213, 221, 269, 270, 271, 332, 365
스티코프 95, 158, 162, 163, 168, 174, 175, 177~179, 181, 187, 190, 332
스푸트니크 369, 370
10월 대구항쟁 55, 103, 104
신간회 99
신불출 335
신아동제사 40
신익희 50, 148, 292
신탁통치 86~88, 90, 92, 94, 97, 98, 104, 132
신탁통치안 86~88, 96, 97
〈실미도〉 375
실향민귀향 협조위원회 344, 349, 350
10·26 사건 296
쑨원 40

ㅇ

아시아민족반일대동당 40
아이젠하워 269, 361, 362, 363, 369
안재홍 51
안전보장이사회 139, 198, 199, 200, 201, 240, 250, 306
안창호 38, 40, 41, 42
안호상 147
압록강 219, 220, 225, 247

애치슨 65, 127, 139, 140, 198, 233
애치슨 라인 139
얄타회담 66, 68, 86, 88, 90
〈에너미 엣 더 게이트〉 65
에버레디 계획(Plan Everready) 286
여순사건 26, 35, 132, 142, 143, 281, 320
여운형 38, 46~49, 55, 68, 96, 99, 101, 103, 104, 106, 107, 110, 111, 149, 150
여운홍 96
역코스 정책 116, 120
연안파 330, 334
옐친 156
오산 방어선 203
5·30 선거 110, 174, 176, 238, 286
5·16 쿠데타 27, 34, 198, 292, 382
5·18 광주민주화 항쟁 34
5·10 선거 110, 132, 142, 147, 148, 174
오스트리아 77, 78, 80, 83, 94
올리버 134, 178, 283
옹진반도(옹진) 154, 157, 167, 170, 187, 193, 195, 196
《완장》 321
우간다 318
워커 203, 213
워커 라인(Walker Line) 203
원내 자유당 289
원산 193, 212, 216
원외 자유당 289
월미도 212
윌슨 40
유엔군 경비지출에 관한 한미협정 304, 306
유엔군 대여금(유엔대여금) 304, 312, 308, 309, 311, 313
유엔임시조선위원단 132

유엔한국위원단 108, 132, 148, 155, 183, 240
유엔한국임시위원단 108, 198, 238, 239, 242, 283
유엔한국통일부흥위원단(UNCURK) 237, 240, 284, 286, 290
6월 항쟁 34, 296
6·15 공동선언 34, 376, 380
을미사변 8
이극로 51, 57
이기붕 34, 294, 295
이동휘 38
이라크 전쟁 17, 88, 197, 244, 281
이범석 51, 293, 294
이승만 33, 38, 40~42, 44, 49~51, 84~86, 92, 101, 106, 133, 134, 146, 148, 152, 174, 176, 177, 178, 180, 183, 194, 236, 238, 240, 273, 282~295, 297, 354, 355
이승만 정부 8, 146, 147, 174, 241, 269, 272, 278, 282, 288, 296, 297, 311~313, 317, 354, 355, 361, 364
이승만 제거 계획(Ever Ready) 291, 292, 362
이승엽 150, 335, 336
이용문 291
〈이제는 말할 수 있다〉 35, 268, 384
이종찬 291
2차 세계대전 16, 18, 22, 23, 25, 63~66, 77, 116, 120, 121, 128, 185, 203, 279, 318, 341, 361
2·7 총파업 132
이회영 38
〈인물현대사〉 374
인민위원회 71, 321, 326

인민재판 360
인천상륙작전 16, 185, 202, 207, 212, 214, 216, 219, 243, 321, 328
인해전술 222, 224
1·21 청와대 습격사건 34
일민주의 147
일반명령 제1호 69, 70
1·4 후퇴 185, 210, 233, 235, 241, 269, 324, 325
1차 세계대전 25
임시토지수득세 300, 302, 304, 312
임시토지수득세법 299, 300
임진왜란 21, 25, 304
임화 335

ㅈ

자위대 279
자유당 289, 293, 295
장덕수 42, 43
장면 28, 29, 34, 291, 292
장시우 158
장제스 362
장준하 294
장진호 전투 222, 224
장창국 322
장택상 292
재일교포 북송 283, 291, 359
재정안정계획 308, 316
저우언라이 121, 222, 269, 270, 271
적산 142
전두환 296
전시동원령 267
〈전쟁으로부터의 해방〉 326

절량농가 304, 360
정전 체제 7, 15, 18, 35
정전협상 251, 253, 254, 255, 272, 286, 341
정전협정 7, 15, 18, 35, 177, 272, 276, 343~347, 349, 350, 351, 354, 356, 358, 370, 371, 374, 376
정전회담 272, 274, 276
정준택 158
정찰명령 1호 155
정판사 위폐사건 103
정한론 25
제2전선 204, 205, 206, 274
제네바 협정 257, 261, 262, 263, 274
제한전(쟁) 185, 186, 225, 257, 370
제한전쟁설 185, 186, 190, 191, 192, 206, 243
조국전선 중앙위원회 165, 168
《조국: 어느 '북조선 인민'의 수기》 333
조봉암 50, 51, 148, 241
조선건국준비위원회 47, 48
조선공산당 44, 48, 51, 52, 84, 97, 101, 103, 104, 111
조선노동당 325, 326
조선인민공화국(인공) 48, 84, 85, 86
조선인민당 48, 96, 97, 99, 100, 101
〈조선중앙일보〉 47
조선체육회 47
조소앙 39, 40, 51, 57, 61
조일명 335
좌우합작위원회 103, 105, 106
주영하 158
주일미군 192, 201
주체사상 47
주한미국 대사관 286, 290, 294
주한미군 26, 126, 132, 133, 135, 139, 156,

161, 351, 354, 356, 358, 361, 365, 369
주한미군사고문단 35, 161, 176
중국 혁명 99, 116, 120, 171, 200, 264, 269
중국공산당 99, 120, 136, 162, 172, 200, 220, 221, 250
중국국민당 99, 116, 120, 171, 220, 264
중립국 감시위원단 256, 257, 351
중립국 감시위원회 348, 349
중립국 동맹 364
중앙고보 42
중일전쟁 5, 66
중추원 40
지가증권 309, 360
지방자치제 선거 295, 296
〈지옥의 묵시록〉 80

ㅊ

천잉스 40
철원 231
청일전쟁 5, 26
촛불시위 34
최고인민회의 174, 186, 267
춘천 191, 192, 193
츠언꾸어후우 40
친일파 32, 52, 85, 107, 147

ㅋ

카슈미르 319
케넌 114, 116, 117, 122, 123, 126, 135, 225, 226, 250, 363, 381
케네디 68, 198, 370
코콤 122

클라크 276, 286
키리노 362

ㅌ

〈탑건〉 19
〈태극기 휘날리며〉 7, 16
태평양전쟁 5, 18, 63, 64, 66, 185
테러 319, 320
통화개혁 35, 311, 312, 313
투자유치법 364
트로츠키 62
트루먼 65, 66, 87, 123, 135, 137, 198, 219, 220, 225, 227, 313
트루먼 독트린 110, 114
특별 원화계정 313
티토 318

ㅍ

판문점 253, 254, 262, 272, 343
펑더화이 178, 222, 276, 333
포로수용소 268
푸에블로호 사건 34
프란체스카 294
프랑스 혁명 25, 26
〈플래툰〉 16, 80

ㅎ

하와이 233
하우스먼 149
한국독립당 39, 58, 61
한국민주당 43, 50, 51, 55, 56, 87, 92, 97,

《한국전쟁과 미국의 세균전》 379
〈한국전쟁 40주년 기념 다큐멘터리〉 35, 68, 384
〈한국전쟁 50주년 기념 다큐멘터리〉 384
《한국전쟁의 기원》 24, 31
한미 상호군사원조협정 176
한미경제조정협정(마이어 협정) 313, 314
한미상호방위조약 356, 376
한미합의 의사록 356
한일관계 정상화 364
한일협정 242
한현우 92
함경도 또순이 308, 309
합동경제위원회 317
합동경제위원회 협약 317
항일연군 46
해리슨 274
《해방 3년사》 34
해주 193, 194, 195, 196
허가이 326, 330
호찌민 219, 362

홍명희 158, 161, 191, 331
홍천 191, 193
화요회 44
화학전 341, 378
황자오 40
후크발라하프 362
휴전선 343, 375
흐루시초프 365, 369
흥남부두 224, 233, 234
히로시마 19, 67, 232
히틀러 50, 65

ECA 계획 136, 177
《North Korea: Another Country》 380
NSC 5707 366
NSC 5913/1 372
NSC 68 122, 123, 126, 361, 363
NSC 8 132
NSC 81 219

한국전쟁

1판 1쇄 2005년 6월 25일
1판 16쇄 2024년 7월 19일

지은이 | 박태균

펴낸이 | 류종필
편집 | 이정우, 이은진, 권준
경영지원 | 홍정민
표지·본문 디자인 | 석운디자인

펴낸곳 | (주)도서출판 책과함께
　　　주소 (04022) 서울시 마포구 동교로 70 소와소빌딩 2층
　　　전화 (02) 335-1982
　　　팩스 (02) 335-1316
　　　전자우편 prpub@daum.net
　　　블로그 blog.naver.com/prpub
　　　등록 2003년 4월 3일 제2003-000392호

ISBN 978-89-91221-10-9　03900